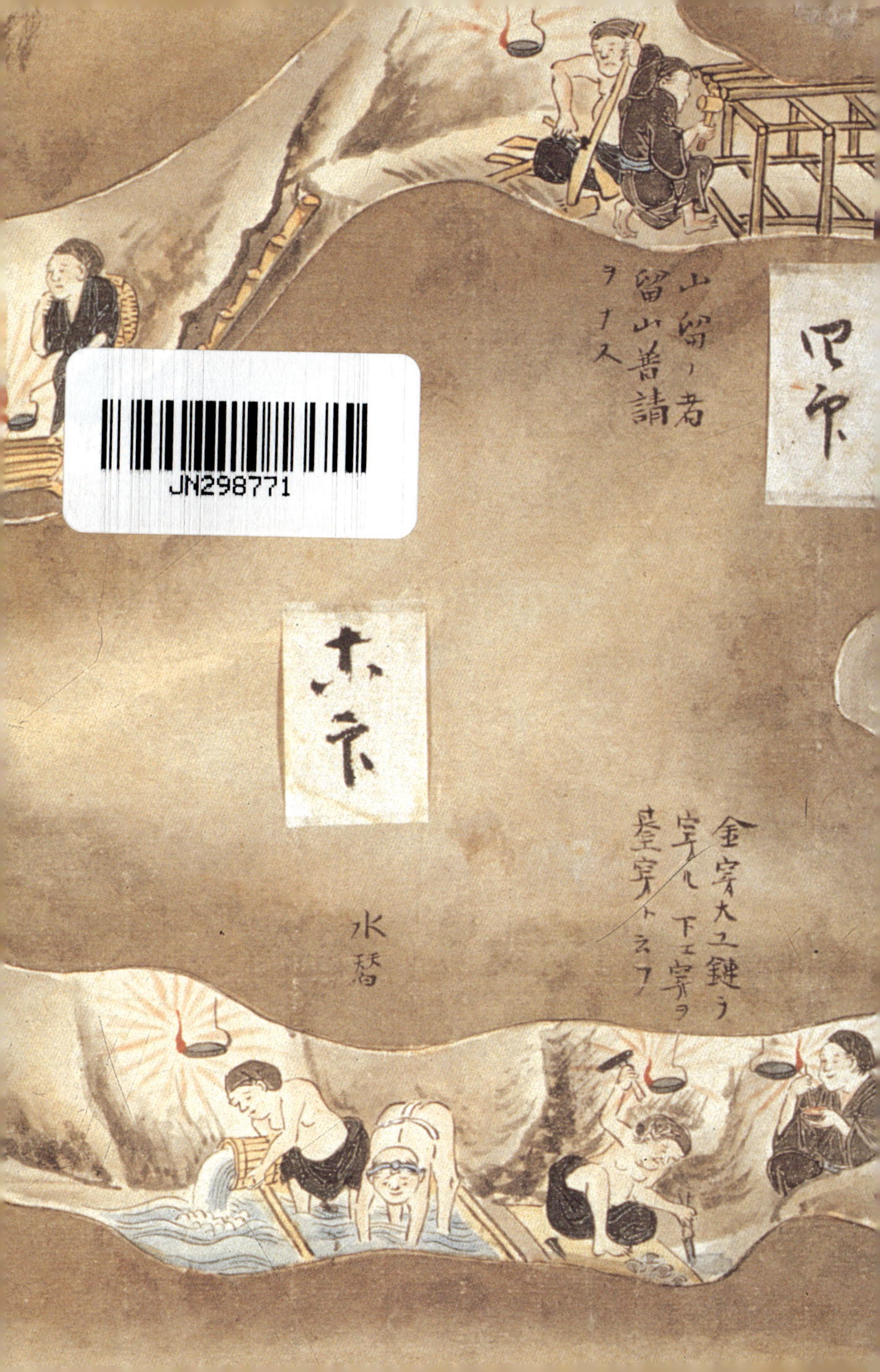
山留ノ者留山普請ヲナス
金穿大工鏈う穿ル下エ穿ヲ臺穿トユフ
水替

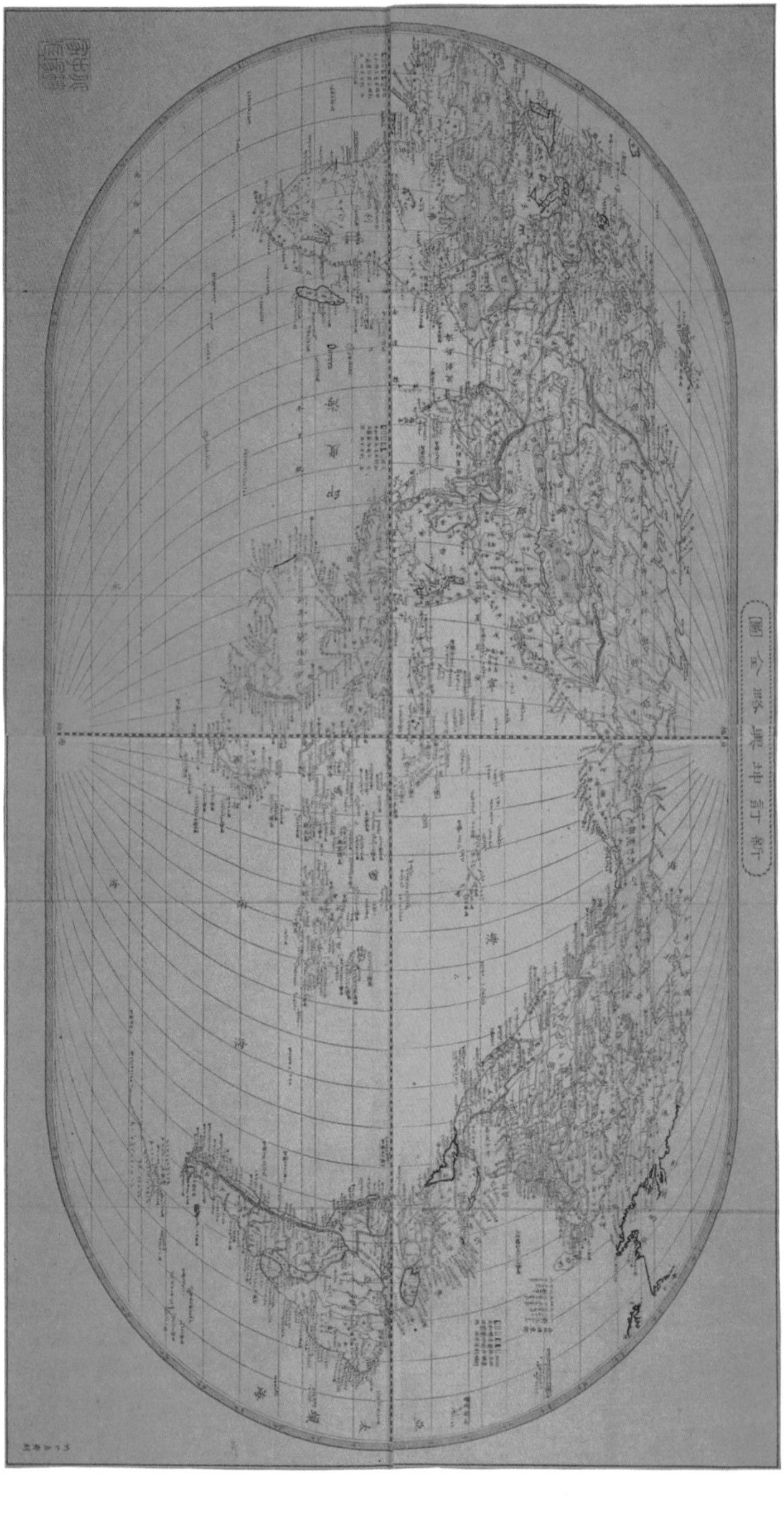

▲新訂坤輿《こんよ》略全図（柴田収蔵《しゅうぞう》製作）　嘉永元（1848）年江戸出版。柴田収蔵（1820〜57）は佐渡国宿根《しゅくね》木《ぎ》（佐渡市宿根木）の漁師の家から身をたて蕃書調所《ばんしょしらべしょ》絵図調書役となり，詳細な万国図を作成した。

▶佐渡鉱山金銀採製《さいせい》全図　この図のほか類似のものが各種の名称でかなりの数のこっている。文化・文政期（1804〜30），佐渡奉行所絵図師石井夏海《なつみ》家の工房でできたものが多く，奉行の土産《みやげ》として江戸にもちかえられた。

◀火焔《かえん》型土器(長岡市馬高《うまだか》遺跡出土，高さ32.5㎝)　火焔型土器の技法は，縄文時代の中期に信濃《しなの》川の中流域でもっとも発達し，東日本の各地に伝わった。実用性をそこなうほど豪華な造形と文様《もんよう》に人びとはどんな願いをこめたのだろうか。

▼巻貝形《まきがいがた》土製品(村上市上山《うえやま》遺跡出土，全長 16.6 ㎝・胴径 10.7 ㎝)　縄文時代の後期後葉に流行したコブ付土器の技法を取りいれ，きわめて精緻《せいち》に造形している。全体に朱《しゅ》が塗られており，呪具《じゅぐ》の一種と思われる。

► 細形管玉《くだたま》の製作工程（佐渡《さど》市新穂玉作《たまさく》遺跡群出土。弥生時代）上から順に原石《げんせき》打割から完成までを示す。石材は左半分が碧玉《へきぎょく》，右半分が鉄石英《てつせきえい》である。

► 仿製四獣鏡《ぼうせいしじゅうきょう》（三条市保内三王《はないさんのう》山《やま》古墳群11号墳出土）　保内三王山11号墳は最大長24mの造出《つくりだし》付円墳《つきえんぷん》で，同古墳群のなかでもっとも古い４世紀後半の造営と推定されている。径およそ11.3cmの仿製四獣鏡のほか，多数の細形管玉，34個のガラス丸玉，２個の太形管玉，鉄剣が出土している。

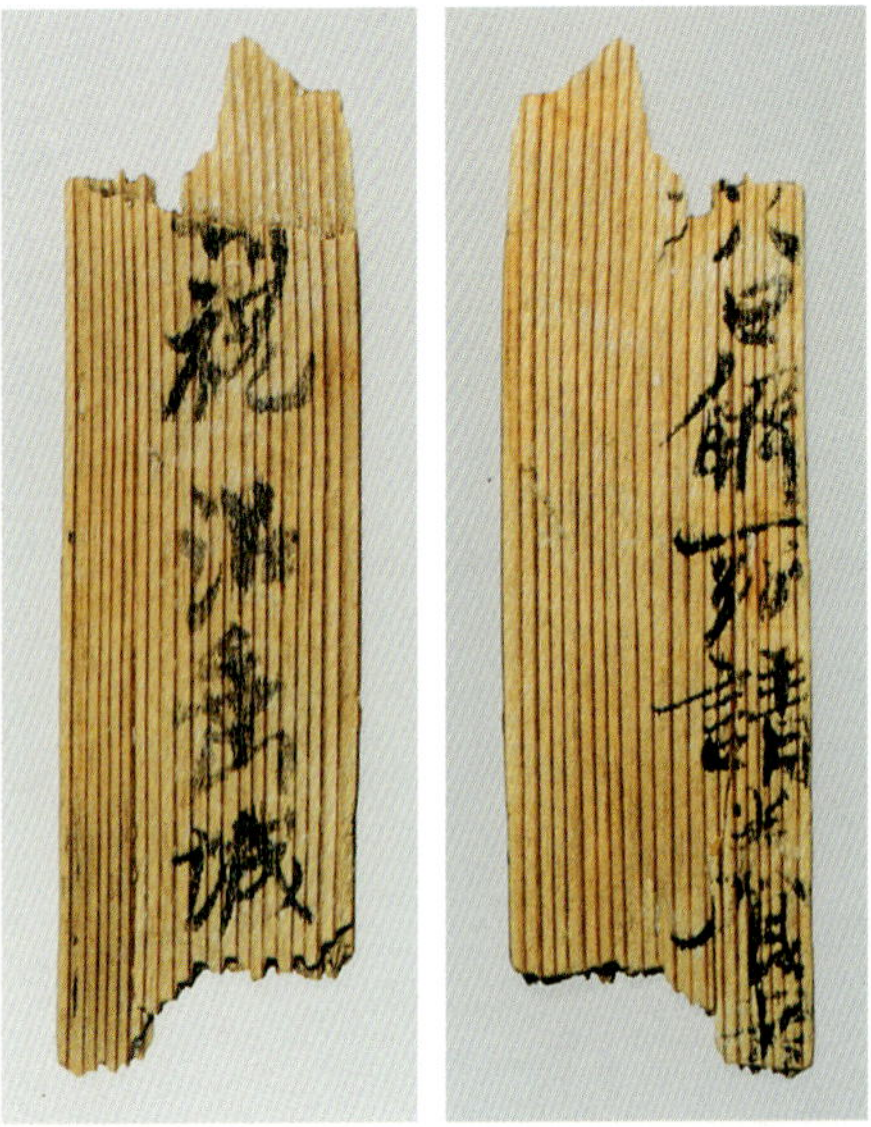

▲八幡林遺跡第２号木簡（長岡市八幡林遺跡出土）　表に「養老《ようろう》」，裏に「沼垂城《ぬたりじょう》」の文字が読める。大化３(647)年に設置された渟足柵《ぬたりのき》が，養老年間の前後に沼垂城として存続していたことがわかる。

▲八幡林《はちまんばやし》遺跡第１号木簡《もっかん》（長岡市八幡林遺跡出土）　蒲原郡主帳《しゅちょう》の丈部《はせつかべ》が，毎月朔日《ついたち》に国衙《こくが》で行われる政務報告（告朔《こうさく》）に，青海郷の少丁《しょうてい》・高志君大虫《こしのきみおおむし》を派遣するため，養老年間(717〜724)前後に発行した。主帳は下級郡司《ぐんじ》のこと。右が表。

◀佐渡国分寺址《こくぶんじあと》(佐渡市)から出土した線刻《せんこく》瓦《がわら》　笏《しゃく》をもった人物像と「三国真人《みくにのまひと》」の文字がみえる(本文57頁参照)。

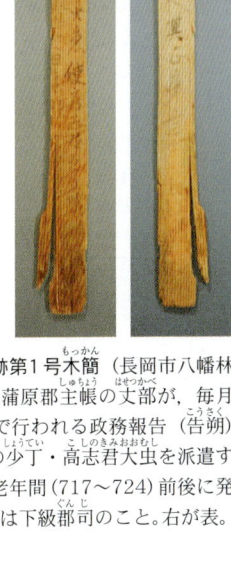

▲一遍上人《いっぺんしょうにん》絵詞《えことば》伝　魚沼《うおぬま》郡波多岐荘《はたきのしょう》に住む時衆《じしゅう》中条蔵人《くろうど》が念仏を唱えながら往生をむかえる場面。越後では，二世他阿《たあ》上人の遊行《ゆぎょう》以降，戦国時代まで時宗の念仏がひろまった。

▼奥山荘波月条《おくやまのしょうなみつきのじょう》絵図　鎌倉後期，同荘の地頭《じとう》三浦和田氏は一族間で，所領をめぐって激しい相論をくりひろげた。絵図はその裁判資料として13世紀初めに作成された。国重文。

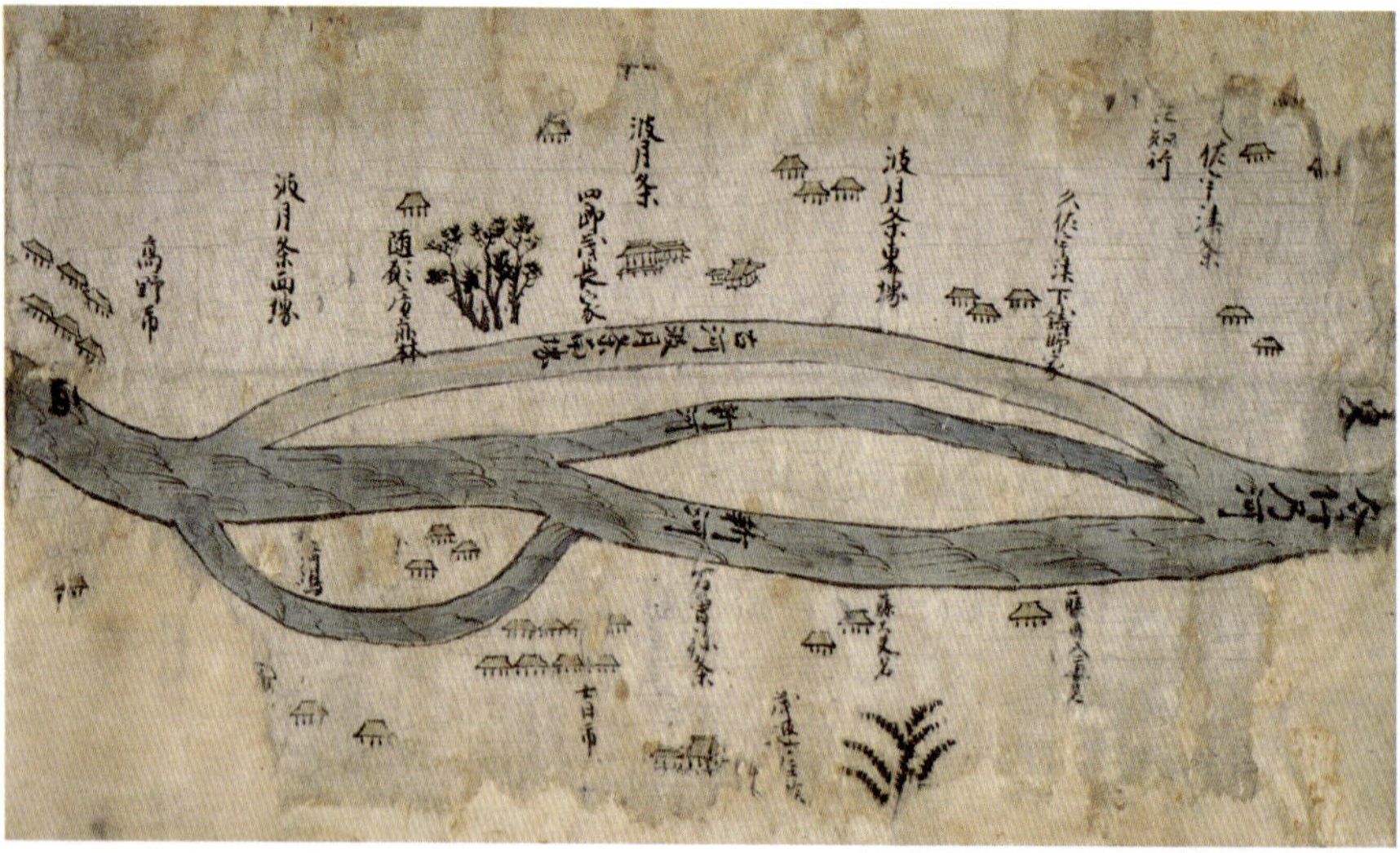

▲紀州本川中島合戦屏風　上杉側の軍記にみえる天文23(1554)年8月18日と弘治2(1556)年3月の川中島合戦を上杉側の立場から描いたもの。図は右隻五扇の部分。

◀村上《むらかみ》城(「越後国郡絵図」)　戦国時代の山城《やまじろ》と城下町が一体となって形成されている様子が克明に描かれている。国重文。

▲新発田《しばた》城表門(新発田市)　新発田城は慶長3(1598)年，6万石の領主として移封された溝口秀勝《みぞぐちひでかつ》が，新発田重家《しげいえ》の城跡にはいり創築し，4代かけて整備した平城《ひらじろ》。現在，城門と隅櫓《すみやぐら》各1棟，石垣と濠《ほり》の一部が残る。

▼享保6年紫雲寺潟《しうんじがた》掘切工事立会《たちあい》絵図　享保6(1721)年，新発田藩と幕領館《たて》村陣屋が共同で排水堀工事を実施した際の双方18カ村庄屋《しょうや》の立会絵図。享保19年干拓《かんたく》完工以前の紫雲寺潟周辺の状況がわかる。

▲ 五合庵《ごごうあん》(燕市)　真言宗国上寺《しんごんしゅうこくじょうじ》の草庵。国上《くがみ》山中にある茅葺《かやぶき》の小庵で，良寛が文化13(1816)年59歳ころまで住んだ。現在の庵は大正3(1914)年に再建されたもの。昭和27(1952)年に良寛修行の地として新潟県史跡に指定された。

▼ 大船絵馬(新潟市白山神社)　新潟港の御城米《ごじょうまい》積込み状況を描いた縦1.88m・横3.60mの絵馬額。新潟町の画家井上文昌《いのうえぶんしょう》が描き，水原《すいばら》町の豪農で新発田《しばた》藩廻船差配方をつとめた市島次郎吉正光《いちしまじろうきちまさみつ》が嘉永5(1852)年に奉納した。

▲明治前期の信濃《しなの》川河畔風景(銅谷白洋筆「鳥屋野詣」)　明治前期の開化の街，新潟町のシンボルである信濃川に浮かぶ蒸気船・帆掛《ほか》け舟，近代建築技術の粋《すい》をあつめて建造された新潟県会議事堂，河畔に憩《いこ》う人びとの様子など，明治開化期の新潟町民の躍動感を活写している。

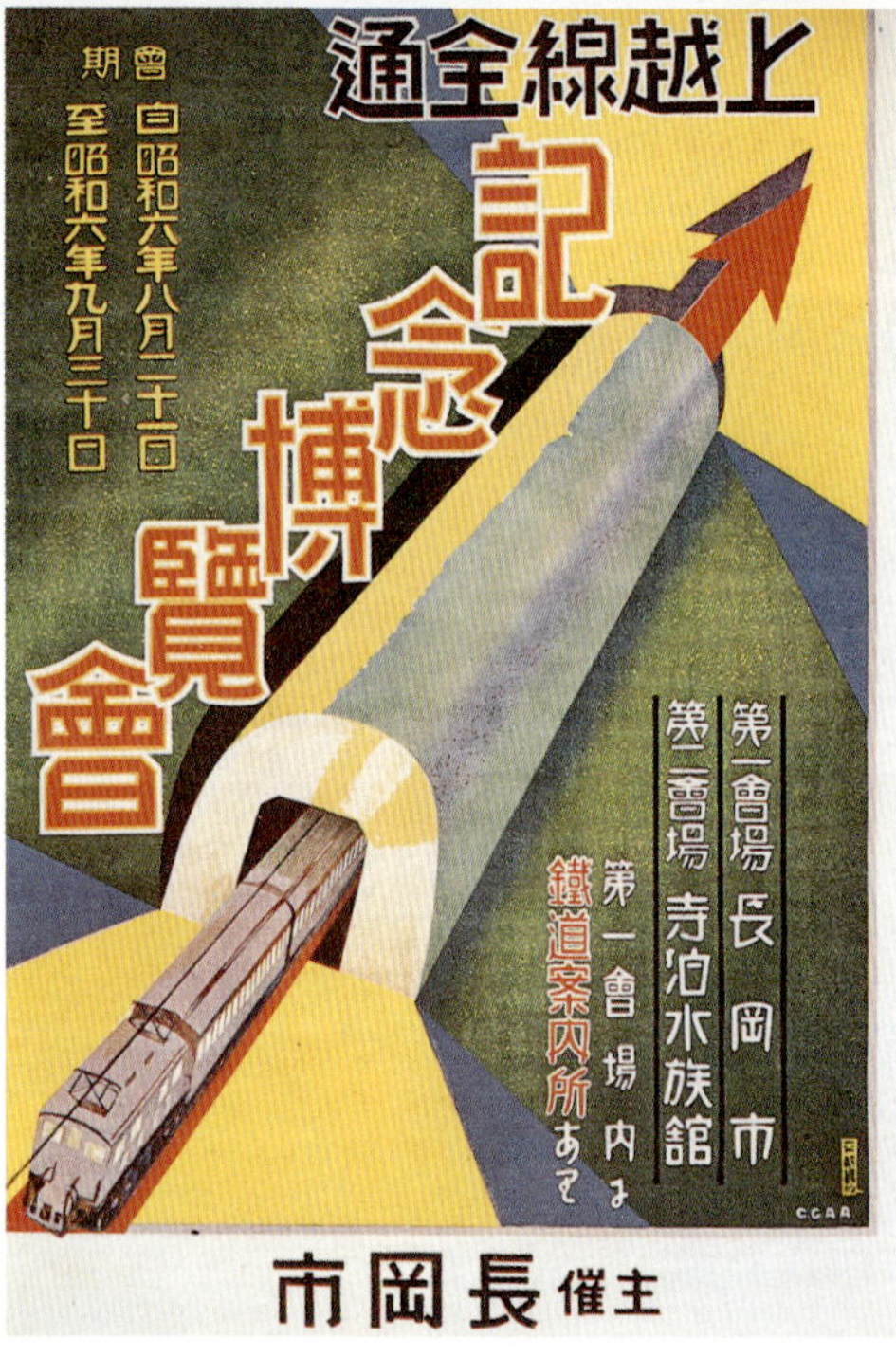

►上越線全通記念博覧会ポスター　新潟県民待望の上越線全通は，清水トンネル開削《かいさく》の難事業を克服して，昭和6(1931)年9月1日の石打《いしうち》・水上《みなかみ》間の開通で実現した。この結果，上野・新潟間は信越本線経由にくらべて98km，4時間が短縮された。

地方史研究協議会名誉会長
学習院大学名誉教授
児玉幸多　監修

企画委員　熱田公一川添昭二一西垣晴次一渡辺信夫

新潟県の歴史　目次

田中圭一一桑原正史一阿部洋輔一金子達一中村義隆一本間恂一

新潟県の歴史

風土と人間——ゆたかな自然がうんだ人情

越後は雪の国●

わが越後《えちご》のごとく、年ごとに幾丈の雪をみば、なんの楽しきことかあらん。

越後塩沢《しおざわ》の人鈴木牧之《すずきぼくし》は『北越雪譜《ほくえつせっぷ》』にこう記した。

雪をのぞいて越後を語るわけにはいかない。しかも越後人にとって、それは風物詩の対象ではない。冬の日、越後では、関東とのあいだに屏風のように立ちはだかる三国《みくに》山脈にさえぎられるように空にたまった雪が終日音もなく降り続く。降りしきる雪を眺めて人びとはためいきをついた。明日の雪掘りの労苦を思うからである。

雪はまた、春先の雪どけ洪水の元凶でもあった。雪はまた交通の障害でもあった。はやく雪の降った年、米負いたちは塩沢や湯沢《ゆざわ》の穀師《こくし》たちからうけとった二俵（一二〇キロ）の俵を背に、カンジキをはいて二日間かけて永井宿《ながいのしゅく》まで山をのぼり、くだっていった。今日まで越後の人びとにとって雪の思い出は、そのまま苦しみの思い出であり、それを述べずに越後の歴史は語れなかった。他国から来遊した歌よみの雪を楽しむ風情など、越後人の生活感覚からはうけいれがたいものであった。

災難に逢ふ時節には災難に逢ふがよく候、死ぬ時節には死ぬがよく候、是はこれ、災難をのがるる妙法にて候。（山田杜皐宛良寛《りょうかん》書簡）

長い他国生活から帰った良寛は世に満ちた災厄の恨みを我が身に背負いこもうとした。村で生産生活をする人びともまた、雪を克服の方法もない存在としていつまでも眺めてはいなかった。

> 雪中に織り、雪水にそそぎ、雪上にさらす、雪ありて縮《ちぢみ》あり、されば、越後縮は雪と人と気力相なかばして名産の名あり。魚沼郡の雪は縮の親といふべし。（『北越雪譜』）

十八世紀のなかば、越後魚沼《うおぬま》の雪深い村にうまれて全国にその名を知られた縮は、寒さと湿気、女たちの冬の時間が織りだした文化である。翻ってみると、そのような文化はもっと以前の時代にも存在した。

昭和十一（一九三六）年、長岡《ながおか》市の馬高《うまだか》（遺跡）から炎《ほのお》の形をした土器《どき》が発見された。祭器とも思われる緻密《ちみつ》な幾何学《きかがく》的文様の縄文《じょうもん》土器が発見されたのである。この縄文中期の火焔《かえん》型土器は、信濃《しなの》川流域を中心に、北は秋田から、福島、群馬、栃木、長野、富山におよんで一大文化圏をかたちづくっていたが、そこにも時間と文化の蓄積が感じられる。こうしたものこそ、越後の自然風土がつくりだした人の技《わざ》である。そのように考え

雪中の市（『雪之図絵巻』）

てあたりをみまわすと、現代にあっても事情は似かよっている。高橋義彦《たかはしよしひこ》氏の『越佐史料《えっさしりょう》』、吉田東伍《よしだとうご》氏の『大日本地名辞書《だいにほんちめいじしょ》』、諸橋轍次《もろはしてつじ》氏の『大漢和辞典《だいかんわじてん》』など、息のつまるような長い時間を要する大文化事業家が越後からうまれていることに思いあたるのである。

その土地の風土はその土地の自然が紡ぐものであるが、また、その土地に住む人びとがつくりだすものでもある。

金銀山の国●

江戸時代の越後・佐渡《さど》人として忘れることのできないものに金銀山の存在がある。天文年間（一五三二〜五五）に鉛灰吹法《なまりはいふきほう》という革新的技術によってうまれた佐渡の国鶴子《つるし》の銀山、越後国上田五十沢《うえだいかざわ》の上田銀山は、上杉謙信《うえすぎけんしん》を巨大な戦国大名《せんごくだいみょう》とした。また慶長五（一六〇〇）年の関ヶ原《せきがはら》合戦以後、佐渡相川《あいかわ》の金銀山は大久保長安《おおくぼながやす》の力で年一万貫という記録的な運上額をあげ、家康《いえやす》政権の経済をささえた。佐渡四万人の百姓がおさめた年貢の合計が銀五〇〇貫だからたいへんな金額といわなければならない。

このような銀の大量生産を可能にした第一は島への人の来住である。「さんせう太夫」に描かれるように十七世紀初頭のわが国では直江《なおえ》の津《つ》、といえば佐渡への人買いの根拠地としてひろく知られていた。人買いの手によって島に人がわたり、相川は四、五万人の山稼ぎ人でにぎわった。その人たちの食料になる米は、越後を始めとして、出羽《でわ》・越中《えっちゅう》、果ては津軽《つがる》の米も佐渡に売られた。莫大な木材・炭需要のため越後の山村はうるおい、越後の海岸に位置する村々は塩焼きや四十物《あいもの》の生産にはげんだ。金銀山の繁栄によって越後全域で商品生産が進み貨幣がいきわたった。自給自足の社会は商品生産社会へとさまがわりをとげた。

田地と地主の国越後●

越後の越後平野・頸城《くびき》平野、佐渡の国中《くになか》平野は広大な水田地帯である。秋九月の初旬は、平野は黄金色《こがね》につつまれる。こうした大平野が水田として開かれたのは江戸時代の初め、十七世紀から十八世紀にかけてであった。

頸城平野大瀁《おおぶけ》新田は、かつて潟町《かたまち》の海岸砂丘と保倉《ほくら》川にはさまれた大湿地帯であった。高田《たかだ》町の商人宮《みや》嶋作右衛門《じまさくえもん》が、藩主松平光長《まつだいらみつなが》の家老小栗五郎左衛門《おぐりごろうざえもん》のあとおしで実施した開田事業は上州《じょうしゅう》一之宮《いちのみや》の浪人、神戸三郎左衛門《かんべさぶろうざえもん》・茂田七右衛門《しげしちえもん》らの請負いで進められた。湿地の悪水を吐いて干拓を進め、保倉川からの用水によってつくられた大瀁新田は公式には一万六〇〇〇石の生産額をもつ田地と、八六カ村の村をうんだのであった。工事には寛永から延宝に至る四〇年間の歳月をかけた。

こうした低湿地の開拓地は、開発以来今日まで洪水による冠水、日照りによる干損に悩まされ続けることになる。越後での大開発は越後農村の発展を示すものであったが、同時に毎年のようにおきる災害は越後が近代に至っても農業問題から他に目をむけることをできなくした。

越後には、江戸時代後期に大地主がうまれた。天保年間(一八三〇〜四四)につくられた「越後田持丸《たもちまる》鑑《かがみ》」には、水原《すいばら》の市島《いちしま》家を始めとして佐藤伊左衛門《さとういざえもん》家、下関《しもせき》の渡辺三左衛門《わたなべさんざえもん》家、新発田《しばた》の白勢瀬兵衛《しらせせべえ》家・白勢長兵衛《ちょうべえ》家、田上《たがみ》の田巻三郎兵衛《たまきさぶろうべえ》家・同七郎兵衛《しちろうべえ》家、中村浜《なかむらはま》の佐藤三郎左衛門《さぶろうざえもん》家などがのっている。

十九世紀初頭、市島家は日本一、八〇〇〇石の田地をもっていた。ところで地主のあるところ小作人がうまれる。田地をたがやしてくれるものがなければ地主はやっていけない。しかも江戸時代も後半ともなれば農業にたずさわらなくとも、いろいろな職業に従事して生活できる時代であった。さて小作人は地主の田地をたがやすとき、小作水入証文《こさくみずいりしょうもん》といわれる契約書をつくった。魚沼塩沢「高田屋文書」をみると、実収穫に対する小作人の取り分はすべて二分の一である。地主は収穫物の半分をうけとり、そのなかから年貢諸役を納付した。地主の利益は収穫の二〇~二五%ほどであった。小作人といえば貧困の代名詞のごとく考えられているが、再考の余地がある。越後では小作人への思いやりをもたない地主は失格であった。十八世紀、越後片貝《かたかい》の庄屋太刀川喜右衛門《たちかわきえもん》はその著『やせかまど』につぎのように書いた。

君、臣をみること、ちり、あくたの如くすれば、臣、君を見ること、仇敵《きゅうてき》の如し

村のなかで目上と目《もく》される人びとや、藩役人の心構えを論じたものであるが、それが越後の社会を維持する条件であり、越後の文化的土壌そのものであった。

勤勉・我慢、そして才覚●

慶長十八(一六一三)年、上州真庭《まにわ》の人佐藤九左衛門《さとうくざえもん》が越後見物にやってきて、魚沼関村《せき》の「町場《まちば》」に住みついて開拓と商業に従事した。彼の「日記」をみると、九左衛門は三国《みくに》峠の山麓《さんろく》にあって江戸の情報を前橋《まえばし》をとおしていちはやく知り、江戸と新潟を結んで商業をいとなんだ。麻・四十物・鮭を江戸に運んだのである。鮭は豊漁の年には三〇〇〇駄(一駄三〇貫)の鮭荷が三国峠を越えた。十一月、ひとたび雪が峠に積もれば馬荷はとまる。それが越後村上《むらかみ》で鮭の塩引《しおびき》をつくらせた。

越後塩沢に関東むけの酒造業がうまれたのは寛文・延宝期(一六六一~八一)のことである。しかしそれは単に越後が米あまりの国だったからではない。十七世紀のなかば、各地の米あまりは深刻で、新潟では敦賀《つるが》からの米買船の来航がとまって米相場が成り立たなかった。そうした状況のもと、新潟港まで米運送賃が多くかかる魚沼はことさらに低米価に苦しんだ。長岡で米二石四斗で一両になるとき、塩沢では三

石売らねば一両の金が手にはいらなかった。運賃が差し引かれたからである。そこに目をつけたものがいた。この安い米で酒をつくり、関東に運んだらもうかるではないか、と。塩沢の三軒の酒屋に招かれた杜氏《とじ》のうち二人は京都と江戸から招かれた。消費する側の味の好みを取り込んだのである。つくられた酒は樽に詰められ馬の背で三国峠を越えていった。そのようにみると、村上の鮭の燻製も、小千谷《おぢや》の縮も、魚沼の酒も米も、みんな地域をつつむ障害のなかからうみだされたものであることに気づく。越後・佐渡の人びとは峠・雪・洪水などの障害を、勤勉と我慢で克服していった。それが越後人の才覚といわれるものなのである。

他国稼ぎの国●

　女湯に甚句を唄う越後下女　（川柳）

夜おそく、しまい湯で故郷をなつかしむ越後女が多くいた。幕末、越後や佐渡は他国稼ぎの国として世に知られた。二、三男も姉子たちも他国にいって一旗あげようと考えていた。村にいて食えないからだという説もあるが、食べられる立場にあるものたちも他国にいった。独立の夢を他国にみたのである。江戸時代の終わり、越後柿崎《かきざき》村には四〇〇人もの名子《なご》がいた。名子といえば一

越後からの酒造出稼ぎ酒屋升屋（埼玉県本庄市）の徳利

人前の百姓となり得ない人びとのことである。彼らの多くは関東に杜氏として働きにいった。その名子の一人が出稼ぎ先武蔵《むさし》の児玉《こだま》の町から人に託して故郷の知人に一〇〇〇両の金をあずけ、その金で村で田地を求めることを依頼している。杜氏として関東に赴いた人たちのなかには勤勉・努力で酒造屋となったものも多くいる。故郷に錦を飾るとはそういうことだった。

戊辰戦争の渦中におかれた越後・佐渡ではその後の民心掌握はきわめて困難で、新政府は大きな力を割かなければならなかった。明治元（一八六八）年、新政府は越後の直轄地を支配するため、越後府を設置した。しかし越後府は、越後全体を統一するところとならず、明治四年には新潟県・柏崎《かしわざき》県・相川《あいかわ》県が並立した。やがて明治九年、おくればせながら三県は新潟県に統合された。人口の多い柏崎が県名とならず新潟県となったのは、政府が開港地の新潟を重要視したためである。

明治十年代、日本第一位の人口をもった新潟県は明治二十年代以降、人口一位の座を失った。他県が工業化を押し進めたとき、新潟県はそのバスにのりおくれたのである。明治二十年代から三十年代にかけて県の予算の多くの部分が農地の災害復旧に用いられた。とりわけ明治三十一年の大水害は全県に大きな被害をあたえた。他県が工場を建て大学や高校をつくって近代化にそなえようとしたとき、それができなかった。明治末年までに新潟医学校が一校できたのみ、それがのちに新潟医科大学になっただけで戦後までほかに大学がなかった。さらに戦後の米不足時代をつうじて農業立県から脱皮することができなかった。

今日も、新潟県に住む人たちがそうした課題にどのように才覚をもってとりくむかが問われつづけている。

1章

越佐史の序曲

縄文時代のヒスイ工房跡(糸魚川市・寺地遺跡1号住居址)

1　食料を求めて

寒冷気候を生きる●

人類が長く歴史を織りなしてきた大地には、それぞれの時代を生きた無数の人びとの思いや営みが刻まれている。現在、約二三四万人が暮らしている新潟県の大地も例外ではない。それでは、この新潟県地方に、はじめて人類の足跡が記されたのは、いつごろのことだろうか。

日本列島の各地に人類の確実な遺跡が増加するのは後期旧石器時代にあたる約三万年前以降のことである。とくに二万五〇〇〇年前ごろ、北方アジアから石刃《せきじん》技法とよばれるすぐれた石器製作の技術をもった人びとがつぎつぎに日本列島に移動してきた。新潟県内でも内陸部の河岸段丘を中心に約二〇〇カ所の後期旧石器時代の遺跡が報告されている。そのころ、地球は更新世《こうしんせい》（洪積世《こうせきせい》）最後の氷期《ひょうき》であるウルム氷期が最寒冷期を迎え、平均気温は現在より七～八度も低かった。そのため、海面が低下し、日本列島をとりまく海峡はほとんど陸化していた。北方アジアの人びとは、その陸橋をわたってナウマンゾウやオオツノシカなどを追ってきたのであろう。

そのとき北方アジアの人びとがたずさえてきた石刃技法とは、石器の素材である石核《せきかく》に打撃を加え、同じような剥片《はくへん》（石刃）をいくつもつくりだす技法のことである。人びとはその石刃を加工してナイフ形石器をつくった。ナイフ形石器の隆盛は後期旧石器時代の日本列島の特徴であるが、石核を縦長に剥離した石刃からつくる杉久保《すぎくぼ》型、杉久保型よりやや幅広な東山《ひがしやま》型、石核を横長に剥離した石刃を用いる国府《こう》型

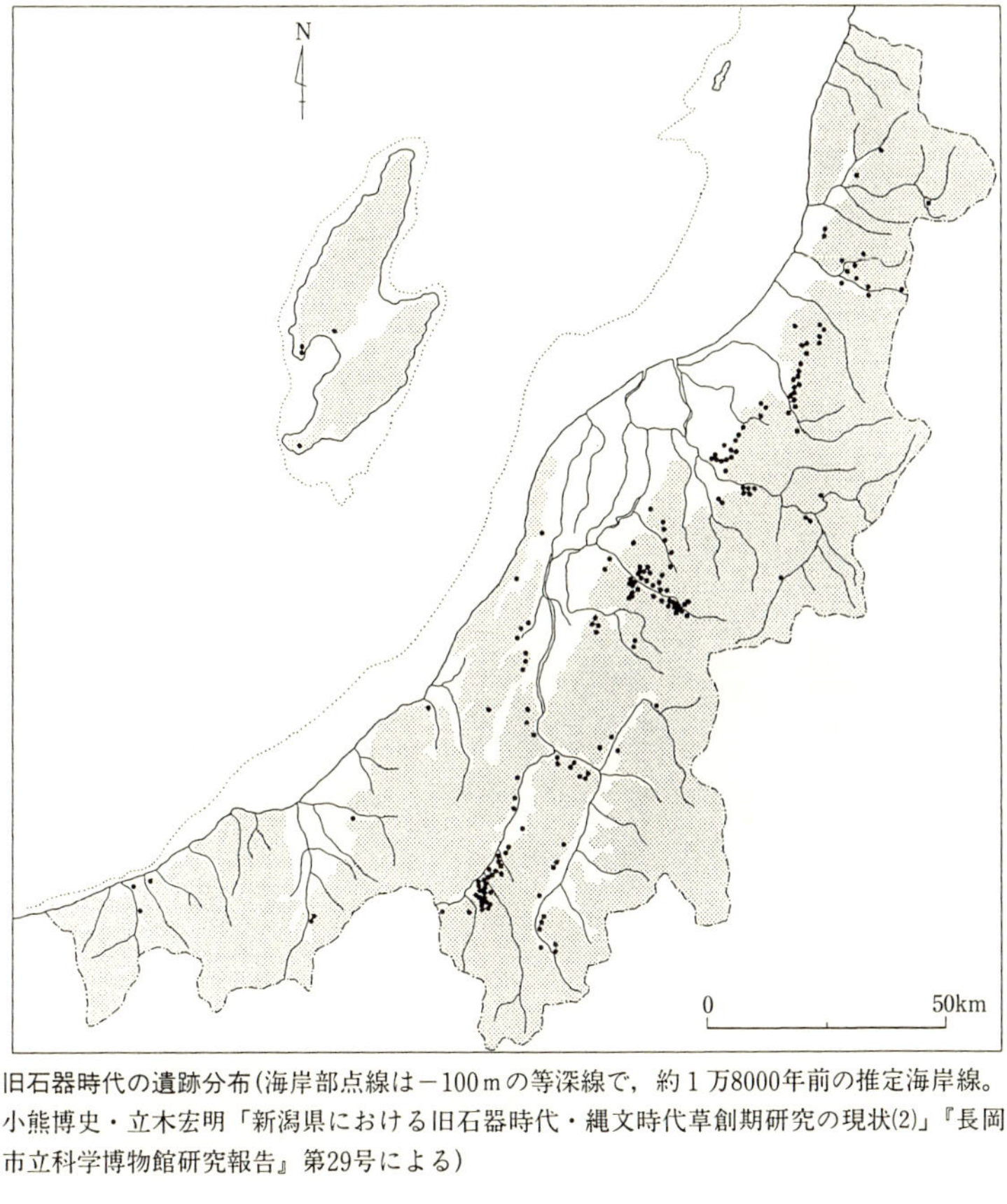

旧石器時代の遺跡分布(海岸部点線は－100ｍの等深線で，約１万8000年前の推定海岸線。小熊博史・立木宏明「新潟県における旧石器時代・縄文時代草創期研究の現状(2)」『長岡市立科学博物館研究報告』第29号による)

（瀬戸内型《せとうち》）などの違いがあった。一般に杉久保型と東山型は東日本に、国府型は西日本に分布している。そのころ、東日本は亜寒帯性の針葉樹林におおわれ、西日本には冷温帯性の落葉広葉樹林が広がっていた。東日本と西日本の自然環境の違いが狩猟の対象や方法に違いをうみだし、石器の製作技法に影響をあたえていたのであろう。

新潟県内では、杉久保型や東山型のナイフ形石器を出土する遺跡が多い。中魚沼《なかうおぬま》郡津南《つなん》町の貝坂《かいさか》遺跡、村上市の桃川《ももがわ》遺跡などである。しかし、三条市の御淵上《みふちがみ》遺跡では、国府型のナイフ形石器が出土している。また、貝坂遺跡から出土したナイフ形石器は長野県和田《わだ》峠から産出された黒曜石《こくようせき》を用いている。後期旧石器時代の人びとは、長い時間をかけて遠くまで移動したり、直接または間接的に遠隔地と交流し、新しい技術や必要な物資を入手していたのである。

ウルム氷期の最寒冷期がすぎた一万四〇〇〇年前ごろ、急速にナイフ形石器が衰退し、小さな石刃を加工してつくる長さ二～三センチの細石器《さいせっき》が登場した。人びとは彫器《ちょうき》とよばれる石器で木の柄《え》や獣骨《じゅうこつ》に細い溝をほどこし、そこ

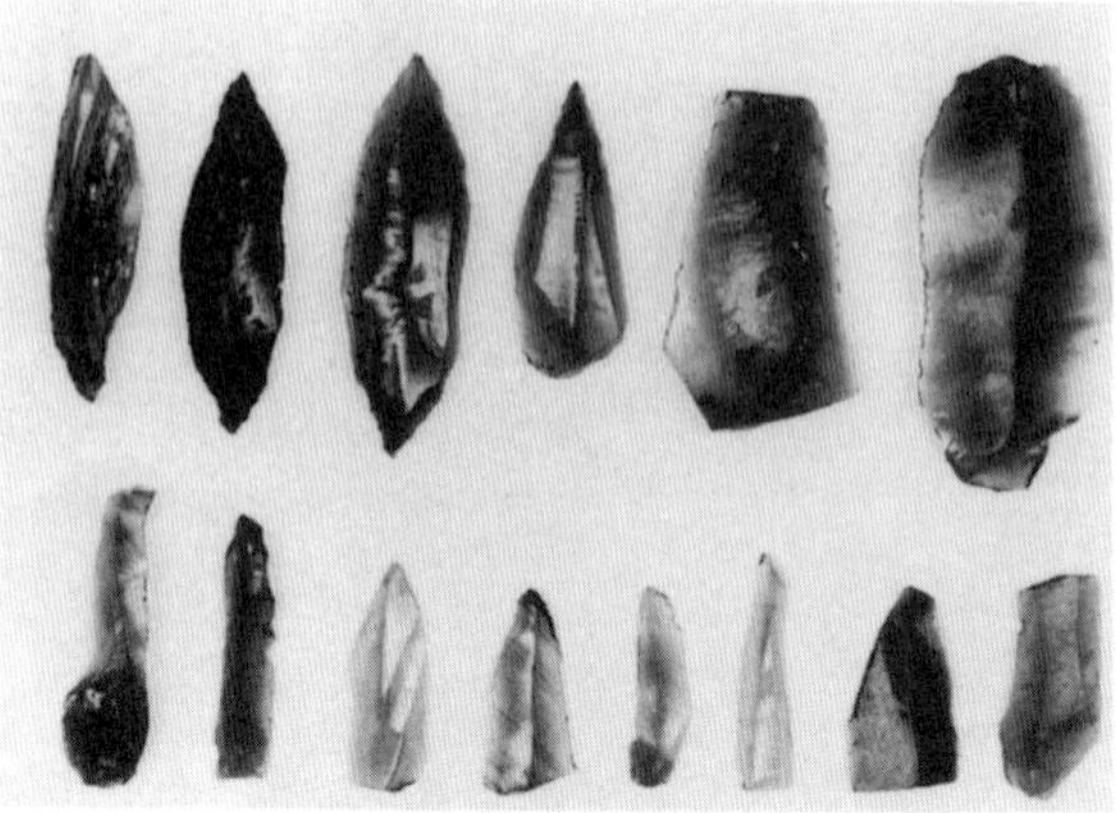

貝坂遺跡（中魚沼郡津南町）出土の杉久保型ナイフ形石器

に細石器を何点もセットして組み合わせ式の槍やナイフをつくった。細石器は短期間に日本列島の全土に普及したが、東日本と西日本では製作技法に違いがあった。アジア大陸から異なる技法をもった人びとが、一方は北海道から津軽《つがる》海峡を越えて東日本に、他方は朝鮮半島から対馬《つしま》海峡をわたって西日本に移動してきたのであろう。

新潟県内では、長岡市の荒屋《あらや》遺跡、魚沼市の月岡《つきおか》遺跡、三条市の中土《なかづち》遺跡などから細石器が出土している。いずれも東日本系の技法を有し、とくに荒屋遺跡から荒屋型彫器とよばれる石器が大量に出土している。この荒屋型彫器を伴う文化はバイカル湖の周辺に源流があり、河川沿いに立地することが多い。このころ、気候の変動と乱獲によって大形の哺乳動物が激減したといわれており、サケやマスなどが貴重な食料源になっていたのであろう。

後期旧石器時代の人びとは、五～一〇人の小さな集団をつくり、台地や段丘上に簡便な住居をきずいて、季節ごとに移動して狩猟や採集を行っていた。当時の日本列島は案外ゆたかな森林にめぐまれていたが、人口は一万人を超えなかったと推定されている。後期旧石器時代の末期には人口が減少した形跡もあり、寒冷期を生き抜くことは決して容易なことではなかった。

土器の出現●

最後の氷期が終わり、更新世から完新世《かんしんせい》（沖積世《ちゅうせきせい》）に移行したのは約一万年前のことである。その少し前の一万二〇〇〇年前ごろ、日本列島に土器を使う人びとがあらわれた。縄文《じょうもん》時代の幕あけである。

縄文時代は、従来、早期・前期・中期・後期・晩期の五期に分けられてきた。しかし、一九五〇年代の後半にあいついで早期より古い土器が発見され、草創期が設定されるようになった。そのさい、東日本で大きな役割を果たしたのは東蒲原郡阿賀町の小瀬ケ沢《こせがさわ》洞窟《どうくつ》遺跡の調査である。調査は昭和三十三（一九五八）～三十四年に中村孝三郎《なかむらこうざぶろう》らによって行われ、早期の地層よりさらに下の地層から押圧縄文《おうあつじょうもん》などさまざまな文様をもつ土器が発見された。押圧縄文をもつ土器はすでに中魚沼郡津南町の卯ノ木《うのき》遺跡や山形県高畠《たかはた》町の日向洞窟《ひなたどうくつ》遺跡でも発見されていたが、まだ早期以前の土器として認定されていなかった。しかし、翌年以降、同じ阿賀町の室谷洞窟《むろやどうくつ》遺跡の調査が開始され、やはり早期以前の地層から土器が発見された。

こうして確認された草創期の土器は、ほとんどが煮炊《にた》き用の深鉢《ふかばち》である。実際にススやコゲが付着したものもある。土器はまず食料を煮炊きする用具として出現したのである。草創期や早期の深鉢の底が細くすぼまった尖底《せんてい》や丸底《まるぞこ》になっているのは熱効率をよくしようとしたからであろう。

食料の煮炊きは人びとの生活に大きな変化をもたらした。煮炊きすることで食料は消化のよいものになり、殺菌効果もあった。それまで食べられなかった物や食べにくかった物が狩猟や採集の対象に加えられ、食料の範囲が広がった。食料の増加は人口の増加と小さなゆとりをうみだし、しだいに知識や技術が蓄積されるようになった。

室谷洞窟遺跡（東蒲原郡阿賀町）出土の縄文時代草創期の土器

もちろん、こうした変化がすぐに達成されたわけではない。草創期の人びとは住居としてよく山間部の洞窟を利用したが、その規模からみて、当初は旧石器時代とあまりかわらない小さな集団で活動していたと思われる。しかし、小瀬ケ沢洞窟遺跡から出土した草創期の遺物はきわめて豊富な内容をもっている。さまざまな文様の土器、打製石斧《だせいせきふ》や局部磨製石斧《きょくぶませいせきふ》のほか狩猟用と思われる石鏃《せきぞく》・石槍《いしやり》・有舌尖頭器《ゆうぜつせんとうき》、調理用と思われる石皿《いしざら》・敲石《たたきいし》などである。カモシカやクマの骨も出土している。こうした遺物の豊かさは、小瀬ケ沢洞窟を拠点にした狩猟や採集が、長期間、一定の季節に繰り返されたことを示している。草創期には、なお寒冷気候のゆりもどしもあったが、食料の種類が増加したことが安定した狩猟採集活動を可能にしたのであろう。

そして、約一万年前に現在に近い気候が訪れた。人びとは洞窟をでて、台地や丘陵の平坦部《へいたんぶ》に数基の竪《たて》穴住居《あなじゅうきょ》をきずいた。こうして複数の集団がよりそい、共同で狩猟や採集を行う小さなムラがうまれた。縄文時代早期のはじまりである。このころ、新潟県内でも内陸部の河川沿いを中心に着実に遺跡が増加している。

その後、七五〇〇年前ごろからいちだんと温暖化が進み、五〇〇〇年前ごろまで高温な気候が続いた。この高温期はほぼ縄文時代の前期にあたり、海面は現在より四~五メートルも高くなった。そのため、低地に海水が流入して淡水とまじりあう汽水湖《きすいこ》が発達し、漁撈活動が活発になった。また、内陸部ではクルミやクリなどをもたらすブナ林の形成が促進された。

新潟県内でも人びとの活動範囲が低地や海岸部まで広がり、一つのムラが数世代にわたっていとなまれるようになった。このころ成立した刈羽《かりわ》郡刈羽村の刈羽貝塚から汽水性のヤマトシジミのほか、海や淡水産の貝殻・クジラ・イノシシ・ニホンジカ・鳥の骨などが出土している。深鉢の底が平底《ひらぞこ》にかわり、浅鉢《あさばち》や皿があらわれた。また、石鏃や磨製石斧のほかに石匙《いしさじ》(一種のナイフ)・石錘《せきすい》(漁網の錘《おもり》)・凹石《くぼみいし》(堅果《けんか》類を割る道具)などが多用されるようになった。食料資源の増加が人びとの定住性を高め、日常生活や狩猟採集のための用具を充実させていったのである。

縄文人の祈り●

その後、五〇〇〇年前ごろからやや気温が低下し、縄文時代の中期(約五〇〇〇~四〇〇〇年前)には、ふたたび現在に近い気候になった。しかし、東日本の内陸部では前期につちかわれた生活技術やブナ林などがもたらす豊かな動植物性の食料にささえられて遺跡が急増した。このころ、日本列島の人口は約三〇万人に達したと推定されている。新潟県内でも信濃《しなの》川の中流域を中心に遺跡の分布密度が高まった。こうした縄文時代中期の躍動を新潟県内でもっとも象徴するのは火焔型土器《かえんどき》の出現である。

縄文時代の土器にはさまざまな文様がほどこされたが、その装飾性は中期にもっとも高まった。たとえば、長岡《ながおか》市の馬高《うまだか》遺跡から出土した深鉢形土器は口縁部《こうえんぶ》に四個の鶏頭冠《けいとうかんじょう》状の把手《とって》がつき、頸部《けいぶ》や胴部《どうぶ》にもくまなく隆帯文《りゅうたいもん》がほどこされている。把手の形状が燃えあがる炎を連想させることから、同類の深鉢形土器は一般に火焔型土器とよばれている。

火焔型土器は、過度な装飾性からこれを祭器とみる説もあるが、実際に煮炊きに用いられた痕跡がある。いずれにしろ、その豪華な造形と文様には縄文人の世界観や呪術的な意味がこめられているとみてよいであろう。火焔型土器は信濃川の中流域でもっとも発達し、秋田県・福島県・長野県・富山県のほか関東地方にも波及した。信濃川の中流域ではぐくまれた技法とそこに込められた意味が東日本の各地に発信されていたのである。

同じころ、糸魚川《いといがわ》市の長者ケ原《ちょうじゃがはら》遺跡や寺地《てらじ》遺跡、富山県朝日《あさひ》町の境《さかい》A遺跡などでヒスイの玉が生産された。姫《ひめ》川支流の小滝《こたき》川や青海川の上流域に産出するヒスイを採集し、硬度の高いヒスイを研磨《けんま》・穿孔《せんこう》する工房が存在したのである。

ヒスイの玉の生産は縄文時代の前期の末にはじまり、中期にもっとも栄えたが、中期にはヒスイ大珠《たいしゅ》とよばれる長さ一〇センチ前後のカツオブシ形のものが主流になった。生産されたヒスイ玉は北陸・中部・関東を中心に全国各地に運ばれ、後～晩期には九州や北海道にもおよんだ。そのうちヒスイ大珠は墓壙《ぼこう》などから出土する例が多く、日常的な装身具としては大ぶりで重すぎることから、呪術的な意味が大きかったと推定されている。

このほか、中期の遺跡から女性をかたどった土偶《どぐう》、男性器を表象した石棒《せきぼう》、竪穴住居の出入口に埋設し

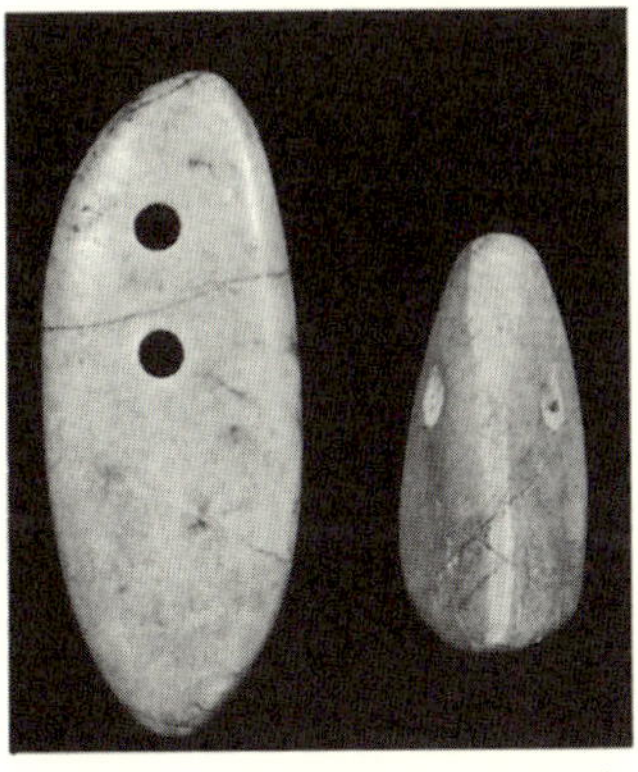

岩野原遺跡(長岡市)出土のヒスイ大珠
(長さ＝左：9.7㎝，右：5.8㎝)

た埋甕《うめがめ》、三角形の土板《どばん》、人面《じんめん》や獣面《じゅうめん》の把手をつけた土器などが出土している。土偶は一般に女性の出産能力を畏敬するなかからうまれた豊穣の女神と考えられているが、必ず身体の一部が損壊されており、複合的な意味をもつ呪具《じゅぐ》であったと思われる。また、埋甕はうまれた子の成長を祈るために胎盤をおさめたとする説と、死児の再生を祈るために死産した子や幼くして死んだ子をおさめたとする説がある。

縄文時代の死者は一般に手足を折り曲げた屈葬《くっそう》か手足をのばした伸展葬《しんてんそう》で埋葬された。中期に属する佐《さ》渡《ど》市の堂《どう》ノ《の》貝塚では屈葬、後期に属する同市の三宮《さんぐう》貝塚では伸展葬の例がみられる。そのうち堂ノ貝塚の六号人骨（壮年男性）は胸部に海獣歯牙《かいじゅうしが》製《せい》の垂飾《すいしょく》をつけ、頭部の左上方に特別製の石鏃が一三個そえられていた。矢が副葬されていたのであろう。また、後期から晩期に続く上越市の籠峰《かごみね》遺跡では石棺《せきかん》状の配石遺構や埋甕・石棒・石冠《せきかん》などが出土している。屈葬から伸展葬へ、さらに石棺状の配石遺構へとしだいに死者の埋葬方法がていねいになっていったのである。

こうした呪術的な遺物や遺構のなかには、土偶のようにすでに早期にあらわれたものもある。しかし、中期以降、衣食住に直結しない遺物や遺構が急増したのは、なによりも時間や労力に余裕が生じたからであるが、同時に自然界や人間の身の上におきるさまざまな現象に対する観察や体験が深まり、畏怖《いふ》の念や祈りの思いがいっそう強まったからであろう。また、呪術的な儀礼には人口増加に伴う社会的な緊張を緩和したり、人間関係を調整する機能もあったと思われる。

定住するムラ●

縄文時代中期のムラは一般に丘陵や段丘の平坦部にきずかれた。ムラの中央には広場があり、広場のまわりに数基から数十基の竪穴住居が環状《かんじょう》や馬蹄形《ばていけい》に配された。中魚沼郡津南町の沖ノ原《おきのはら》遺跡では中央の広場に長方形の大形建物があった。一般の竪穴住居と同じ石囲炉《いしがこみろ》をそなえていること、同じような建物がおもに東日本の日本海側にみられることなどから、遠来の客を宿泊させる施設か冬季の共同作業場と考えられている。いずれにしろ、中央の広場は呪術的な儀礼や共同で獲物の解体や食料の分配などを行う公共の場であったと思われる。

縄文時代の人びとが食料としてもっとも重用したのは植物性の食料である。とくに灰を用いたアク抜き技術が普及した中期以降、渋味が強いが比較的採集しやすいトチやドングリが重要な食料源になった。また、中期にはイモ類や球根類を掘ったと思われる打製石斧のほか石皿や磨石《すりいし》が増加している。堅果類や根《こん》

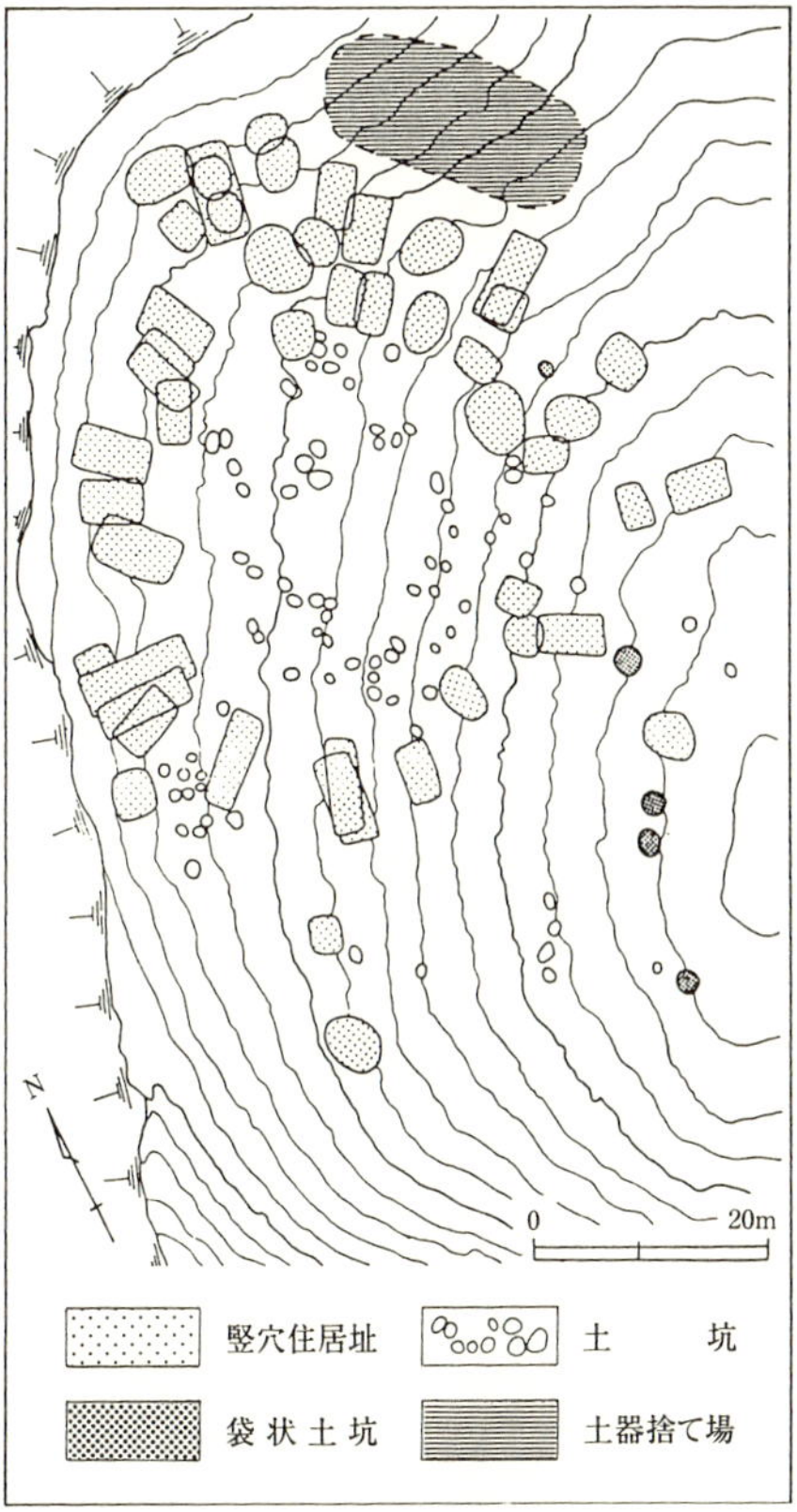

五丁歩遺跡（南魚沼市）の遺構の配置

化物が出土している。また、南魚沼市の五丁歩《ごちょうぶ》遺跡ではムラの南側に堅果類を貯蔵したと思われる大きな土坑《どこう》があり、土坑の中央底部に柱穴が確認された。雨や雪から食料をまもるために土坑に屋根をかけたのであろう。

このほか、食用にできるさまざまな植物、サケやマスやイワナなどの水産資源、シカやイノシシなどの動物も食料になった。新潟市の豊原《とよばら》遺跡では解体されたシカの骨が出土し、上越《じょうえつ》市の蛇谷《へびたに》遺跡では動物を捕獲するための溝状の落とし穴が九基確認されている。こうした食料資源の豊かさが縄文時代中期の躍動をうみだしたのである。

その後、ゆるやかな冷涼化は縄文時代の後期（約四〇〇〇〜約三〇〇〇年前）から晩期（約三〇〇〇〜約二〇〇〇年前）にも続き、しだいに遺跡の数が減少している。しかし、新潟県を含む東日本では、むしろ、この時期に成熟した狩猟採集社会が出現した。長い冬をしのぐ必要性が人びとに精勤な活動やさまざまな工夫や改良をうながしたからであろう。

たとえば、後期になると弓を用いた狩猟が活発になり石鏃が急増した。しかも、無茎《むけい》の石鏃にかわって矢柄《やがら》に装着しやすい有茎《ゆうけい》の石鏃が増加し、三条《さんじょう》市の上野原《うえのはら》遺跡や阿賀野市の藤堂《とうどう》遺跡など多くの後〜晩期の遺跡からアスファルトが付着した石鏃が出土している。アスファルトは土器の補修にも用いられたが、石鏃の装着を補強する接着剤として利用されたのである。また、このころ、冷涼化に伴う海面の低下によって沖積平野が発達し、自然堤防や河口近くの砂丘上にもムラがいとなまれるようになった。水辺の生活は漁撈活動を促進し、とくに定期的に溯上《そじょう》するサケやマスは重要な食料源になった。

しかし、後～晩期においても食料の中心は堅果類であった。後期に属する長岡市の岩野原遺跡では食料を貯蔵した土坑が一五〇基も検出されている。食料がとぼしくなる冬期にそなえ、保存がきくトチなどをたくわえたのであろう。晩期の新潟市の御井戸《おいど》遺跡でもトチやドングリが大量に出土している。植物性の食料は年によって豊凶の差があったと思われるが、後～晩期のころ、新潟県内ではほぼ通年、各種の食料を確保できたとみてよいであろう。晩期には食用可能な植物をムラの周囲に移植した可能性も指摘されている。

食料事情の安定はムラの大形化と、ときには一〇〇〇年以上にもおよぶ定住生活を実現し、多様な生活文化をうみだした。このころ、西日本の土器はしだいに粗製の深鉢形土器と精製の浅鉢形土器の二種類に集約されていった。しかし、東日本では浅鉢形・壺形・注口

藤橋遺跡(長岡市)出土の縄文時代晩期の精製土器(高さ＝上：9.1cm，下：16.0cm)

形・皿形・香炉形などさまざまな器種の精製土器がつくられ、粗製の深鉢形土器にも地域的な特色があらわれた。また、呪術的な遺物が増加し、一部の精製土器や呪術的な土製品《どせいひん》には朱や漆がほどこされた。村上市の上山《うえやま》遺跡から出土した巻貝《まきがい》形土製品にも朱が塗られているが、同遺跡から出土した幼児の足形をおした土版《どばん》の裏側には編み物の圧痕がある。布に類した編み物が存在したのである。

縄文時代の後期から晩期にかけて遺跡が減少したのは、冷涼化に伴う人口の減少だけでなく、ムラの大形化や定住化によってムラの新設が減少したからでもあろう。沖積平野に進出したムラの多くが堆積面の下に埋もれている可能性もある。

2 稲作と戦争のはじまり

東と西の接点●

紀元前三世紀ごろ、稲作文化をもった人びとがあいついで朝鮮半島の南部から北部九州に渡来してきた。いわゆる弥生人《やよいじん》である。弥生人は稲作以外にも機織《はたお》りの技術や青銅器《せいどうき》や鉄器《てっき》の文化を有していた。弥生人がもたらした新しい文化の波は数十年のうちに伊勢《いせ》湾の沿岸付近にまで達し、西日本の社会は急速に稲作を中心とする農耕社会に転換していった。

新潟県地方でも、縄文時代の晩期の末に米を知る人びととの接触がはじまり、新潟市の御井戸遺跡や三条市の長畑《ながいばたけ》遺跡からは籾殻《もみがら》や籾状の炭化物が出土している。しかし、稲作はすぐには普及しなかった。当時の新潟県地方は、山越えのルートや日本海ルートによって周辺地域と結ばれていたが、とくに青森県地方に成立した亀ケ岡《かめがおか》文化の影響をうけた東日本や北日本の縄文社会と密接な交流がはじまり、豊かな狩猟採集社会をつくっていた。そのため、栽培技術や調理が煩雑で、収穫が不安定な稲作を急いで導入する必要がなかったのである。

その後、弥生時代が前期から中期にさしかかる紀元前一世紀ごろ、新潟県内に亀ケ岡文化の特徴である工字文《こうじもん》や磨《す》り消《け》し縄文をもつ土器と、東海地方に成立した水神平《すいじんびら》文化の系統をひく条痕文《じょうこんもん》土器の双方を出土する遺跡があらわれた。新発田《しばた》市の村尻《むらじり》遺跡、阿賀野市の六野瀬《ろくのせ》遺跡や猫山《ねこやま》遺跡などである。東の縄文社会と西の弥生社会の中間に成立した水神平文化の影響が北関東を経て流入してきたのである。また、新潟市の緒立《おたて》遺跡でも弥生土器の技法である沈線を用いて変形工字文を描いた土器や、人間の手足の指の関節部に穴をあけた垂飾《すいしょく》や抜歯痕《ばっしこん》のある焼けた人骨片が出土している。東海地方で発達した抜歯の習俗が波及していたのである。

条痕文土器が普及したころの新潟県内の遺跡は、その多

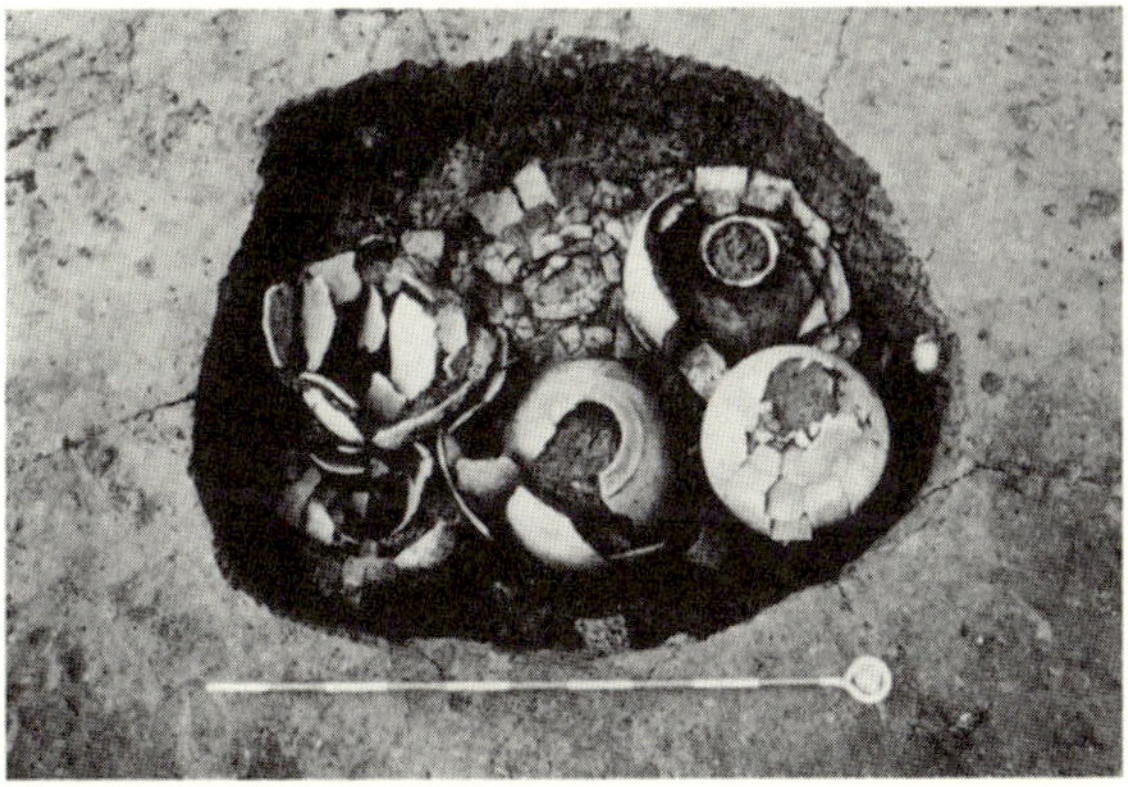

村尻遺跡(新発田市)の再葬墓

くが沖積地のなかの微高地、自然堤防、平野部をのぞむ砂丘地や丘陵の先端部に位置している。その立地からみて、これらの遺跡のなかには稲作を行うムラもあったと思われる。しかし、新潟市の緒立遺跡では狩猟採集生活の継続を示す有茎石鏃、打製石斧、磨石、石皿、凹石などが出土している。新潟県内では、その後も弥生時代の中期後半まで石鏃を出土する遺跡が多く、食料の多くを狩猟や採集に依存する生活が続いた。

また、新発田市の村尻遺跡、阿賀野市の六野瀬遺跡や猫山遺跡では死者をいったん埋葬したあと、遺体が白骨化したころに掘りだしてふたたび壺や甕におさめて埋葬した再葬墓《さいそうぼ》が検出されている。再葬墓はこの時期の東日本に多くみられる墓制であるが、埋葬方法に身分の差がなく、村尻遺跡の再葬墓から出土したヒトガタ土器には磨り消し縄文がほどこされている。これらの遺跡では、東海系の文化をうけいれる一方で、東日本の縄文社会と密接な交流をもち、身分差のない狩猟採集社会を維持していたとみてよいであろう。

玉と稲●

弥生時代中期の中ごろ、新潟県内の各地に櫛状《くし》の用具を使って文様をほどこした櫛描文土器《くしがきもんどき》が出現した。近畿地方や西日本に展開していた弥生社会の文化が流入してきたのである。櫛描文土器の技法は山越えのルートによって北信濃や北関東からも伝来してきたが、新潟県内に大きな影響をあたえたのは、すでに稲作が定着していた加賀地方など北陸地方の西部からもたらされた日本海ルートであった。

弥生文化の流入は、新潟県内の社会にさまざまな変動を引きおこした。弥生社会において重要な呪具である管玉《くだたま》や勾玉《まがたま》を生産する玉作《たまさく》遺跡の出現もその一つである。このころ、新潟市江南区の駒込《こまごみ》遺跡、長岡

❖コラム

再葬墓と沖縄の洗骨

新発田《しばた》市の村尻《むらじり》遺跡などにみられる再葬墓《さいそうぼ》は、おもに弥生《やよい》時代の前期に東日本で行われた墓制である。こうした習俗は弥生文化の東漸《とうぜん》とともに急速に消滅していった。

しかし、いったん埋葬した遺体の肉が朽ちるのを待って、あらためて遺骨を葬ったり、大切に保管する習俗は、かつて南太平洋の島々にも広く分布し、中国の福建省《ふっけんしょう》や沖縄にも一次葬墓から遺骨を取り出して洗い浄め、二次葬墓に再葬する習俗があった。堀場清子『イナグヤナナバチ』は、「伊勢の山田辺では棺《ひつぎ》が朽ちて土饅頭《どまんじゅう》が落ちこんだときのことを『ホネアライ』とよぶという洞富雄の報告を紹介している。

こうした習俗の背後には遺骨に死者の霊を感ずる信仰があったと思われる。実際、ネイティブ・アメリカンのなかには骨と霊を類語で表現する部族があり、沖縄でも洗骨を「タマクチスン（霊骨にする）」と称する地域があった。新潟市西区の緒立《おたて》遺跡から出土した人骨製の垂飾《すいしょく》も、遺骨のもつ霊力を得るためにこれを身につけたのであろう。

ところで、沖縄では、一次葬墓から棺を取りだすのは男性、そのあとの洗骨は女性の役割であった。遺体が屍蠟《しろう》化していたり、肉片が付着しているときは、小刀で削ぎ落とさなければならなかった。洗骨は女性たちにとってむごくつらい任務であった。そのため、洗骨の廃止は、戦後まもない沖縄の女性解放運動の大きな目標のひとつになった。弥生時代前期の再葬墓でも、やはり、女性たちが洗骨の作業をになったのだろうか。

市の諏訪田《すわだ》遺跡、柏崎《かしわざき》市の下谷地《しもやち》遺跡、十日町《とおかまち》市の城之古《たてのこし》遺跡などいくつかの玉作遺跡が成立したが、とくに佐渡《さど》市では新穂《にいぼ》玉作《たまさく》遺跡群と総称される桂林《かつらばやし》遺跡・平田《ひらた》遺跡・城ノ畠《じょうのはた》遺跡などのほか、下畑《しもばた》玉作遺跡、新保川東《しんぼがわひがし》遺跡など国府《こくふ》川の流域を中心に、約三〇カ所の玉作遺跡が成立している。佐渡の玉作遺跡ではおもに細形の管玉が生産されたが、ヒスイをのぞけば、石材はほとんど島内で産出する碧玉《へきぎょく》や鉄《てっ》石英《せきえい》であった。

佐渡の玉作は、櫛描文土器の出現とともにはじまり、多くの専業集落や兼業集落をうみだした。このころ、玉作遺跡のない東北地方でも多くの玉類が出土しており、佐渡や越後《えちご》から運ばれた可能性がある。しかし、佐渡の玉作は櫛描文土器の衰退とともにほとんど消滅し、つぎの古墳時代に継承されなかった。櫛描文土器の技法をもたらした加賀地方や近畿地方の人びとの求めに応じて玉作が開始され、その需要がゆるんだ時期に衰退したのであろう。

ところで、佐渡市の新穂玉作遺跡群や下畑玉作遺跡では櫛描文土器や玉作関係の遺物のほかに、炭化米、

下谷地遺跡（柏崎市）出土の炭化米と籾圧痕

米をむすための甑《こしき》、ワラ、紡錘車《ぼうすいしゃ》などがみられ、若宮《わかみや》遺跡でも甑と紡錘車が出土している。

一方、佐渡の対岸に位置する柏崎市の下谷地《しもやち》遺跡でも櫛描文土器が隆盛し、玉作が行われたが、ここでも紡錘車のほか、炭化米、稲穂を刈り取るための石包丁《いしぼうちょう》、沼沢地《しょうたくち》をたがやしたと思われる木製の平鍬《ひらぐわ》が出土している。このほか、柏崎市の小丸山《こまるやま》遺跡、北蒲原郡聖籠町《せいろうまち》の二本松《にほんまつ》遺跡、新潟市西区の六地山《ろくじやま》遺跡から甑や籾痕《もみこん》のある土器、十日町市の城之古遺跡から紡錘車、村上市の滝ノ前《たきのまえ》遺跡・砂山《すなやま》遺跡、新発田市の山草荷《やまそうか》遺跡から布痕《ぬのこん》のある土器が出土している。櫛描文土器の技法とともに稲作や機織りの技術が伝来し、普及していたのである。

しかし、このころ、新潟県内の各地に茎部《けいぶ》が逆T字形になった北方系のアメリカ型石鏃があらわれ、北陸系の櫛描文土器を伴う佐渡市のせこの浜洞穴《はまどうけつ》遺跡や浜端洞穴《はまばたどうけつ》遺跡でも活発に漁撈活動が行われていた。また、弥生時代の後期から古墳時代に続く南魚沼市の一水口《いちみなくち》遺跡では炭化米とともにクルミ・クリ・ヒョウタン・ウリなどが出土している。弥生文化を象徴する櫛描文土器や稲作が普及したのちも、食料を確保するためにさまざまな活動が行われていたのである。

墳丘墓と高地性集落の出現●

稲を栽培し、米を食料とするには多くの知識と技術と用具が必要であった。新潟県内における稲作は、そうした知識や技術をたずさえて北陸地方の西部から移住してきた人びとによって開始され、普及していったと思われる。しかし、柏崎市の下谷地遺跡や佐渡市の下畑玉作遺跡から出土した炭化米は粒の大きさがそろっておらず、新潟県の風土に適合する稲の品種改良や栽培技術はまだ未熟な段階にあった。それにもかかわらず、弥生時代の中期に稲作が普及したのは、櫛描文土器や玉作や織布《しょくふ》などとともに稲作や稲作に

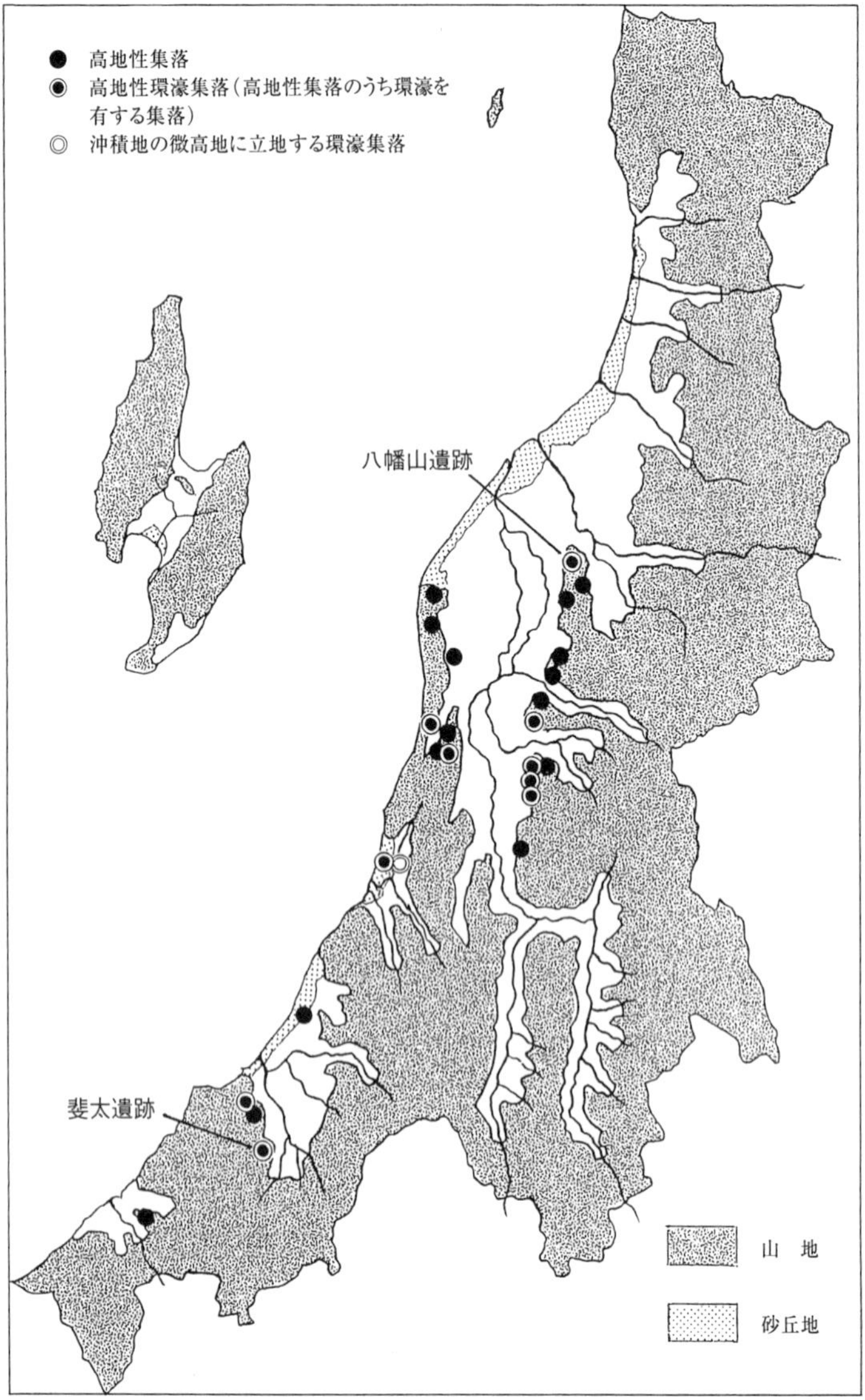

新潟県内のおもな防禦的集落

伴う祭祀が弥生社会を構成する不可欠な文化としてうけいれられたからであろう。

稲作の導入と定着は、やがて新潟県内の社会に大きな変化をもたらした。柏崎市の下谷地遺跡では直径五〜八メートルの六棟の平地式《へいちしき》住居のほか、大小に差がある一二棟の掘立柱《ほったてばしら》の建物がみつかっている。簡便な木製のハシゴが出土していることから掘立柱の建物は大半が高床式《たかゆかしき》の倉庫であったと思われるが、掘立柱の建物を床張りの住居として利用する富裕な階層が成長していた可能性もある。下谷地遺跡では穴を掘って死者を埋葬するだけの簡単な土壙墓《どこうぼ》が数多く検出されているが、それとは別に、周囲に堀をめぐらした一辺四〜六メートルの特別につくられた方形周溝墓《ほうけいしゅうこうぼ》が四基確認されているからである。

弥生時代中期の方形周溝墓は、このほか、柏崎市の野附《のづけ》・萱場《かやば》遺跡にもみられ、佐渡市の下畑玉作遺跡では五基の土壙墓のうち、割竹型《わりだけ》などの木棺に遺体をおさめて埋葬した木棺墓が二基確認されている。また、後期になると新潟市西蒲区の大沢《おおさわ》遺跡、三条市の内野手《うちので》遺跡、糸魚川市の笛吹田《ふえふきだ》遺跡など新潟県内の各地で方形周溝墓がきずかれ、見附《みつけ》市の大平城《おおひらじょう》遺跡や長岡市の奈良崎《ならさき》遺跡では方形台状墓《だいじょうぼ》、新潟市秋葉区の八幡山《はちまんやま》遺跡では小形の前方後方形墳墓が築造されている。稲作の普及によって首長層が成長し、墓制に身分の差が示されるようになったのである。

墓制に身分の差があらわれた弥生時代中期の後半ごろ、新潟県内の各地にムラの周囲を濠《ほり》でかこった環《かん》濠《ごう》集落や、沖積地にのぞむ丘陵や山頂に設営された高地性集落が出現した。防御的機能をそなえたムラが登場したのである。『後漢書東夷伝《ごかんじょとういでん》』は、二世紀の後半ごろ、倭国はおおいに乱れ、小国がたがいに攻防を繰り返したと伝えている。新潟県内でも弥生時代の中期後半から後期末のあいだに成立した防御的集落が二〇例あまり確認されている。上越市の裏山《うらやま》遺跡はそうした高地性環濠集落の一つであるが、検出された八棟の竪穴住居のうち、六棟に焼失した痕跡がある。火災の原因はあきらかではないが、戦火をうけた可能性もある。

防御的集落の出現は、稲作の普及によって耕地の確保や水利をめぐる稲作集団同士の対立や、生活慣習の違いからくる狩猟採集民と稲作民の対立が深刻になっていたことを示している。また、このころ、新潟県内の土器は北陸系の櫛描文土器が優勢であったが、北信濃系や北関東系の櫛描文土器や、連続孤線文《こせんもん》などをほどこした天王山式《てんのうやましき》とよばれる東北系の土器も流入していた。弥生時代後期の抗争は、異なる文化圏に属するムラがたがいに対立する代理戦争の様相もあったのである。

新潟県内の防御的集落のうち、もっとも注目されるのは新潟市秋葉区の八幡山《はちまんやま》遺跡と妙高市の斐太《ひだ》遺跡群である。八幡山遺跡は日本海側最北の高地性環濠集落であるが、二八基の竪穴住居と戦闘用の大形石鏃が大量に出土している。一方、斐太遺跡群は矢代《やしろ》川左岸の百両山《ひゃくりょうやま》・上の平《うえたいら》・矢代山に合計七一基の竪穴住居が検出された新潟県内最大の高地性環濠集落である。八幡山遺跡と斐太遺跡群は、いずれも北陸・近畿系の土器を主体とし、それぞれ日本海側から会津《あいづ》や北信濃に向かう要衝に位置している。両遺跡は北陸・近畿系文化圏の最前線にあったといってよいであろう。

新潟県内の防御的集落は弥生時代の末期にほとんど消滅した。そして、つぎの古墳時代の初頭には、長岡市の大武《だいぶ》遺跡で畦畔《けいはん》を整備した水田が造成され、佐渡市の千種《ちぐさ》遺跡でも畦畔を補強した矢板列や、土をならすための木製の杁《いぶり》、土掘り用の木器、粒の大きさがそろった炭化米などが出土している。抗争を繰り返した弥生時代の後期に稲作を基盤とする社会の形成が進められていたのである。

2章

コシの世界とヤマト政権

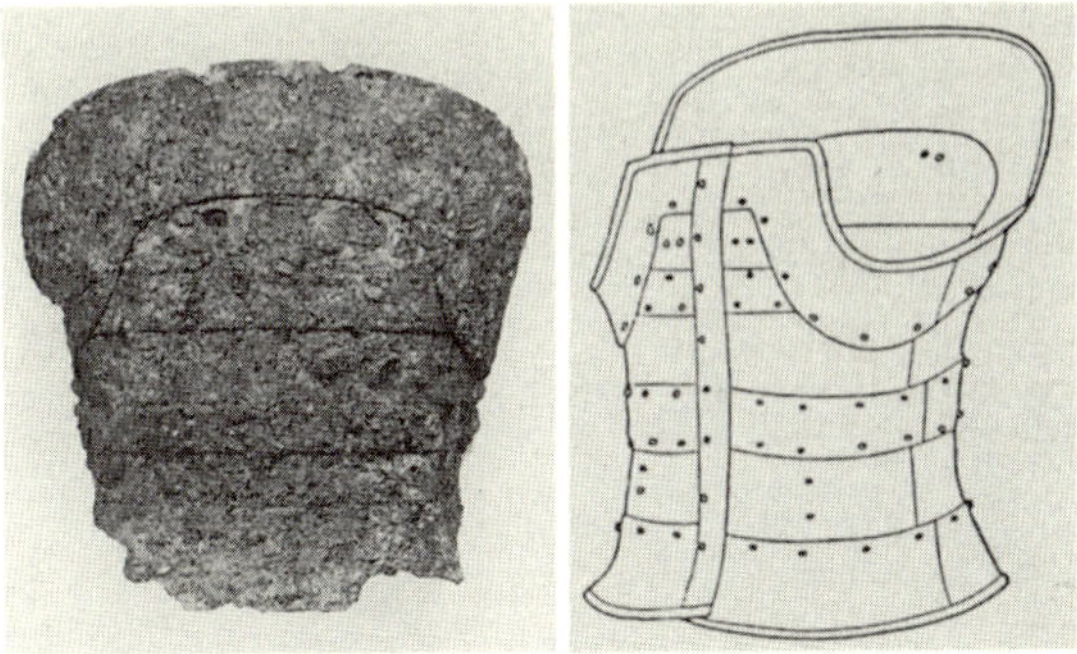

飯綱山古墳群10号墳(南魚沼市)出土の短甲と模式図

1　コシの北辺

前期古墳の出現●

三世紀の末ごろ、近畿地方の首長《しゅちょう》たちは一般にヤマト政権とよばれる連合政権を形成し、巨大な墳墓《ふんぼ》を築造するようになった。古墳《こふん》時代のはじまりである。古墳の規模は弥生《やよい》時代の首長墓をはるかに上まわり、形も前方後円墳《ぜんぽうこうえんふん》などにみられるように高い規格性を有していた。こうした古墳をきずく習俗はヤマト政権の支配圏が広がるにつれて各地に波及していった。そのうち三世紀の末から五世紀の初めごろにきずかれた古墳を前期古墳と称している。

日本列島の各地に古墳がきずかれたころ、福井県敦賀《つるが》市付近より北の日本海沿いの地域はコシ（越・高志）とよばれていた。そのコシの北辺《ほくへん》にあたる新潟県地方のなかでもっとも早くに古墳がきずかれたのは蒲原《かんばら》地方である。四世紀の中ごろから五世紀の前半にかけて、広大な低湿地帯をみおろす蒲原地方の東西の山麓《さんろく》に能登《のと》地方の影響をうけた古墳がつぎつぎに築造されたのである。

すなわち、低湿地帯の西の端につらなる弥彦角田山塊《やひこかくださんかい》の東麓《とうろく》では西蒲原郡弥彦村の稲場塚《いなばづか》古墳（前方後円墳）に新潟市西蒲区の山谷《やまや》古墳（前方後方墳）・菖蒲塚《あやめづか》古墳（前方後円墳）などがあいついで築造され、低湿地帯の東の端をくぎる新津東山丘陵《にいつひがしやまきゅうりょう》の西麓《せいろく》でも、三条《さんじょう》市の三王山《さんのうやま》四号墳（前方後方墳）、同一一号墳（造出付円墳《つくりだしつきえんぷん》）、同一号墳（前方後円墳）、新潟市秋葉区の古津八幡山《ふるつはちまんやま》古墳（造出付円墳）などがきずかれた。また、信濃《しなの》川の河口に近い新潟市の砂丘上にも弥彦角田山塊東麓の古墳と同系列にある緒立八幡神社《おたてはちまんじんじゃ》

1　城の山古墳(胎内市　円墳　35m)
2　緒立八幡神社古墳(新潟市　円墳　30m)
3　古津八幡山古墳(新潟市　造出付円墳　60m)
4　円塚古墳(新潟市　円墳　19m)
5　蝦夷塚古墳(田上町　円墳　22m)
6　宮ノ浦古墳(三条市　円墳　19m)
7　三王山1号墳
　(三条市　前方後円墳　38m)
8　三王山4号墳
　(三条市　前方後方墳　16m)
9　三王山11号墳
　(三条市　造出付円墳　23m)
10　菖蒲塚古墳(新潟市　前方後円墳　54m)
11　隼人塚古墳(新潟市　円墳　19m)
12　山谷古墳(新潟市　前方後方墳　37m)
13　観音山古墳(新潟市　円墳　26m)
14　稲場塚古墳(弥彦村　前方後円墳　26m)
15　大久保1号墳(長岡市　前方後方墳　25m)
16　大久保2号墳(長岡市　前方後方墳　18m)
17　山崎1号墳(見附市　前方後円墳　14m)
18　麻生田1号墳(長岡市　造出付円墳　19m)
19　吉井行塚古墳(柏崎市　前方後円墳　32m)
20　丸山古墳(上越市　方墳　一辺20m)
21　中島廻り1号墳(上越市　円墳　16m)

＊各古墳の(　)の数値は最長径を示す。

海上からみた新潟県内の前期古墳の分布と主要河川(甘粕健「越後地方の前期古墳」同編『磐越地方における古墳文化形成過程の研究』などによる)

古墳（円墳）が築造されている。

このほか新潟県内の前期古墳は、信濃川中流域の古志《こし》地方にも数基がみられ、県北や頸城地方にも孤立的に分布している。しかし、菖蒲塚古墳から出土したと伝えられる鼉竜《だりゅうきょう》鏡は仿製境《ぼうせいきょう》（国産鏡）のなかでも優品に属し、ヤマト政権からあたえられた可能性が指摘されている。また、三王山一一号墳も仿製《ぼうせい》四獣《じゅうきょう》鏡・鉄剣《てっけん》・管玉《くだたま》などのすぐれた副葬品《ふくそうひん》をもち、古津八幡山古墳は全長六〇メートルを超える県下最大の古墳である。なぜ蒲原地方に前期古墳が集中し、注目すべき古墳が多いのであろうか。『古事記《こじき》』につぎのような話が伝えられている。

崇神《すじん》天皇のころ、高志国《こしのくに》に派遣された大毘古命《おおひこのみこと》は、東方に派遣された息子の建沼河別命《たけぬなかわわけのみこと》と相津《あいづ》で出会った。そこで、その地を相津というようになった。

これは会津《あいづ》の地名起源伝説である。地名の由来は信用できないが、大毘古命がたどったとされるヤマト→コシ→アイヅという路順は無視できない。能登地方の影響をうけて蒲原地方に前期古墳がきずかれたころ、会津盆地にも北陸系の土器があらわれ、堂ケ作山《どうがさくやま》古墳（会津若松市）など巨大な前期古墳がいくつもつくられた。能登、蒲原、会津を結ぶルートが存在したのである。会津の地名起源伝説は、こうしたルートの存在をヤマト政権が熟知し、実際に利用するなかからうまれたものであろう。

蒲原地方と会津盆地の往来はおもに阿賀野《あがの》川を利用したと思われるが、このころ、阿賀野川と信濃川は合流し、広大な河口を形成していた。また、当時の蒲原地方は大小の河川が乱流し、点在する沼や潟を結んで信濃川に合流して日本海にそそいでいた。信濃川の河口付近は、阿賀野川沿いに会津盆地に至る重要な中継点であるとともに、日本海を航行してきた人びとが、信濃川やその支流である西川をさかのぼって新津東山丘陵の西麓一帯や弥彦角田山塊の東麓一帯、ときには古志地方にまで至ることのできる基点であった。新潟市西区の緒立八幡神社古墳はその基点に成立した古墳である。

こうして蒲原地方の首長たちは能登地方の首長勢力やヤマト政権と直接・間接に接触し、古墳の築造に必要な知識や技術や習俗を導入したのであろう。もっとも、蒲原地方には山谷古墳や三王山四号墳など一般に出雲《いずも》文化との関係が指摘される前方後方墳も築造されている。蒲原地方の首長たちは出雲地方の首長勢力とも直接・間接に交流していた可能性がある。

群集墳の時代●

古墳時代の中期から後期にかけて蒲原地方ではほとんど古墳がつくられなくなった。かわって、魚沼《うおぬま》地方や頸城《くびき》地方に群集墳《ぐんしゅうふん》があらわれ、佐渡《さど》地方でも多くの古墳が築造された。これらの古墳は大半が直径一〇メートル内外の小さな円墳であるが、その数がきわめて多く、首長層のほかにも古墳を築造する人びとがあらわれたことを示している。

そのうち、魚沼地方では五世紀の中ごろから六世紀の後半にかけて、魚野《うおの》川の左岸に鉄製の鏃《やじり》・鎧《よろい》・馬《ば》具《ぐ》など軍事的色彩の濃い副葬品をもつ群集墳がいくつか形成された。南魚沼市の飯綱山《いいづなやま》古墳群（円墳一〇〇基以上、現存三〇基）、蟻子山《ありごやま》古墳群（円墳九一基）などである。なかでも五世紀の中ごろに築造された飯綱山一〇号墳は直径四〇メートルの規模をもち、鏡・玉・剣・馬具・鉄製の矧板鋲留《はぎいたびょうどめ》の短甲《たんこう》（鉄製の鎧）など豊かな副葬品のほか、県内では唯一、胴部に透《す》かし穴のある壺形埴輪《つぼがたはにわ》を出土している。同種の埴輪が群馬県など北関東に多くみられること、北信濃に馬具や鎧を出土する中期古墳が多いことなどから、魚沼地方の古墳群は、東山道《とうさんどう》との交流のなかで形成されたとみてよいであろう。

頸城地方でも五世紀の末から七世紀にかけて多くの群集墳が築造された。矢代《やしろ》川左岸の丘陵上にみられる妙高市の観音平《かんのんだいら》古墳群（円墳五一基、方墳一基）、天神堂《てんじんどう》古墳群（円墳一一八基、方墳一基）のほか、上越市牧区の宮口《みやぐち》古墳群（三一基）、飯田《いいだ》川が形成する扇状地の項部にきずかれた水科《みずしな》古墳群（円墳三四基）、櫛池《くしいけ》川の左岸にきずかれた菅原《すがわら》古墳群（前方後円墳一基、円墳三〇基、かつて一〇八基）などである。これらの古墳群は、魚沼地方よりやや副葬品が貧弱であるが、鉄鏃《てつぞく》や鎧片《よろいへん》や馬具を含んでおり、北信濃との交流によって形成されたと思われる。

一方、佐渡地方でも六世紀の末から七世紀にかけて真野《まの》古墳群（二七基）、二見《ふたみ》古墳群（五基）など、主に真野湾の沿岸部に円墳がきずかれた。しかし、これらの古墳群はいわゆる群集墳ではなく、真野古墳群の場合、約一〇キロの範囲に円墳が二〜三基ずつ点在している。佐渡の古墳にも鉄鏃や馬具が副葬されたが、真野古墳群や二見古墳群の近くには製塩遺跡があり、石室《せきしつ》や羨道《せんどう》に製塩土器の破片がみられる。製塩をいとなむ集団がきずいたのであろう。このころ、佐渡地方に畿内系や北陸系の土器が多くみられること、蔵王《ざおう》遺跡から古墳時代前期の内行花文鏡《ないこうかもんきょう》が出土していることなどから、佐渡の古墳群はヤマト政権や北陸地方西部との交流のなかで造営されたとみてよいであろう。

このほか、かつて磐舟柵址《いわふねのきあと》とみる説があった村上《むらかみ》市浦田山《うらたやま》の二基の石組が七世紀にきずかれた後期古墳の石室であることが判明し、蒲原地方でも三条《さんじょう》市の三王山古墳群のなかに数基の後期古墳が含まれている。しかし、前期古墳が隆盛した蒲原地方に中期以後の古墳が少ない理由はよくわかっていない。

古墳時代の集落は、十日町《とおかまち》市の馬場上《ばばがみ》遺跡や上越《じょうえつ》市の山畑《やまばたけ》遺跡など新潟県内の各地にいくつか確認されている。それらによると、住居はおおよそ方四〜九メートルの竪穴住居《たてあなじゅうきょ》で、床《ゆか》の中央に炉を設けた隅《すみ》丸方形《まるほうけい》から、しだいにつくりつけのカマドをもつ方形の竪穴住居にかわっていった。人びとは大形の竪穴住居一基と数基の小形の竪穴住居からなる小集団をつくり、いくつかの小集団が集まって一つの集落を構成していた。群集墳をきずいたのは、大形の竪穴住居に住む小集団の統率者たちであろう。

また、柏崎市の高塩《たかじお》B遺跡など、いくつかの集落遺跡から米をむすための甑《こしき》・高杯《たかつき》・甕《かめ》・壺《つぼ》・鉢《はち》など各種の土器、紡錘車《ぼうすいしゃ》、鉄製の鎌や鋤先《すきさき》、直刀や鉄鏃、勾玉《まがたま》や管玉《くだたま》などが出土している。稲作の進展に伴い生活の内容が豊かになっていたのである。古墳を築造するための技術と多くの人びとを動員する統率力が農業用の水路や水田の整備にもむけられたからであろう。

部民制と国造制●

ヤマト政権は各地の民衆を集団的に掌握し、集団ごとに貢ぎ物や労力を供出させる支配方式をとった。そのさい、個々の集団は、集団を所有する氏族の名や職能などによって何々部と名づけられ、部に編成された民衆は部民《べみん》と称された。

部民制による支配は、コシ地方の場合、のちの越前《えちぜん》地方と加賀《かが》地方にもっとも強くおよんだ。この両地方には、五～六世紀をつうじ、ヤマト政権の盟主であるオオキミ一族の名を冠した名代部《なしろべ》のほか、各種の職能的な部や、すでに四世紀の末にヤマト政権の有力氏族であった和珥《わに》氏や、六世紀以降に台頭する蘇我《そが》氏や阿倍《あべ》氏の系列に属する部などが数多く設定されている。コシ地方のなかで、この両地方についで部の設定を示す史料が多いのはのちの越中《えっちゅう》地方と佐渡地方である。

これに対し、のちの越後地方では内陸部の魚沼地方に関係史料がなく、沿岸地域も北に行くほど史料が少ない。魚沼地方や磐船《いわふね》地方にも部民制がおよんだ可能性があるが、部民制を施行する対象地はおもに沼《ぬ》

越後・佐渡の部民制・屯倉制の関連史料

	地　域	部の名称	史　料（出　典）
越後	頸城地方	磯　部	水嶋磯部神社（延喜式）
		肥人部	夷守郷戸主肥人呰麻呂（庸布墨書）
		品治部	品遅部宮麻呂（木崎山遺跡出土土器墨書）
		物　部	物部神社（延喜式）・物部郷（和名抄）
	古志地方	石　部	桐原石部神社・御嶋石部神社（延喜式）
		大宅部	大家駅（延喜式）・大家郷（和名抄）
		刑　部	刑マ□□（八幡林遺跡出土木簡）
		他田部	他田（八幡林遺跡出土木簡）
		丹生部	小丹生神社（延喜式）
		日置部	日置嚢万呂（八幡林遺跡出土木簡）
		物　部	□岐郷戸主物マ五百足戸口物マ・物マ□栖（八幡林遺跡出土木簡）・物部神社（延喜式）
		山　部	山部直万呂・山直（八幡林遺跡出土木簡）・夜麻郷（和名抄）
		屯　倉	三宅神社（延喜式）
	魚沼地方		
	蒲原地方	丈　部	主帳丈部（八幡林遺跡出土木簡）
		日置部	日置郷（和名抄）
		布勢部	小布施神社（延喜式）・小伏郷（和名抄）
		屯　倉	三宅連笠雄麻呂（続日本紀）
	沼垂地方	磯　部	磯部広人（発久遺跡出土木簡）
		大伴部	渟足柵造大伴君稲積（日本書紀）
		物　部	物部ヵ（発久遺跡出土木簡）
	磐船地方	佐伯部	佐伯郷（和名抄）
		財　部	津波郷戸主財部志奈布戸口財部牛甘（正倉院文書）
	地域不明	丈　部	丈部得足（正倉院文書）
		屯　倉	三宅人領（正倉院文書）
佐渡	羽茂地方		
	雑太地方	竹田部	竹田郷（和名抄）
		丈　部	石田郷曽禰里戸丈部得麻呂（調布墨書）
		秦　部	播多郷（正倉院文書）・八多郷（和名抄）
		引田部	引田部神社（延喜式）
		物　部	物部神社（延喜式）
	賀茂地方	神人部	神人勲知雄，道古，今人（三代実録）
		矢田部	□□郷戸主矢田部足得口矢田部枚人（調布墨書）

佐渡	地域不明	大田部	大田部志真刀自女(三代実録)
		丈部	丈部若刀自売(類聚国史)
		服部	服牟志子女(三代実録)
		御名部	御名部之碕岸(日本書紀)

地域は8世紀当時の郡域に対応する(64頁図参照)。
後代の移住などに伴う史料や単なる類似史料が含まれている可能性もある。

垂《たり》地方（おおよそ阿賀野川以北、荒川以南）より西の沿岸地域であったと思われる。しかも、越後地方や佐渡地方には五世紀代に設定されたとみられる部の例が少なく、部民制が波及したのはおもに六世紀以降のことであったと思われる。そのなかで、ヤマト政権の有力な軍事氏族である物部《もののべ》氏の系列下にある物部や、航海技術者集団を擁してコシ地方に進出した阿倍氏の系列に属した丈部《はせつかべ》がみられることは注目してよいであろう。

また、このころ、ヤマト政権は各地の首長たちを国造《くにのみやつこ》に任命し、従来どおり現地支配権を認めるかわりに、一族の男女をオオキミに奉仕する舎人《とねり》や采女《うねめ》として貢進させたり、貢ぎ物や労力を供出させる支配方式をとった。在地の首長たちのなかには、近隣の首長に対する優位や配下の民衆に対する権威を高めるため、積極的に国造に任命されることを望むものもあった。

平安時代に成立した『先代旧事本紀《せんだいくじほんぎ》』巻十の「国造本紀《くにのみやつこほんぎ》」は、コシ地方の国造としておおむね都に近い順に一二ないし一三の国造を列挙している。そのうち、久比岐《くびき》国造は頸城地方の国造、佐渡国造は佐渡の国造である。また、久比岐国造のつぎに記されている高志深江《こしのふかえ》国造は、平城京《へいじょうきょう》跡から「沼足郡深江《ぬたりのこおりのふかえ》」と記した木簡《もっかん》が出土していること、深江という名称が信濃川や阿賀野川の河口付近の地勢に合致すること、コシ地方の国造がすべて沿岸地域に設定されていることなどから、蒲原地方か沼垂地方の国造であったと思われる。このほか、若狭《わかさ》国造

『国造本紀』にみえる北陸地方の国造の所在地

大宝令制定時の国郡		国造の名称	10世紀の国
若狭国	遠敷郡	①若狭国造	若狭国
	三方郡		
越前国	敦賀郡	④角鹿国造	越前国
	丹生郡		
	足羽郡		
	大野郡		
	坂井郡	③三国国造	
	江沼郡	⑦江沼国造	加賀国
	加賀郡	⑥加宜国造	
		⑤加我国造	
	羽咋郡	⑨羽咋国造	能登国
	能登郡	⑧能等国造	
	鳳至郡		
	珠洲郡		
越中国	礪波郡		越中国
	射水郡	⑩伊弥頭国造	
	婦負郡		
	新川郡		
	頸城郡	⑪久比岐国造	越後国
	古志郡	②高志国造？	
	魚沼郡		
	蒲原郡	⑫高志深江国造	
越後国	沼垂郡		
	磐船郡		
佐渡国	雑太郡	⑬佐渡国造	佐渡国

国造に付した数字は『国造本紀』の記載順。
⑤加我国造と⑥加宜国造は，同一の国造が重複して掲げられた可能性がある。
②高志国造は，越前地方の国造とする説やコシ地方を統轄した国造とする説もある。

と三国《みくに》国造のあいだに記されている高志国造も、「国造本紀」の記載順を重視してこれを越前地方の国造かコシ地方の総国造とみる説もあるが、その名称から、のちの越後国古志郡にあたる地域の国造であった可能性もある。

なお、「国造本紀」は三国・江沼《えぬ》・伊弥頭《いみづ》の国造を蘇我氏の同族、若狭・高志・高志深江の国造を阿倍氏の同族、加我《かが》・羽咋《はくい》の国造を三尾《みお》氏の同族としている。蘇我・阿倍・三尾の三氏はいずれも六世紀に台頭した氏族である。六世紀ごろ、コシ地方の首長たちがヤマト政権の有力氏族と緊密な関係を結ぶ機会や必要が生じていたのであろう。また、同じころ、オオキミ家は各地に屯倉《みやけ》とよばれる直轄地を設定したが、コシ地方では越中地方以北の国造の所在地に屯倉の設定を示唆する史料がある。

ところで、『日本書紀《にほんしょき》』崇峻二（五八九）年七月朔日《ついたち》条につぎのような記事がある。

近江臣満《おうみのおみみつ》を東山道に派遣して蝦夷《えみし》の国の境を観察させ、宍人臣鴈《ししひとのおみかり》を東海道に派遣して東方の海ぞいの国の境を観察させ、阿倍臣《あべのおみ》を北陸道に派遣して越等《こしら》の諸国の境を観察させた。

このとき、ヤマト政権が東日本の各地を視察させた目的はあきらかではないが、六世紀後半という年代を考慮すれば、ヤマト政権の支配がおよぶ東日本の前線地域に国造や屯倉を設定するための予備的な調査か、設定直後の状況を把握するためのものであった可能性もある。いずれにしろ、コシに派遣された阿倍臣の視察対象地は蒲原地方か沼垂地方付近までであったと思われる。

北関東や北信濃との交流によって魚沼地方や頸城地方にいくつも群集墳がきずかれたころ、日本海ルートによって越後の沿岸地域や佐渡地方に部民制や国造制がおよんでいたのである。

2 ヤマトと蝦夷のあいだ

佐渡の粛慎と越辺の蝦夷●

コシ地方の各地に部民制や国造制がおよんだころ、ヤマト政権は現在の新潟県地方をどのようにみていたのだろうか。『日本書紀』欽明五（五四四）年十二月条につぎのような越国《こしのくに》の報告記事がある。

佐渡島の北の御名部《みなべ》の海岸に一艘の船でやってきた粛慎人《あしはせのひと》がいた。粛慎人は春や夏は魚を捕って食料にしていた。島の人は、「あれは人間ではない。鬼だ」と言って近づかなかった。

あるとき、島の東の禹武邑《うむのさと》の人が椎の実を食べようと焼いていたら、皮が二人の人間になり、火の上に一尺以上も飛び上がって闘いはじめた。「鬼から迷惑をうける前兆だ」と占う人があったが、そのとおり掠奪された。

その後、粛慎人は瀬《せ》波河《なかわの》浦《うら》に移った。浦の神はこわい神なので誰も近づかなかったが、粛慎人はそこの水を飲んで半数近くが死んだ。その骨を積んだ岩穴を粛慎《あしはせ》隈《くま》とよんでいる。

この報告記事は、当時、これを報告したとされる越国という

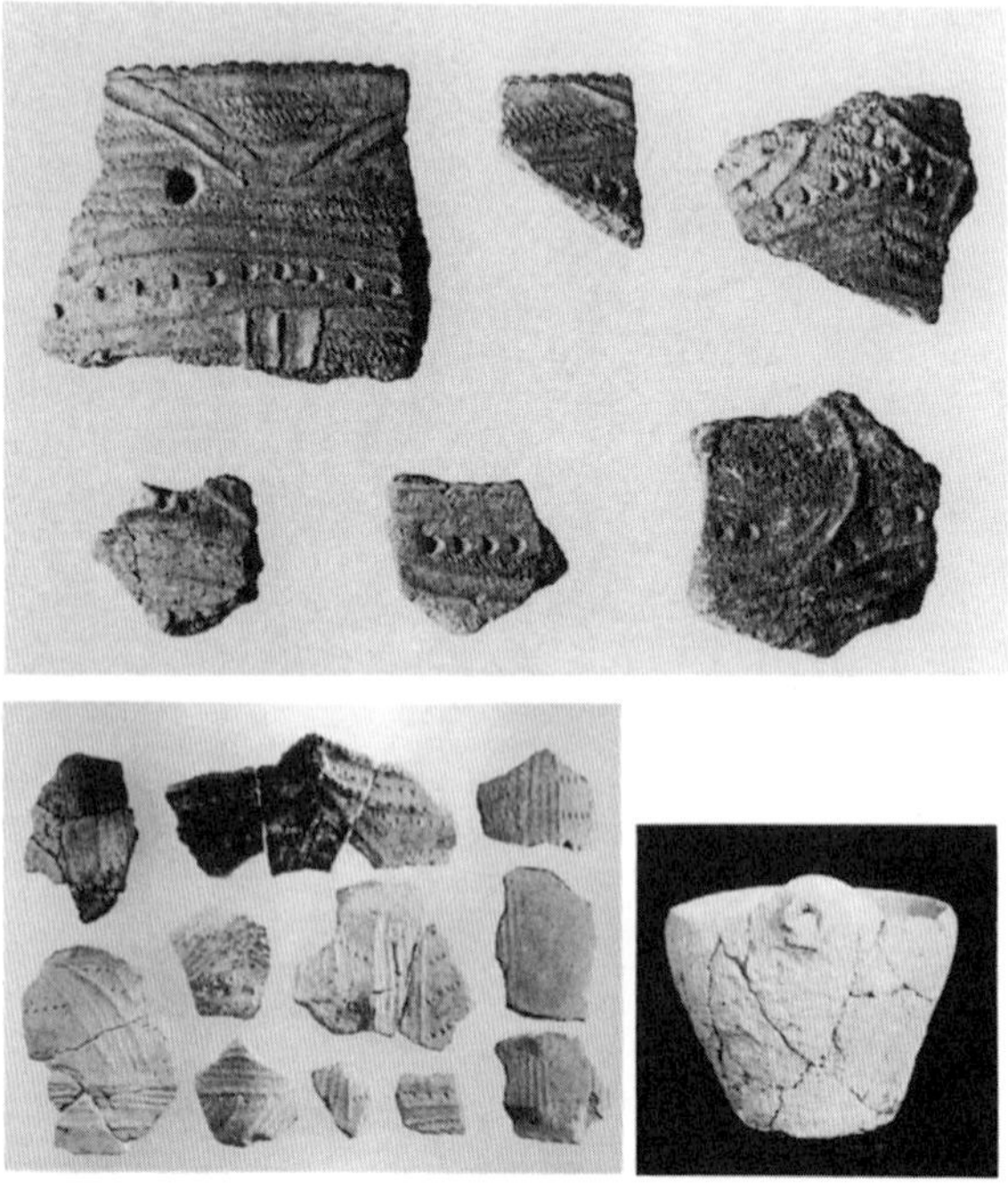

北海道から技法が伝わった続縄文土器　写真上は内越遺跡(弥生時代, 柏崎市)出土, 写真下(2枚)は南赤坂遺跡(古墳時代, 新潟市西蒲区)出土。

行政単位がまだ成立していなかったこと、二つの異なる説話が一体化した形跡があることなどから、そのまま史実とみることはできない。しかし、佐渡島に異族が来着したことまで疑う必要はない。粛慎は一般に日本海対岸の沿海州《えんかいしゅう》付近に住んでいた人びとと考えられているが、粛慎が北海道付近に出没したことは、『日本書紀』斉明四（六五八）年条や持統十（六九六）年条にも記事がある。佐渡島に来着した粛慎の実態は不明であるが、古墳時代のコシ地方は日本海沿岸の各地や日本海の対岸と往来があり、海のかなたから異族が来着することはおおいにありうることであった。

たとえば、『古事記』や『出雲国風土記《いずものくにふどき》』は神話や伝説としてコシ地方と出雲地方の交流を伝えており、実際、古墳時代の前期には両地方に同系統の土器が分布し、前方後方墳や方墳がきずかれている。また、弥生時代後期の柏崎市の内越《うちこし》遺跡や古墳時代前期の新潟市西蒲区の南赤坂《みなみあかさか》遺跡から北海道で発達した続《ぞく》縄文土器《じょうもんどき》が出土し、コシ地方の西部には朝鮮半島からもたらされた垂飾《すいしょく》つきの耳飾《みみかざり》や金銅《こんどう》製の帯金具《おびかなぐ》を出土する古墳がいくつか確認されている。『日本書紀』もまた、六世紀の後半にたびたび高句麗《こうくり》の使者がコシ地方に到来したことを伝えている。

ヤマト政権は、こうした風土をもつコシ地方を異質な境域と認識していた形跡がある。『釈日本紀《しゃくにほんぎ》』が引く『越後国風土記』の逸文《いつぶん》に「美麻紀《みまき》天皇（崇神《すじん》天皇）の御世《みよ》、越国に脛《すね》の長さが八掬《やつか》もあり、力が強い八掬脛《やつかはぎ》という名の人がいた。これは土雲《つちぐも》の子孫で多くの属類がいる」と伝えられている。ヤマト政権にとってコシ地方は異類の住む地域であった。

また、八世紀以後、ヤマト政権の後身である律令《りつりょう》政府は、都までの行程日数によって諸国を近国・中国・遠国に分類したが、全体的に都に近いために例外的な分類が行われた山陽道《さんようどう》以外では唯一、近国に相当する越前国を中国に分類している。コシ地方に属する越前国を近国とすることをきらったのであろう。同様の措置は戸籍の編成にもみられる。律令の規定では、子は父の国に登録することになっていたが、九州諸国や三越《さんえつ》（越前・越中・越後）や陸奥《むつ》国などでは、父母の一方がこれらの国に属する場合、子はすべてその国に編附することになっていた。北陸道北端《ほくたん》の越後国だけでなく、距離的に近国に相当する越前国も辺境のあつかいをうけていたのである。

しかし、こうした認識とは別に部民制や国造制の施行によって、しだいにヤマト政権の支配力がコシ地方に浸透するようになった。たとえば、欽明三十一（五七〇）年に高句麗《こうくり》の使者がコシの海岸に漂着したさい、加賀地方の国造と思われる道君《みちのきみ》氏はいったん高句麗の使者から貢ぎ物を受領したが、通報によってヤマト政権の使者が到着すると、その貢ぎ物を返還している。この出来事は、元来、コシの首長たちが独自に行ってきた日本海対岸の人びととの交流をしだいにヤマト政権が接収していったことを物語っている。

こうしたヤマト政権の姿勢は、やがてコシの北辺にもむけられるようになった。柏崎市の内越遺跡や新潟市の南赤坂遺跡から続縄文土器が出土していることからもわかるように、コシの北辺の人びとは古くから独自に北方の人びとと交流してきた。ところが、『日本書紀』皇極元（六四二）年九月条は「越の辺《こしのほとり》の蝦夷《えみし》数千が内附《ないふ》した」と伝えている。蝦夷とはヤマト政権の支配圏外にあった東方や北方の人びとのことである。「越の辺」の位置は不明であるが、ヤマト政権は、それまでコシの北辺の人びとが独自に交流してきた北方の人びとに対しても帰順を要請するようになったのである。

渟足柵と磐舟柵●

七世紀の中ごろから、ヤマト政権は天皇（オオキミ）を頂点とする中央集権国家の建設をめざした。それは各地の国造たちが維持していた在地の首長としての自立性を弱め、ヤマト政権がすべての民衆と支配領域を直接に掌握しようとするものであった。もちろん、その改革が一気に進んだわけではないが、やがて国造制が廃止され、のちの郡《こおり》にあたる評《こおり》といくつかの評を統轄する国が設定された。多くの国造たちは評の役人（評造《こおりのみやつこ》、あるいは評督や助督）に任命され、各国にヤマト政権から国宰《くにのみこともち》（のちの国司《こくし》）が派遣された。

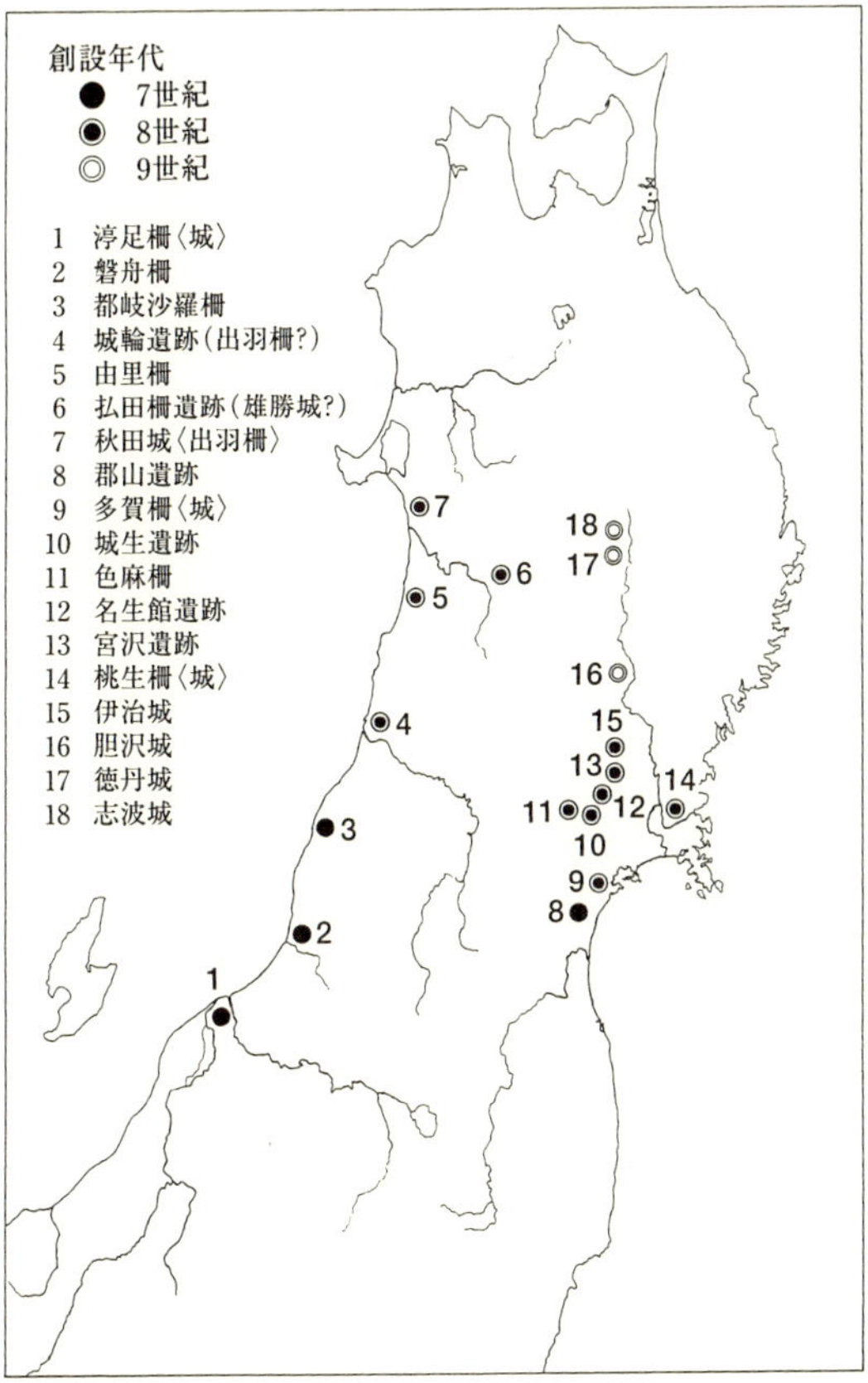

東日本の古代城柵と城柵関連遺跡

こうした改革によってコシ地方は越国という行政単位になった。新潟県地方の評の史料は伝わらないが、当初、評が設定されたのは国造が存在した阿賀野川の河口付近までであったと思われる。しかし、ヤマト政権は阿賀野川以北にも強い関心を示し、大化三（六四七）年に渟足柵《ぬたりのき》、翌四年に磐舟柵を造営した。現在、渟足柵は新潟市の北東部付近（当時の阿賀野川の右岸河口付近）、磐舟柵は村上市の荒川河口付近にあったと推定されているが、『日本書紀』は両柵の設置をつぎのように伝えている。

① 渟足柵を造《つく》り、柵戸《きのへ》を置く。

② 磐舟柵を治《おさ》め、蝦夷《えみし》に備う。越と信濃の民を選んで柵戸を置く。

ここにみられる柵戸とは一種の屯田兵《とんでんへい》である。律令時代の沼垂郡に足羽郷《あすわ》、磐船郡に坂井郷《さかい》・利波郷《となみ》など越前国や越中国の郡名と同じ郷名があった。これらの郷名が大化三年と四年に配置された柵戸の出身地に由来するとはかぎらないが、七世紀の中ごろから八世紀の初めにかけてヤマト政権がたびたび各地の人びとを両柵の周辺に移住させたことは間違いない。律令時代の沼垂郡や磐船郡はこうして形成されたのである。

渟足柵や磐舟柵が造営されたころ、太平洋側でも東西四〇〇メートル、南北六〇〇メートル余の区画をもつ官衙《かんが》が設営された。仙台《せんだい》市の郡山《こおりやま》遺跡第Ⅰ期官衙である。また、このころ、渟足柵や磐舟柵のほかに蝦夷にそなえる城柵《じょうさく》が存在したことが『日本書紀』に伝えられている。しかし、設置記事があるのは渟足柵と磐舟柵だけである。これは両柵が地方政庁である以上に、国土の最前線の開拓や防備をになう施設であったこと、蝦夷の境域《きょういき》にむけてそうした施設を造営した初例であることなどによると思われる。

信濃川と阿賀野川の河口付近は、もともと会津盆地にむかう重要な中継点であったが、渟足柵の設置によ

❖コラム

越国の鼠、東行す

『日本書紀《にほんしょき》』大化二（六四六）年是歳《このとし》条に「越国《こしのくに》の鼠、昼夜あい連なり、東に向かい移り去る」という記事がある。これを受けて大化三年是歳条は「渟足柵《ぬたりのき》を造り、柵戸《きのへ》を置く。老人等、あい謂《かた》りて曰く、数年、鼠の東に向かい行くは、これ、柵を造る兆《きざ》しかと」と伝えている。

　こうした鼠の群行記事は、もともと中国の典籍に由来するが、『日本書紀』は大化元年十二月癸《き》卯《ぼう》条、白雉五（六五四）年正月戊申《ぼしん》条、同年十二月己酉《きゆう》条、天智五（六六六）年是冬《このふゆ》条にも同様の記事を採録している。これらの記事はすべて『日本書紀』の巻二五〜巻二七に属し、いずれも難波《なにわ》の長柄豊碕《ながらとよさき》宮、大倭《やまと》の飛鳥河辺《あすかかわべ》宮、近江《おうみ》の大津京《おおつきょう》への遷都《せんと》政策にかかわっている。その意味で、渟足柵の造営に伴う鼠の群行記事は例外的であり、渟足柵の造営を重視したヤマト政権の姿勢を反映しているとみてよいであろう。

　ところで、上記の遷都政策はいずれも円滑には進まなかった共通性がある。長柄豊碕宮への遷都は実に七年を要し、飛鳥河辺宮への遷都はこれを進めようとする中大兄皇子《なかのおおえのおうじ》と遷都に同意しない孝徳《こうとく》天皇の対立を深め、近江遷都に強い批判があったことは天智六年三月己卯《きぼう》条に伝えられている。鼠の群行記事は、まさにこうした遷都政策に対し、人知を越える支持があったことを示す意味をになっている。渟足柵の造営にかかわる鼠の群行記事も、その真偽や鼠の東行がなんの隠喩《いんゆ》であるかを詮索する以上に、『日本書紀』巻二五〜巻二七の編者たちにこうした記事を配置させた事情にこそ目をむけるべきであろう。

って、さらに北方にむかう拠点《きょてん》としての任務ももつようになったのである。

渟足柵が設置されてからおよそ一〇年後の斉明四（六五八）年に渟足柵造の大伴君稲積《おおとものきみいなつみ》に小乙下《しょうおつげ》という位があたえられた。柵造というのは柵の管理者、小乙下は一九階あった当時の位階のなかで下から二番目の位である。

このころ、越国守《こしのくにのかみ》（越国の国宰）の阿倍引田臣比羅夫《あべのひけたのおみひらふ》は船団を率いてたびたび日本海を北上し、現在の秋田県地方や北海道地方を探査している。斉明四年から六年ごろのことである。比羅夫の探査活動は時として軍事行動を伴ったが、大伴君稲積はその論功行賞にさいして授位されたのである。稲積の功績の内容は不明であるが、比羅夫の北方探査活動にさいして渟足柵が重要な役割を果たしていたのであろう。しかし、その陰にはとくに蒲原地方や沼垂地方の人びとの多大な負担があったと思われる。

阿倍氏は吉士《きし》とよばれる航海技術者集団を擁し、六世紀に急速に台頭した氏族である。比羅夫が率いた船団にも吉士の集団が含まれていたと思われるが、比羅夫は能登臣馬身龍《のとのおみまむたつ》など越国の豪族も編成していた。大伴君稲積も地方豪族に多い君姓をもっており、元来は地方豪族であったと思われる。しかし、沼垂地方を支配していた首長の子孫であるか、柵戸の統率者として移住してきた人物であるかは不明である。

三越の分立●

比羅夫の北方探査活動は、その後、朝鮮半島情勢が激変するなかで中断した。当時、朝鮮半島では高句麗《こうくり》・百済《くだら》の連合軍と唐《とう》・新羅《しらぎ》の連合軍が激しく対立し、六六〇年に百済が滅亡した。百済と同盟関係にあったヤマト政権は、百済再興をめざす遺民たちの要請を受けて、たびたび支援軍を編成したが、比羅夫も斉明七（六六一）年八月と天智二（六六三）年三月に後将軍《こうしょうぐん》に任命されている。しかし、日本軍は天智二年八月に白村江《はくすきのえ》で壊滅的な敗北を喫し、百済の遺民とともに帰還した。以後ヤマト政権は唐・新羅連合軍の進攻にそなえて防衛体制の強化に追われることになった。

そして、ふたたび『日本書紀』に蝦夷の記事があらわれるのは、対外的な危機が一段落した天智七年七月のことである。この間、軍事行動を伴う比羅夫の北方活動が一方的に中断されたにもかかわらず、蝦夷の側はなんらヤマト政権に反撃していない。比羅夫の北方活動がヤマト政権と蝦夷とのあいだに生じていた切迫した緊張関係を解決するためのものではなく、あくまでも探査や交易《こうえき》をおもな目的にしていたからであろう。

『日本書紀』天智七年七月条の蝦夷の記事は、ヤマト政権が蝦夷に饗給《きょうきゅう》したことを伝えるものである。中大兄皇子《なかのおおえのおうじ》として皇太子のまま長くヤマト政権を主導してきた天智《てんじ》天皇が正式に即位した半年後のことである。蝦夷に対する饗給は、これ以前にも皇極《こうぎょく》・孝徳《こうとく》・斉明《さいめい》の即位半年後に行われ、天智天皇が大友《おおとも》皇子《おうじ》に政権を委譲した半年後の天智十年八月にも行われている。このころ、ヤマト政権は新政権の誕生にさいして蝦夷に朝貢を求め、朝貢してきた蝦夷に饗給を行う慣習があったのであろう。しかも、『日本書紀』皇極元（六四二）年九月から天智十年までの蝦夷関係の記事は、比羅夫の北方活動に伴う記事をのぞけば、新政権誕生の半年後に行われる朝貢・饗給以外にほとんどないのである。

ところで、蝦夷が饗給をうけた天智七年七月に越国は燃土《もえるつち》と燃水《もえるみず》を献上している。この献上も天皇の即位に関係すると思われるが、越国の使者が蝦夷を同道した可能性もある。なお、燃土はアスファルト、燃水は石油のことであるが、新潟県を含む東北地方ではすでに縄文時代に石器の装着や土器の補修にアスファルトが用いられている。

その後、天武十一（六八二）年に越の蝦夷伊高岐那《いこきな》らの申請によって俘人《ふじん》（服属した蝦夷）七〇戸の評が設定された。このころ、評の下に五〇戸を単位とする里という行政区画があり、評はいくつかの里によって構成されることになっていた。したがって、二里に満たない俘人七〇戸の評は正式の評ではなく、仮の評であったと思われる。八世紀以降の例を参考にすれば、どこかの城柵を拠点に設定されたものであろう。一六年後の文武二（六九八）年と四年に石船柵（磐舟柵）が修理されていること、和銅元（七〇八）年に出羽《でわ》郡が建置されていることから、村上市付近か山形県内と思われるが、その位置を確定することはできない。

また、『日本書紀』持統六（六九二）年九月条に「越前国司が白蛾《しろきひひる》を献ず」という記事がある。このころ、越国は越前国、越中国、越後国に三分されていたのである。分割時期は不明であるが、『日本書紀』天武十三年十月条に「諸国の堺を定む」という記事があるから、おおよそこのころのことであろう。のちの史料によると、このときの越前国は現在の福井県北半部と石川県、越中国は富山県と阿賀野川流域以南の新潟県、越後国は阿賀野川以北であった。現在の新潟県は越中国、越後国、佐渡国に分かれていたのである。

七世紀の末にヤマト政権が越国を三分したのは、越国が一国としては広すぎること、俘人七〇戸の評が設定されるなど阿賀野川以北にも国を設定できる条件がととのいはじめていたことなどによると思われる。もちろん、その背景に中央集権国家の建設をめざすヤマト政権の行政区画整備政策や国土拡大への意欲があったことはいうまでもない。しかし、七世紀末のヤマト政権は、八世紀以降のように蝦夷の境域にむけて本格的に武力行使を行った形跡がほとんどなく、日本海側の「越の蝦夷」や太平洋側の「陸奥の蝦夷」に対して、盛んに仏具や文物を付与している。文化的な優位を示す懐柔政策を基本にしていたと思われる。

3章

律令制のくびきをこえて

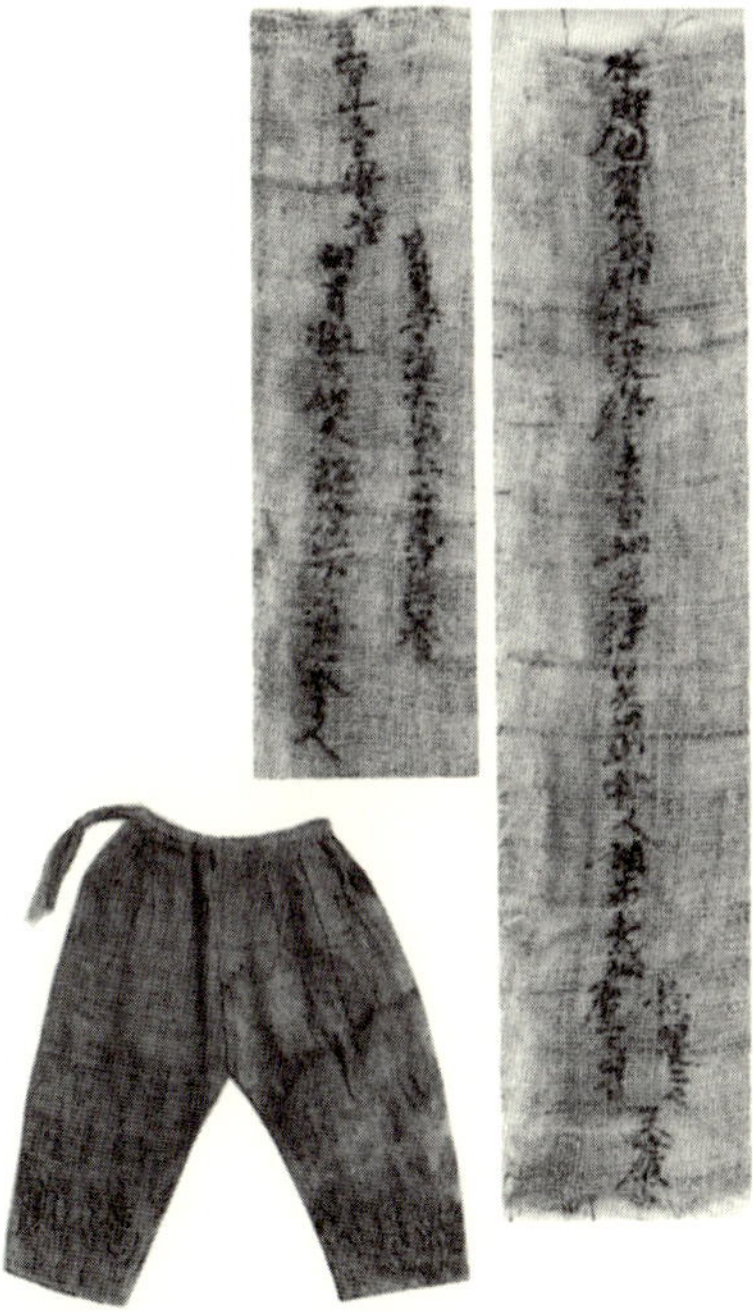

天応元(781)年に佐渡国賀茂郡の矢田部枚人がおさめた調布でつくった袴と袴にみられる墨書

1　北陸道の北端

北疆の国・越後●

大宝元（七〇一）年に大宝律令《たいほうりつりょう》が制定され、地方行政区画は国―郡―里制にかわった。従来の評《こおり》が郡《こおり》と表記されるようになったのである。しかし、北陸道《ほくりくどう》の北端に位置する越後《えちご》国と佐渡《さど》国はほかの諸国とやや異なる性格や任務があたえられた。

当初、越後国は阿賀野《あがの》川以北を領域とし、沼垂《ぬたり》郡と磐船《いわふね》郡しかなかった。しかし、大宝令が施行された直後の大宝二年三月に越中《えっちゅう》国から頸城《くびき》郡・古志《こし》郡・魚沼《うおぬま》郡・蒲原《かんばら》郡が移管され、越後国はいっきょに六郡になった。このとき、越中国の四郡が越後国に移管されたのは、親不知《おやしらず》の東側の地域を越中国に加えておくのは行政上の不便があったこと、蝦夷《えみし》政策の最前線にあった越後国を補強する必要があったことなどによると思われる。

養老二（七一八）年に編修がおわり、天平宝字元（七五七）年から施行された養老《ようろう》律令は、無断で越後・陸奥《むつ》・出羽《でわ》の柵《さく》を越えたものや柵の鍵を盗んだものに対する罰則を定め、さらに越後・陸奥・出羽の国司《こくし》に対し、通常の任務のほかに蝦夷に対する饗給《きょうきゅう》・征討《せいとう》・斥候《せっこう》を課している。大宝律令が制定されたころ、出羽国はまだ成立していなかったが、大宝律令にも越後国や陸奥国についてほぼ同様の規定があったとみてよいであろう。

実際、越後国では文武二（六九八）年と四年に石船柵《いわふねのき》（磐舟柵）が修理され、渟足柵《ぬたりのき》も養老年間（七一七〜七二四）の前後になお沼垂城《ぬたりじょう》として存続していた。また、慶雲二（七〇五）年十一月に越後城司《えちごじょうし》に任命された威奈真人大村《いなのまひとおおむら》の墓誌は、当時の越後国を「北疆《ほっきょう》にして蝦虜《かりょ》と衝接す」と表現している。北疆とは北の辺境という意味である。そして、越後城司大村には「柔懐と鎮撫」、すなわち蝦夷に対する饗給と征討が期待されていた。『続日本紀《しょくにほんぎ》』は慶雲三年閏正月に大村が越後守に任命されたことを伝えており、越後城司と越後守は実質的に同官であったとみてよいであろう。八世紀初頭の越後国は蝦夷政策の最前線にあったのである。

その後、威奈真人大村は慶雲四年四月に越城《こしじょう》（越後城《えちごじょう》）で没し、阿倍朝臣真君《あべのあそんまきみ》がつぎの越後守になった。この二代のあいだに越後の蝦夷に対する懐柔が進んだらしく、和銅元（七〇八）年九月に越後国の申請によって出羽郡が建てられ、越後国は七郡になった。しかし、蝦夷の反発が高まったため、律令政府は和銅二年三月に日本海側と太平洋側の双方から蝦夷を討つことを決定し、佐伯宿禰石湯《さえきのすくねいわゆ》を征越後蝦夷将《せいえちごかいしょう》

威奈真人大村の骨蔵器(高さ23.5cm，金銅製)

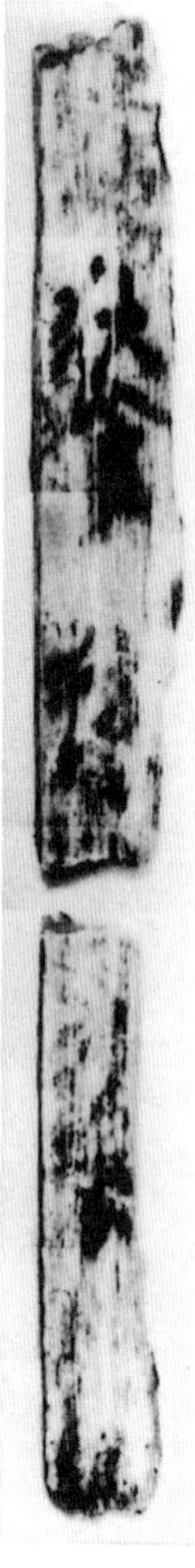

的場遺跡(新潟市西区)出土の「狄食」木簡　「狄食」の文字を習書している。

軍《ぐん》に、巨勢朝臣麻呂《こせのあそんまろ》を陸奥鎮東将軍《むっちんとうしょうぐん》に任命した。日本海側の軍事行動は同年八月までに完了したが、このとき、越後国や佐渡国はほかの北陸道諸国とともに軍船の供出を命じられ、越後国の人びとは実際に従軍させられた。

こうした軍事行動を経て和銅五年九月に出羽郡を拠点に出羽国が建てられた。これによって越後国は六郡となり、日本海側の最北の国ではなくなった。しかし、その後も長岡市の八幡林《はちまんばやし》遺跡から出土した養老年間前後の木簡《もっかん》に「沼垂城」という記載がみられ、八〜九世紀の遺跡である新潟市の的場《まとば》遺跡から「狄《てき》食《しょく》」、八世紀後半から九世紀の遺跡である阿賀野市の発久《ほっきゅう》遺跡から「饗食《きょうしょく》」と記した木簡が出土している。「狄《てき》」とは日本海側の蝦夷や北方の異族をあらわす用語である。出羽国が成立したのちも養老律令に規定されたとおり、越後国は城柵《じょうさく》をそなえ、蝦夷らに対して饗給を行っていたのである。

越後国における蝦夷らに対する饗給は、かつて威奈真人大村が常駐した越城（越後城）で行われることが多かったと思われる。しかし、越城と沼垂城や磐舟柵との関係、これらの城柵の存続期間、「狄食」木簡や「饗食」木簡を出土した的場遺跡や発久遺跡との関係など不明な点が多い。ただ、越後国の人びとは、その後も平安時代の初期まで、たびたび柵戸《きのへ》として東北地方の城柵に送りこまれたり、兵器や兵糧の運搬や供出を命じられた。越後国は長く蝦夷政策の拠点であり続けたのである。

辺要の国・佐渡●

一方、佐渡国は島国であるため直接には蝦夷の居住地と接していなかった。しかし、十世紀に成立した『延喜式《えんぎしき》』は陸奥国・出羽国・佐渡国・隠岐《おき》国・壱岐《いき》嶋・対馬《つしま》嶋を「辺要」と規定している。辺要とは国土の辺地にして要地ということである。

佐渡国が辺地と認識されたのは北陸道の末端に位置したからである。貴族たちにとって佐渡国は国土の北の果てであった。こうした見方をもっともよく示すのは『延喜式』に伝えられる儺祭詞《なのさいし》である。儺祭詞とは儺祭《なのまつり》にとなえる祭文《さいもん》のことであるが、儺祭は疫病をもたらす悪鬼を追い払うために、毎年、宮中で十二月晦日《みそか》に行われ、のちに節分の豆まきの起源になった。この儺祭詞では、処々村々に隠れている疫鬼《えきき》たちに対し、四方之堺すなわち東は陸奥、西は遠値嘉《おちか》(長崎県五島列島の小値賀島《おぢかしま》)、南は土佐、北は佐渡より遠方を疫鬼の住みかと心得てすみやかに退散せよと求めている。都の貴族たちにとって佐渡は疫鬼の世界と接する北の堺であった。

また、佐渡国は遠流《おんる》の国でもあった。律令時代の配流には遠流・中流《ちゅうる》・近流《ごんる》の別があったが、神亀元(七二四)年三月に伊豆《いず》・安房《あわ》・常陸《ひたち》・佐渡・隠岐・土佐《とさ》の六カ国が遠流の国に指定されている。遠流の六カ国、辺要の四カ国二嶋、儺祭詞の四方之堺のすべてにあげられているのは佐渡国だけである。

その一方で貴族たちは、佐渡国が外界に開かれていることも熟知していた。すでに欽明五(五四四)年に佐渡島にあらわれた粛慎《あしはせ》の動向がヤマト政権に伝えられており、その後もコシ地方の海岸にたびたび高句麗の使者が来着している。こうした事実に加え、唐《とう》や新羅《しらぎ》との深刻な対立を経て成立した律令政府にとって、日本海の沿岸は防備の要であった。辺要とされた四カ国二嶋のうち、三カ国二嶋が日本海側の国や嶋であることは、そのことをよく示している。実際、八世紀以降も渤海使《ぼっかいし》が何度も日本海の沿岸に来着し、天平勝宝四(七五二)年九月には佐渡島にも着岸している。

当時の辺要防備の実態は不明であるが、律令の規定では徴兵に基づく軍団が各国に配備されることになっていた。しかし、八世紀の後半ごろから、その運営が困難になり、延暦十一(七九二)年六月に軍団制が廃止された。かわって成立したのは郡司《ぐんじ》の子弟を選抜する健児《こんでい》の制である。しかし、陸奥・出羽・佐渡の三カ国と大宰府《だざいふ》は「辺要であり、備えを欠くことができない」として健児の制が適用されなかった。これらの諸国では軍団制が維持されたのである。

軍団は一〇〇〇人の兵士で編成され、大毅《だいき》・少毅《しょうき》のもとに校尉《こうい》・旅帥《りょすい》・隊正《たいせい》のほか、事務官として主帳《しゅちょう》が配置された。佐渡国の軍団は雑太団《さわただん》とよばれたが、真野《まの》湾沿岸の高野《こうや》遺跡から「軍」・「団」などの墨書土器が出土している。近くに雑太団の拠点があったのであろう。雑太団の存続期間は不明であるが、元慶三(八七九)年に雑太団の権校尉《ごんのこうい》が佐渡国の浪人に殺害される事件がおき、十世紀に成立した『延喜式』に

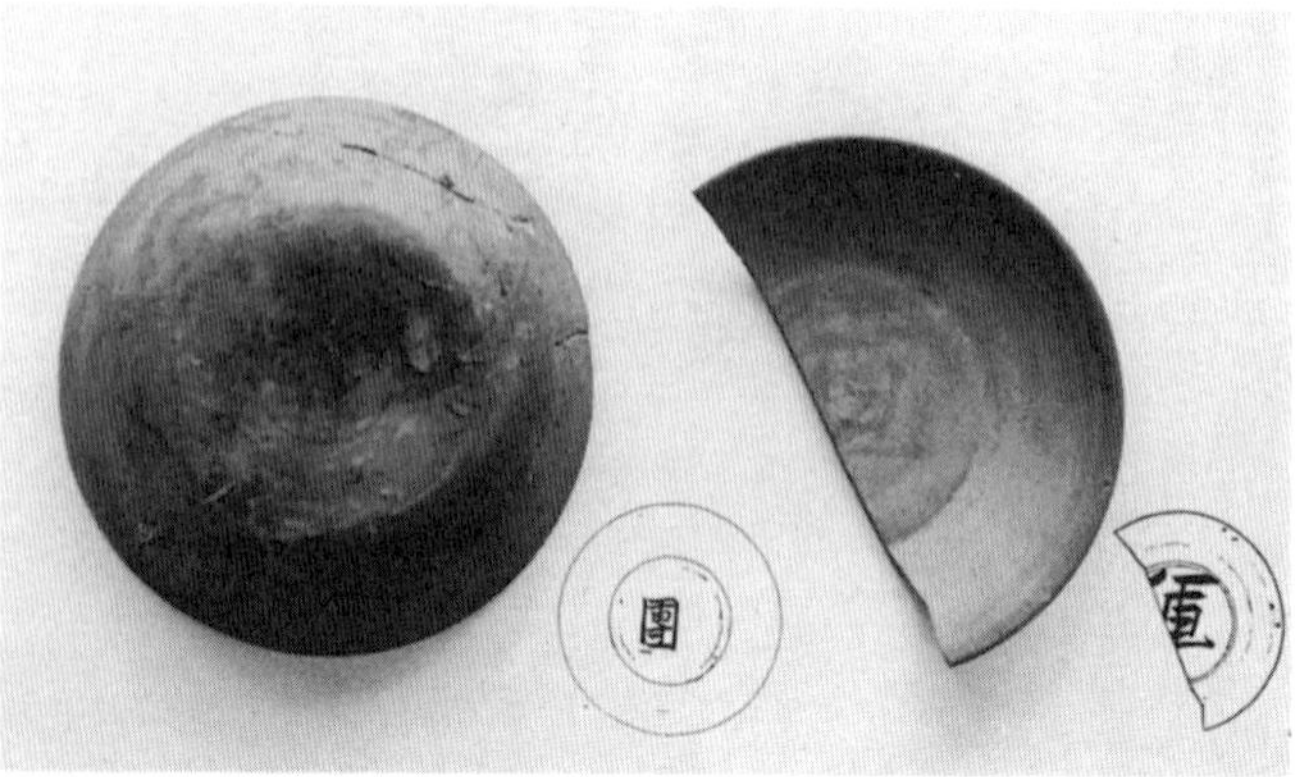

高野遺跡(佐渡市)出土の「団」(左),「軍」(右)の墨書土器(作図,羽生令吉氏)

❖コラム

古代佐渡国の流人

佐渡《さど》国が遠流《おんる》の国に定められたのは神亀元（七二四）年三月のことである。しかし、すでにその二年前の養老六（七二二）年正月に穂積朝臣老《ほづみのあそんおゆ》が佐渡嶋に配流《はいる》になっている。元正《げんしょう》天皇ののった輿《こし》を指さし、斬刑になるところ死一等を減じられたのである。

この穂積朝臣老を含め、八～九世紀に男性一六人、女性一人が佐渡国に配流になった。ただし、男性一六人のなかに妻子ともども佐渡国に配流になったケースが一例あり、単に「配流者惣六十余人」などと記したなかにも佐渡国への配流が含まれている可能性がある。また、厳密には配流ではないが、罪を得て佐渡国の権守《ごんのかみ》などに左遷されたものが五人ある。

さいわい、老は一八年後に赦されて帰還したが、延暦四（七八五）年十一月に謀反《むほん》を誣告《ぶこく》した罪で佐渡国に配流になった三国真人広見《みくにのまひとひろみ》は、その後の消息がわからない。佐渡国分寺《こくぶんじ》址から笏《しゃく》をもった男子像と「三国真人」という文字を線刻した瓦が出土している。都への帰還を願う広見自身かその子孫が奉納したものかもしれない。

佐渡国の人びとは流人を迎えただけではなかった。佐渡国人《こくじん》の道公全成《みちのきみまたなり》は延暦二十四年十月に官《かん》の鵜《う》を盗んだとして伊豆《いず》国に配流になった。佐渡国が都に貢進するために用意した鵜を盗んだのであろう。また、佐渡国の浪人高階真人利風《たかしなのまひととしかぜ》は、元慶三（八七九）年に雑太団《さわただだん》の権校尉《ごんのこうい》を殺害し、高階真人有岑《ありみね》の財物を奪ったため、同年十二月に遠流になった。利風の流刑地は不明であるが、全成や利風がふたたび佐渡国に帰還できたかどうか史料は何も伝えていない。

雑太団の軍毅《ぐんき》に二町、主帳に一町の職田《しきでん》を支給する規定がある。九〜十世紀ごろ、雑太団はなお存続していたのである。

雑太団の権校尉が殺害された翌年、佐渡国は中央政府に対し、「この国はもと夷狄《いてき》の地であるため人心強暴で、ややもすれば礼儀を忘れ常に殺傷を好む。出雲《いずも》国や隠岐国にならって弩師《おおゆみし》一員をおきたい」と申請し、許可されている。弩師とは大陸伝来の弩《おおゆみ》の製作と用法を教授する官職のことである。この申請は直接には前年の事件を契機に雑太団の強化をはかったものであるが、このころ、隠岐・長門《ながと》・出雲・対馬・佐渡・越後・能登《のと》など日本海の沿岸諸国があいついで弩師の配備を申請し、許可されている。

そのうち、越後国は「東に夷狄の危、北に海外の賊」があると訴え、能登国は「国が北海に突きでているため、非常の備えとして越後国や佐渡国のように弩師をおきたい」と要請している。北海の賊とは、当時、日本と緊張関係にあった新羅のことである。能登国の主張からもわかるように佐渡国の弩師も新羅にそなえるものであった。その後、政府は寛平六（八九四）年四月に大宰府に新羅の賊を討てと命じ、北陸道・山陰道《さんいんどう》・山陽道《さんようどう》の諸国に警備を強化するよう指示している。越後国や佐渡国も厳戒体制にはいったとみてよいであろう。

国司と国府●

出羽国が成立したのち、越後国は一時的に佐渡国を併合したこともあったが、八世紀をつうじておおむね六郡であった。その後、九世紀に古志郡から三嶋《みしま》郡が分立して七郡となった。

一方、佐渡国は、当初、雑太郡だけであったが、養老五（七二一）年四月に賀茂《かも》郡と羽茂《はもち》郡が分立して三郡になった。その後、小国廃止の方針に基づいて天平十五（七四三）年二月に越後国に併合された。しかし、渤海使が来着した直後の天平勝宝四年十一月にふたたび独立した。渤海使の来着を機に、海を隔てた越後国が佐渡島を統轄することの不便が認識されたからであろう。

律令政府は、諸国を大国・上国・中国・下国に分類し、国の等級に応じて守《かみ》・介《すけ》・掾《じょう》・目《さかん》からなる国司《こくし》を派遣した。国の等級は必ずしも固定したものではなかったが、『延喜式』は越後国を上国、佐渡国を中国としている。上国には守・介・掾・目、中国には守・掾・目が各一人ずつ派遣されることになっていた。国司になったものは任国に赴き、国衙《こくが》（国庁）で執務したり、国内を巡行視察した。国衙にはさまざまな役所や工房がおかれ、その所在地は国府と称された。国府は、およそ方四～八町（一町は一〇八メートル）の区画をもち、方格に地割された。

十世紀に成立した『和名抄《わみょうしょう》』は越後国の国府は頸城《くびき》郡に、佐渡国の国府は雑太郡にあったとしている。しかし、越後国の国府・国衙は当初から頸城郡にあったわけではない。慶雲二（七〇五）年十一月に越後城司に任命され、越後守となった威奈真人大村は、在任中に越城で没している。そのころ、越城（越後城）が国衙の役割を果たしていたとみてよいであろう。越城の位置は不明であるが、渟足柵の後身である沼垂城の別名とみる説が有力視されている。

ところが、長岡市の八幡林遺跡から蒲原郡の郡司が養老年間（七一七～七二四）の前後に国衙に派遣した使者にもたせた過所《かしょ》木簡が出土している。過所とは通行証のことである。この木簡は三片に切断されているが、国衙での任務をおえた使者が、蒲原郡への帰途、最後に通過する古志郡内の官衙《かんが》（八幡林遺跡）に提出し、そこで再利用を防ぐために切断、破棄されたと考えられている。越後国の国府・国衙は、このころすでに古志郡以西に移っていたのである。出羽国が成立したのち、越後国のなかでもっとも生産力が高い頸城郡に移転していたのであろう。

しかし、頸城郡内に設定された国府・国衙の位置はよくわかっていない。いくつかの推定説のうち、現在、もっとも注目されるのは上越《じょうえつ》市の今池《いまいけ》遺跡説である。今池遺跡は関《せき》川右岸の沖積段丘にあり、八世

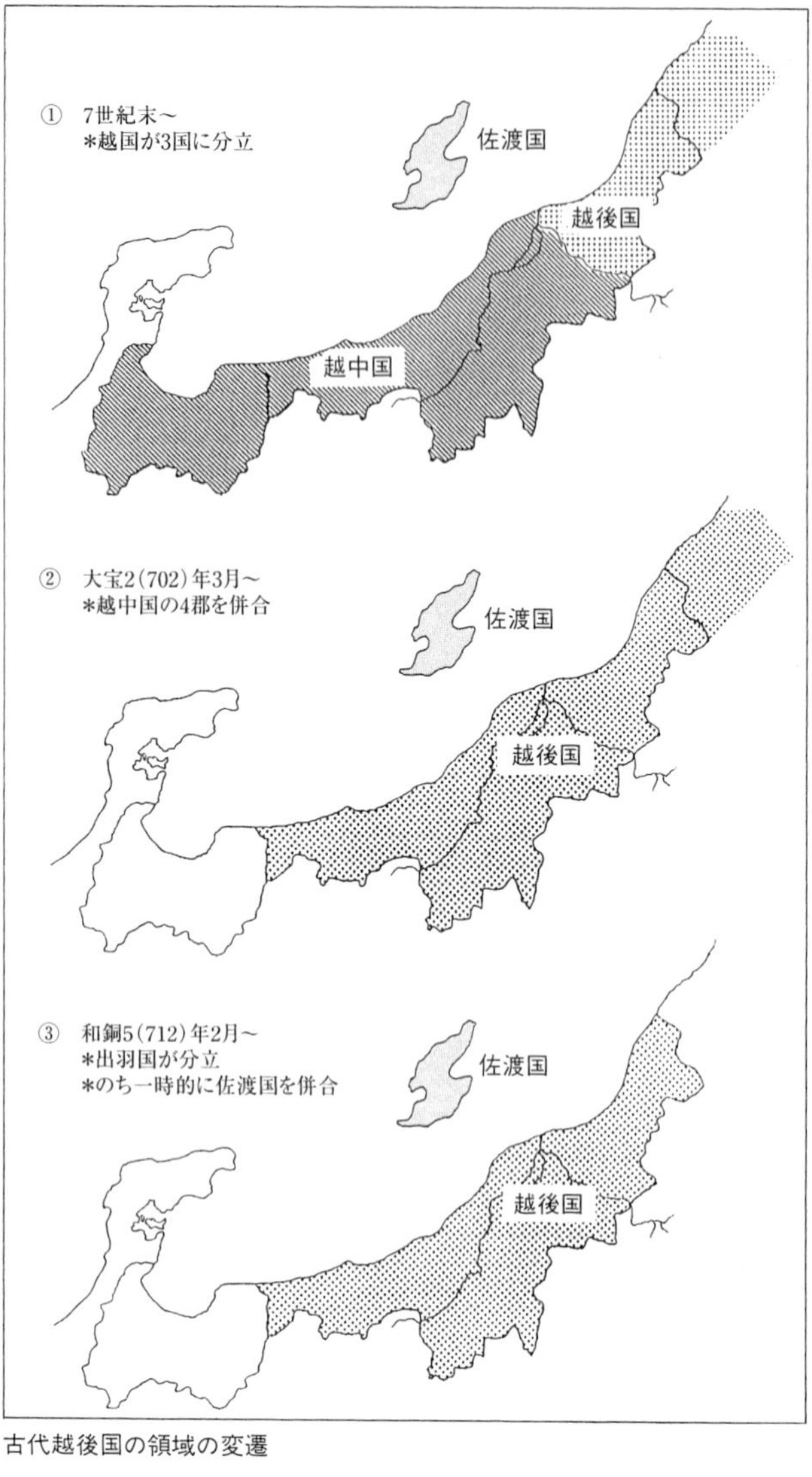

古代越後国の領域の変遷

紀前半から九世紀ごろの官衙と思われる約一二〇棟の掘立柱《ほったてばしら》の建物跡が検出されている。関川の流域には条里制の遺構もみられ、今池遺跡の南東約七〇〇メートルの地点に国分寺址と思われる本長者原廃寺《もとちょうじゃがはらはいじ》がある。国分寺の建立は天平十三年三月に諸国に指示され、一般に国府の近傍に造営された。

佐渡国の国府・国衙も所在地が確認されていないが、真野湾沿岸の若宮《わかみや》遺跡と下国府《しもこう》遺跡が注目されている。両遺跡に近接する竹田川の流域には条里制の遺構がみられ、若宮遺跡から墨書土器・和同開珎《わどうかいちん》・土塁状の遺構、下国府遺跡から二重の堀に囲まれた八世紀後半の掘立柱の建物が二棟検出されている。また、現在の国分寺の西、すなわち下国府遺跡の南約一キロの地点に古代の国分寺址があり、発掘調査の結果、大量の瓦が出土し、金堂・塔・中門・大門・回廊の跡などが検出されている。

ところで、佐渡国司の初見は天平宝字三（七五九）年正月に佐渡守に任命された生江臣智麻呂《いくえのおみともまろ》である。しかし、翌四年三月に漆部直伊波《ぬりべのあたいいわ》、さらに翌五年三月に宍人朝臣和麻呂《ししひとのあそんやまとまろ》が佐渡守に任命されている。当時の国司の任期六年を無視した異例の人事であるが、その事情は不明である。氏姓や経歴から生江臣智麻呂は越前国足羽《あすわ》郡、漆部直伊波は相模《さがみ》国の出身と思われるから、一時期、佐渡守は地方豪族に出自をもつ中央官人が続いて任命されたことになる。

越佐の郡司●

郡里制は霊亀三（七一七）年ごろ郡郷里制にかわり、さらに天平十二（七四〇）年ごろ郡郷制にかわった。律令政府はこうした郡や郷に在地の有力者を選んで郡司や郷長《さとおさ》をおいた。郡司には大領《だいりょう》・少領《しょうりょう》・主政《しゅせい》・主帳《しゅちょう》の四階級があり、大領・少領には国造《くにのみやつこ》の系譜をひく氏族が優先的に登用された。また、郡司は大郡（一六〜二〇郷）・上郡（一二〜一五郷）・中郡（八〜一一郷）・下郡（四〜七郷）・小郡（二〜三郷）ごとに配置

『和名抄』にみえる越後国・佐渡国の郡と郷

国名	郡名	郷名
越後国	頸城郡	沼川，都宇(都有)，栗原，原木(荒木)，板倉，高津，物部，五公(五十公)，夷守，佐味
	三嶋郡	三嶋(三島)，高家，多岐
	魚沼郡	賀禰，那珂，刺上(苅上)，千屋
	古志郡	大家，栗家，文原，夜麻
	蒲原郡	日置，桜井，勇礼，青海，小伏
	磐船郡	佐伯，山家，利波，坂井，〈余戸〉
	沼垂郡	足羽，沼垂，賀地
佐渡国	羽茂郡	大目，菅生，八桑，松前，星越，高家，水湊，〈越太〉，〈駄大〉
	雑太郡	石田，高家，八多，雑田(雑太)，〈岡〉，〈与知〉，〈竹田〉，〈小野〉
	賀茂郡	升栗(殖栗)，賀茂，勲知，大野，佐為，〈女儿〉

(　)は写本により表記に違いがあるもの。
〈　〉は写本により記載のないもの。

される役職や定数に差が設けられていた。

十世紀に成立した『和名抄』は越後国に三三郷を列挙している。それによると頸城郡は中郡、古志郡・魚沼郡・蒲原郡・磐船郡は下郡、三嶋郡・沼垂郡は小郡にあたる。八世紀の古志郡は三嶋郡を含んでいたが、やはり下郡であった。天平十七年二月の「民部省解《みんぶしょうのげ》」は越後国から六四人の仕《し》丁《ちょう》が到着したと記している。当時の越後国は佐渡を併合していたが佐渡は仕丁役が免除されていたこと、仕丁は一郷から二人ずつ出仕することになっていたことなどから、八世紀の中ごろ、すでに越後国に三二郷以上あったことがわかる。

一方、『和名抄』が伝える佐渡国の郷数は写本によって一六郷から二三郷までの違いがあるが、雑太郡・羽茂郡は中郡か下郡、賀茂郡は下郡であったと思われる。しかし、養老五（七二一）年～天平十二年ごろの実態を伝える「律書残篇《りっしょざんぺん》」は佐渡国を一三郷としている。八世紀の中ごろ、佐渡国の三郡はすべて下郡か小郡であったとみてよいであろう。

律令の規定では中郡には大領・少領・主政・主帳、下郡には大領・少領・主帳、小郡には領・主帳が一人ずつ配置されることになっていた。しかし、越佐両国で実在が確認できる八世紀の郡司はわずか三人にすぎない。そのうち、蒲原郡の主帳丈部《はせつかべ》（名不明）は養老年間（七一七〜七二四）前後の九月二十八日に木簡を発行している。長岡市の八幡林遺跡から出土した過所木簡である。これは、毎月朔日に国衙で行われる告朔《こうさく》（政務報告）に青海《あおみ》郷の少丁《しょうてい》（二〇歳以下の青年男子）高志君大虫《こしのきみおおむし》を派遣するためのもので、木簡には郡司の指令を大虫に伝える火急使《かきゅうし》として高志君五百嶋《こしのきみいおしま》の名も記されている。これによって高志君の一族が蒲原郡の郡務に深くかかわっていたこと、各郡が毎月朔日に前月の郡務を国衙に報告していたことなどを知ることができる。

また、佐渡国賀茂郡の矢田部枚人《やたべのひらひと》が天応元（七八一）年におさめた調布に徴税担当者として賀茂郡の擬《ぎ》大領舎人《だいりょうとねり》（氏姓不明）の名が記されている。擬大領とは定員外の大領のことである。半世紀後の承和元（八三四）年十一月に佐渡国は「貢納物を冬季に準備し、夏季に上京しているが、各郡とも郡司が一人なので相撲節に参加したり、海が荒れたりして帰国が遅れると郡政が停滞する。各郡に正員以外に権員《ごんいん》をおきたい」と申請し、許可されている。郡司は貢納物をととのえ、納入のために上京する任務もおっていたのである。

このほか、神護景雲三（七六九）年に頸城郡大領の高志公船長《ふななが》が田図《でんず》を作成している。八世紀ごろ、頸城郡・古志郡・蒲原郡・沼垂郡には鉄や須恵器《すえき》を生産する施設があり、蒲原郡域に属する新潟市の的場遺跡では、八〜十世紀ごろ、官営の漁業活動が行われていた。各郡の郡司は田図の作成だけでなく、こうした郡内の生産活動にも深く関与していたと思われる。

郡司の活動は郡の役所である郡衙《ぐんが》（郡家《ぐうけ》）や郡司の私宅を拠点にして行われた。越佐両国の郡衙や郡司の私宅はあきらかになっていないが、古志郡域では八〜九世紀の倉庫群が発見された長岡市の下ノ西《しものにし》遺跡、「古志」・「郡」・「大領」・「大領殿門」などの木簡や墨書土器が出土した八幡林遺跡、三嶋郡域では「勅」・「上殿」などの墨書土器が出土した柏《かしわ》崎《ざき》市の箕輪《みのわ》遺跡が注目される。また、頸城郡域では妙高市の栗原《くりはら》遺跡、上越市柿崎区の木《き》崎山《ざきやま》遺跡、沼垂郡域では新発田市の曽根《そね》遺跡から「郡」の墨書土器が出土し、阿賀野市の発久遺跡から延暦十四（七九五）年の各月の朔日の干支を記した木簡が出土している。役人が文書を作成するさいに利用したものであろう。一方、佐渡では真野湾沿岸の若宮遺跡

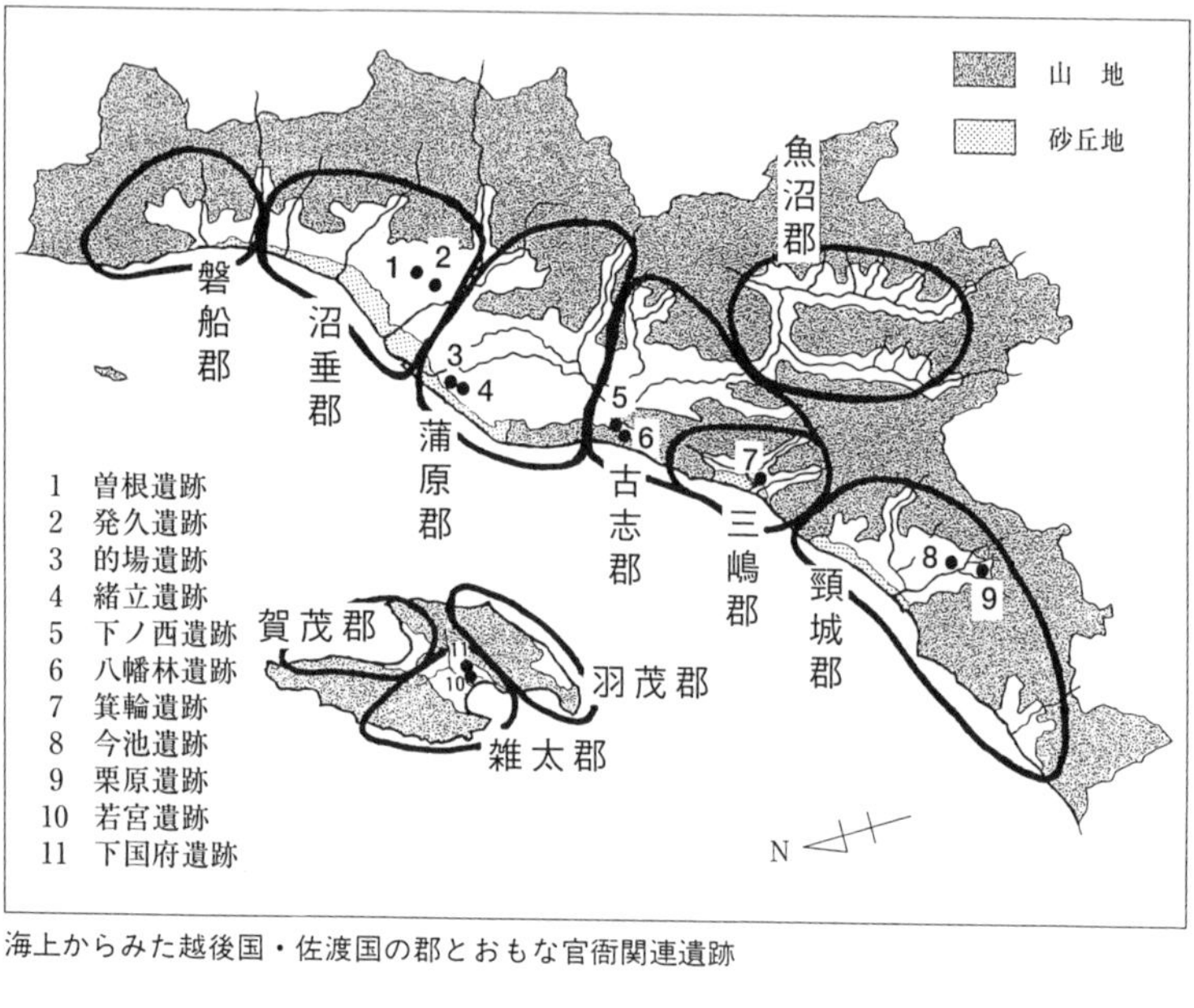

海上からみた越後国・佐渡国の郡とおもな官衙関連遺跡

から役所を示す「衙」という文字を記した墨書土器が出土している。佐渡国衙か雑太郡衙であったと考えられている。

なお、越後国は大宝二（七〇二）年四月に采女《うねめ》と兵衛《ひょうえ》の貢進を命じられた。采女と兵衛の貢進は、国造に采女と舎人《とねり》を貢進させた伝統に基づいて、八世紀以後も大領や少領に貢進が命じられた。しかし、越後国など辺境の諸国は貢進が免除されていた。大宝二年四月の措置は、その直前に越中国の四郡が越後国に編入されたため、それまで采女や兵衛を貢進していた四郡の大領や少領にまで免除の規定がおよぶことを防ごうとしたものであろう。大領や少領は一族の男女を兵衛や采女として貢進する責務もおっていたのである。

2　村とくらし

律令時代の村●郡里制の里、のちの郡郷制の郷は五〇戸の郷戸《ごうこ》で編成されることになっていた。一つの郷戸は直系親族のほかに傍系親族や奴婢《ぬひ》などを含み、平均二三～二四人の人びとがいくつかの住居に分かれて生活していた。もちろん、すべての里がちょうど五〇戸に編成できたわけではない。律令政府は一里の上限を五九戸とし、六〇戸以上を二里に分けた形跡がある。しかし、そのうえでなお、どの里にも付けがたい端数《はすう》の戸は余戸《あまるべ》とされた。越後国にも磐船郡に余戸の例がある。

余戸の存在は、里を設定するさい、律令政府が戸数だけでなく、集落がもつ地域性や共同体としての性格も配慮したことを示している。また、郡里制が施行されたころ、越後国の各地にやや大規模な集落がいくつか成立している。糸魚川市の須沢角地《すざわかくち》A遺跡、十日町《とおかまち》市の馬《ば》場上《ばがみ》遺跡、北蒲原郡聖籠《せいろう》町の山三賀《やまさんが》Ⅱ遺跡などである。ここでは山三賀Ⅱ遺跡を例に律令時代の集落のようすをみることにしたい。

　山三賀Ⅱ遺跡は海岸から約五キロはなれた標高五～六メートルの砂丘上にある。縄文時代から平安時代におよぶ複合遺跡であるが、古墳時代の中期にいったん途絶し、二〇〇年以上の空白期間を経て八世紀の初めにふたたび大規模な集落が出現した。発掘調査が行われた約一万三六〇〇平方メートルの範囲から竪穴《たてあな》住居約九〇基、住居と思われる掘立柱の建物一六棟、高床式倉庫《たかゆかしきそうこ》と思われる総柱の掘立柱の建物一一棟が検

砂丘上に成立した古代の山三賀のムラ(新潟県教育委員会ほか『新潟県埋蔵文化財調査報告書第53集　山三賀Ⅱ遺跡』による)　多くの人びとは竪穴住居を住まいにしていたが，9世紀ごろから有力者は掘立柱方式の平地式住居をいとなむようになった。高床式倉庫はおもに集団の共有物である稲を貯蔵したのであろう。

出された。集落は九世紀の後半に衰退するが、約二〇〇年のあいだ、集落が存続したのである。

山三賀II遺跡の八世紀の住居はほとんどが約一〇平方メートルから約七〇平方メートルの竪穴住居であった。そのうち、大型の竪穴住居は、遺構から帯金具《おびかなぐ》や和同開珎などが出土しており、集落のなかの上層者の住居であったと思われる。しかし、九世紀になると大型の竪穴住居が消え、上層者の住居は掘立柱の建物にかわった。集落は数基の住居からなる複数の小集団によって構成されていたが、倉庫はそれらの小集団に付属せず、公共的な性格を有していた。また、集落には井戸がなく、砂丘の下に共同の水場があったと推定されている。

生産用具としては糸を紡ぐ紡錘車《ぼうすいしゃ》、漁網につける土錘《どすい》、鍛冶《かじ》の存在を示す鉄滓《てっさい》やフイゴ羽口《はぐち》などもみられるが、鉄製の鎌や鋤《すき》・鍬《くわ》の先が出土している。山三賀II遺跡は基本的に農耕集落であったとみてよいであろう。しかし、集落が立地する砂丘上には畑作の痕跡がなく、砂丘の内陸側の直下も近世に至るまで耕作が困難な湛水地《たんすいち》であった。同じ砂丘上に同時期の集落遺跡がいくつかみられるが、いずれも砂丘からややはなれた東部の沖積地に集落共同の水田があったと推定されている。

こうした山三賀II遺跡のあり方は、九世紀の後半以降に成立する集落とやや異なっている。それらの集落では個々の住居に若干の耕地や井戸やゴミ捨て用の土坑が付随し、農業活動や生活様式に自立化の傾向がみられる。しかし、山三賀II遺跡にはそうした形跡がなく、小集団や個々の世帯の自立性は弱かったと思われる。人びとは、集落全体を統率する首長《しゅちょう》のもとで隷属的に生産活動や消費活動を行っていたのであろう。こうした集落の性格は馬場上遺跡や須沢角地A遺跡にもほぼ共通している。

このような山三賀型の集落は、いずれも八世紀の初めに成立し、九世紀の後半か十世紀の前半に衰退している。山三賀II遺跡は沼垂郡、馬場上遺跡は魚沼郡、須沢角地A遺跡は頸城郡に属するが、郡里制の施行にさいし、越後国の各地に律令政府の方針に基づく集落が編成され、律令制による支配がゆるんだ時期に解体していったのであろう。

人びとの負担●

律令政府は班田収授《はんでんしゅうじゅ》制によって人びとに口分田《くぶんでん》を支給する一方、稲を国衙におさめる租のほか、調・庸・中男作物《ちゅうなんさくもつ》・御贄《みにえ》など、さまざまな税目を設けて各地の物産を都《みやこ》に貢進させた。そのうち、租は男女ともに課せられ、ほかはすべて男子にのみかけられた。『延喜式』によると、越後国の人びとは、こうした貢進物として白絹《しろぎぬ》・絹・布（植物繊維の織物）・鮭・白木韓櫃《しらきのからびつ》・紙・漆・樏子《らいし》（酒類を盛る器）・蘇《そ》（練乳）・絲《いと》・甘葛煎《あまかずらいり》・履料牛皮《りりょうのぎゅうひ》・六種の薬草・薬用の零羊角《れいようかく》（カモシカの角）などを求められ、佐渡国の人びとは布・鮑《あわび》・稺海藻《わかめ》のほか四種の薬草を貢進させられた。

調庸物は原則として納入者が都まで運脚するか、運脚する人の食料を負担することになっていた。しかし、その運脚は困難をきわめ、『続日本紀』は、帰路、飢えるものや病に倒れるものが続出したと伝えている。現在、奈良の正倉院《しょうそういん》に天平十一（七三九）年に佐渡国雑太郡石田郷曽禰《そね》里の丈部得麻呂《はせつかべのとくまろ》がおさめた調布、天平勝宝年中（七四九〜七五七）に越後国久疋《くびき》郡（頸城郡）夷守《ひなもり》郷の戸主肥人呰麻呂《くまひとのあざまろ》がおさめた庸布、天応元（七八一）年に佐渡国賀茂郡（殖栗《えくり》郷カ）の矢田部枚人がおさめた調布が伝えられている。

男子が負担したのは物産の貢進だけではなかった。国司の指示によって国内の労役に服する雑徭《ぞうよう》、成年男子三人に一人の割合で徴発される兵役、一郷から成年男子二人が都に出仕して一人が仕丁《つかえのよぼろ》（立丁《りっちょう》、直《じき》丁《ちょう》）として官庁などで雑役に服し、もう一人が廝丁《かしわでのよぼろ》として仕丁の世話をする仕丁役《しちょうえき》など、さまざまな形で労力の供出が求められた。春さきに種《たね》まき用の稲が強制的に貸し付けられ、秋に利息分の稲を加えて返却させられる公出挙《くすいこ》も大きな負担になった。

そのうち、越後国の人びとが実際に仕丁役に従事していたことを示す史料がある。たとえば、天平十七年二月二十八日の「民部省解」は、この日の朝、民部省に到着した越後国の仕丁三二人と廝丁三二人を甲賀宮《こうがのみや》（紫香楽宮《しがらきのみや》の別称）に配置したと記している。律令の規定どおり、越後国の三二郷から仕丁と廝丁が出仕していたのである。おそらく、一月中旬ごろに各郷から二人ずつ郡衙に集められ、郡の役人とともに国衙に集結したのち、国衙の役人に率いられて、約一カ月の真冬の旅を重ねて都に到着したのであろう。

こうした仕丁たちの生活費は国養物《こくようぶつ》とよばれ、出身郷の人びとが負担することになっていた。実際、天平宝字六（七六二）年ごろ、仕丁として造石山院所《ぞういしやまいんしょ》で働いていた頸城郡伊吉郷《いき》（五公郷《いきみ》）の戸主山鹿栗栖《やまかのくりす》は、自分の国養物をうけとるために民部省に出向くことを申請している。また、山鹿栗栖は同年正月に三〇日間服務したが、同月の日数は三〇日であり、一日も休めなかったことになる。こうした服務の苛酷さを知っていたからであろう、天平宝字六年三月十二日に仕丁として造石山院所に配属された越後国の丈部《はせつかべ》得足《のとくたり》と三宅人領は、その日のうちに逃走している。しかし、いったん逃走した仕丁は、もはや故郷に帰ることはできなかったと思われる。

また、ある年の「佐渡国正税帳《しょうぜいちょう》」は、天平四年に佐渡国のある郡で出挙の債務をおったまま四五人が死亡したと記している。ほかの国の例にくらべ、死者の数がきわめて多いことから、この年、佐渡国は深刻な飢饉か伝染病におそわれた可能性がある。実際、律令時代の人びとは、たびたびおそう飢饉や伝染病におびやかされていたのである。

越後国の鮭●

ところで、東大寺は、八世紀の中ごろ、越後国の頸城郡膽君郷《いきみ》（五公郷）・磐船郡山家郷《やまか》・賀茂郡殖栗郷・雑太郡播多郷《はた》の各五〇戸を含む合計五〇〇〇戸を封戸《ふこ》としてあたえられ、それらの郷戸がおさめる租・調・庸・中男作物・仕丁役を封物《ふうぶつ》として取得することが許された。賀茂郡と雑太郡の封戸は、のちに佐渡国が復置したことによって三嶋郡と沼垂郡（ともに郷名不詳）にかわったが、東大寺は律令制がゆるんだ十一世紀の中ごろ、なお封物代として越後国から年間三〇〇〇隻を超える鮭《さけ》を取得している。八～九世紀のころには、さらに多くの鮭がさまざまな貢進物や封物代として越後国から民部省や東大寺に送られていたとみてよいであろう。

越後国の鮭は、内臓を取り出して乾燥させた楚割鮭《すわりのさけ》、卵を塩で保存処理した鮭子《さけのこ》、楚割鮭の腹部に鮭子をおさめた内子鮭《こごもりのさけ》、内臓を塩で保存処理した背腸《せわた》、鮭の頭を干した氷頭《ひづ》として都に貢進された。平安時代中期の世相を伝える『新猿楽記《しんさるがくき》』は越後国の特産物として鮭と漆をあげ、『宇治拾遺物語《うじしゅういものがたり》』は二〇駄ほどの鮭を馬に積んで越後国から平安京に到着した綱丁《ごうちょう》（物資の輸送担当者）と鮭盗人の説話を収録している。鮭は都の人びとにもっともよく知られた越後国の産物であった。また、佐渡国の鮑《あわび》や布は、宮廷の儀式にさいし、神への供物《くもつ》や関係者への支給物として重用された。

こうした貢進物を生産した遺跡として、新潟県内でもっとも注目されるのは新潟市の的場遺跡である。的場遺跡は信濃川の河口に近い砂丘地に立地し、周辺にはかつて多くの潟湖《せきこ》が点在した。縄文時代～古墳時代の遺物もみられるが、的場遺跡をもっとも特徴づけるのは、八世紀前半～十世紀におよぶおびただしい量の土錘《どすい》・石錘《せきすい》・浮子《うき》・網針《あみばり》・櫂《かい》などの漁撈具である。このほか、帯金具・大刀金具・木沓《きぐつ》・檜扇《ひおうぎ》・和

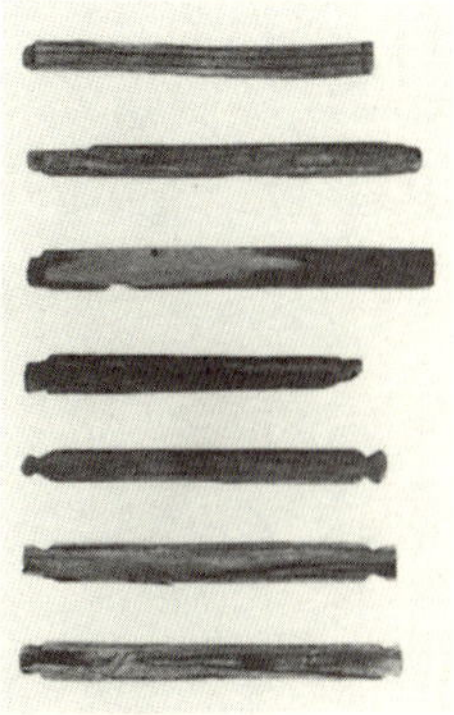

浮子(小)

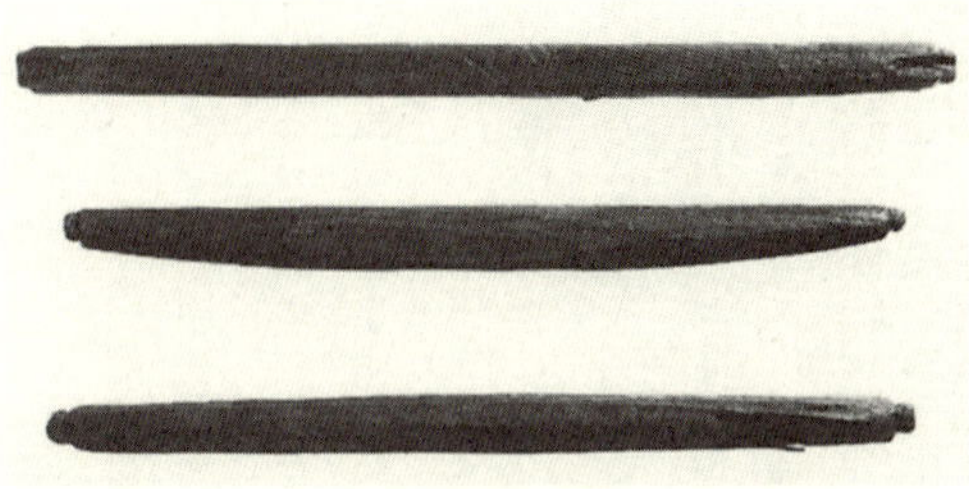

浮子(大)

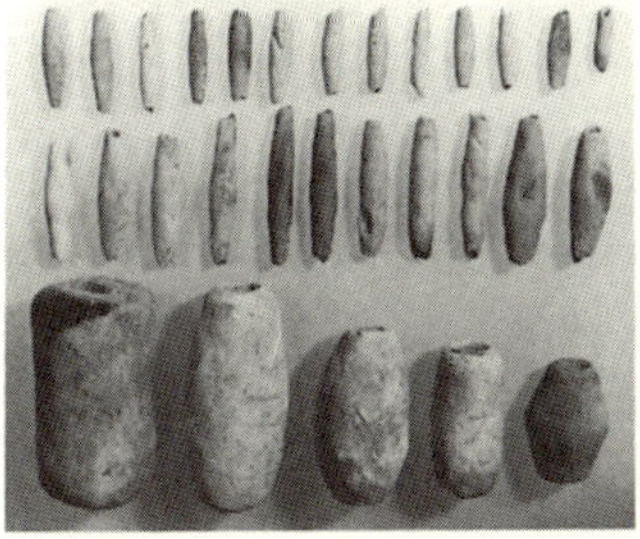

管状土錘

大形石錘

櫂(先端部)

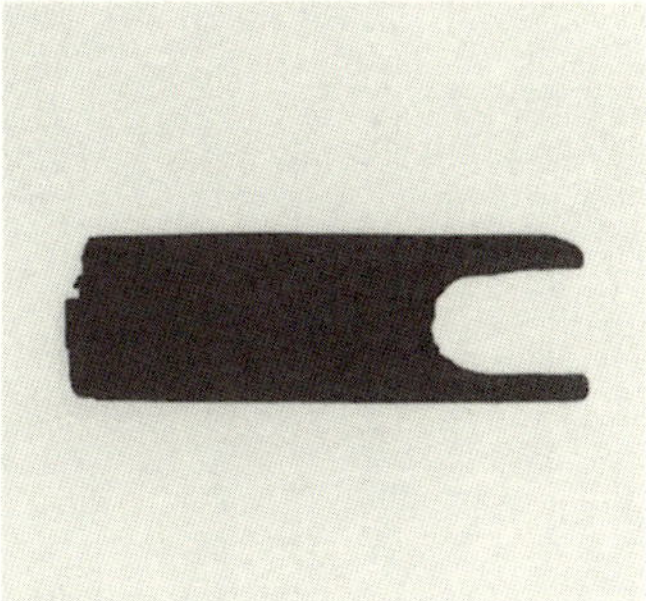

網針(基部)

的場遺跡(新潟市西区)から出土した漁具の一部

同開弥・木簡などの官衙的遺物や、斎串《いぐし》・人形《ひとがた》などの祭祀具《さいしぐ》、倉庫群の存在を示す総柱の大形建物群などが検出されている。的場遺跡は大規模な官営の漁業基地であるとともに物資の保管施設であった。

的場遺跡から出土した八〇〇〇点を超える土錘には細形と太形の二種があり、浮子も近年の刺網《さしあみ》の浮子に近い小形のものと鮭網の浮子に類似した大形のものがある。漁獲対象によって漁網を使い分けていたのである。的場遺跡での漁業活動は、通年、近隣の諸郷から労働力を徴発し、組織的にいとなまれたと思われる。とくに注目されるのは「杉人鮭」・「二千三百八十八隻」などと記した木簡が出土していることである。この当時、隻は数詞として広く用いられ、鮭も隻で数えられた。毎年、鮭が溯上するころ、的場遺跡は鮭漁でにぎわったとみてよいであろう。

調庸物の納入は、制度のうえでは一人ひとりの男子に課せられた人頭税である。しかし、八世紀ごろ、郷戸や郷戸を構成する各世帯の自立性はきわめて弱く、官衙や在地の有力者らが生産用具をととのえ、近隣の男女を徴発して組織的に生産することが多かったと思われる。的場遺跡の漁業活動もその一例であるが、調庸布などもほとんどこうした形で生産されたとみてよいであろう。

なお、長岡市の八幡林遺跡でも鮭の数量を記した木簡が何点か出土している。鮭を捕獲するための漁業基地は、的場遺跡以外にも越後国の各地に存在したと思われる。しかし、的場遺跡が立地する信濃川の河口付近は、越後国の国衙が頸城郡に移転したあとも十世紀すぎまで、蒲原津湊《かんばらのつのみなと》とよばれる越後国の公式の積出し港があったところである。蒲原津湊は、信濃川水系や阿賀野川水系を利用することによって、古志郡・魚沼郡・蒲原郡・沼垂郡・磐船郡の物資を集荷できる越後国最大の物資の集散地であった。都に運ぶための鮭を捕獲する大規模な官営の漁業基地や物資の保管施設がここに設営されたのは、決して理由のないことではなかった。

人びとの神から国家の神へ●

都の貴族たちは越後国を北疆《ほっきょう》とよび、佐渡国を辺要に指定した。しかし、越佐両国の人びとにとって、越佐の大地こそ生死する場であり、神々が住まうところであった。『万葉集《まんようしゅう》』にそうした越佐の神々の一つである伊夜比古神《いやひこのかみ》（伊夜彦神）をうたったつぎのような二首がある。

・伊夜彦　おのれ神さび　青雲の　たなびく日すら　小雨そぼ降る（一に云わく、あなに神さび）

・伊夜彦　神の麓に　今日らもか　鹿の伏すらむ　皮ごろも着て　角つきながら

ここにうたわれている伊夜比古神は、神々《こうごう》しい姿に青雲がたなびき、その麓に鹿が伏す弥彦山そのものであった。人びとはその伊夜比古神になにを願ったのであろうか。

『続日本後紀《しょくにほんこうき》』天長十（八三三）年七月三日条に「越後国蒲原郡の伊夜比古神を名神とする。かの郡に日照りや伝染病があるたびに雨を降らせ、病を救ったからである」という記事がある。このとき越後国は、前年来の伝染病と異常気象による飢饉のため、死者が続出する深刻な被害のさなかにあった。伊夜比古神はそうした災いを払い、人びとに息災と豊穣をもたらす神であった。また、能登地方には海神である伊夜《いや》比咩神《ひめのかみ》の祭日に伊夜比古神が訪れるという神婚《しんこん》伝承がある。この伝承は古くから越後地方と能登地方に密接な交流があったことを示しているが、弥彦山は日本海の沿岸を航行する人びとにとって絶好の標識であり、航海の安全をまもる神でもあった。このように伊夜比古神は、日々、弥彦山をあおぎみる人びとの神であったのである。

また、『令集解《りょうのしゅうげ》』によると、律令時代の村々には神社があり、春秋の田の祭りには村人がつどい、飲

越後国・佐渡国の式内社

国名	郡名	神　社　名
越後国	頸城郡	奴奈川神社，大神社，阿比多神社，居多神社，佐多神社，物部神社，水嶋磯部神社，菅原神社，五十君神社，江野神社，青海神社，円田神社，斐太神社
	古志郡	三宅神社(二座)，桐原磯部神社，都野神社，小丹生神社，宇奈具志神社
	三嶋郡	御嶋磯部神社，物部神社，鵜川神社，多岐神社，三嶋神社，石井神社
	魚沼郡	魚沼神社，大前神社，坂本神社，伊米神社，川合神社
	蒲原郡	青海神社(二座)，宇都良波志神社，伊久礼神社，槻田神社，小布勢神社，伊加良志神社，伊夜比古神社(名神・大)，長瀬神社，中山神社，旦飯野神社，船江神社，土生田神社
	沼垂郡	大形神社，市川神社，石井神社，美久理神社，川合神社
	磐船郡	石船神社，蒲原神社，西奈弥神社，荒川神社，多伎神社，漆山神社，桃川神社，湊神社
佐渡国	羽茂郡	度津神社，大目神社
	雑太郡	引田部神社，物部神社，御食神社，飯持神社，越敷神社
	賀茂郡	大幡神社，阿都久志比古神社

食したことが知られる。越前国足羽郡大領の生江臣東人《いくえのおみあずまひと》は天平神護二（七六六）年の文書のなかで、神社の春の祭礼で酔いつぶれたと記している。当然、越佐両国の村々にもそうした神社があり、春と秋に祭礼が行われたと思われる。

しかし、律令政府はやがて諸国の神々や神社を格づけし、保護と統制を加えていった。そのうち、律令政府が奉幣《ほうへい》する神社が『延喜式』に列挙されている。これらは一般に式内《しきない》社《しゃ》とよばれているが、越後国には五四社、佐渡国には九社があった。越後国唯一の名神である伊夜比古神をまつる伊夜比古神社もその一つである。しかし、承暦四（一〇八〇）年に神祇官《じんぎかん》で卜部《うらべ》らを率いてうらなったところ、越後国の大神神《おおみわのかみ》・伊夜比古神・江野神《えののかみ》・気《け》多神《たのかみ》・物部神《もののべのかみ》、佐渡国の大目神《おおまのかみ》・度津神《わたつのかみ》・引《ひき》田部神《たべのかみ》・飯持神《いいもちのかみ》をまつる神社の社司《しゃし》など全国約五〇社の社司が神事をけがしていることが判明したとして、祓《はら》いを命じられている。諸国の神々と神社は、格づけと保護をうけるかわりに、国家の安寧《あんねい》を祈る神となり、その祭祀も政府の指示をうけるようになっていたのである。

また、新潟市の的場遺跡や柏崎市の箕輪遺跡から斎串や人形や馬形《うまがた》などの祭祀具が出土している。国衙や郡衙などでは都風の呪術的な祭祀が行われ、やがて在地の人びとにも波及していったと思われる。

七世紀の後半ごろ、ヤマト政権は蝦夷を懐柔するため、盛んに仏具の付与を行った。そうした施策との関連は不明であるが、長岡市の横滝山《よこたきやま》遺跡から白鳳《はくほう》期の鴟尾《しび》（棟の両端につける飾りの瓦）や基壇《きだん》が検出されている。七世紀の末か八世紀の始めごろ、横滝山に寺院が建立されていたのである。その後、天平十三（七四一）年に国分寺の建立が諸国に指示され、越後国の国分寺は天平勝宝八（七五六）年までに、佐渡国の国分寺も天平宝字八（七六四）年までに建立された。このほか、「正倉院文書」のなかに越後国磐船郡津波郷（利波《となみ》郷）の戸主財部志奈布《たからべのしなふ》の戸口《ここう》で、当時二〇歳の優婆塞《うばそく》であった財部牛甘《たからべのうしかい》を僧として推挙する天平十七年の優婆塞貢進文《うばそくこうしんもん》が伝えられている。優婆塞とは在家の仏教修行者のうち男子をいい、女子は優婆夷《うばい》と称された。

こうした寺院の建立や優婆塞の存在は越佐両国における仏教の普及を示している。しかし、天平十七年ごろの優婆塞の貢進は東大寺の大仏造営に必要な労働力を確保するための措置であったとする説もあり、八世紀当時、どの程度、越佐両国の民衆に仏教が浸透していたか疑わしい面もある。国司や郡司など一部の有力者を超えて越佐両国の人びとに広く仏教が普及するのは、因果応報《いんがおうほう》思想に基づく霊験譚《れいげんたん》や浄土《じょうど》信仰《しんこう》が流布する平安時代末期以後のことであろう。

3 在地勢力の成長

初期荘園の成立●

律令政府は天平十五（七四三）年に墾田永年私財法《こんでんえいねんしざいほう》を発令し、さらに天平勝宝元（七四九）年には寺院にも墾田の私有を許す詔《みことのり》を発した。これによって有力貴族や寺院の私田が各地に形成されるようになった。これらの私田は、のちに成立する寄進地系荘園《しょうえん》と区別して初期荘園とよばれるが、越後国でも八世紀の後半に東大寺《とうだいじ》や西大寺《さいだいじ》の初期荘園がいくつか成立している。

東大寺が越後国に有したのは、頸城郡石井荘《いわいのしょう》・吉田荘《よしだのしょう》・真沼荘《まぬまのしょう》および古志郡土井荘《どいのしょう》である。このうち、石井荘はすでに天平勝宝五年に営農地の所在と面積を記した「条里坪付《つぼつけ》」が作成され、真沼荘も延暦八（七八九）年に国衙や郡衙によって「田図」が作成された。一方、古志郡土井荘は、もともと朝原内親《あさはらないしん》王《のう》の私田であったが、その遺言によって弘仁九（八一八）年に母の酒人《さかひと》内親王が東大寺に施入《せにゅう》し、その後、荘園になったものである。吉田荘に関する八世紀の史料はないが、東大寺は越後国に荘園を設定するさい、とくに頸城郡を選んだとみてよいであろう。

頸城郡は、越後国三二〜三三郷のうちの一〇郷が集中し、関川の流域に条里制の遺構が確認されるなど越後国ではもっとも耕地の造成力と生産力が高い地域であった。また、頸城平野を貫流する関川の河口付近に湊があったこと、頸城郡に国衙があったことも荘園を設定する重要な要件になった。当時、大量の物資を輸送するさい、船運の利用は不可欠であったし、越前国や越中国の例をみると、東大寺は荘園の開発や経営にさいし、造東大寺司《ぞうとうだいじし》のほか国衙や郡衙（郡司）の協力に依拠する面が大きかった。実際、石井荘は国府の近くに位置し、荘園内に条里制の地割があったこと、吉田荘も石井荘に近接していたことが史料に伝えられている。石井荘・吉田荘・真沼荘の正確な位置は不明であるが、上越市の岩ノ原遺跡から「石井庄」や「石庄」と記した墨書土器が出土している。

なお、古志郡土井荘は見附《みつけ》市付近にあったと推定されているが、墾田地二〇〇町が東大寺に施入されたさい、未開地が一四九町もあり、熟田はわずか五一町にすぎなかった。

一方、西大寺は頸城郡に桜井荘《さくらいのしょう》・津村荘《つむらのしょう》、古志郡に三枝荘《さいぐさのしょう》、蒲原郡に鶉橋荘《うずらはしのしょう》（鶉椅荘）・槻田荘《つきたのしょう》を有した。宝亀十一（七八〇）年に作成された「西大寺資財流記帳《さいだいじしざいるきちょう》」によると、当時、西大寺には越後国の荘園関係文書として神護景雲三（七六九）年の「水田幷墾田地帳《すいでんならびこんでんちちょう》」「田籍帳《でんせきちょう》」「頸城郡大領高志公船長田図」、宝亀九年の「鶉椅庄田勘定帳《うずらはしのしょうでんかんじょうちょう》」が保管されていた。目録だけのため内容が判然としないが、頸城郡内の荘園の設定に頸城郡大領の高志公船長がかかわっていたこと、国衙から遠くはなれた蒲原郡鶉橋荘でも開発や経営が行われていたことをうかがうことができる。現在、鶉橋荘は五泉《ごせん》市付近に、槻田荘は三条《さんじょう》市付近にあったと推定されている。

しかし、初期荘園の多くは、国衙や郡衙や在地の有力者に依拠して開発や

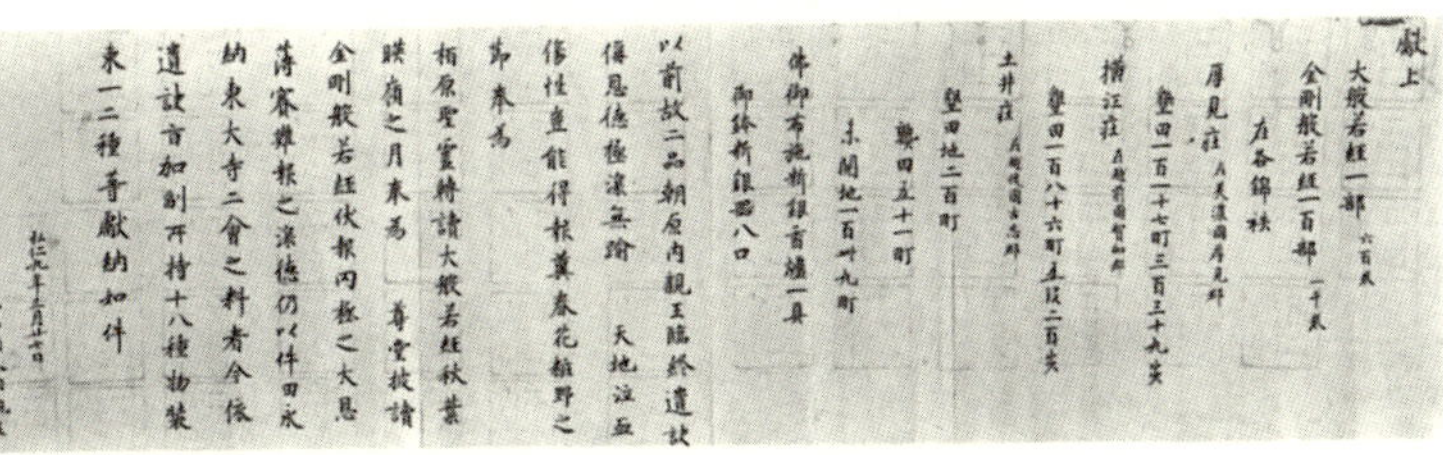
献上
大般若経一部
金剛般若経一百部
右各錦袟
厚見荘
墾田一百一十七町三百三十九歩
土井荘
墾田地二百町
熟田五十一町
未開地一百卌九町

酒人内親王施入状(弘仁 9 <818>年 3 月27日付，正倉院宝物)

経営が行われていたため、律令制が動揺しはじめた九世紀以降、しだいに衰微していった。越後国でも東大寺領荘園のうち、石井荘と土井荘は十二世紀の前半まで存続したが、吉田荘と真沼荘は十世紀の末ごろ、すでにその実質を失っていた。また、西大寺領荘園は東大寺より設定が遅れたため、一般に開発や経営が困難な地域が多く、西大寺の強力な支援者であった道鏡《どうきょう》が失脚した宝亀十年以後、急速に衰微した。越後国の西大寺領荘園も九世紀以降の史料がなく、位置不明のものが多い。

開発の進展●

このように九世紀以降、多くの初期荘園が衰退したが、これによって在地の人びとの開発活動や生産活動まで停滞したわけではない。むしろ、八世紀の後半ごろから越後国の各地で在地勢力による開発が急速に進展した形跡がある。

たとえば、蒲原郡の三宅連笠雄麻呂《みやけのむらじかさおまろ》は、稲一〇万束をたくわえ、長年にわたって困窮者に衣食をほどこしたり、道や橋を修造した功績によって延暦三（七八四）年に従八位上《じゅはちいのじょう》をあたえられた。笠雄麻呂がたくわえた稲一〇万束は、およそ水田二〇〇町の収量にあたるが、長年の蓄えであるから、笠雄麻呂が二〇〇町以上の私田を経営していたとはかぎらない。しかし、道鏡の失脚によって西大寺領荘園が衰退しはじめたころ、同じ蒲原郡で笠雄麻呂は大きな財力をたくわえていたのである。また、その少し前の天応元（七八一）年に、越後国など五カ国の一二人が、私力で陸奥国に軍粮《ぐんろう》を運んだ功績によって位をあたえられている。越後国でも富裕な階層が成長していたのである。

この当時、地方の有力者が財物を貢献して位を得ることは決して珍しいことではなかった。しかし、その場合、直接に国家機関や国家事業に財物を貢献するのが一般的であった。その点、長年にわたって困窮者を救済し続けた笠雄麻呂の行為は、位を得ることより、野地の開発や田地の経営に必要な労働力を確保する点に大きなねらいがあったと思われる。笠雄麻呂の財力は、在地の人びとを編成し、野地の開発や私田の経営に取りくむなかでたくわえられたものであろう。

そして、五〇年後の天長十（八三三）年に蒲原郡の伊夜比古神が越後国唯一の名神に列せられた。伊夜比古神は、その後もつぎつぎに神階《しんかい》が上昇し、貞観三（八六一）年には国衙の所在地である頸城郡の居多神や大神神とともに越後国では最高の従四位下《じゅしいのげ》に達した。このように国衙から遠い伊夜比古神が九世紀にはいってとくに厚遇されたのは、その霊験もさることながら、このころ、律令政府や越後国の国衙が急速に沖積地の開発が進む蒲原郡に大きな関心をよせていたからであろう。

越後国では、八世紀の初めに砂丘地や台地上に山三賀型集落とよばれるやや規模の大きな集落が編成された。その後、山三賀型集落は九世紀の後半から十世紀の初めに衰退したが、これにかわって九世紀の後半ごろから沖積地のなかの微高地に小規模な散村型の集落が成立するようになった。このような集落は上越市の正善寺《しょうぜんじ》川の北岸に成立した一之口《いちのくち》遺跡にちなんで一之口型集落とよばれるが、新潟市の小丸山《こまるやま》遺跡もそうした遺跡の一つである。一之口型集落では個々の住居に若干の耕地や井戸やゴミ捨て用の土坑が付随し、各世帯がやや自立性を高めた農業活動や消費生活をいとなんでいた。沖積地の開発によって新しいタイプの集落がうまれていたのである。

開発の進展は越後国より佐渡国にはやくあらわれた。八世紀の中ごろ、越後国の郷数は三二〜三三郷、佐渡国は一三郷であった。ところが、十世紀の前半に成立した『和名抄』は越後国を三三郷とし、佐渡国を一六〜二三郷としている。『和名抄』が伝える郷数の年代は不明であるが、越後国では八世紀の中ごろ以降、郷がほとんど新設されなかったのに対し、佐渡国では三～一〇郷も増加したのである。

しかし、『和名抄』と十二世紀に成立した『色葉字類抄《いろはじるいしょう》』が伝える水田面積を比較すると、佐渡国の田積は『和名抄』では三九六〇町、『色葉字類抄』では三九〇六町で、ほぼ横ばいかやや減少している。これに対し、越後国の田積は『和名抄』の一万四九九七町から『色葉字類抄』の二万三七三八町に急増している。これらの田積がいつごろのものか判然としないが、越後国における開発は、開発の結果がもはや新しい郷に編成されなくなった時期、すなわち律令制に基づく郡郷制がほぼ機能を失った時期に大きく進展したとみてよいであろう。

国司と争う●

こうした社会の変容をうけて、班田収授制の実施が困難になるなど律令制による支配が行きづまり、国衙の支配方式にも変化があらわれた。国衙自身が積極的に生産活動を行うようになったのである。

たとえば、佐渡国では九世紀の中ごろから羽茂郡の小泊《こどまり》で大量の須恵器が生産されるようになった。小泊窯は、成立にさいしてあらたに畿内系の技術を導入していること、国分寺《こくぶんじ》瓦を生産していること、当初から須恵器を大量に島外に供給できるだけの生産規模をもっていたことなどから、その成立や経営に国衙が深く関与していたことは確実である。

ちょうどそのころ、佐渡国三郡の人びとが太政官に国司の非法を訴える事件がおきた。承和元（八三四）年十一月のことである。「国守の嗣根《つぐね》は余計の利益を得るため、旧館を捨てて新館をつくらせたり、海浜《かいひん》や山沢《さんたく》の利益を独占している」というのが三郡の人びとの訴えであった。ここでいう海浜や山沢の利益がなにをさすか不明であるが、入会地《いりあいち》的な性格をもつ海浜や山沢から在地の人びとをしめだし、国衙

（国司）が直営的な生産活動によって収益を独占しようとしていたのであろう。

　これに対し、在地の有力者たちは、ときにはたがいに対立し、ときには国衙（国司）に接近したと思われるが、基本的に労働力の確保や生産活動の場をめぐって、直営的な生産活動を開始していた国衙（国司）と競合する関係にあった。しかも、三郡の人びとが国司の非法を訴えた承和元年は、風雨の害にみまわれ、ほとんど穀物が稔《みの》らない凶年であった。その影響は、翌年、多数の死者をだす深刻な飢餓と伝染病の流行となって佐渡国の人びとをおそった。国司の非法を上訴する事件は、国司との対立を深めていた在地の有力者たちが凶作にあえぐ多くの人びとをまきこんで引きおこしたものであろう。

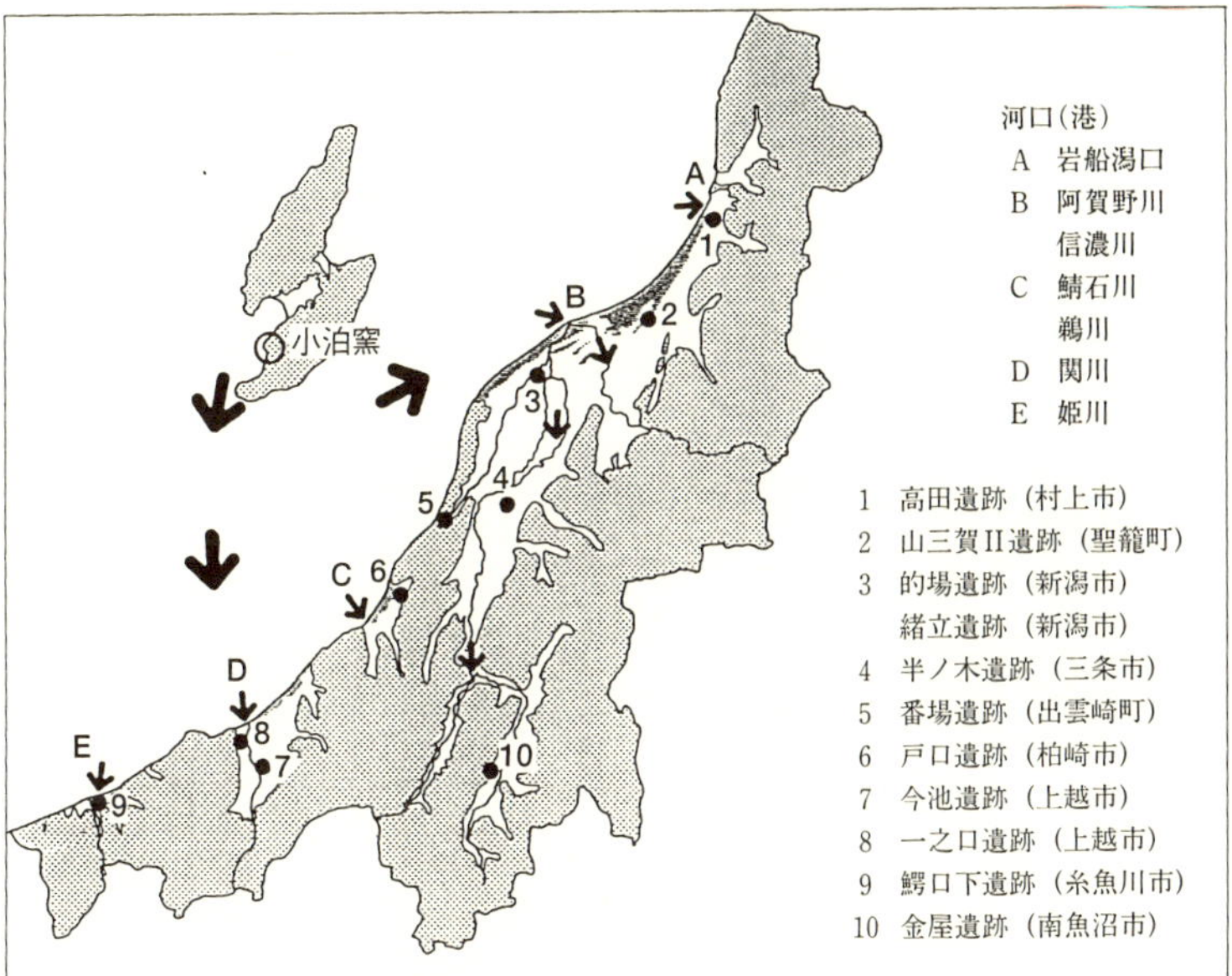

小泊(羽茂郡)窯産の須恵器の流通（9世紀後半～10世紀前半，坂井秀弥「水辺の古代官衙」小林昌二編『越と古代の北陸』による）

越佐古代の女性たち

古代の史料に登場する越佐《えっさ》の女性を簡単に紹介しておきたい。

実在が確認される初例は、弘仁十三（八二二）年に古志《こし》郡渡戸《わたべ》浜に布施屋を建て、墾田《こんでん》四〇町あまりと渡船二艘をほどこした国分寺《こくぶんじ》の尼法光《ほうこう》である（『袖中抄《しゅうちゅうしょう》』）。法光の行為は「百姓《ひゃくせい》の済度《さいど》の難（人びとの渡航の困難）を救うため」とも、また、「往還の人に穏便を得せしむ」ともあるから、越佐海峡をわたる人びとの便宜をはかったのであろう。しかし、『袖中抄』は、「その後、年代が経過したため、済度の労をとる人もなく、建物も破損し、田も荒廃しているので、元慶四（八八〇）年に越後国の徭夫五人を配し、永く管理させることにした」と伝えている。法光の出自は不明であるが、その財力からみて在地富豪層の出身であろう。

ついで天長六（八二九）年に佐渡国人《こくじん》の丈部若刀自売《はせつかべのわかとじめ》が三つ子の男児を出産している。律令《りつりょう》政府は原則として三つ子以上の多産者に乳母や物資を支給したが、若刀自売も同年十一月に正税三〇〇束・乳母一人・三カ年の粮料を支給されている（『類聚国史《るいじゅうこくし》』）。

頸城《くびき》郡の高志公今子《こしのきみいまこ》は、貞観九（八六七）年五月に節婦として報奨され、位二階を授けられた。三〇階ある位階のうち下から二番目の少初位上《しょうそいのじょう》をあたえられたのであろう。このとき、村内に節婦を顕彰する門が立てられ、同戸の人びとは課役を免除された（『三代実録《さんだいじつろく》』）。なお、神護景雲三（七六九）年当時、頸城郡の大領に高志公船長《ふななが》があった。船長と今子が生存した年代は約一〇〇年の開きがあり、両者の系譜関係も不明であるが、今子は頸城地方の有力氏族であった高志公の一員

❖コラム

であったとみてよいであろう。

また、元慶三年に佐渡国の浪人高階真人利風《たかしなのまひととしかぜ》が党類を率いて雑太団《さわただん》の権校尉《ごんのこうい》を殺害した際、殺害をみながら救わなかった大田部志真刀自売《おおたべのしまとじめ》と服牟志子女《はとりのむしこめ》は、杖百の刑にあたるとされたが、同年十二月、執行を免除された（『三代実録』）。しかし、志真刀自売と牟志子女が偶然の目撃者であったか党類の従者であったか、史料から判読することはできない。

このほか、新潟市の的場《まとば》遺跡から「秋庭女《あきにわめ》」、「□久女（□丈女・□文女）」、「□古女」、南魚沼《みなみうおぬま》市の金屋《かなや》遺跡から「留女」と記した墨書土器が出土している。天平勝宝二（七五〇）年に平城京《へいじょうきょう》の浄清所で四四一六口の土器をつくり、功銭を支給された女性に借馬秋庭女《かしまのあきにわめ》がある。的場遺跡の秋庭女らも、名を記された専用の食器をもつことから、なんらかの技能をもって、長期間、的場遺跡の官衙に勤仕していた可能性がある。

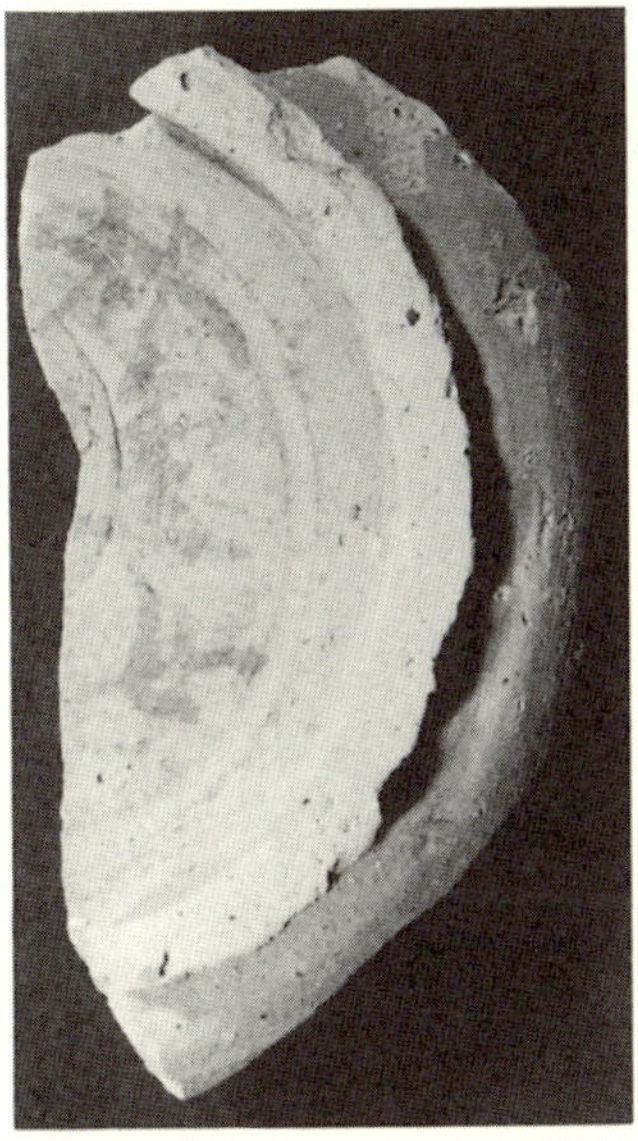

的場遺跡（新潟市）から出土した「秋庭女」とある墨書土器

その直前、佐渡国司は佐渡国に慶雲《けいうん》（瑞祥《ずいしょう》の雲）があらわれたと政府に報告した。慶雲の出現は、同年十月に佐渡国の人びとに政府からのさまざまな恩典をもたらした。しかし、人びとと国司の対立は解消せず、十一月の初めに国司の非法を上訴する事件がおきたのである。また、このころ、佐渡国司は政府に郡司の増員を申請し、十一月の下旬に許可されている。郡司の増員は在地の有力者たちが郡司に就任できる機会を拡大した。このころ、佐渡国司が慶雲の出現を報告したり、郡司の増員を申請したのは、表向きの理由とは別に、国衙（国司）に不満をもつ人びとや在地の有力者たちを懐柔しようとするねらいもあったと思われる。

しかし、佐渡国では、その後も混乱が続き、元慶三（八七九）年には佐渡国の浪人高階真人《たかしなのまひと》利風《としかぜ》が賀茂郡の神人勲知雄《みわひとのくちお》ら五人を率いて雑太団の権校尉である道公宗雄《みちのきみむねお》を殺害し、さらに高階真人有岑の財物をおどしとるという事件がおきた。この事件は在地の有力者同士の対立や、一族が内部分裂している様相もうかがわれるが、なによりも軍団の幹部を殺害する行為は国衙の権威をふみにじるものであった。そのため佐渡国司は、翌年、「この国は人心強暴にして、ややもすれば礼儀を忘れ、殺傷を好む」として政府に弩師の配備を申請し、雑太団の強化をはかった。

一方、越後国でも、延喜二（九〇二）年に越後国の州民が国守の紀有世《きのありよ》をとらえてうちすえ、髪を剃り、首かせをはめるという事件がおきた。『日本紀略《にほんきりゃく》』は事件をおこした人物を藤原有度《ふじわらのありのり》とするが、九月五日に事件の発生を伝える飛駅使《ひえきし》（緊急の使者）が越後国から都に到着し、九月二十日には事情を究明するための推問使《すいもんし》が越後国に派遣された。事件の原因や結末、事件をおこした州民や藤原有度の素性《すじょう》はあきらかではないが、『将門記《しょうもんき》』は「越後国之風《えちごのくにのふう》」にならって武蔵《むさし》国の書生たちが国司の失政を非難する文書を国庁の前に落としたと記している。越後国では国司襲撃事件のあとも落とし文によって国司を非難する動きが続き、周囲の国々ではそれを「越後国之風」と称していたのである。

州民による国司襲撃や、その後も続いた人びとと国司の対立がなにに根ざしたものか史料はなにも語らない。しかし、このころ、越後国では多くの人びとが山三賀型集落を離脱し、急速に開発が進展する沖積地に移住しはじめていた。これによってすぐさま律令制に基づく郡郷制が解体したわけではないが、国衙があった頸城郡以外では、しだいに郡里制の施行にさいして命名された里（郡郷制の郷）の名称が忘れられていった。

石井荘をめぐる人びと●

初期荘園は一般に領域が一円化されておらず、未開地や田畑が他の荘園や公領と入りまじっていた。そのため、律令制の動揺に伴って荘園の経営が困難になると、散在する未開地や田畑はその領有権すら不安定になった。そこで、東大寺は天長七（八三〇）〜八年ごろ、頸城郡石井荘や古志郡土井荘など北陸地方の荘園の寺田の回復に取りくんだ。東大寺の活動は現地に寺使を派遣したり、太政官や民部省のほか国衙や郡衙にも働きかけて行われたが、必ずしも大きな成果を結ばなかった。そのなかで石井荘は例外的に再建が成功し、十二世紀の前半まで年貢の徴収を期待できる荘園として存続した。しかし、その経営はつぎにみるように決して容易なものではなかった。

永承七（一〇五二）年に石井荘の荘司《しょうじ》（荘園の現地管理者）になった東大寺の大法師兼算《けんざん》は、着任するとさっそく隣国から浪人を招きよせ、荘田の開発や経営にあたらせた。このとき、近郷から古志得延《こしのとくえん》なる人物も馳《は》せ参じ、兼算に名簿《みょうぶ》をささげて田堵《たと》になった。名簿をささげるとは主従関係を結んで従者になること、田堵とは耕作者を集めて公田や荘田の開発や経営を請け負う有力者のことで、寄人《よりうど》ともよばれた。石井荘の田堵になった古志得延は隣国から浪人を招きよせ、地子《じし》（地代）の額を決めたうえで、農料（種子など耕作に要するもの）を下付して二〇町あまりを開田耕作させている。兼算が招きよせた隣国の浪人もこうした田堵であったと思われる。

ところが、兼算は天喜四（一〇五六）年に東大寺からきびしく叱責され、翌年、荘司を解任された。「荘司に就任して以来、猛悪の政《まつりごと》を好み、数々の物を押し取ったので荘内の住人がことごとく逃散《ちょうさん》した」というのである。しかし、兼算にも言い分があった。「住人が逃散したのは、国衙が課す国役が多いからであり、一町に三両の割合でおさめる田率絹《でんりつめん》も、公田では納付すると国衙から代価が支払われるのに荘田にはないなど非道の責めが多い。東大寺が国司に働きかけ、種々の国役が免除になれば、住人が居つかないはずはない」、「天喜三年には国守の検田によって、隣国の浪人らが恐れをなして本国に逃げ帰った」などと主張したのである。

さらに、兼算の言い分によると、古志得延は兼算の従者でありながら、前国司目代《さきのこくしもくだい》の藤原成季《ふじわらのなりすえ》と結託して兼算の従者を馬盗人と訴えたり、兼算を無能よばわりしたうえで、現在の国司が兼算の荘園管理権を認めると、兼算にはしたがえないとして地子未納のまま多くの百姓もろとも信濃国に逃げ去ってしまった。また、国分寺の前講師《さきのこうじ》である秦慶《しんけい》も荘園内に居住しながら、郡司の光元と結び、荘田を公田化するなど諸々の画策を行い地子をおさめなかった。秦慶も有力な田堵の一人であったと思われるが、兼算は「秦慶こそ本荘を亡ぼす敵である」と激しく非難している。しかし、結局のところ、兼算は十分に田堵や耕作者を確保することができず、東大寺への地子未納が続いたのである。

兼算のあと、天喜五年に良真《りょうしん》が後任の荘司になった。しかし、翌々年の康平二（一〇五九）年十月に石井荘の寄人らは連名で良真の解任を求める解文《げぶみ》を東大寺に提出した。それによると、良真は荘務を行わず、みずからの所得をむさぼるだけなので、荘子（荘園の田堵や耕作民）らが荘内から雲のごとく逃散したとある。この解文は前荘司の兼算を「当国の高家」といい、荘子や住人のうち一〇分の九は兼算の従者眷属であると述べている。良真に不満をもつ寄人と兼算が結託し、良真の更迭をはかった可能性もある。いずれにしろ当時の田堵は、国境を越えた広い範囲にわたって諸方を兼作する有力者であり、より有利な条件を求めて荘司や国司や郡司と妥協や対立を繰り返していたのである。

　このころ、公田も国司や郡司が田堵を集め、耕作を請け負わせる経営方式がとられていた。そのため、田堵の確保をめぐって公田と荘田は競合する関係にあった。石井荘は、国司による検田、田率綿の代価不払い、郡司らによる荘田の公田化など国衙の側から多くの圧迫をうけていた。荘田に対する圧迫は国衙の側が有利に田堵や耕作者を確保する

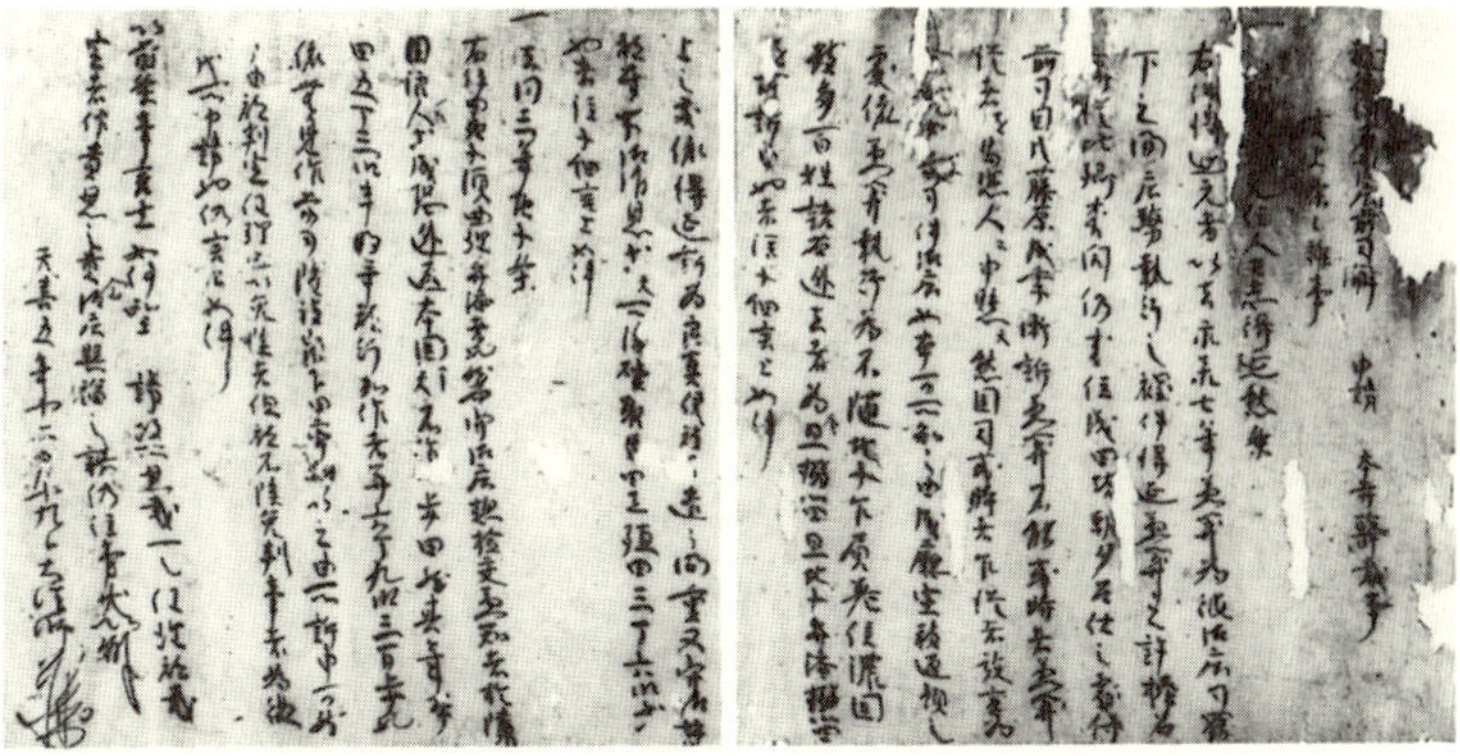

越後国石井荘前荘司解（天喜５〈1057〉年12月19日付）　石井荘の前荘司兼算が東大寺に提出した弁明の文書。

ための措置でもあった。こうしたなかで兼算は、荘田経営の成否を決める要件として種々の国役の免除を国司に働きかけるよう東大寺に要請したのである。

しかし、石井荘は十二世紀の前半に「府辺之要地」すなわち国府に近接する要地であるとして、土井荘とともに代替地を沼垂郡加地《かじ》郷の地にあたえられて消滅した。国衙領に編入されたのである。同じころ、在地の開発領主たちは国衙の圧迫を回避するために墾田地を都の権門勢家《けんもんせいか》に寄進し、その庇護を求めた。こうして各地に寄進地系荘園が増加していったが、石井荘の経営のなかにもすでにその要因が胚胎《はいたい》していたのである。

4　荘園の時代

荘園の広がり●

平安《へいあん》時代の後半から、荘園《しょうえん》の時代がはじまる。源頼朝《みなもとのよりとも》が平家を滅ぼした翌年の文治二（一一八六）年三月、後白河上皇《ごしらかわじょうこう》から鎌倉《かまくら》の頼朝のところに、下総《しもうさ》・信濃《しなの》・越後《えちご》三カ国の荘園年貢がおさまっていないので催促せよ、と荘園のリストが送りつけられた。越後国でリストアップされた荘園は二五にものぼった。

これらの荘園ができたのは、後白河上皇の父鳥羽《とば》上皇が院政《いんせい》を行っていた時代を中心にした十二世紀ごろのことであった。荘園は、私有地として成立したものだから、その由来は個々別々であったが、この時代に成立した荘園は、地域的にまとまっていること、現地の開発者から寄進《きしん》によって成立したものであること、その寄進は現地の開発者が国司《こくし》の支配をさけるためだったこと、など共通の性格をもっており、寄進地系荘園とか中世荘園とよばれる。

越後の荘園を上越《じょうえつ》・中越《ちゅうえつ》・下越《かえつ》と地域ごとにみると、みごとなほどはっきりと特徴がでている。

まず、上越地方。ここには皇室領の佐味《さみ》荘があるだけで、ほかに荘園はない。佐味荘は現在の上越市柿《かき》崎《ざき》区付近にあった。頸城《くびき》郡は国司の役所である国衙《こくが》の所在地であり、国衙の役人たちが経営と支配にあたった公領である国衙領が大部分を占めていた。はやくから開発が進んで、国衙の支配が広くいきわたっていて、豪族による私的な開発地の寄進から成立する荘園の余地がなかった。

つぎに、中越地方では、刈羽《かりわ》郡に皇室領の佐橋《さばし》荘・鵜川《うかわ》荘・比角《ひすみ》荘、三島《さんとう》郡に白鳥《しろとり》荘と吉河《よしかわ》荘、魚沼《うおぬま》郡は南部に上田《うえだ》荘・妻有《つまり》荘・波多岐《はたき》荘、古志《こし》郡では皇室領はなくて、摂関家《せっかんけ》領の大島《おおじま》荘と紙屋《かみや》荘、公家《くげ》領の志度野岐《しどのき》荘、蒲原郡の南部に皇室領の大面《おおも》荘・大槻《おおつき》荘・青海《おうみ》荘・福雄《ふくお》荘、公家領の弥彦《やひこ》荘、寺社領に石河《いしかわ》荘など、頸城郡にくらべて荘園の数は格段に多くなる。しかし、国衙領も古志郡と蒲原《かんばら》郡の一部にまたがる高波保《たかなみのほ》のように、荘園をしのぐような大規模なものもあって、この地方では、大ざっぱにいって荘園と国衙領が半々ずつくらいだった。

下越地方は、圧倒的に寄進地系荘園の地域となる。蒲原郡の阿賀野《あがの》川中流域の山間に小河《こがわ》荘、左岸には皇室領の菅名《すがな》荘、右岸には摂関家領の白河《しらかわ》荘、この北にむかって順に、東大寺《とうだいじ》領の豊田《とよた》荘（この荘園だけが寄進によらない荘園だった）、皇室領の加地《かじ》荘、摂関家領の奥山《おくやま》荘と続く。奥山荘はとなりの岩《いわ》(磐)船《ふね》郡にまたがるが、その岩船郡には、ほぼ全郡をおおうように皇室領の小泉《こいずみ》荘が広がっていた。

このように下越では、公領だったのは蒲原郡南部に金津《かなづ》保、信濃川と阿賀野川の川口、今の新潟に蒲原津、岩船郡南部の荒《あら》川下流にあった荒河《あらかわ》保ぐらいで、おおかたは荘園であった。しかも現在の市町村で二、三カ町村にもまたがるような、広大な領域をもつ巨大荘園が広がっていた。国司の支配がおよびにくい地域に、豪族の開発と寄進による巨大な荘園が展開したのは、頸城郡と対照的であった。

荘園の領主は、ふつう領家《りょうけ》とよばれるが、領家からさらに上級者に寄進がなされることもあり、これを

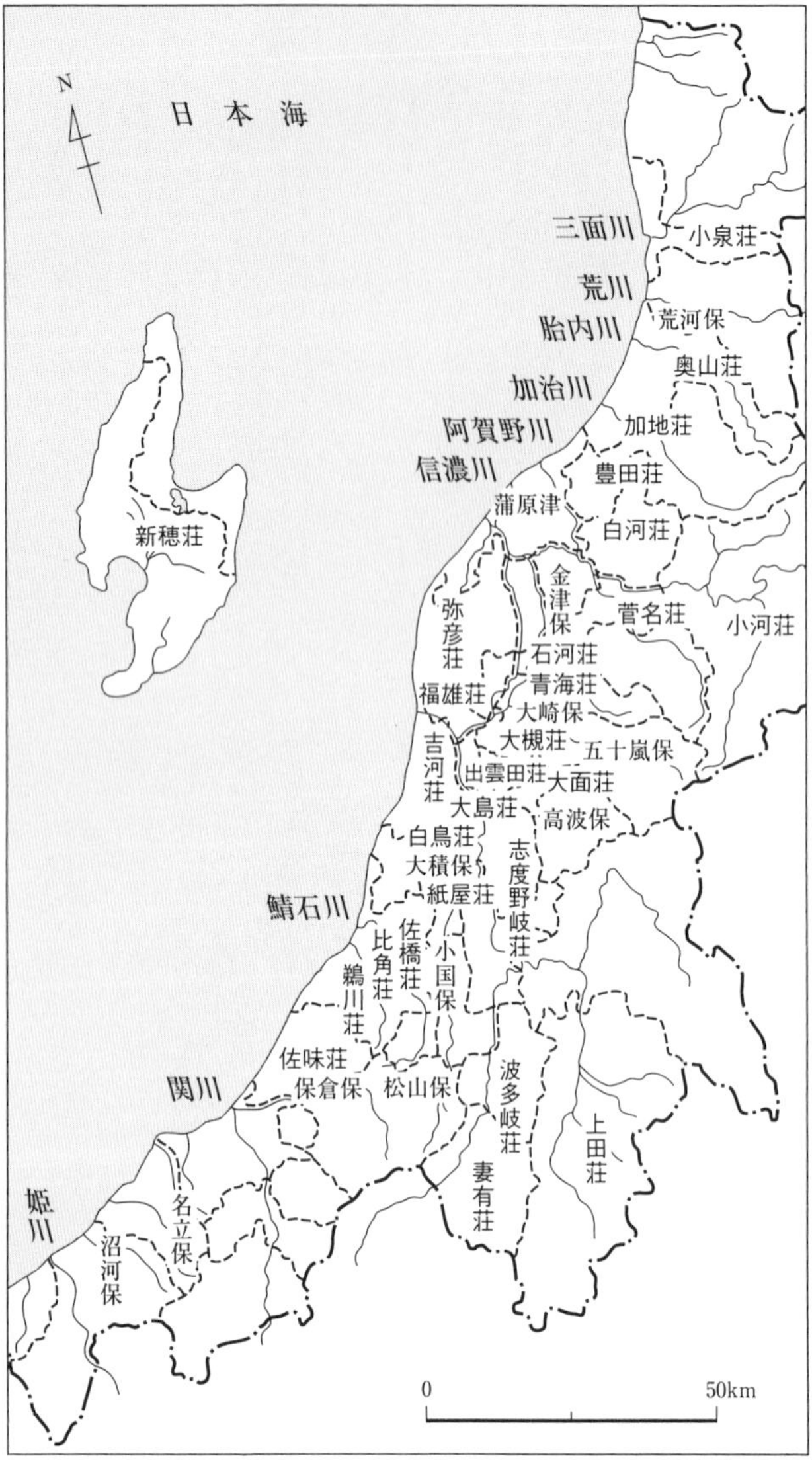

越佐のおもな荘園分布図

本家《ほんけ》とよぶ。越後の荘園を領主別にみると、摂関家領は古志郡の大島荘や紙屋荘、蒲原郡の白河荘《しらかわ》と奥山荘の四荘園、寺社領は同郡の加茂《かも》社領の石河荘と東大寺領の豊田荘の二荘であるから、越後の荘園はおおかた皇室を本家とする荘園であった。だから、皇室に寄進を仲立ちした領家や荘官の地位をもつのが別にいて、越後の国司をつとめたものや、国司の推薦権をもつ知行国主《ちぎょうこくしゅ》だった中級貴族たちがそうした役割を果たした。都《みやこ》を遠くはなれた越後の端から、開発者たちがいきなり皇室や摂関家に荘園領主になってもらうことは困難なので、こうした複雑な領有関係が成立したのである。一例をあげると、小泉荘は京都嵯峨《さが》の清涼寺《せいりょうじ》が文治二（一一八六）年当時の本家であったが、平安時代からずっと中級貴族の中御門《なかみかど》家が領家であった。

佐渡では中央の国中平野《くになか》に国府がおかれており、その周辺には条里制《じょうり》を伴う遺構もみられるように、律令《りつりょう》政府の行政が色濃く残されていた。荘園はわずかに一つ、国中平野の真ん中に日枝《ひえ》社領の新穂荘《にいぼ》だけが存在を知られている。この荘園は、越後の荘園以上にその成立ちがわからない。

佐渡に荘園の少ない理由は、開発が進んでいたため新規の開発の対象となる土地が多くないとか、開発に当たる現地の有力者がいないとか、理由ははっきりしないが、越後の頸城郡と共通したところがありそうである。佐渡では荘園よりも、国衙領に編成された公領が大多数であったということができる。

越後の棟梁城氏●

源頼朝が越後の支配権を手にいれたのは、平家《へいけ》と五年におよぶ内乱に勝った結果であった。もっとも、この間いち早く越後を支配下においたのは、木曽義仲《きそよしなか》であった。頼朝や義仲らの挙兵に対処して、平家がうちだした対策の一つが、現地の有力豪族を国司に任じて反乱にあてるというもので、平泉《ひらいずみ》の藤原秀衡《ふじわらひでひら》を陸奥《むつ》守に任じるとともに、義仲がうかがっていた越後をおさえるのに起用したのが城《じょう》氏であった。

越後の城氏は、桓武平氏《かんむへいし》の平維茂《たいらのこれもち》の子孫である。維茂は、鎮守府将軍《ちんじゅふしょうぐん》に任じられたことがあり、兄弟の一五番目であったことから余五《よご》将軍とよばれたと『今昔物語集《こんじゃくものがたりしゅう》』に記される。その子繁成《しげなり》が出羽城《でわのじょう》介《すけ》になったことから、その子孫を城氏とよぶようになった。

小河《こがわ》荘は阿賀野川をさかのぼった東蒲原郡一帯であるが、いちばん下流域の阿賀町の旧三川《みかわ》村には将軍伝説とよばれる余五将軍維茂の伝説が伝わり、旧同村岩津《いわつ》の平等寺《びょうどうじ》は維茂が建立したと伝える。このほかには城氏のたしかな足どりは定かでないが、城氏はまず奥山荘を根拠地として維茂の子や孫が勢力を拡大していったとみられる。曾孫の永基《ながもと》は中央政府から「越後住人」とよばれ、その支配地域に関しては、政府の命にも簡単には服さないだけの力をそなえるようになっていた。永基の支配地域は、陸奥国に接していた。一族のなかには奥山太郎・同三郎、加地三郎、豊田二郎など下越の荘園名を通称としたものもあることから、城氏は下越地方の全域に勢力を広げ、地域の武士たちのうえに君臨していたと思われる。

永基の時代は、寄進地系荘園が広く成立した鳥羽院政の時代であった。永基ら城氏一族が荘園の寄進にどのような関係をもったか、具体的なことはほとんどわからない。しかし、城氏の一族がこの地に住み、浮浪人をかき集めたり、周辺の農民を取りこんだりしながら、開発と経営に成功を重ねていったことはたしかである。福島潟や紫雲寺《しうんじ》潟など湖沼地が広がっていて、あらたに鍬《くわ》をいれる土地は無限にあった。一族には足太郎《あしのたろう》や浜次郎《はまのじろう》といった、現在はその地名をあきらかにできないけれども、下越のどこかを開発してみずからの所領を切り開いた根本《こんぽん》領主ともいうべき立場をきずいたものが多い。城氏一族の手による開発だけでなく、現地の有力農民や豪族たちが開発した土地も少なくなかった。城氏はそうした現地の開発者たちを配下に組み込みながら、ほぼ下越一帯を勢力下におさめていった。

この城氏について、一族全体を知ることはできない。後世に伝わった系図の類をみても諸説あってこまかいことは不明な点が多い、城氏の家系は、およそつぎのようだったとみられる。

前述のように、越後にはいったのが維茂かその子繁成の代かは不明だが、城太郎と称した繁成の子貞成《さだなり》の時代には越後にすっかり根づいていた。城二郎と称した貞成の子永基には子が三人あり、奥山黒太郎《おくやまくろたろう》とも足太郎ともよばれた永家《ながいえ》が惣領の地位をついだとみられるが、なにかの事情で城九郎を称した資国《すけくに》がそのあとをついだ。系図のなかには資国を永家の弟とするものと、子どもとするものがあるのはそうした経緯を反映するとみられる。

資国のあとの惣領は奥山荘による城太郎資永《すけなが》（助永）であり、弟の四郎長茂《ながもち》（資職《すけもと》）は同じ摂関家領の白河荘に本拠をかまえていた。資永・長茂の時代は治承《じしょう》・寿永《じゅえい》の内乱《ないらん》、源平《げんぺい》の争乱《そうらん》の時代で、城氏はその存亡をかけた激動の時代を迎える。

平姓越後城氏の系譜

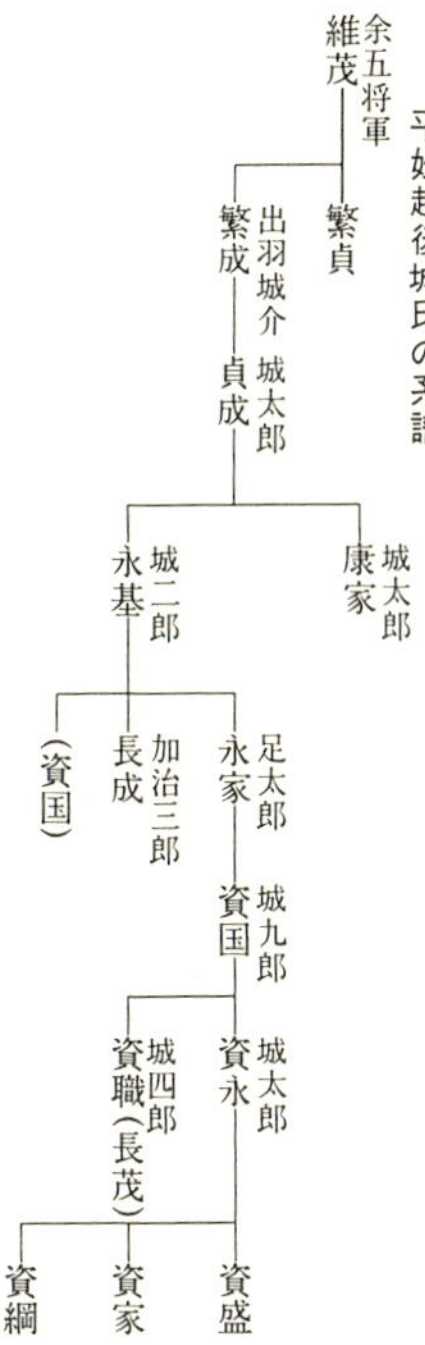

（城氏の系図は各種あり一定でない）

城氏の滅亡●

治承四（一一八〇）年五月、京都で源頼政《みなもとのよりまさ》が反平家の兵をあげたのをきっかけに、伊豆《いず》で源頼朝、甲斐《かい》で武田信義《たけだのぶよし》、信濃で木曾義仲があいついで立ちあがった。これに呼応して美濃《みの》や尾張《おわり》、近江《おうみ》などでも反平家の武士たちが挙兵した。京からは追討軍が派遣され、各地で両派が衝突した。一〇年におよぶ内乱のはじまりである。

翌年春、清盛《きよもり》が死去した。平家は中心を失った。京から追討の軍を送るだけでなく、地方の有力武士をもその追討にあてることとなり、陸奥の藤原秀衡や越後平氏の棟梁《とうりょう》城資永が起用された。そのやさき資永は中風とも伝えられる病気で急死した。平家にとっては初手からのつまずきとなった。

越後では資永の弟四郎資職が棟梁の座についた。資職は白川御館《しらかわのみたち》とよばれていた。下越の白河荘が本拠地だったからであろう。城氏は信濃・甲斐の反平家軍を攻めるよう平家から求められていたから、資永の弔《とむら》いもそこそこに資職は越後武士を率いて信濃国に陣を進めた。六月中旬、木曾軍と千曲《ちくま》川の横田河原でたたかった資職は思わぬ惨敗を喫した。大将の資職自身、身に数カ所もの傷をおい、万余の軍勢のうち逃げ帰れたのはわずかに三〇〇人余、越後に引き上げて国府に戻ってみれば、日ごろからなにかと対立してきた国府の連中はこのときとばかりに資職を攻めたてた。たまらず資職はいったん城一族がおさえている会津《あいづ》に身をよせた。ところが平泉の藤原秀衡が兵を送って攻め込んできたので、資職はわずか四、五十人の郎従《ろうじゅう》だけをつれて佐渡国へ逃げたと噂《うわさ》された。実は資職が身をよせたのは根拠地の下越であった。

義仲は越後から北陸道《ほくりくどう》を京にむかった。これをきっかけに北陸諸国の武士たちが反平家の動きを強めだした。もともと北陸道は越後をのぞいてみな平家の知行国《ちぎょうこく》で平家の支配が強く浸透していた地域である。

そこで義仲につく武士が多くなるに至って、平家は義仲追討軍を京から派遣した。

一方、反対勢力の広まりをみた平家は、地方の平家方武士たちを結集する方策をねっていた。鎌倉の頼朝追討のため、陸奥の藤原秀衡とともに越後では城資職がその候補とされた。その処遇として国司に任じることとし、養和元（一一八一）年八月、秀衡の陸奥守《むつのかみ》とともに、資職は越後守《えちごのかみ》に任命された。京では信濃での敗戦のあと、越後城氏は二度とたたかうことはできまい、との噂が広まっていたが、平家にしてみれば背に腹はかえられない選択であった。国司は中央貴族のなかから任命するものだから、現地の武士を任命することは先例のないことで、藤原氏などは天下の恥と悲しんだ。

しかし、すでに義仲にやぶれて、本拠地にこもった資職には頼朝追討のために大軍を集めるだけの力はなかった。事実上、越後は義仲の支配下におかれてしまったから、資職がやったのは翌寿永元（一一八二）年に妙見《みょうけん》大菩薩をまつって源氏滅亡を祈願するくらいだった。寿永二年、義仲は北陸道で平家を連破しながら京にむかった。平家は西国にのがれ、京にはいった義仲は後白河法皇《ほうおう》から越後の支配権を承認された。このあと、義仲と法皇との対立、頼朝の義仲追討、さらには平家と頼朝軍の戦闘とめまぐるしく事態は変転する。内乱のピークは元暦二（一一八五）年の長門壇ノ浦《ながとだんのうら》の決戦で、平家は滅亡、頼朝の鎌倉政権はその基礎をかためた。

城資職を越後守に任じた平家政権が京からはなれた時点で、資職の国司の地位は消滅したらしい。その後、城氏がたどった運命の細部は不明であるが、やがて資職があらわれたのは鎌倉である。資職は長茂《ながもち》と名を改め、頼朝側近のひとり梶原景時《かじわらかげとき》に囚人としてあずけられていた。あるいは義仲にやぶれて本拠地に引きこもっていたが、事態が頼朝の一人勝ちになったおりに降参したものかもしれない。

長茂はかねがね定任僧都《じょうにんそうず》という熊野《くまの》の僧侶の檀家《だんか》となっていた。ところが定任は頼朝をも檀家としていたから、長茂と頼朝は定任の相檀《あい》家の関係となる。定任は以前から長茂を赦免して御家人にしてほしい、と頼朝にたのんでいた。文治四（一一八八）年の秋、その定任が頼朝の守本尊愛染明王像《まもりほんぞんあいぜんみょうおうぞう》の祈禱のために熊野からやってきた。このおりに頼朝にとりなそうと定任と景時がはかって、長茂を頼朝の御所《ごしょ》につれていった。ところが、長茂は頼朝に背をむけて座ったままあいさつもしない。これをみて定任はただ赤面、景時があわてて「ここは頼朝の御座間なり」というと、長茂はひとこと「存ぜず」といったきり、その場を立ってしまった。これではどうしようもなく、その後は定任も二度ととりなしをすることはなかった。

ところが翌年夏、頼朝が平泉の藤原泰衡《やすひら》を討つために鎌倉を進発することとなった。景時は出発に際し、長茂は囚人ではあるが無双の勇士なので参戦させてほしい、と頼朝にたのむと、このときは頼朝も参戦を許した。長茂はおおいに喜び、頼朝軍は白旗を掲げたが、囚人は遠慮すべきだとして長茂は独自の旗を掲げた。長茂は仲間の武士たちに、「この旗をみたら逃亡した郎従らが馳《は》せ集まってくるだろう」とほこらしげに語ったといわれる。

一〇日後、頼朝が軍勢を数えさせてみると、長茂の郎従は二〇〇余人と報告され、頼朝をおおいにおどろかせた。景時は、もともと長茂の郎従は数百人だったが、長茂が囚人になったあいだにちりぢりになったもので、このたびの追討軍に参加すると聞いて馳せ集まってきたものであろう、と説明した。長茂の囚人の地位はこの参陣の功によって赦免となったかどうかはわからない。長茂の動向は頼朝の死後までわからないからである。

主君《しゅくん》が死ぬとその側近たちは政治の中心から遠ざけられる。頼朝が死去すると景時はほかの御家人《ごけにん》たちから訴えられて鎌倉を追放され、翌年討たれてしまった。景時のもとにいた長茂の立場にも大きな変化が訪れた。長茂は鎌倉をでて京にむかった。翌建仁元（一二〇一）年正月、長茂は後鳥羽上皇の御所に押しかけ、将軍頼家《よりいえ》追討の院宣《いんぜん》を強要した。上皇が他所にでかけたあとだったからちがあかず、企ては失敗におわった。

この知らせが鎌倉に伝わると、鎌倉では大騒ぎとなった。幕府はこれを押さえるとともに近畿地方の御家人に長茂の追討を命じた。京をでた長茂は吉野にのがれていた。二月下旬、幕府軍に追いつめられた長茂は行動を共にしてきた新津四郎《にいつしろう》らの越後武士たちとともに首を刎《は》ねられてしまい、その首は京に運ばれて、都大路《みやこおおじ》をひきまわされた。

越後に残っていた城氏一族も兵をあげた。長茂の兄資永の子資盛《すけもり》が中心となって奥山荘鳥坂山《とっさかやま》に立てこもったのである。佐渡や越後の武士たちが資盛を攻めたが、資盛の力が強くその陣は破れなかった。長茂を片づけてまもないときだから、はやく資盛を討たねばならないので、

鳥坂城跡(昭和30年ごろ，胎内市)

これを鎌倉に急報したものの、越後には指揮官にふさわしい御家人がいなかった。頼朝の側近でその死後上野国《こうずけ》に引退していた佐々木盛綱《ささきもりつな》が大将にふさわしいと決まった。幕府の命が盛綱に伝えられると、盛綱は家にもはいらず、すぐに馬にまたがって越後にむかった。盛綱は、越後の御家人のほか佐渡・信濃からも御家人を集め、鳥坂山を攻撃した。

資盛の軍には手ごわい射手《いて》がいた。資盛の叔母板額《はんがく》である。板額はやぐらのうえにのぼって攻め手に矢を射ていた。その腕前は百発百中、武勇をほこる武士たちにひけをとらなかった。この日、板額は髪を童子のようにゆいあげ、よせくる幕府軍に矢を射かけていた。盛綱の郎従もかなり板額にやられた。信濃の藤沢清親《ふじさわきよちか》という武士が背後の高い山にのぼって板額を射たところ、矢は板額の足を射通した。倒れたところに殺到してようやく板額をいけどった。これを機に資盛の抵抗も弱まり、ついに鳥坂城は陥落した。陥落とともに越後城氏は滅亡した。

板額はとらえられて鎌倉に送られた。将軍頼家がみたいというので、傷はまだ治っていなかったが、将軍御所に引き出されることになった。伝え聞いた御家人たちが群集するなか、板額は頼家の前でもいささかも恥じるところはなく、かえってその態度は勇士にまさると賞賛された。すぐに御家人のうち甲斐の阿《あ》佐利義遠《さりよしとお》という武士が板額をもらいうけたい、と申しでた。頼家が敵対したものを欲しいとはなにかわけがあるかというと、義遠はただりっぱな奉公をできる強い男の子をうませたいだけだ、とこたえて重ねて板額を求めた。頼家もついにこれを認め、板額は義遠に伴われて甲斐国へくだっていった。板額のその後の消息はわからない。

4章

御家人と大名の世界

上杉謙信并二臣像

1　頼朝の家人たち

幕府の支配●

木曾義仲《きそよしなか》についで平家《へいけ》を壇ノ浦《だんのうら》に滅ぼした源頼朝《よりとも》は、いち早く北陸道《ほくりくどう》を支配下におさめた。ことに越後国《えちご》は伊豆《いず》・相模《さがみ》などとともに頼朝が国司《こくし》を決めて支配できる関東御分国《かんとうごぶんこく》の一つとなった。越後守《えちごのかみ》には安田義資《やすだよしすけ》が任じられた。

佐渡国は関東御分国には繰り込まれていないが、やはり頼朝の影響下におかれることになった。従来、北陸道の末端として王朝支配下におかれていたものが、頼朝支配下の東国の一環となって鎌倉《かまくら》につながることになった。

幕府の一国支配は守護《しゅご》をつうじて行われた。城長茂《じょうながもち》らを討った佐々木盛綱《ささきもりつな》が最初に確認される守護で、盛綱が失脚したあと、幕府が北条《ほうじょう》氏の手ににぎられると越後支配も北条義時《よしとき》、ついで北条（名越《なごえ》）朝時《ともとき》、光時《みつとき》と北条一門が守護の座を占めた。国司の座も鎌倉中期からは北条一門がすわり、守護支配とともに幕府支配が深まった。

佐渡《さど》国も日蓮《にちれん》が流された文永八（一二七一）年ごろは大仏《おさらぎ》（北条）宣時《のぶとき》が守護で、そののち守護職《しき》は世襲されたから、越佐《えっさ》は鎌倉幕府の支配に深く組み込まれていった。

関東御家人の登場●

城氏が平家とともに後退し、城氏に対抗して義仲についた武士たちが没落して、越後では、従来からの武士のおおかたは姿を消してしまった。たとえば内乱の初期、反平家の動きがあらわれると、越後次郎重《じろうしげ》家《いえ》・五郎重信《ごろうしげのぶ》ら越後平氏の一党が頼朝挙兵にあわせて兵をあげて平家に討たれたのを始め、長茂（資職《すけもと》）と運命を共にした新津四郎《にいつしろう》のように、武士たちの多くは鎌倉幕府の支配のもとで生きのびることができなかった。治承《じしょう》・寿永《じゅえい》の内乱は越後の武士たちの顔ぶれをまったくかえてしまった。

越後の国衙《こくが》領や荘園《しょうえん》は、頼朝によって関東の御家人《ごけにん》たちにあたえられた。頼朝は武士たちの領地支配

下越の地頭分布図

を地頭《じとう》職に補任という方法で保障した。越後のように旧来の武士がいなくなったところでは、恩賞《おんしょう》として味方の武士たちに地頭職を分けあたえた。頼朝の越後支配がはじまってまもなくの地頭としては、越後城氏の棟梁《とうりょう》資永の根拠地だった下越《かえつ》の奥山《おくやま》荘などがある。奥山荘の地頭職はまず和田宗実《わだむねざね》にあたえられ、以後その一族の三《み》浦《うら》和田氏が継承した。三浦和田氏では恩賞の理由を木曽義仲追討だったと伝えている。宗実は侍 所 別当《さむらいどころべっとう》として頼朝の側近だった和田義盛《よしもり》の弟である。奥山荘の南どなりは加地《かじ》荘であるが、ここでは佐々木盛綱が地頭職をもらった。さらに、越後城氏の最後となった長茂の本拠地白河《しらかわ》荘は相模国大見郷《おおみごう》の武士平姓大見氏が地頭となった。こうして、幕府の越後支配が強まるにつれ、北条氏を始め関東御家人が地頭職をもつようになる。

佐渡国も同様な傾向が続いた。鎌倉中期以後、守護の地位は北条氏の一門大仏《おさらぎ》氏に伝えられ、佐渡に多くの地頭職をもっていた相模国の源氏本間《ほんま》氏が守護代として実質上現地支配にあたった。同じ相模出身の藍原《あいはら》氏、土屋《つちや》

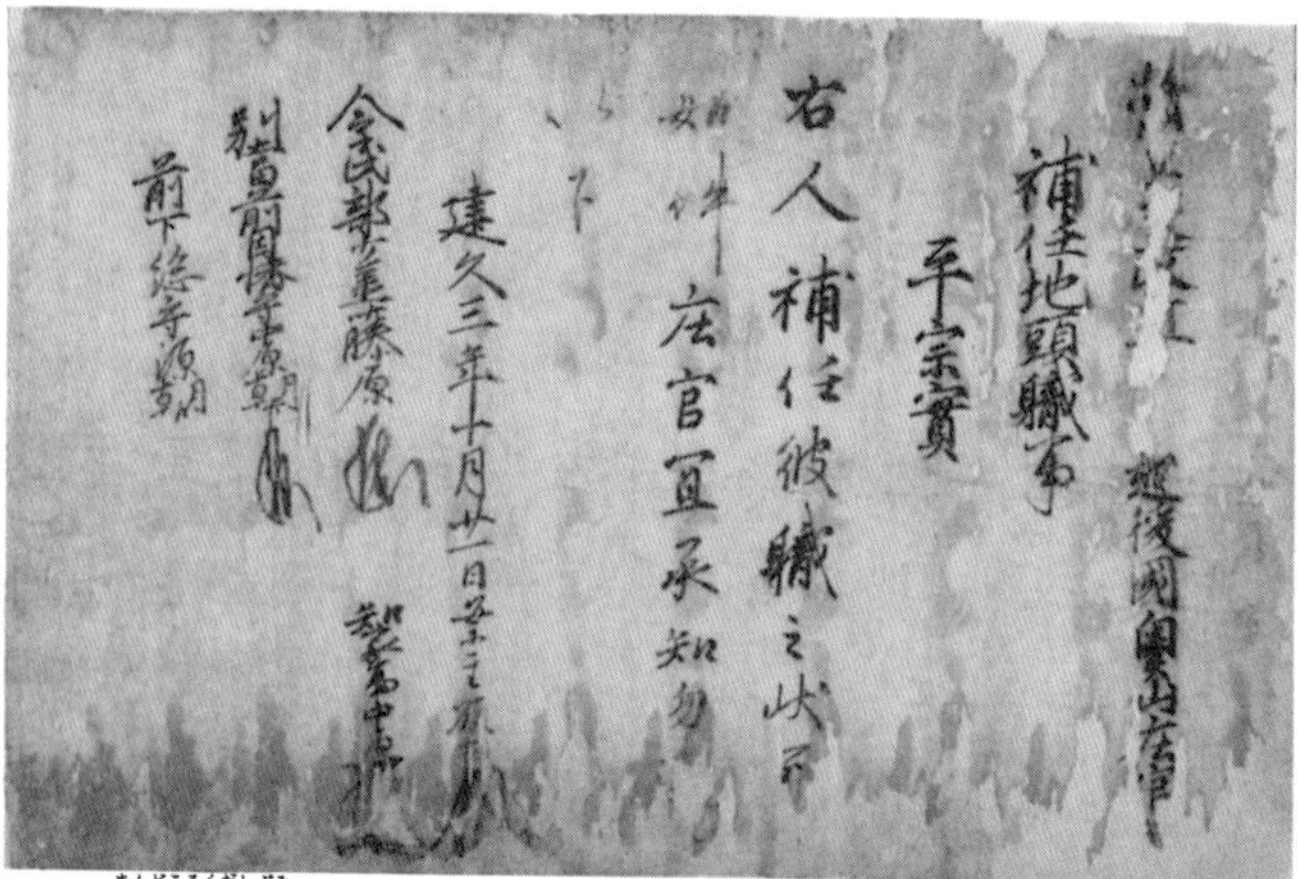
補任地頭職事
平宗實
右人補任彼職
建久三年十月廿一日
令民部少丞藤原
別当前因幡守中原朝臣
前下総守源朝臣

頼朝の政所《まんどころ》下文《くだしぶみ》による地頭補任状(「中条家文書」建久3〈1192〉年10月21日付)

氏、渋谷氏が少し領地をもっていたほか、佐渡の地頭職はほとんど本間氏の手にあった。

越後に新しく領地をもった御家人たちは、最初は関東の本拠地をはなれることはなかったが、代を重ねるうちに越後に住むようになった。たとえば、加治荘の佐々木氏は初代盛綱の孫たちが荘内の各地に住んでいるし、奥山荘では宗実の曾孫の高井時茂《たかいときもち》らが現地に移り住んでいる。

2 越佐の御家人

大地に生きる武士●

平安時代から鎌倉時代の武士は、惣領《そうりょう》とよばれる一族の族長に率いられて戦闘に参加した。一族は家《いえ》の子《こ》とよばれ、家来たちは郎従《ろうじゅう》とか郎党《ろうとう》とよばれた。いわば一家として武士団の一員を構成していたが、平時には領地《りょうち》の耕作や経営にあたる領主でもあった。先祖伝来の領地を維持するだけでなく、恩賞でもらった領地の経営も惣領のもとで進められた。

惣領の代替わりには一族に領地が分与されるのが習わしだった。だから代が重なれば領地は細分される。しかし、このことは単に領地の縮小だけにとどまるのではなかった。小さくなった領地なればこそあらたな開発につとめ、収穫の増大をはかるようになる。そうした領主はその地の住人でもあったからである。現地と密着した武士たちは文字どおり地頭として生きることになる。

もともと新しく領地にはいった地頭は、その地の年貢を中央の荘園領主に送る任務をおびていた。それを果たしてこそ地頭として得分を保障されているが、現地に住むようになった地頭たちは、しばしば年貢を送らなかったり、滞納したりした。地頭の荘園侵略である。そうなると、中央の領主は年貢の確保を求めてさまざまな対応を余儀なくされる。対応として一般的となったものが地頭請《じとううけ》と下地中分《したじちゅうぶん》であった。

地頭請はその年の作柄によらず毎年一定の年貢納入を契約するもので、奥山荘では地頭高井時茂が領家である近衛《このえ》家に毎年米一〇〇石と御服綿《ごふくわた》（真綿）一〇〇〇両を納入すること、銭納するときは一四〇貫文を納入することを条件に、仁治元（一二四〇）年、地頭請の契約をかわしている。下地中分は領地を折半して、耕地も農民も地頭分と領家分とに分けてたがいに干渉しないことを約するものである。このほうが地頭としては現地を自領として支配できたが、小泉《こいずみ》荘では村や市場、耕地を小単位ごとに領家方と地頭方とに分割支配する方式の下地中分を行っていた。こうして関東御家人たちの子孫は、越佐の地に深く根づいていった。

波月条絵図の世界●

十四世紀の初め、鎌倉時代の末期に奥山荘の三浦和田氏では領地をめぐってしばしば争いがおこっていた。ときには幕府への訴訟にまで発展することがあったが、そうした関係文書のなかに絵図が二点残っている。その一つが中条氏の子孫に伝えられた波月条《なみつきのじょう》絵図（胎内市蔵）である。

絵図は東西に流れる太伊乃河《たいのかわ》（胎内《たいない》川）を中央に、北に波月条、南に石曾根《いしそね》条、波月条の東西の境界と太伊乃河の下流に南の境界があることを朱線で描いている。つまりこの絵図は境界絵図なのだが、その境界に真実性をもたせるために周辺のようすをこまかに描きこんであり、はからずも鎌倉時代の荘園の現地をみごとに描いたものとなっている。

まず、目につくのは地頭の居館で、波月条には四郎茂長《もちなが》家、石曾根条には茂連《もちつら》屋敷。いずれも二棟続きの高床の家屋で、ほかの家屋より大きい。家も屋敷もこのころの武士たちの居館である。絵図は省略しているが、居館の回りは堀や土塁で区切られ、周辺には地頭の田畑、所従や下人など従属農民の家や馬や牛の草場、武芸の稽古をする馬場などがあった。いわば地頭の地域支配の中心《センター》である。

　ここにみえる地頭、茂長と茂連は祖父時茂《ときもち》からゆずられてこの地の地頭となった。時茂は惣領として奥山荘の現地に最初に住んだ人物で、建治三（一二七七）年に三人の孫たちに奥山荘を分けあたえた。奥山荘はこのときから北条・中条・南条と分かれる。茂長は北条、茂連は中条をもらって地頭となった。おそらく彼らは時茂の生前からそれぞれ現地に住んで、その地の経営・支配にあたっていたのであろう。時茂の指示で茂連が一族を代表する惣領の地位についた。

　つぎに絵図で目立つのは太伊乃河の南北にみえる市場《いちば》である。同じ大きさの家が道をはさんでむかいあってならんでいて、街場《まちば》を形成していることがうかがわれる。七日市《なのかいち》というのは七のつく日、つまり七日、十七日、二十七日の月三回、ここに市がたつ、いわゆる三斎市《さんさいいち》である。太伊乃河は紫雲寺潟《しうんじがた》、さらに加治《かじ》川をつ

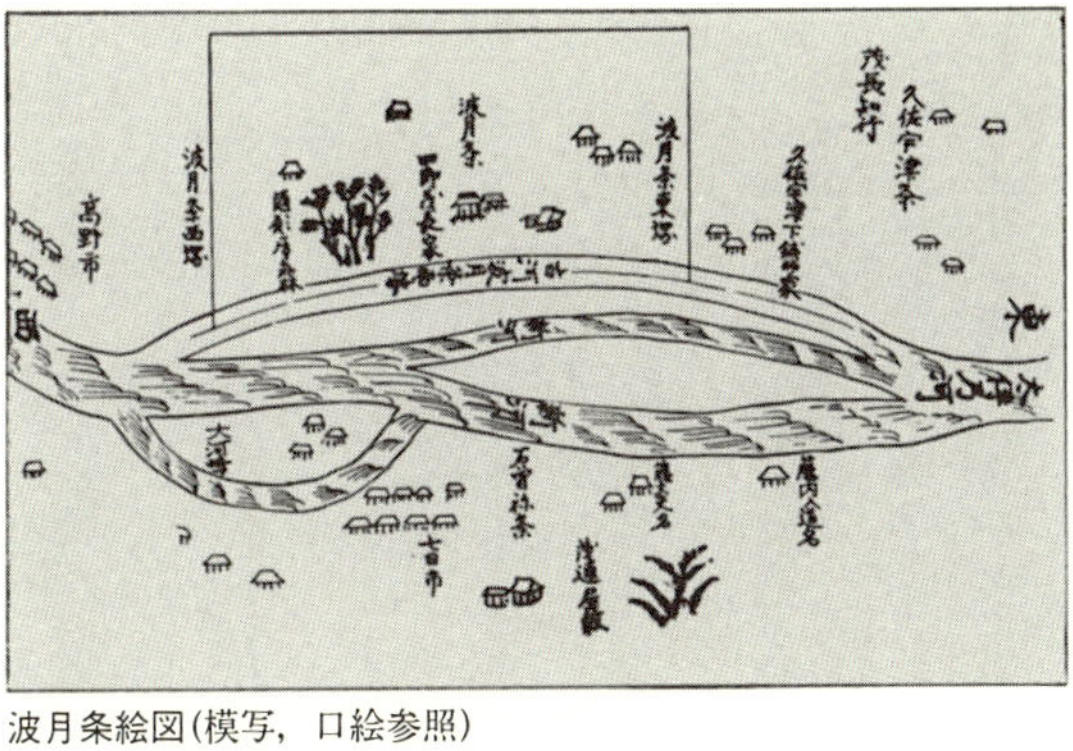

波月条絵図(模写，口絵参照)

うじて阿賀野川・信濃川河口につながる舟道でもあった。市場は惣領茂連の屋敷に近く、地頭請となった奥山荘の年貢は銭で京都に送る代銭納でもあったから、農民から集められた年貢米はここで換金されたであろう。茂長の北条では高野《たかの》市があるが、こちらはいま高野という集落に名残りをのこす。

茂長の家の東に鋳物師《いもじ》の家がある。鋳物師はとかした鉄を鋳型《いがた》に流し込んで鍋や釜をつくる職人である。移動性の強い鋳物師が定住しているのも目をひくが、そこが久佐宇津《くそうづ》条の下であることがさらに注目される。久佐宇津は臭い水、つまり石油のことで、ここの鋳物師は通常木炭で鉄をとかすところを石油も利用したかもしれない。北条の中心だった黒川《くろかわ》条周辺には現在も石油の自然湧出がみられる。

商工業もさることながら、地頭たちの支配の対象は農民である。絵図にみえる藤大夫《とうだゆう》名《みょう》や藤内《とうない》入道《にゅうどう》名《みょう》の名は年貢を徴収する領地の単位で、彼らは名主《みょうしゅ》とよばれる有力農民である。ほかに在家《ざいけ》とよばれる農民もおり、そうじて農民は比較的自由な百姓と、主人に強く従属する下人とよばれる身分があった。下人は譲渡の対象になる財産の一つだった。

恵信尼の下人たち●

親鸞《しんらん》は鎌倉時代の越佐にかかわる人物では日蓮《にちれん》とともにひときわ名高い。親鸞が越後に流刑となったのは建永二（一二〇七）年、越後の生活は七年におよんだ。妻の恵信尼《えしんに》がもっていた領地が生活をささえた。恵信尼は夫親鸞が越後から関東を経て京に住むようになったあと、夫の世話を末娘の覚信《かくしん》にまかせて越後の領地に戻った。親鸞親子の生活には恵信尼の仕送りが不可欠だったからだろう。

恵信尼は頸城《くびき》郡内、現在の場所ははっきりしないが「とひたのまき」に住んでいた。恵信尼の所有する田畑がどのくらいあったかは不明だが、それを耕したのは一〇人あまりの下人たちだった。今日と違って農業はいつも自然の気まぐれに振りまわされた。恵信尼が晩年を送った十三世紀の後半も一年稔れば二年は不作というような不順があたりまえだった。すると飢饉がすぐにやってくるし、疫病が追いうちをかけた。そんななか親鸞と恵信尼の子どもにも親に先立つものがでていた。その子、つまり恵信尼の孫たちを引き取って養育することも老いた恵信尼の仕事になった。

さらに下人たちを飢えさせない工面も必要だった。そんな苦心をあざわらうように下人たちが逃亡する。むろん主人として逃亡先から引き戻すことができるとは幕府の法律＝御成敗式目《ごせいばいしきもく》も定めるところだが、その実行はすべて自分の力で行わなければならない。老齢の恵信尼にとって逃げた下人の引戻しはほとんど不可能だった。

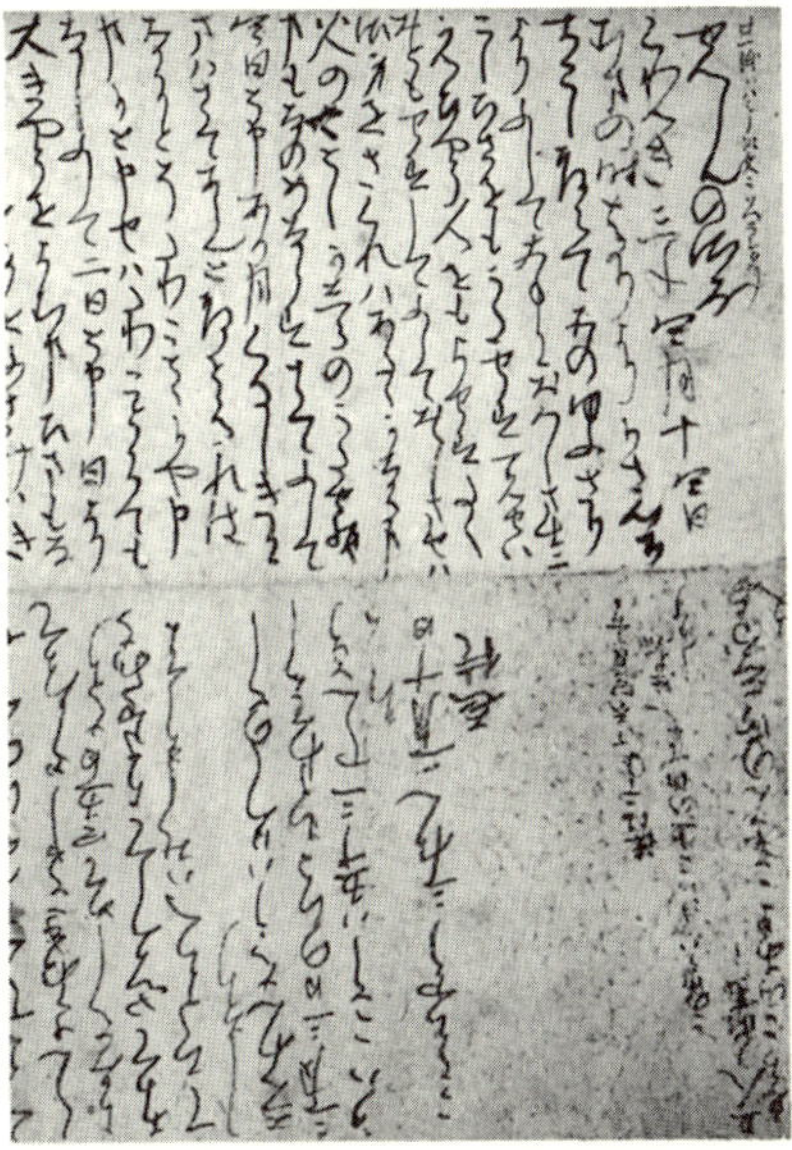

恵信尼の消息文

下人たちのなかにはすでに結婚して子どもをもつものもいたが、やっかいなのは夫が他人の下人の場合で、生まれた子が女の子だと自分の下人になるが、男の子だと他人のものになってしまう。だから働き手の男下人は自分の下人同士が結婚してうまれた男の子ということになる。ところが下人の縁組を主人が勝手に決めることはできず、下人同士が相手を決めることもあった。十数人の下人をもつといっても恵信尼には女の下人の数が多かったから、田畑の仕事をきりもりするのはなかなか骨のおれることであった。

恵信尼の数少ない男の下人に「とう四郎」というものがいた。恵信尼の死後は、他の下人とともに京の覚信にゆずると決めていたが、この下人は、京へまいれ、というと「父母をうち捨ててはまいらじ」と、いうことを聞かない。下人という隷属民であっても、家族の絆《きずな》をたてに主人の命令に従わない場合もあったようである。

恵信尼が自分の下人を思うようにできなかったのは、彼女が老齢だったという事情もあったが、例外的な特殊なケースではなかった。一般の地頭領主の場合でも下人の支配は同じようなものだった。武士であっても恵信尼同様の苦悩をせおって領地経営にあたっていたのである。

3 上杉氏と国人たち

南朝か足利か●

元弘三(一三三三)年五月、新田義貞《にったよしさだ》が鎌倉《かまくら》に攻め込み、高時《たかとき》を始め北条《ほうじょう》一族が自殺に追い込まれて鎌倉幕府は崩壊した。義貞の攻め手には里見《さとみ》・鳥山《とやま》・大井田《おおいだ》・羽川《はねかわ》など魚沼《うおぬま》の武士が加わっていた。後醍醐《ごだいご》天皇は京都で政権を復興した。建武《けんむ》の新政《しんせい》とよばれる。この新政のもとで義貞は越後守《えちごのかみ》に任じられ、長く北条氏一門が支配してきた越後の新しい国主《こくしゅ》となった。

越後には北条氏の領地が多数あった。そのほとんどが義貞にあたえられた。義貞は京都で天皇につかえていたから、越後には守護代《しゅごだい》などの代官を派遣してその支配にあたらせた。

幕府がなくなると、越後の武士たちは所領安堵《しょりょうあんど》（領地の保障）をどこに求めるかおおいに悩んだ。すでに後醍醐天皇は、北条氏に味方したもの以外は一律に所領を安堵すると宣言していたが、越後の奥山《おくやま》荘や小泉《こいずみ》荘の武士たちはあらたな国主に安堵を求めている。義貞は京都にいたので、武士たちは京都へのぼって義貞の署判《しょはん》をもらった。

こうしてスタートした新政権は長続きしなかった。第一に後醍醐天皇の政治が武士たちの期待したものとは大きくへだたっていた。現地に根ざして所領の経営にはげめばはげむほど、隣接の領主と衝突する。一門・一族の所領が接している場合が多いから、衝突は一族内でもおきることになる。こうした衝突をさばくには新政権はあまりに寄合所帯すぎた。破綻は二年でやってきた。

建武二（一三三五）年十月、北条氏残党の反乱を鎮圧するために鎌倉にくだった足利尊氏《あしかがたかうじ》はそのまま新政権から離脱、自立した。後醍醐天皇は義貞に尊氏討伐を命じ、義貞は尊氏を攻めたが敗北、天皇の思惑は大きくはずれた。これをきっかけに内乱が再燃した。

越後では国主新田義貞が天皇側に残ったから、国衙《こくが》の関係者や国衙領の武士たちは天皇方についたが、下越《かえつ》、とくに阿賀野《あがの》川以北の阿賀北の武士たちは尊氏に期待して新政権をはなれ、加地《かじ》荘の佐々木《ささき》景綱《かげつな》を大将として結集した。はやくも十二月には下越で唯一の国衙領である荒河《あらかわ》保の河村《かわむら》氏との合戦をかわきりに、両陣営の戦いがはじまった。

新田方は蒲原《かんばら》津に城をかまえた。蒲原津は当時越後平野最大の湊《みなと》で、信濃《しなの》川に阿賀野川が合流して日本海に流れでる河口にあり、ここから河川や潟沼をつうじて越後平野の各地につながる。蒲原津をおさえれば越後平野をおさえることができた。ここにこもったのは刈羽《かりわ》郡小国《おぐに》保の本領から蒲原郡西部の天神山《てんじんやま》城に移っていた小国政《まさ》光《みつ》を筆頭に、同じく蒲原郡西部の池《いけ》氏、同郡東部の雷《いかづち》城（五泉市）の河内《かわち》氏、三島《さんとう》郡の小木《おぎ》保の荻《おぎ》氏や風間《かざま》氏などが知られている。初期の合戦は阿賀野川周辺でたたかわれ、戦線は小木氏や風間氏の根拠地まで広がった。新田方がやや劣勢であったが決定的な勝敗はなく、戦局はどちらともつかないまま推移した。

建武三年の秋、足利尊氏は光明《こうみょう》天皇を立ててみずからの幕府を京都に開設した。形勢不利となった後醍醐天皇は吉野《よしの》の山中に移って南朝《なんちょう》とよばれ、京都の北朝《ほくちょう》と対抗を続けた。義貞は越前《えちぜん》に移って足利方とたたかったが敗北、暦応元（延元三＝一三三八）年には戦死してし

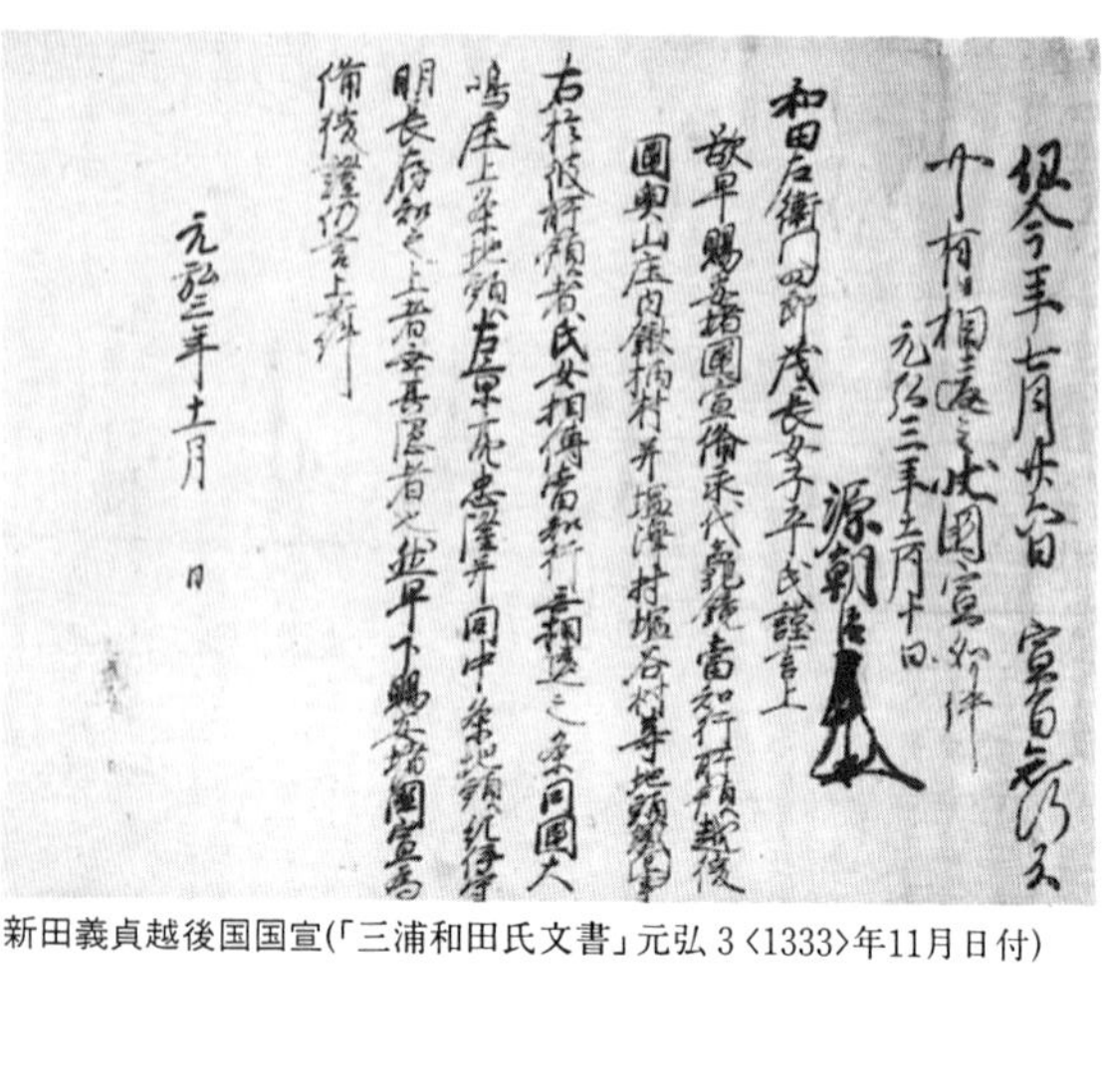

新田義貞越後国国宣(「三浦和田氏文書」元弘 3〈1333〉年11月日付)

まった。尊氏はこの直後に征夷大将軍《せいいたいしょうぐん》に任じられて幕府の名実がととのった。

守護上杉氏●

越後国は国主義貞の死によって足利方に移った。尊氏は初め高師泰《こうのもろやす》に越後の対策をまかせていたが、義貞から越後を奪ったころから上杉憲顕《うえすぎのりあき》を越後守護に起用した。憲顕は鎌倉で尊氏の長子義詮《よしあきら》をまもっていたが、尊氏の母が上杉氏の出で尊氏とはいとこ同士、血縁的に近しい関係にあった。越後では義貞の戦死でしばらく下火になった新田方＝南朝方の抵抗が、義貞の子義宗《よしむね》を中心に再結集したあとふたたび続けられたので、憲顕は越後にはいってその対策にあたった。

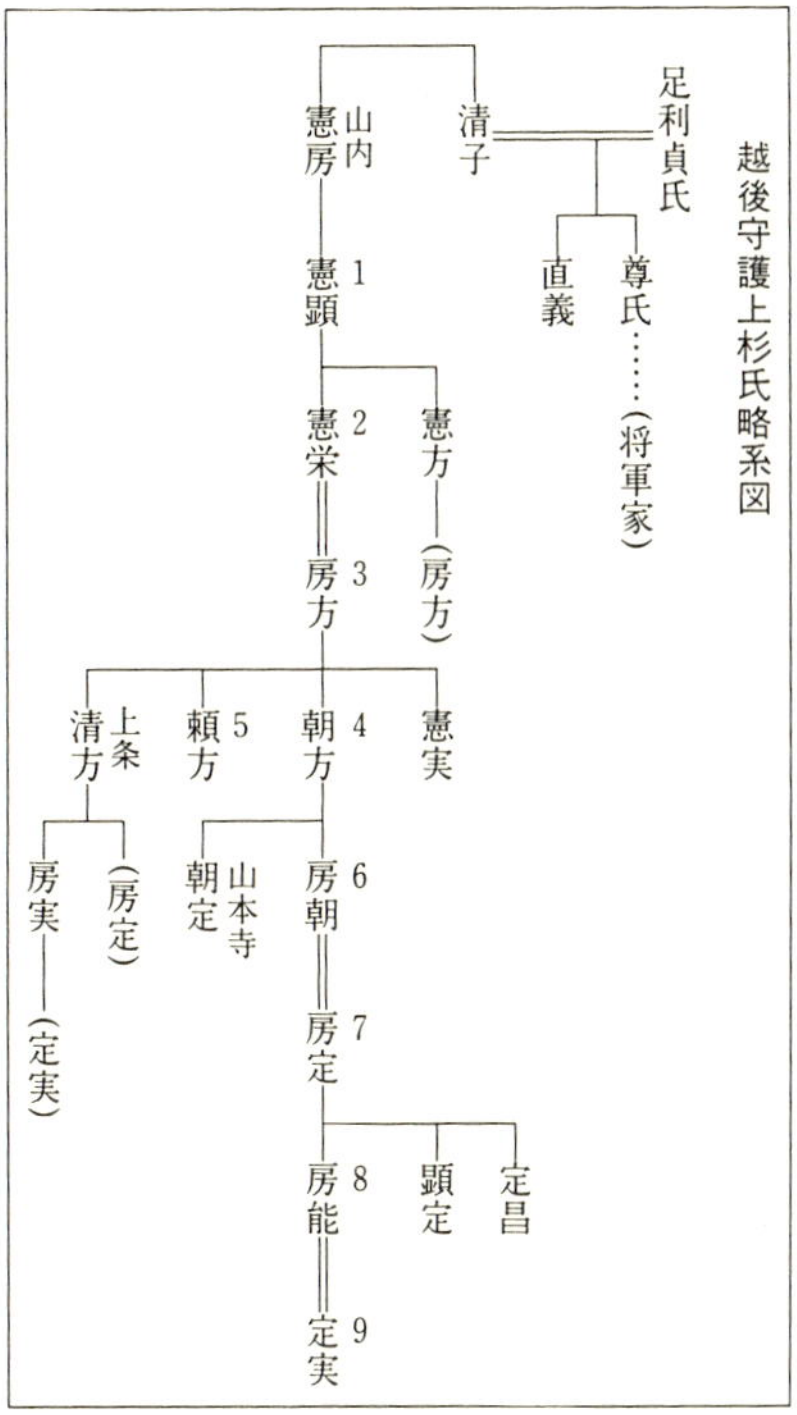

越後守護上杉氏略系図

南朝方をおさえた足利幕府はあらたに深刻な内部対立が表面化した。尊氏の執事《しつじ》高師直《もろなお》と弟の直義《ただよし》の対立である。対立は観応《かんのう》の擾乱《じょうらん》とよばれる内戦となった。結果は直義の敗北におわったが、これより先に高師直も殺されており、足利政権は動揺を重ねた。この間、憲顕は直義方についていたから、尊氏からは守護職をとりあげられ、かわって宇都宮氏綱《うつのみやうじつな》が越後守護になった。憲顕は越後に残って、ときには新田義宗とともにたたかった。この時代は敵味方がめまぐるしくいれかわる時代だった。

およそ一〇年ののち、政権内の抗争がおわって憲顕は尊氏のもとに戻り、越後守護に復帰した。ついで、鎌倉にいる関東公方《かんとうくぼう》足利基氏《もとうじ》の補佐をする関東管領《かんとうかんれい》に任じられると、貞治二（正平十八＝一三六三）年、憲顕は鎌倉に移り、越後の統治は一時息子の憲房《のりふさ》があたった。やがて守護職は末子の憲栄《のりひで》がつぎ、以後越後の守護＝国主の座は上杉氏が世襲することとなった。

上杉氏は関東管領として関東の統治に大きな役割を果たさなければならなかった。だから関東管領の職と関東にもっていた守護職とは一体として相続され、越後国だけがいわば分家されたように独立して相続された。越後上杉氏がその支配にあたってよりどころとしたのは新田義貞のもっていた領地や権限であった。それは鎌倉時代に北条の一門名越《なごし》氏のもっていたものでもあるが、国府の支配機構と守護領、北条氏の所領などである。当時の守護家には「国衙の分は守護職に属すべし」という原理が定着していた。郷《ごう》や保《ほ》という国司《こくし》の支配対象だったものが守護の支配の基礎をなしていた。

長尾氏の展開●

上杉氏の越後支配は代官、つまり守護代の手にまかされた。守護代となったのは上杉氏のはやくからの家《か》臣長尾《しんながお》氏である。守護代の家は頸城長尾氏とも府内《ふない》長尾氏ともいう。前述のように、守護の支配は国府の機構をとりこんで行われたから、国府のあった府内とその後背地頸城郡が越後支配の拠点となる。守護代長尾家はこれをまず掌握した。

つぎに地方の支配は郡《ぐん》を単位になされた。越後の中央にあたる古志《こし》郡は蔵王堂《ざおうどう》（長岡市《ながおか》）がその中心で、ここは信仰の面で世に知られた霊場である。ここを拠点とした長尾一族は古志長尾、または蔵王堂長尾氏とよばれ、室町後期には山頂に堅固な城がある栖吉《すよし》に拠点を移して栖吉長尾氏ともよばれた。蒲原郡の中心は三条《さんじょう》で、ここにはいった長尾氏は三条長尾、または蒲原長尾氏とよばれる。はるか北の阿賀北《あがきた》地方に君臨する鎌倉時代の地頭《じとう》の子孫＝国人《こくじん》たちを統制するという、もっとも大事な任務をおびていた。南北朝末期から室町初期にかけて、上杉氏の越後支配体制をかためた守護代長尾高景《たかかげ》はこの三条長尾氏の出で、以後この子孫が守護代職を歴任して府内（頸城）長尾氏となった。なお、魚沼郡上田《うえだ》荘の上田長尾氏は関東管領の代官で、本来、越後上杉氏の家臣ではない。

阿賀北衆●

鎌倉末・南北朝の変動をのりきった地頭などの武士たちは、地域支配をいっそう強めながらしだいにその領地の地名でよばれるようになる。小泉荘の本庄《ほんじょう》氏・色部《いろべ》氏、奥山荘の黒川《くろかわ》氏・中条《なかじょう》氏、加地荘の加地氏・新発田《しばた》氏、白河《しらかわ》荘の安田《やすだ》氏・水原《すいばら》氏、菅名《すがな》荘の菅名氏、金津保《かなづ》の金津氏・新津《にいつ》氏といった具合いである。彼らは守護やその代官の守護代に対して国人といい、とくに阿賀野川以北の国人たちは阿賀北衆とよばれる。鎌倉時代に関東から移ってきたものの子孫ではあるが、地頭として領地に密着して地域開発などにあたってきただけに、もはやりっぱな越後武士であった。

守護の上杉氏、守護代の長尾氏は彼ら国人を統制していかねばならない。守護の統治が成功するもしないも国人の動向一つにかかっていた。全国的には南北朝内乱がようやくおさまったのち、越後では応永《おうえい》の大乱《たいらん》といわれる戦乱がおこった。上杉氏三代目の守護は房方《ふさかた》で、四〇年の長きにわたって守護の座にあった。この間に上杉氏一門は越後の各地に根をおろしはじめる。房方の末の弟清方《きよかた》は柏崎《かしわざき》の南、鵜川《うがわ》荘の上条《じょうじょう》にはいって上条氏を名乗り、阿賀北では白河荘の中心山浦《やまうら》（阿賀野市）に上杉頼藤《よりふじ》がはいって山浦氏を名乗った。房方の子朝方《ともかた》は守護をついで一年ほどで死去、その子は二歳でしかなかったので、山浦家に養子になっていた朝方の弟頼方《よりかた》が守護の座についた。また同じ兄弟の憲実《のりざね》は関東管領家に養子になってその職をつぎ、鎌倉公方《くぼう》の持氏《もちうじ》を補佐していた。

その持氏は関東に独自の政権を樹立しようと幕府に対抗していた。越後の守護代長尾邦景《くにかげ》も持氏に味方していたから、越後守護の立場は微妙であった。頼方自身は京の将軍のそばにいるものの、将軍からみれば親鎌倉派とみられる。応永二十九（一四二二）年から持氏が将軍派の武士たちを圧迫したため、将軍義《よし》持《もち》と持氏の関係は急速に悪くなった。京にいる守護頼方が将軍方なのに、越後では守護代邦景が持氏方についたから、越後の武士たちはどちらかにつかねばならず、守護方と守護代方に分裂するという事態になった。将軍義持は頼方をつうじて邦景を討てと越後の武士たちに命令を発した。

守護代として邦景は長年越後の経略にあたってきた。この過程で邦景の勢力は大きくなった。そうなると、しだいにはえぬきの国人たちとは対立を深めるようになる。そこに将軍から邦景討伐の命令がでたとなると、国人たちは将軍＝守護の命令を奉じるという名目を得ていっせいに蜂起した。その中心は頼方の地盤である山浦勢、上杉頼藤と長尾朝景《ともかげ》で、これにいったんは本荘・色部・黒川・中条・加地・新発田など阿賀北の国人衆がほとんど守護方となって長尾邦景を攻撃することになった。

邦景の蒲原における拠点は三条である。三条は阿賀北への経略基地で邦景の父高景以来の本拠地。当時は山吉久盛《やまよしひさもり》が代官としてまもっていた。守護方の攻撃によって三条の陥落も間近か、という段になって守護方は分裂した。攻め手の阿賀北衆はそれぞれ領地を接しているために利害関係が複雑にからみあっており、なかでも奥山荘の中条房資《ふさすけ》がめだった働きをみせると、この中条氏とは因縁のライバルだった黒川基実《くろかわもとざね》が中心となって加地氏・新発田氏などをさそって戦陣を離脱、自分の城に戻ってしまった。これによって邦景方は息を吹き返し、守護方の邦景打倒は空振りにおわった。翌年、阿賀北では守護方が隣国から伊《だ》達《て》氏の応援を得て黒川基実を降伏させ、ついで加地氏・新発田氏も降参してこの戦乱は収束した。

この伊達援軍は高くついた。まず守護領の岩船《いわふね》郡荒河保の一部を伊達領にわたすと伊達一族の滑津《なめつ》という武士が住みついた。その滑津がすきをみて黒川館に夜討ちをかけ、基実を切腹させてしまった。このとき、子どもだった基実の息子氏実《うじざね》が伊達側につかまった。中条房資は長年のライバルに政略結婚で嫁がせたとはいえ、氏実は妹の子であるから、これを奪い返した。すると、こんどは山浦から敵黒

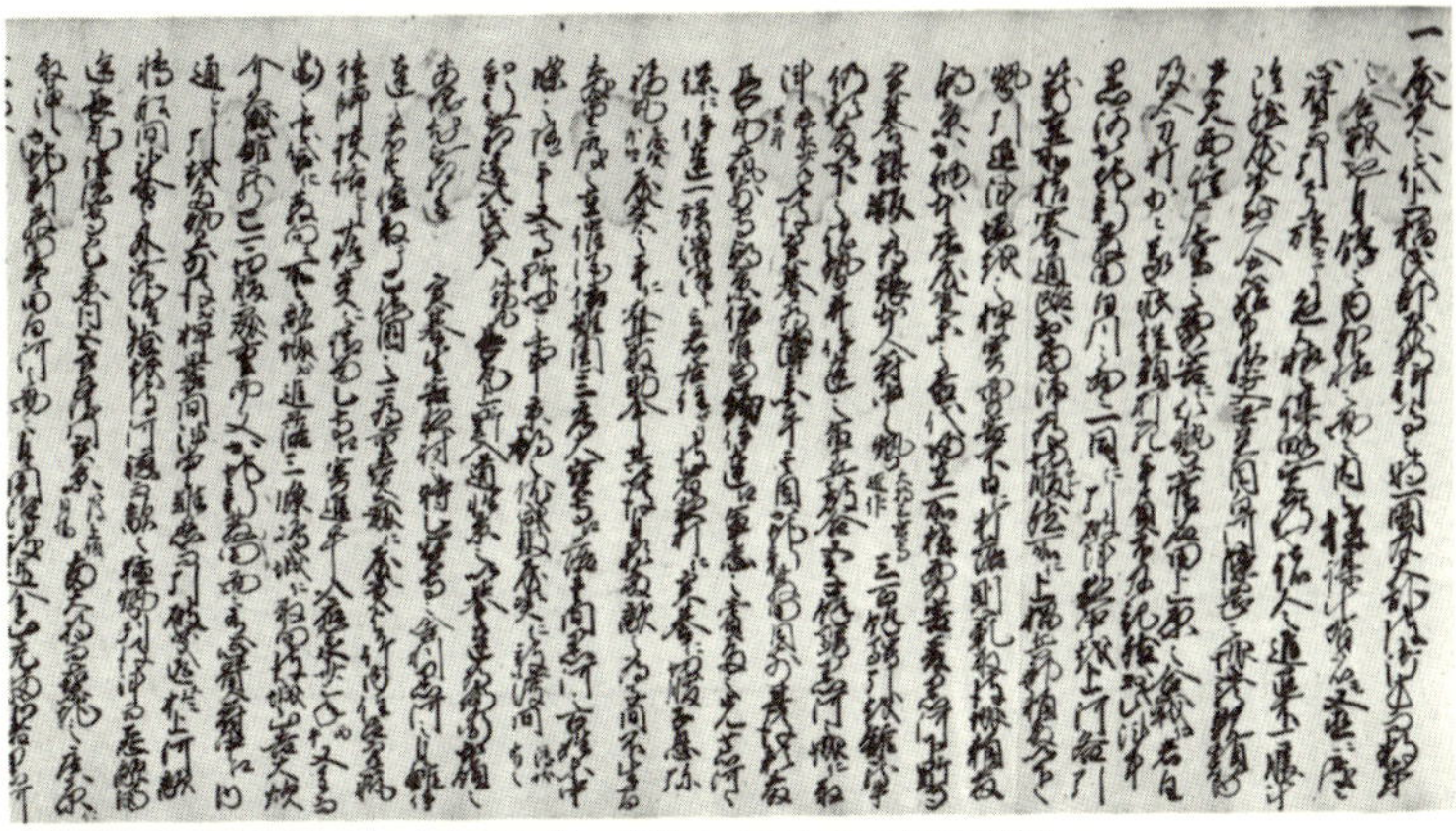

中条房資記録(「三浦和田中条氏文書」享徳3〈1454〉年5月28日付)

川の子どもは斬ってしまえと求められ、しばらく出羽《でわ》荘内にあずけるはめになった。また、氏実とともに黒川館にあった乙宝寺《おっぽうじ》の宝物である釈迦《しゃか》の左眼のはいった舎利塔《しゃりとう》も伊達方に奪われた。これは房資が住職と相談して二〇余貫文もの大金をはらって返してもらうという一幕もあった。

この三年後、山浦の上杉頼藤と長尾朝景は国人衆をさそってふたたび邦景方の三条城を攻撃した。このときも加地・新発田両氏が寝返ったため、三条攻略はならなかった。終始一貫守護方として働いた中条房資が邦景方から攻めたてられる事態もあったが、決定的な勝敗がつかないまま戦いはおわった。

守護上杉氏はこの大乱をもってしても守護代邦景をおさえこむことはできなかった。将軍義持はいったん討伐を命じた邦景を許し、越後の国人を経略できなかった頼方の手から守護職をとりあげて房朝《ふさとも》を守護にとりたてた。大乱をおわってみれば、この間に奥山荘南条の関沢《せきざわ》氏が守護の直臣《じきしん》となったように、国

仏舎利塔(胎内市乙宝寺)

人のなかには守護への従属を強めたものもあり、守護・守護代に対立がみられるものの全体的には国人の統制がいっそう進む結果となった。

房定の周辺●

さきの大乱で中条房資にかろうじて命を救われた黒川氏実も本領に戻ってくれば宿敵中条氏との争いを続けねばならなかった。争いの種は所領の境界をめぐってであった。境目には家臣の領地があったりして、主人同士では折合いをつけても家臣たちが納得しないとなんにもならなかった。この奥山荘の中条・黒川両氏の紛争は長いあいだ府内、つまり守護の裁定を求めて訴えられていた。黒川氏実の晩年にあたる文明年間（一四六九～八七）、その府内には守護上杉房定《うえすぎふささだ》がいた。

房定は宝徳二（一四五〇）年に京都から帰国、それまでもっぱら越後の経略にあたってきた守護代邦景・実景《さねかげ》父子から実権を奪いとった。従来、守護は将軍の膝元にいるという伝統を破って京都には帰らず、越後経営に専念した。いずれ応仁《おうにん》・文明《ぶんめい》の乱で在京の守護たちも国許へ帰ることになるのだから、房定の国許定住は先見の明があったことになる。房定は府内における裁判権を強化するために側近による支配体制をかため、その筆頭ともいうべき守護代には邦景にかえて蒲原長尾氏の傍流から頼景《よりかげ》を起用した。守護代となった頼景は邦景父子にくらべれば強力とはいえない分、守護房定の力が表面にでることになる。

関東で鎌倉公方と関東管領の対立から両派の戦争がはじまると、房定は越後の国人を率いて関東に出陣し、管領を助けて関東の和平を進めた。文正元（一四六六）年に管領房顕《ふさあき》が急死すると、房定は息子の顕《あき》定《さだ》をその後継に送り込んで、文明十（一四七八）年には四半世紀におよぶ関東の戦争をおわらせた。あとは鎌倉公方成氏《しげうじ》と将軍との講和だけが残った。房定は越後府内にあった円通寺《えんつうじ》の岳英《がくえい》を上洛させて幕府と交渉させ、同十四年にはついに京・鎌倉の和平を成功させる。

　こうして関東にも京にも手柄をたてた房定は、一介の守護としては破格の従四位下《じゅしいのげ》相模守《さがみのかみ》に叙任される。かつては幕府を最高権威とあおいだ国人たちも、今は房定の権威をうけいれた。こうした権威を背景に、はじめて上杉氏の越後支配が名実ともに実現した。府内の守護所には段銭所《たんせんじょ》や公銭方《こうせんがた》などが設置されて、守護の政治組織が整備され、守護の家臣たちが行政を分担した。この間は守護と守護代のあいだにさしたる軋轢《あつれき》もうまれず、府内の政治は順調に推移した。大勢としてみれば房定の治世の四六年間は越後が比較的安定した時期であった。応仁・文明の乱からのち、畿内でも関東でも戦渦が拡大するなか、越後は平穏だったから、都《みやこ》をのがれてきた貴族や幕府の要人、名高い僧侶たちがつぎつぎと訪れ、ひとしきり越後の府内は京の文化人でにぎわった。

あがる家中の地位●

さて中条・黒川氏紛争は、房定によって判定がくだされ

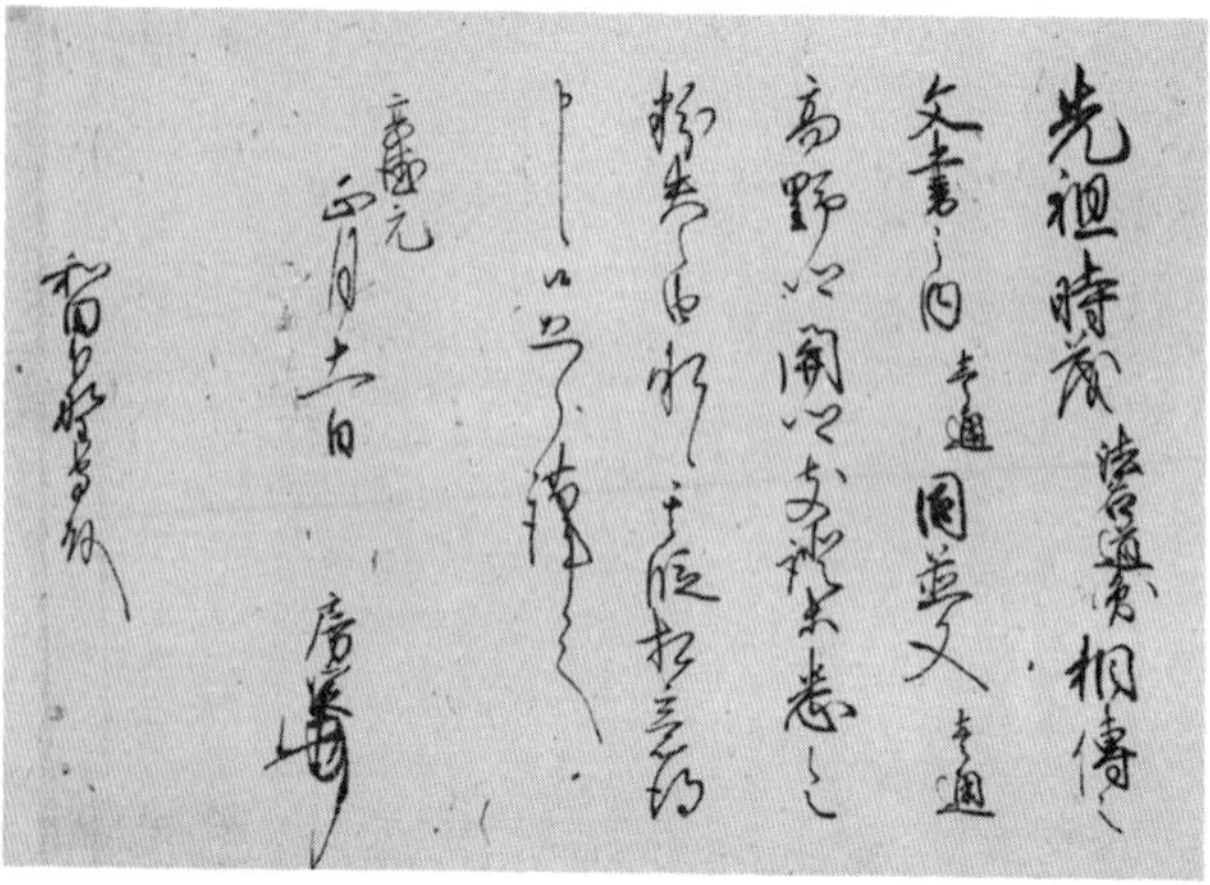

上杉房定安堵状(「三浦和田黒川氏文書」享徳元〈1452〉年正月11日付)

❖コラム

花押――武士たちのサイン

今日、私たちはやや公式な文書を書くとき、日付けに年月日と名前の下に印鑑を捺《お》す。役所の文書などは、とくにこれがきちんとしている。

鎌倉武士たちは裁判の証拠書類として、よく幕府からもらった文書をうつして提出した。執権《しっけん》や連署《れんしょ》の官職・姓（名は書かない）の下に「在判」「ありはん」とある。原本では印鑑などは捺されておらず、これだけを本人が自分で書くサインが描かれている。これを花押《かおう》という。つまり花押は印鑑と同じはたらきをするのだが、独自のサインのほうが本人を正確にあらわす。

花押は平安《へいあん》時代に貴族たちが名前を草書体《そうしょたい》で描いたことから始まって、しだいに簡略化・抽象化が進んだ。源《みなもとの》頼朝《よりとも》は頼の左「束」と朝の右「月」を一体化して花押を描いた。執権・連署や幕府の役人ほど花押を使う機会は少なかったはずの越佐《えっさ》の武士たちも、個性的な花押を残している。

くだって戦国時代になると、公的な文書より私的な書状形式の文書がふえてくる。とくに大名《だいみょう》は莫大な数の文書を発行した。越後《えちご》の場合、長尾為景《ながおためかげ》は一つの花押を微妙に変化させただけだったが、その後の上杉謙信《うえすぎけんしん》や景勝《かげかつ》は数種類の花押を使った。ただ共通するのは「長久」の字を好んだ点で、謙信のものにははっきり「長久」と書くものがあり、もっとも多く使った花押では草書体の「長」が裏返しに使われているといわれる。景勝が秀吉《ひでよし》に屈するまでの花押は判読が困難だが、その他にはやはり「長久」を抽象化している。戦国の一〇〇年、越後で一番の課題が武運長久であったことが大名の花押に反映していた。

た。結果は中条氏に有利の判定だった。むろん黒川氏は不満だった。小泉荘の本荘氏が房定に反抗すると氏実の家中＝家来たちは本荘氏と内通して、守護方の中条定資《さだすけ》を戦死に追い込んだ。この内通は当主をさしおいて家中が決めた行動だった。氏実の跡継ぎは幼少の孫で、祖父氏実が守護房定の承認を得、さらに家臣たちの了解もとりつけて決まった当主である。氏実は家中のおもだったもの二七人が署名する起請文《きしょうもん》（誓約書）をつくらせる一方、新当主にもなにごとも家臣たちとよく相談せよ、とさとした。

室町《むろまち》時代の後期には黒川氏にかぎらず、国人たちの世界では家中の力が大きくなっており、その統制が国人たちの課題となりつつあった。家中の武士たちは一族であれ、外様《とざま》であれ、領地の村々で農民たちと田畑や野山の生活をともにしている。領民にじかに接し、ささえられるものほど強かった。国人の家では家中の動向がその国人の行動を方向づける。こうした事態は守護・守護代と国人たちとの関係をいっそう複雑なものにしていく。戦

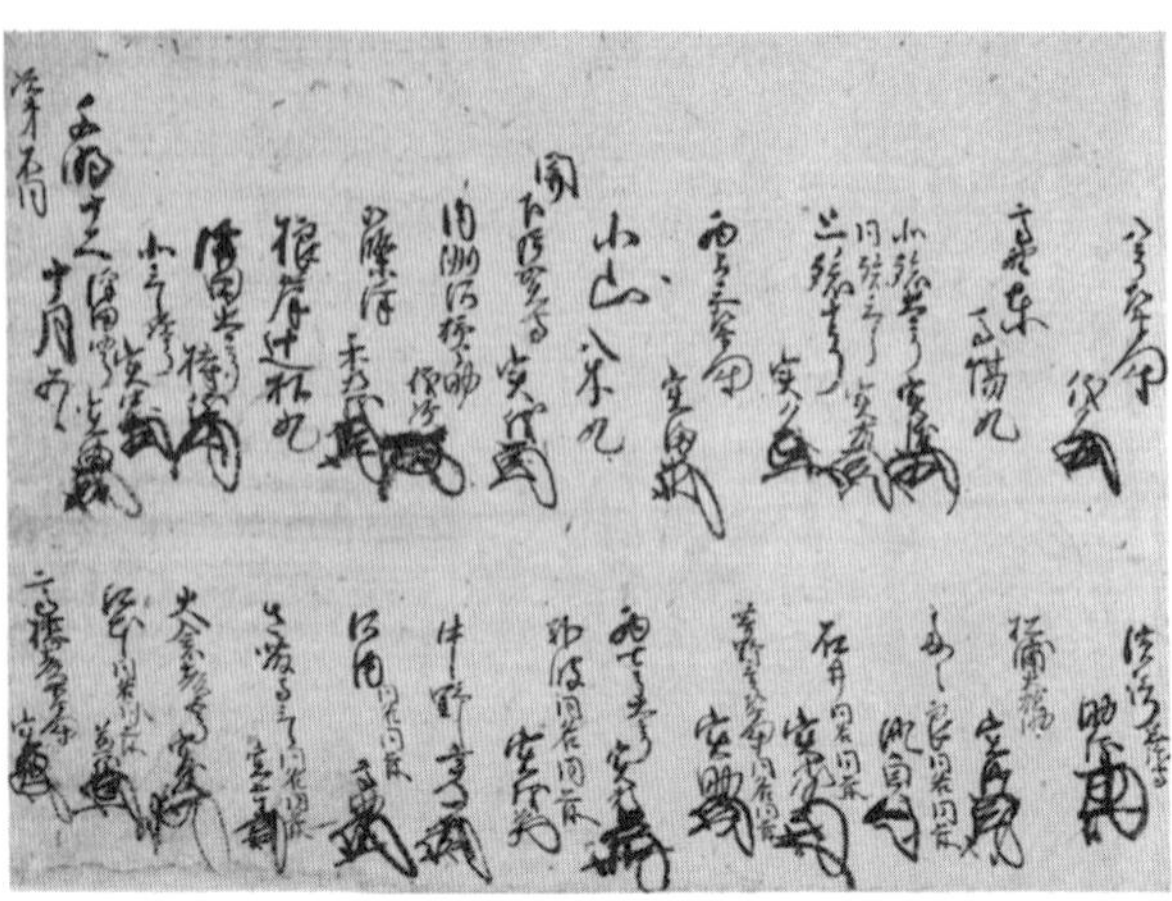

黒川氏家中連署状(末尾,「三浦和田黒川氏文書」文明12〈1480〉年10月5日付)

国時代はその再整理の時代だった。

4　戦国から統一へ

戦国の世へ●

明応六（一四九七）年七月、越後守護《えちごしゅご》の上杉房能《ふさよし》は文明末年の検地《けんち》に基づいて、古志長尾《こしながお》氏に役銭納入の帳簿を作成させ、明応七年五月、国中の守護直轄領に対する上杉《うえすぎ》氏の役人をつうじた支配を強化した。役人「不入の地」に対して今後は役人が職権をもって支配にあたると宣言したのであるから、越後の国衆《くにしゅう》はびっくりした。

同時に各領主の土地についても、上杉氏より「不入」を承認する証明書をもらった土地をのぞき、刑事事件などがおきたときは、郡単位に任命されていた上杉氏の代官《だいかん》である郡司《ぐんじ》の職権の行使をこばんではならないとした。また、役人の不正は、守護のもとに訴えよ、とした。

こうした房能の積極政策は、補佐役で、守護代の長尾能景《よしかげ》を始めとする諸士の不平を強めた。その能景は、永正三（一五〇六）年に越中《えっちゅう》守護の畠山尚順《はたけやまひさより》の要請で越中に出陣し、一向一揆《いっこういっき》らとたたかったが、越中守護代の神保慶宗《じんぼよしむね》の寝がえりにより、越中般若野《はんにゃの》（富山県砺波《となみ》市）で、戦死をとげた。その背後には中央の政争があった。

戦国の鬼長尾為景●

越後守護の上杉房能は、長尾能景の戦死を好機と、跡をついだ長尾為景《ためかげ》に攻撃をしかけた。為景は反撃にでて、永正四（一五〇七）年八月二日、房能を急襲した。房能は関東へのがれようとしたが天水《あまみず》（十日町《とおかまち》市）で追いつかれて、八月七日、同行者ともども自害した。為景の下剋上《げこくじょう》は、越後における戦国時代の幕あけを告げるものであった。

為景は逆臣《ぎゃくしん》の汚名をうけないために、房能の養子の定実《さだざね》を守護にいただき、幕府や越中の畠山氏にまで手をまわした。これに反発する阿賀北《あがきた》の諸士が反為景の兵をあげた。永正《えいしょう》の乱である。しかし、永正五年二月、会津の蘆名盛隆《あしなもりたか》の仲裁で為景に降伏した。十一月六日に幕府は、定実を越後守護に任じ、為景にその補佐を命じている。中央の政争が為景に幸いしたのである。

ところが永正六年六月、房能の兄で、関東管領《かんれい》の上杉顕定《あきさだ》が弟の仇《かたき》討ちと越後の関東管領領をまもるため、関東軍八〇〇〇余を率いて、越後に攻め込み、いっきに府内をせめおとしたので、為景は定実とともに越中へとのがれた。顕定には本庄房長《ほんじょうふさなが》・色部昌長《いろべまさなが》などの阿賀北衆を始めとする在地豪族たちが味方し、各地で為景軍を破り、一時は阿賀野川以南では、三条《さんじょう》城・護摩堂《ごまどう》城（田上《たがみ》町）以外は支配下にいれるというような状況だった。

だが、顕定には越後支配の明確な方針があったわけではなく、背後の関東では長尾景春《かげはる》と北条早雲《ほうじょうそううん》が同盟して、関東管領の地位をおびやかしていたので、早期の問題解決をめざして、越後の国衆たちにきびしい態度でのぞんだため、彼らの反発を招くことになった。

室町《むろまち》幕府や朝廷は、越後守護の上杉定実が、他国からの侵入軍や越後の叛徒に攻められている、という解釈をとっているから、もとより為景方であった。

越中へのがれた為景・定実は、信濃《しなの》の高梨《たかなし》・市川《いちかわ》・小笠原《おがさわら》の各氏、出羽《でわ》の伊達《だて》氏などと連絡をとりながら、徐々に反撃態勢をととのえ、為景は定実とともに、佐渡《さど》を経由して、翌七年四月、蒲原津（新潟市）に上陸し、寺泊《てらどまり》へ陣を進めた。六月、椎谷《しいや》（柏崎《かしわざき》市）での戦いで顕定軍を破ると、勢いにのって府内《ふない》をめざした。

これをみた顕定は、府内を引き払い、上野へとむかったが、上田《うえだ》長尾氏の裏切りで行く手をはばまれ、六月二十日、長森原《ながもりはら》（南魚沼《みなみうおぬま》市）で為景軍の追撃をうけ、討死した。

権力をにぎった為景にとって、定実は厄介《やっかい》な存在となった。傀儡《かいらい》に祭り上げられた定実とその近臣の反発から、永正十年に戦いが再燃した。永正の再乱である。定実の意をうけた琵琶島《びわじま》城（柏崎市）に拠る宇佐美《うさみ》房忠《ふさただ》が、信濃の豪族や出羽の伊達稙《たね》宗《むね》らと結び挙兵したが、阿賀北衆がこのときは為景方についたため、定実方は総力を結集して上田（南魚沼《みなみうおぬま》郡南部）を攻撃し、関東との連絡をつけようとしたが、永正十一年正月、六日市《むいかいち》（南魚沼市）での戦いにやぶれ、上杉一門の八条左衛門を始め一〇〇〇余人が討ちとられ、定実方は壊滅した。

為景は外交面で、上杉房定《ふささだ》・房能とは別路線をとり、関東への介入をやめ、越中出兵にもっとも力をそそいだ。能登《のと》守護の

上田(坂戸)城址

畠山義総《よしふさ》と連携して、父の仇の神保慶宗を討ち、大永元（一五二一）年十二月には、越中の新川《にいかわ》郡の守護代に任じられた。

為景は、関東管領、越後守護という伝統的権威をもつ上杉家に対抗するため幕府との関係強化につとめ、将軍の足利義晴《あしかがよしはる》と管領の細川高国《ほそかわたかくに》への贈物を盛んに行った。その結果として、為景への毛氈鞍覆《もうせんくらおおい》・白傘袋《しろかさぶくろ》などの使用が将軍から許され、為景の長子道一《どういち》へも「晴」の一字が授与されて、晴景《はるかげ》と名乗るようになった。毛氈鞍覆と白傘袋の使用は、本来は将軍の御供衆《おともしゅう》と守護大名にかぎられていたし、偏諱《へんき》は直臣《じきしん》のみにあたえるのが原則であったから、為景と晴景は、将軍直臣、国主《こくしゅ》の待遇をうけることになった。

こうして地位の安定化をはかってきた為景に対して、定実の実家の当主である上条定憲《じょうじょうさだのり》が反発し、定実の守護権を回復しようとして、為景の統制強化に反発する阿賀北衆と連携して挙兵した。越後はまた長い戦乱にまきこまれていった。享禄《きょうろく》・天文《てんぶん》の乱である。

為景の後楯だった細川高国が政争にやぶれ、自刃したことも影響して、中《ちゅう》・下越《かえつ》は反為景派が支配する情勢となった。天文四（一五三五）年六月、長尾家には古くから朝廷より拝領したという「武功之佳名」高い旗があったが、近年それが失われていたので、新調を認めてもらい、翌年二月には、反為景派の鎮定を正当化するために、治罰の綸旨《りんじ》を得て、朝廷の権威を背景になんとか収拾をはかろうとした。だが、乱世の実力の世界では、期待するほどの効果は得られなかった。一六歳で関東へ初陣してから生涯に一〇〇回以上もたたかったという戦国の鬼為景も、やがて長男晴景に家督をゆずった。

上杉謙信の越後統一●

晴景は内乱の収束のため、朝廷に要請して、「私敵治罰」の綸旨をうけ、阿賀北衆との妥協をはかり、妹を阿賀北の実力者の加地春綱《かじはるつな》と反晴景派の中心の上田長尾氏の政景《まさかげ》に嫁がせ、融和をはかった。さらに、定実を守護に復帰させて対立する勢力と和睦した。これらはあきらかに、父の為景が一生をかけて手にいれた新恩給与権の放棄であった。

守護代の府内《ふない》長尾氏はみずからの地位を保障してくれる守護を完全には排除できなかった。定実には嗣子がなく、出羽の伊達稙宗の子時宗丸《ときむねまる》を養子に迎えようという話もあったが、養子問題がこじれると、定実は天文十一（一五四二）年、晴景に隠棲希望の誓紙を差し出している。

だが、中越での争乱はしずまらず、晴景は、天文九年あらためて「敵追討」の綸旨の発給をうけ、同十二年には一四歳の弟景虎《かげとら》に古志長尾氏をつがせ、古志郡司の権限をあたえて、古志郡栃尾《とちお》城に派遣した。景虎が古志郡を平定し、反長尾派の黒田秀忠《くろだひでただ》を滅ぼすと、景虎の声望は上がり、景虎を擁立しようとする勢力がうまれて、晴景と対立するようになった。越後一国を頸城《くびき》・魚沼は晴景に、蒲原・古志は景虎にと二分し、これに阿賀野《あがの》川以北の大部分が景虎方となったので戦局の大勢はほぼ決した。どちらが勝っても困るのは定実だったから、調停にのりだし、天文十七年末に晴景から景虎への家督の譲渡が実現した。府内勢力から古志勢力への勢力基盤の交替であった。

名目だけの守護ではあるが、たえず反乱の核となる危険性をもっていた定実が、天文十九年二月二十六日、後継者もなく世を去ると、幕府は景虎にも毛氈鞍覆と白傘袋の使用を許可した。国主の待遇である。

しかし、これで越後の争乱がおさまったわけではなく、上田長尾氏との対立抗争が天文二十年の夏まで続いた。景虎が実力で家督をゆずらせた兄晴景も天文二十二年には没したが、弘治二（一五五六）年には、箕冠《みかんむり》城（上越《じょうえつ》市板倉区）主で守護所の公銭方《こうせんかた》や段銭方《たんせんかた》を中心となって切りもりしてきた大熊朝秀《おおくまともひで》が武田《たけだ》信玄《しんげん》に内応して挙兵するなど前途は多難だった。

天文二十二年、信濃に攻め込んできた武田信玄との戦いにやぶれた村上義清《むらかみよしきよ》・高梨政頼《まさより》・井上清政《いのうえきよまさ》・須田満親《すだみつちか》・島津規久《しまづのりひさ》・栗田寛明《くりたひろあき》などの北信濃の諸将が、景虎に援助を求めてきた。

その前年の五月、景虎は従五位下《じゅごいのげ》、弾正少弼《だんじょうしょうひつ》に任じられ、翌二十二年九月にお礼言上を名目に上洛した。信濃でたたかう名分がほしかったのである。景虎は後奈良《ごなら》天皇にあって、剣と盃をあたえられ、天皇に忠誠をちかった。天皇は景虎に「住国ならびに隣国において敵心を挟む輩」を討ったことを賞する綸旨をさずけた。

十一月、景虎は本願寺証如《ほんがんじしょうにょ》に太刀、馬、銭一〇貫を贈った。長尾家は景虎の祖父の能景が一向一揆に討たれて以来一向宗を敵視してきたが、本願寺との関係を修復したのは、後顧の憂いをなくし、信濃と関東への出兵を有利にするためであった。

その後、景虎は堺《さかい》を訪れている。畿内《きない》の高級手工業品や鉄砲などの軍需品の調達に重要な位置を占める堺商人との結びつきを強めるためであった。

永禄元（一五五八）年の七月ごろ、関東管領の上杉憲政《のりまさ》が、北条氏に攻めたてられて、景虎をたよって越後へやってきた。景虎が二回目の上洛をしたのは永禄二年のことである。この上洛の目的は、前回の上洛のとき不在であえなかった将軍足利義輝《よしてる》との結びつきを強めることと、北信濃への武田信玄の進攻をおさえ、村上・高梨らの諸将を旧領に復帰させること、そして、関東出兵の大義名分を得ることにあった。

入洛した景虎は、将軍に、ついで正親町《おおぎまち》天皇にあって、先帝と同じく盃と剣をあたえられた。景虎は、その場で将軍に強い忠誠をちかった。それに対し、義輝は四通の内書を発して景虎の忠信に応えた。

その第一と第二は、文書をつつむ封紙の裏書を省略することと、漆塗りの輿にのることを許すというものである。この二つによって景虎は将軍の一族、斯波《しば》・細川・畠山の三管領《かんれい》家や国持大名《くにもちだいみょう》に準ずる格式を得た。

第三は上杉憲政が関東を支配できるように景虎が助言し、尽力するように命じたものである。この文書によって、関東出兵の正当性を主張し、景虎の名前で、国内外の諸将を軍事動員する権限をあたえられたと主張するに足るよりどころを得た。第四は信濃諸将を支援して武田信玄との戦争状態に決着をつけることが認められた。

景虎はまた、義輝から豊後《ぶんご》の大友宗麟《おおともそうりん》の進上した鉄砲と火薬の製法書を得ている。こうして上洛は上々の成果をあげ、景虎は帰国の途についた。

北信濃の諸将から援助を求められた景虎にとって、親戚である高梨政頼を見捨てることはできなかったし、川中島《かわなかじま》の地は、春日山《かすがやま》城から六〇キロメートルにすぎず、武田信玄の進出にそなえる防波堤でもあった。景虎は要請をうけて、天文二十二年から一二年間に五回、信濃の川中島で武田信玄とたたかった。五回の対決のうち両軍が正面から激突したのは、四回目の永禄四年九月のことである。

永禄二年、信玄が信濃守護職を認められ、千曲《ちくま》川にのぞんだ要害の地に海津《かいづ》城(長野市松代)をきずいたことが景虎に危機感をあたえ、永禄四年、景虎(政虎)は妻女山《さいじょざん》に本陣をかまえた。信玄は九月九日、本隊を八幡原《はちまんぱら》(長野市)におき、別動隊は夜陰にまぎれて妻女山の背後から上杉軍を攻撃させた。世にいう「啄木《きつつき》の戦法」である。それを察知した政虎が、ひそかに雨宮の渡しをわたって、暁け方に信玄の本陣をおそい、「車懸りの戦法」で武田軍にせまると、信玄は「鶴翼の戦法」で応戦したという。政虎は信玄の幕所におどりこみ、信玄に切りつけ、信玄は軍配でこれをうけたと、江戸時代の軍記物は戦況を伝えている。結局、政虎は武田方の拠点の海津城への攻撃はできず、信玄の信濃支配はゆるがなかった。

他方、北条氏の圧迫をうけていた常陸《ひたち》の佐竹義昭《さたけよしあき》、安房《あわ》の里見義堯《さとみよしたか》が関東出兵をしきりに求めてきたので、景虎は上杉領を回復し、上杉憲政の帰国をはかるという名目で、関東に出陣した(越山という)。永禄三年から天正二(一五七四)年までのあいだに一四回も越山している。その多くは冬に関東にでてたたかい、春になると帰国するというパターンであった。

前にのべた川中島合戦にさきだつ永禄三年、景虎は「関東管領上杉憲政の関東帰城をお供をする」という名目で厩橋城《うまやばし》(群馬県前橋市《まえばし》)にはいり、越年した。越後軍は破竹の勢いで関東平野を突き進み、三月、小田原城《おだわら》を攻めた。しかし、氏康《うじやす》と提携した信玄が信濃に進出したとか、越中の一向一揆が越後をおびやかしているという情報がはいったので、景虎は兵をまとめて鎌倉《かまくら》に引き上げた。

鎌倉では鶴岡《つるがおか》八幡宮に関東管領への就任の拝賀のために参詣し、上杉憲政の一字をもらい、上杉政虎《まさとら》と名乗りを改め、さらにその年の暮れには将軍の足利義輝の一字をもらって、輝虎《てるとら》と名乗った。

輝虎はこのあともほぼ連年越山したが、佐竹氏らの関東の諸将は、目先の利害を優先してほとんど参陣しなくなった。このため輝虎は参陣しなくなった関東の諸将を攻めて、これをふたたび服属させるということを繰り返すことになり、そうこうしているうちに、上野《こうずけ》の沼田《ぬまた》をのぞいて、関東における足場をまったく失っていった。

輝虎は北条氏康と武田信玄、そして越中の一向一揆と、どの一つをとっても容易でない相手と三正面作戦を強《し》いられていたが、北条氏と上杉氏のあいだに大転換がおこった。

永禄十一年十二月、信玄は突然、それまでの甲斐《かい》（武田）・相模《さがみ》（北条）・駿河《するが》（今川《いまがわ》）の三国同盟を破って駿府《すんぷ》（静岡市）を攻め、今川氏真《うじざね》を敗走させた。おどろいた三河《みかわ》の徳川家康《とくがわいえやす》が輝虎に誓紙を送り同盟を結ぶと、北条氏康も輝虎との同盟交渉にのりだしてきた。

同盟は、翌十二年に関東での勢力分野をあいまいにしたまま成立した。だが、信玄に対する作戦で、輝虎が期待したほどの働きをしなかったことに失望した北条氏は、元亀二（一五七一）年十月、氏康が死ぬと、同年十二月、息子の氏政《うじまさ》は謙信と改めた輝虎からはなれ、ふたたび信玄と同盟した。

元亀三年、信玄の西上作戦に対応して、謙信と織田信長《おだのぶなが》が結びついた。天正元年四月、信玄が没すると、八月に謙信は、信玄と結んでいた椎名康胤《しいなやすたね》・神保長職《ながもと》を討って越中を平定し、進んで能登・加賀《かが》へ進出しようとした。

上杉謙信画像

支持者の信玄を失った北陸の一向一揆は、信長と謙信のはさみうちをうけることになった。ここに至って本願寺光佐《こうさ》（顕如《けんにょ》）は謙信に和を求めた。信玄の死後、信長の勢力伸長が著しく、とくに北陸への進出が脅威になってきていた矢先であったので、謙信は戦略のためには積年の法敵とも妥協する必要を感じ、天正四年五月、本願寺光佐と歴史的な大和睦をし、足利義昭《よしあき》・毛利輝元《もうりてるもと》・本願寺の形成する反信長連合に加わった。

謙信は越中から能登に進んで、天正五年、信長方の長綱連《ちょうつなつら》がたてこもる七尾城《ななお》（石川県七尾市）を攻略し、五年九月には加賀の湊川《みなとがわ》（手取川《てどり》）で信長軍とたたかった。

天正六年一月、謙信は雪消えとともに関東へ出兵するという陣触れを行い、領国内の武将八〇余人の動員名簿まで作成したが、三月九日、春日山城内で倒れ、意識のないまま三月十三日に死亡した。四九歳であった。

御館の乱●

謙信の死後、養子の景勝《かげかつ》と景虎のあいだで後継者争いがおきた。景勝は坂戸城《さかと》（南魚沼市）主長尾政景と謙信の姉とのあいだにうまれ、政景の死後、謙信に引き取られて養子となった。景虎は相模の小田原城主北条氏康の七男で、北条と上杉の同盟が成立したとき、人質として越後に送られてきた。同盟が破れたあとも謙信は実家へ戻さず、養子として、景勝の妹を娶《めと》らせ、自分の若いときの名である景虎を名乗らせていた。

この二人の後継者争いは、上田（南魚沼郡南部）出身の家臣団などにささえられた景勝が、天正六（一五七八）年三月下旬に謙信の遺言だと称して、春日山城の中心部を占拠し、金蔵を押さえて、以後の戦局を決定的に有利にした。

形勢不利となった景虎は、五月十三日、前関東管領の上杉憲政の住む、春日山城の北東約六キロにある平城《ひらじろ》の御館《おたて》（上越市《じょうえつし》）へのがれた。この御館の攻防が争乱の前半の中心となったので、この争乱を御館の乱とよぶ。

この争いで、越後の諸将は敏感に両者の力をはかり、あるものは景勝に、あるものは景虎についた。大雑把な言い方をすれば、春日山城を中心とする上越と、景勝の本拠地の魚沼、三島《さんとう》と阿賀北は景勝に、謙信の支持基盤であった古志・蒲原郡南部は景虎方という状況だった。

景虎を助けるため、実兄の北条氏政が上野から、北条氏の同盟者の武田勝頼《かつより》が信濃から、会津《あいづ》の蘆名盛《もり》氏《うじ》が津川口《つがわぐち》から越後に侵入してきた。苦境に立った景勝は、六月初めに勝頼との講和交渉にはいった。その条件は、春日山城の金蔵にあった五〇〇〇両の金と東上野を勝頼にゆずり、勝頼の妹を景勝の夫人とする、というものであった。

この講和が成立すると、六月下旬、勝頼は越後府内にきて、景勝と景虎の和睦のために動き、和睦は一時成立した。だが、すぐに破れてしまい、勝頼は八月下旬に甲斐《かい》に引き返した。

景勝は刈羽《かりわ》地方の景虎方を討ち、春日山城と本拠地の上田を結ぶことに成功した。景虎の応援のために越後に侵入していた北条勢は樺沢城《かばさわ》（南魚沼市）を奪ったものの、雪のため動けなくなった。この機をみて、景勝軍は孤立した御館を攻めたてた。

翌天正七年三月、景虎は局面の打開をはかろうとして、上杉憲政に息子道満丸《どうみつまる》を人質として託し、春日山城にのぼらせた。ところが、四ツ屋《よつや》（上越市中郷区）で二人を受け取った景勝方の兵が憲政と道満丸を

御館の乱の両軍配置

殺してしまった。この報をうけた景虎は、御館を脱出して関東をめざし、鮫ヵ尾《さめがお》城（妙高《みょうこう》市）に堀江《ほりえ》宗《むね》親《ちか》をたよったが、景勝方の攻撃をうけ、形勢不利となると、宗親も背いてしまった。鮫ヵ尾城は落城し、景虎は自害した。二六歳であった。こうして上越は景勝の手にはいった。

その後も中越・下越の景虎方の諸将は頑強に抵抗を続けたが、阿賀北の黒川清実《くろかわきよざね》は天正七年四月に降伏し、本庄秀綱《ほんじょうひでつな》の栃尾《とちお》城と神余親綱《かなまりちかつな》の三条城は八年六月に落城して、景勝は中越までの武力制圧を達成した。

この御館の乱をつうじ、景虎方の所領を没収して景勝方の諸将に恩賞としてあたえ、知行制《ちぎょうせい》を再編していくという権力強化策をとる一方、謙信期の行政組織を棚上げにして、魚沼出身の上田衆と信濃出身者によって政治を進めていった。

検地とムラ●

佐渡市の新穂《にいぼ》地区には一三もの城跡が残っている。江戸時代には一七の村があったから、ほぼ一つの村に一つの城があったことになる。その城の主《あるじ》は、一つか二つのムラの支配者だったわけで、「村殿《むらどの》」とよんでいる。村殿は村の年貢徴収人としてムラを代表し、ムラびとに対しては直接の支配者として村落経営にあたった。新穂村の青木《あおき》や北方《きたかた》・下新穂には今も水堀によって周囲から遮断された城跡が残っている。戦いの激しくなったときは、村中の女子供をこの城内にいれて安全をはかったものであろう。

青木の江戸時代初めの検地帳をみると、左京《さきょう》・民部《みんぶ》・式部《しきぶ》・兵庫《ひょうご》・掃部《かもん》などといった、ただの百姓とは思われない名前にであう。城の主につかえるような人たちなのだろう。こうした階層の人たちを「殿原《とのばら》百姓《ひゃくしょう》」とよんでいる。村殿・殿原百姓たちによってムラが動かされていたものだろう。

越後側に目をむけ、慶長三（一五九八）年の三島郡鳥越《とりごえ》村（長岡《ながおか》市）の検地帳をみよう。

この検地帳には、「会津へ越候給人《きゅうにん》」と注記された人が多数でてくる。主計・与五郎・高梨・神九郎・与次郎・二郎左衛門などのほかに、安田《やすだ》の給人の須加右近、高梨の被官《ひかん》の吉原、直江兼続《なおえかねつぐ》の給人の甚九郎と八右衛門、藤田《ふじた》の被官の新二郎、篠生《ささお》の被官の惣七郎、河村彦左衛門尉《かわむらひこざえもんのじょう》の被官の甚九郎と新左衛門らがそれである。

検地帳に名前をのせられている農民のなかには、上杉氏やその家臣に従属するものもあった。慶長三年に上杉氏が会津（福島県）に国替えになると、これらの人たちは鳥越村をはなれ、そのため耕作者がいなくなって、荒地が生じてしまった。この時期、越後・佐渡では兵と農が未分離だったのである。

ムラにはこうした上杉氏やその家臣から給地をもらい、軍役を負担するものがあったが、戦国時代にはいって戦乱が頻繁になると、「地下鑓《じげやり》」といって、軍役を負担する義務のないものにまで動員がかけられるようになった。

戦国時代の越後では、中使《ちゅうじ》とよばれる村役人が年貢収納などにあたっていた。農民のなかに複雑な計算をこなすだけの能力が蓄積されてきたのである。ムラによっては、中使の下でムラの雑事をあつかう小使《しょうじ》という村役人もうまれた。

当時のムラでは、中使や小使を中心にして、年貢などの徴収や祭礼などもムラびと自身の手で執り行い、水路や堰《せき》・溜池《ためいけ》などの灌漑《かんがい》の施設の維持・補修にもあたっていた。神社や堂・庵《いおり》などに認められてきた免《めん》田《でん》や井料免《いりょうめん》・堰免《せきめん》などもムラとして管理運営にあたった。

新潟市の馬場屋敷《ばばやしき》遺跡の発掘調査でみつかった中世の家跡の床はすべて土間《どま》で、外壁と間仕切《まじきり》は植物の茎《くき》を簀《すのこ》のようにして立て巡らせたもので、土壁や板壁ではなかった。

室町時代までは大きな開発は行われず、土着の在地領主や有力農民による小規模開発が主だった。戦国時代にはいると、大名の富国強兵策《ふこくきょうへい》の一環として、大名権力による大規模な開発も行われるようになって、土地開発の高揚期を迎える。

天正三（一五七五）年四月、上杉景勝の家老《かろう》格で与板《よいた》城主の直江兼続は家臣の本村監物《もとむらけんもつ》にあて、「春中に命じた堰のことは兵乱のために成就できないのではないかと思っていたが、完成させたとは奇特千万だ。

「こうや」のつく地名

❖コラム

地名には歴史がきざまれている。新潟県史編さん室編の『新潟県新旧町村名索引』で調べてみると、新潟県の現在の大字《おおあざ》名のうちに「こうや」（興屋・郷屋・小屋）のつく地名が四一ある。その分布は、北は村上《むらかみ》市から、南は長岡《ながおか》市におよんでいて、新潟県の北半分にみられる地名である。

史料にあらわれた「こうや」のつく地名の一番古い例は天正五（一五七七）年の「三条《さんじょう》闕所《けっしょ》御《おん》帳《ちょう》、三条同名同心家風給分帳《どうめいどうしんかふうきゅうぶんちょう》」にみえる「増潟広野《ますがたこうや》」（新潟市西蒲区升潟《ますがた》）と「高木こうや」（燕《つばめ》市高木古新田《たかぎこしんでん》）である。

新潟市西蒲区越前浜《えちぜんはま》はもと越前郷屋村とよばれ、天正元（一五七三）年に滅びた越前の朝倉《あさくら》氏の落人《おちうど》が開いた村という。同市の浦郷屋は天正三年、加賀小松《かがこまつ》（石川県小松市）の浪士長井《ながい》三兄弟が、同市の高井興野《こうや》は天正・文禄（一五七三〜九六）のころ信州の人高井某が、同市の堀《ほり》興野は天正年間（一五七三〜九二）に千坂対馬守《ちさかつしまのかみ》の家臣堀掃部助《ほりかもんのすけ》が、同市の阿部《あべ》興野は千坂対馬守の家臣阿部貞《あべさだ》右衛門《うえもん》が天正年間に開発したものといわれている。

新発田《しばた》藩では、十七世紀初頭になると、すでに興野として成立していた部分を新田村《しんでんむら》として独立させ、開発を促進させる方針をとっているから、「こうや」のつく地名は天正二十（一五九二）年の史料に「杉名《すぎな》荒野」（燕《つばめ》市杉名）とあるように、十六世紀後半から十七世紀初頭に荒野を開発してできた村につけられた地名で、その表記は江戸時代の長岡藩領の場合はおおむね「郷屋」であり、村上藩・新発田藩領の場合はおおむね興野になっている。

そのうえ、他の堰の工事にもかかっているとは感心だ」とたたえている。

旧版の『長岡市史』に「本大島（長岡市）長谷川家の記録に依れば、天正年間上杉景勝の時、朝日村（同市）のなますばといふ所に、取入口を設けた」とあるのが、長岡《ながおか》市の深才《しんさい》・日越《ひごし》・上川西《かみかわにし》・王寺川《おおじがわ》地区を灌漑する大規模な用水路である飯塚江《いいづかえ》の起源だという。

文禄四（一五九五）年に刈羽郡の藤井堰《ふじいぜき》（柏崎市）が完成した。直江兼続は開墾のための優遇策や既存の田地を保護するためのこまかい手だてをとった。

天正十六年に黒川為実《くろかわためざね》が蒲原郡粟生津《あおうず》村（燕市）に対して、他所からの入植者を排除しない政策をとることによって、開発を促進させようとした。

こうした領主側の治水・灌漑の整備や開墾のための優遇策をうけ、戦乱をさけて、北陸や信濃から多くの人びとが移動し、各地の開墾にあたった。

越前浜（新潟市西蒲区）は、江戸時代初期には越前郷屋《ごうや》村とよばれ、天正元年に滅びた越前（福井県）の朝倉《あさくら》氏の落人《おちうど》が開いた村と伝える。この越前郷屋村のように、戦国時代から江戸時代初めにかけて開発された土地には、郷屋・興屋《こうや》の地名のつくところが多い。それらは海岸の砂丘地や中小河川の流域に分布している。

長岡市の村松《むらまつ》町の場合、集落はかつて北谷《きただに》という山中にあって、沢水の灌漑にたよった棚田が主であったが、太田《おおた》川の治水・灌漑が進むにつれ、戦国時代には、太田川沿いの地が利用できるようになり、それにつれて集落がしだいに低いところへおりてきた。

文禄四年、越後の各地で豊臣《とよとみ》氏直臣《じきしん》による検地が行われた。太閤検地《たいこうけんち》とはよばれているが、実際に測量が行われた形跡はなく、村からの指出《さしだ》しをもとに検地役人が勘案して検地帳が作成されたと考えられる。

この太閤検地以前、越後守護やその代官のもとには年貢や段銭《たんせん》収取のための基礎台帳である田帳《でんちょう》が存在していた。この田帳を基にその後の新開地を含めた面積・収穫量のより確実な掌握と耕作者の調査が上杉氏の手でも行われている。天正十年代の初めのころらしい太子堂村《たいしどう》（十日町市《とおかまち》）、天正十五年の茨曽根村《いばらそね》（新潟市南区）、天正二十年の芹川村《せりかわ》（長岡市）の検地帳が古いものである。

太子堂村の検地帳の記載は、刈高《かりだか》と石高《こくだか》が併記されており、茨曽根村のものは、本符《ほんぷ》（これまでの年貢の納入高）と見出《みだし》（この検地での増加分）が刈高と貫高《かんだか》で併記され、芹川村のものは、当納《とうのう》（当年納入の年貢高）と見出を刈高と貫高で併記している。上杉氏の検地は本符と見出の年貢高を記載していることと、田畠の品等を記さないところに特色がある。

検地帳は残っていないが、天正十八年には、上杉領だった庄内《しょうない》の北境《きたざかい》村（山形県酒田《さかた》市）と刈羽郡の八社神領で、天正二十年には佐渡でも検地が行われている。

文禄四年に上杉氏領内の越後・信濃で大規模な太閤検地が行われた。ところが、翌文禄五年と慶長二年にも越後のかなり広い地域で検地が行われている。この検地は、直江兼続の家臣の河村彦左衛門尉を検地奉行として実施したもので、「河村検地《かわむらけんち》」とよばれている。その記載形式は本符と見出を石高で記載している。

上杉氏の検地は大名権力の強化にもよるが、豊臣政権に従属する時期とも重なっている。上杉氏の検地実施の目的は、豊臣政権下でのあいつぐ動員にたえられる体制をつくりだすことにあった。上杉氏は検地により田方で多くの見出を得ているが、そのほかに、寺社領の削減、免田の削減、畠方への課税によって多くの見出を得ている。見出の増加によって得た増分を新恩地として家臣に給付する体制をとっている。豊臣秀吉から朝鮮出兵《ちょうせんしゅっぺい》の命令がだされた翌天正二十年に上杉景勝が斎木四郎兵衛尉《さいきしろべえのじょう》に思河《おもいがわ》（南魚沼市）の見出一四貫をあてがっているのは朝鮮出兵の動員にたえられるようにするためだった。

慶長二年の検地の結果を待って、同年十月から将士への加恩・知行地の再編成を行って、年貢賦課、軍《ぐん》役《やく》・普請役《ふしんやく》の動員体制の整備をはかっているから、ここにはじめて検地高が年貢賦課と知行制において実質をそなえ、機能することになる。また、この検地では、多数の屋敷地があらたに登録されている。これはこの時期に行われた朝鮮出兵・伏見城《ふしみじょう》普請であらわになった動員体制の弱さを克服しようとして、役負担百姓の増加をねらったものであろう。

検地では、耕地と耕作者を原則として村ごとに把握しようとしており、村切りによる村を単位とした支配体制が現出した。

中世の社会と宗教●

慶長二（一五九七）年の瀬波《せば》郡の郡絵図をみよう。岩船潟《いわふねがた》のほとりには、三日市《みっかいち》・八日市《ようかいち》・九日市《ここのかいち》といった地名がみえる。また、村上市の平林《ひらばやし》を本拠とする色部氏関係の史料には四日市《よっかいち》・五日市《いつかいち》の地名もみえる。

岩船潟には周辺の諸河川が流入しており、潟の北端が日本海につうじ、海と潟との接するところに成立したのが岩船港である。その岩船港を中心にほぼ一里四方の範囲に、三・五・八・九の四つの市場が存在していた。

九日市（村上市）の名は永仁四（一二九六）年の史料にみえ、鎌倉末期にはすでに三斎市《さんさいいち》が成立してい

❖コラム

越佐の金

慶長三（一五九八）年、豊臣秀吉《とよとみひでよし》のもとに全国から三万三九七八両あまりの金が集められた。そのうち上杉景勝《うえすぎかげかつ》領の越後《えちご》からは一万一二四四両あまり、佐渡《さど》からは七九九五両あまり、出羽庄内《でわしょうない》から九七八両あまりで、全体の約五九%を占めていた（大蔵省『大日本租税志』所収、慶長三年伏見蔵納目録）。この上杉領の金銀の産出はどこからのものなのだろうか。

山形県米沢《よねざわ》市の上杉家所蔵の慶長二年の瀬波《せば》郡絵図には「高根《たかね》金山　高根村より金山まで六十里」と記されている。高根（村上市）から高根金山のある鳴海山《なるみやま》まで六〇里というのは解せない。山道がきびしいので、一里を一〇里分とした新潟―福島県境の六十里越え、八十里越えと同様なのだろうか。高根金山の東の猿田《さるた》川の左岸には猿田金山が記され、また現在の村上市東部の山あいに「金山有」とある。北海道の本庄家《ほんじょうけ》に残る年次不明の岩船郡絵図には、瀬波郡絵図で「金山有」としたあたりに「本山金山」と記されている。

南魚沼《みなみうおぬま》郡南部の中ノ岳《なかのたけ》付近にも戦国時代の坑道址《こうどうあと》が残っている。文禄期（一五九二〜九六）には日出谷《ひでや》金山（東蒲原《ひがしかんばら》郡阿賀《あが》町）の採鉱も行われていたし、上杉景勝は越中松倉《まつくら》金山（富山県魚津《うおづ》市）の採掘も行っていたらしい。佐渡でも金銀山の開発を進めていたが、相川《あいかわ》の金山が開発される以前は、鶴子《つるし》鉱山（佐渡市）・新穂《にいぼ》鉱山（同市）・柿野浦《かきのうら》鉱山（同市）・西三川《にしみかわ》鉱山（同市）などからの産出が知られている。出羽庄内の鉱山がどこにあったかはあきらかでない。

市場地名一覧

荘　名	地　名	初見年代	典　　拠
小泉荘	三日市	貞和3(1347)年	色部史料集
〃	四日市	永正6(1509)年	〃
〃	五日市	永禄年間(1558〜70)	〃
〃	八日市	〃	〃
〃	九日市	永仁4(1296)年	〃
荒川保	一日市	観応2(1351)年	奥山荘史料集
奥山荘	七日市	建治3(1277)年	奥山荘絵図
〃	高野市	〃	〃
大槻荘	七日市	永徳2(1382)年	米良文書
古志郡	八日市	明応6(1497)年	上杉家文書
上田荘	六日市	永正11(1514)年	〃

小村弌『幕藩制成立史の基礎的研究』による。

たことが知られる。この史料では、九日市を小泉荘《こいずみのしょう》の領家《りょうけ》方と地頭《じとう》方が二分しているが、その東西の境を「東西中堺、町中通」と記しており、道路をはさんで町屋があったことをうかがわせる。

　鎌倉・南北朝・室町時代にみえる市場地名は上表のとおりである。『資料新潟県史』に「永正年間（一五一〇年頃）には（市場が）約一二〇ヶ所あったと記録されている」とある。たしかに県内には市日に由来する地名も多く、潟湖のほとり、川のほとりなどの舟運でにぎわったところが多い。

　永禄年間（一五五八〜七〇）に書かれた「色部氏年中行事」によれば、平林城主の色部氏の場合、その必需品は、城下の平林下町の市場と岩船町の五日市・横浜などから主として調達されたが、港町である岩船町の五日市からの調達度がはるかに多い。鯖《さば》・鰊《にしん》・昆布《こんぶ》・酒・素麺《そうめん》などの食品から、鉢《はち》・桶《おけ》・柄杓《ひしゃく》・炭取・盥《たらい》・扇《おうぎ》・帯《おび》・紐皮《ひもかわ》・紙・火箸《ひばし》などの諸道具まで多種多様である。これらの多くは地元で産出されるものであろうが、海をつうじて運ばれてきた他国産のものもあった。

弘治三（一五五七）年に一人の道心《どうしん》（仏教修行者）が佐渡を訪れ、沢根《さわね》（佐渡市）の長安寺《ちょうあんじ》に法華経一巻を埋納していった。経典をおさめた経筒《きょうづつ》には「下野国之住道心」と刻されていた。この道心は、法華経六六巻を各国の聖地といわれるところに一巻ずつ埋納していったのである。

また小比叡《こびえい》（佐渡市）の蓮華峰寺《れんげぶじ》の金堂内陣の嵌板《はめいた》には「同行六人　大和国西大寺より　長禄三天今月卅日」とあり、骨堂に「筑前一貫寺□□　讃岐房　同行二人　貞和四年八月□□」などの墨書がみられる。

こうした廻国《かいこく》の行者《ぎょうじゃ》は当時としては珍しいものではなかった。寺やお堂が信仰の対象であるとともに宿泊場所として使われていた。

永仁三年に鋳造された羽吉《はよし》（佐渡市）の正光寺の梵鐘（現在は佐渡市井内《いない》の神宮寺《じんぐうじ》にある）は、「銅匠　藤原守重」の作であるが、他所でつくられて船で運ばれてきたものか、銅匠が現地に赴いて作業にあたったものか、持ち運びのことを考えれば、現地で作られたと考えた方がよいだろう。

各地を遍歴していたのはこうした仏教修行者や職人だけではなかった。越後守護の上杉房定は文芸を好んだため、「善光寺紀行《ぜんこうじきこう》」や「北国紀行《ほっこくきこう》」の著者である常光院堯恵《じょうこういんぎょうえ》、「廻国雑記《かいこくざつき》」を書いた道興准后《どうこうじゅごう》、漢詩文集「梅花無尽蔵《ばいかむじんぞう》」を残した万里集九《ばんりしゅうく》、連歌師《れんがし》の宗祇《そうぎ》と宗長《そうちょう》の師弟、南禅寺《なんぜんじ》の永節存伯《えいせつぞんはく》、飛鳥井雅康《あすかいまさやす》などの都《みやこ》の文化人たちが戦乱をさけてあいついで越後府中《ふちゅう》（上越市）を訪れた。

中世には、主要な街道に多くの関所《せきしょ》が設けられ、関銭《せきせん》を徴収していた。明応三（一四九四）年に守護の上杉房定が定めた関銭は、人は一人三文、荷物は人がかつぐものは五文などとあるが、遍歴の芸能者、琵《び》琶法師《わほうし》など町や村を歩く盲人は通行自由とされた。

天文十八（一五四九）年に長尾景虎（上杉謙信）が定めた府中の大橋の場合でも、僧侶・遊人・盲人・非人などは橋銭を免除されていた。遊人・盲人は遍歴の芸能者である。非人のなかには年中行事や祭りなどで福を招き災厄をはらう芸能者もいた。僧侶・遊人・盲人・非人は、いずれも旅をすみかとする遍歴の人びとであった。

室町時代初期につくられた『神道集《しんとうしゅう》』では、越後一の宮は矢射子（弥彦）大明神、二の宮を両田《ふただ》（二田）大菩薩、三の宮を八海《はっかい》大明神だとし、八海大明神のもとの姿は薬師如来《やくしにょらい》だとしている。弥彦大明神のもとの姿は阿弥陀《あみだ》如来で、境内に神宮寺があった。両田大菩薩は大菩薩とはあるが、何菩薩を信仰対象とするかあきらかではない。しかし円満寺《えんまんじ》という社僧があったという。

このように中世における信仰は、神々の信仰と仏教が融合したもので、それぞれの神について特定の仏をそのもとの姿として定めることが盛んになった。また、神宮寺が神社の境内に建てられたり、社僧が神前で読経《どきょう》したりもした。人びとは、神々や薬師如来に現世《げんせ》の息災《そくさい》を、阿弥陀如来などの仏に来世の救いを求めたのである。

神々の信仰は地元のものだけではなく、日本海の海運により伝わった白山《はくさん》信仰、御師《おんし》という布教者が地方をまわり、信者を組織した伊勢《いせ》や熊野《くまの》の信仰があった。

仏教のなかでも平安時代に開創された天台《てんだい》宗・真言《しんごん》宗の二つは、現世利益《りやく》や極楽往生《ごくらくおうじょう》を祈るものであった。天台宗は、越後では、長岡市の安禅寺、佐渡では長安寺が中心であった。真言宗では、佐渡市の真《ま》野《の》の国分寺《こくぶんじ》、越後の燕市の国上寺《こくじょうじ》、胎内《たいない》市の乙宝寺《おっぽうじ》が古い由緒をもつ。

死後の世界での極楽往生をかなえてくれる阿弥陀信仰が盛んになったのは、平安時代末期以降である。

そのうち法然《ほうねん》を宗祖とする浄土宗《じょうど》は、府中を擁する頸城郡と、柏崎を中心とする刈羽郡に多く、佐渡では安国寺や常念寺《じょうねんじ》などが中心となっていた。

時宗《じ》の宗祖の一遍《いっぺん》のあとをついだ他阿《たあ》が永仁六年以来、いくどか越後で布教したこともあって、多くの信者がうまれた。「時衆過去帳」には、鎌倉時代の末期から戦国時代まで越後・佐渡の時宗の信者である時衆の往生人が約一三〇人（一説には一七四人）記載されている。一〇〇人を超えるのは越前（福井県）・相模（神奈川県）・近江《おうみ》（滋賀県）・越後の四カ国だけであるから、中世の越後は、全国的にみても時宗の盛んなところであった。

鎌倉時代の初め、浄土真宗の開祖の親鸞《しんらん》が、妻の恵信尼《えしんに》、子どもの信蓮房《しんれんぼう》たちとともに越後府中の近く

木造薬師如来坐像（佐渡市佐渡国分寺）

木造親鸞聖人坐像（長岡市西照寺）

で七年間の流刑の日々をすごした。建暦元（一二一一）年の十一月に許されても京都に帰らず、越後に約二年とどまったから、この間にいくらかの門弟や信者がうまれたと思われる。

越後の地に本願寺の教線がのびるのは、本願寺の八代法主《ほっす》の蓮如《れんにょ》が、越前国吉崎《よしざき》（福井県あわら市）に坊舎《ぼうしゃ》をかまえ、北陸地方を教化してからで、北陸地方の寺院が信者とともに越後に移ってくることも多くなり、しだいに本願寺門徒が増加してきた。

日蓮《にちれん》が佐渡に流されていたのは、文永八（一二七一）年十月から同十一年三月までの二年五カ月間であった。この間に、「開目鈔《かいもくしょう》」「観心本尊鈔《かんしんほんぞんしょう》」の大著を執筆している。日蓮の身近かにいて信者となったものもいるが、まだ教団とよべるような組織はうまれなかった。日蓮の直弟子が開創したと伝える佐渡市阿《あ》仏坊《ぶつぼう》の妙宣寺《みょうせんじ》や同市竹田《たけだ》の世尊寺《せそんじ》、同市市野沢《いちのさわ》の妙照寺《みょうしょうじ》もあるが、寺の歴代が不明で、具体的な中世の動きはわからない。

京都の妙覚寺《みょうがくじ》の日典《にちてん》が、天正十八（一五九〇）年、祖師の日蓮の配流地を訪ねて、その苦難を追体験し、偉業をしのぼうと佐渡へわたり、佐渡市市野沢の遺跡に実相寺《じっそうじ》を開創した。

このほか同市中原《なかはら》の妙経寺《みょうきょうじ》を中心に布教した鎌倉の妙本寺《みょうほんじ》の日現《にちげん》、同市後山《うしろやま》の本光寺《ほんこうじ》を開いた京都の本国寺《ほんごくじ》の日鎮《にっちん》などがでて、江戸時代初期に急増する佐渡の日蓮宗発展の基礎をつくった。

越後の日蓮宗は、長岡市村田《むらた》の妙法寺《みょうほうじ》と三条市の本成寺《ほんじょうじ》がその中心であった。

越佐《えっさ》の禅宗教団は、まず鎌倉時代に臨済《りんざい》宗の扶植によって成立し、南北朝《なんぼくちょう》・室町時代に曹洞《そうとう》宗の進出によって形成された。臨済宗は途中で曹洞宗に改宗した寺院が多い。

曹洞宗では、とくに能登（石川県）の総持寺《そうじじ》の門流の動きが活発で、室町時代初期の応永元（一三九四）

❖コラム

越後の神

戦国の世を生きた武士のあいだでは、しばしば神仏に誓って約束を違えないと記した起請文《きしょうもん》(誓約書)をかわしている。

中世越後《えちご》の人びとは自分の言動を誓約するとき、どのような神々の名をあげているだろうか。たとえば上杉景勝《うえすぎかげかつ》の起請文では、誓約する事項をあげたあと、「此の旨を偽《いつわ》るにおいては、上ニ梵《ぼん》天《てん》・帝釈《たいしゃく》・四大天王《しだいてんのう》、下ニは堅牢地神《けんろうじしん》、惣《そう》じては日本六十余州の大小神祇《じんぎ》、日光《にっこう》・月光《がっこう》・愛宕大《あたごだい》権現《ごんげん》・飯縄大明神《いいづなだいみょうじん》、殊《こと》には当国の鎮守関山三所《ちんじゅせきやまさんしょ》権現、蔵王《ざおう》権現、弥彦《やひこ》、二田《ふただ》大菩薩」をあげて、その「御罰を蒙むるべき者也」と結んでいる。

天文二十四(一五五五)年の本庄《ほんじょう》宗緩・直江実綱《なおえさねつな》・大熊朝秀《おおくまともひで》の連署《れんしょ》起請文では、「当国鎮守」として居多《こた》大明神・弥彦大明神・二田菩薩・蔵王権現・関山権現・府中六所《ふちゅうろくしょ》の神々を、享禄四(一五三一)年の山吉政久《やまよしまさひさ》起請文では、居多大明神・弥彦・二田・関・国上《くがみ》大権現をあげている。

これらの神々はいわば越後一国の神として信仰されたが、一方、人びとの居住する荘《しょう》・郷《ごう》には地域の神がある。岩船《いわふね》郡の小泉《こいずみ》荘に本拠をおく国人は、今の村上《むらかみ》市の岩船神社にあたる貴船《きふね》大明神、東にあおぎみる鷲巣《わしがす》山頂の鷲巣権現やこの地にくだった皇子雲上公《うんじょうこう》の伝説で知られる河内《かわうち》大明神をあげ、守門岳《すもんだけ》の北麓の栃尾《とちお》城をまもる武士たちは守門大明神をあげている。

年に傑堂能勝《けつどうのうしょう》が村上市門前の耕雲寺《こううんじ》を開いた。傑堂には、顕窓慶字《けんそうけいじ》・南英謙宗《なんえいけんじゅう》・虚廓長清《きょかくちょうせい》の三人の弟子がいた。顕窓慶字は同二十七年に南魚沼市雲洞《うんとう》の雲洞庵を真言宗から曹洞宗に改宗し、文安三（一四四六）年に南英謙宗は新潟市西蒲区石瀬《いしぜ》に種月寺《しゅげつじ》を開いた。顕窓慶字が五泉《ごせん》市滝谷《たきや》に慈光寺《じこうじ》を開いたのは応永十年のことで、傑堂能勝を開山に勧請した。傑堂とその弟子たちによって開創されたこの四カ寺は「越後四箇《しか》の道場」とよばれ、越後の曹洞宗の中心となった。

種月寺系が佐渡に進出して発展した。佐渡市の羽茂本郷《はもちほんごう》の大蓮寺《だいれんじ》は、種月寺の三世が開山となり、同市中原の本田寺《ほんでんじ》も種月寺の六世が開山となっている。

5章

小藩分立

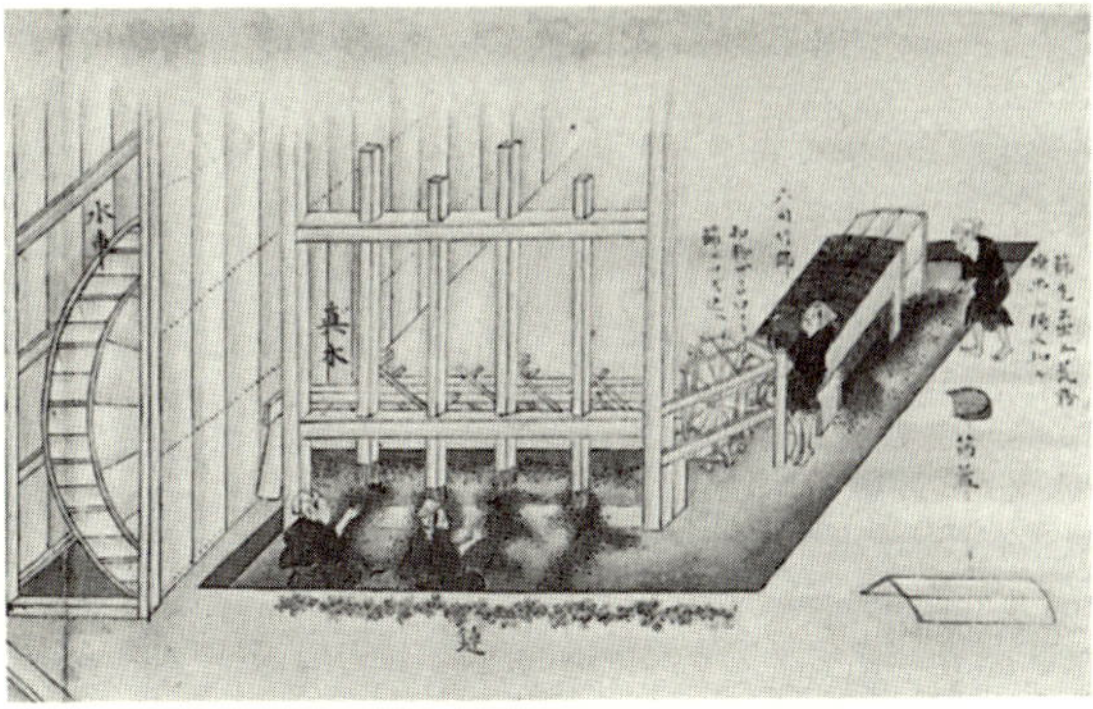

西洋型水車による鏈粉砕(『佐渡鉱山金銀採製全図』)

1　越後騒動

堀氏と越後一揆●

多くの地域で大名《だいみょう》が自領の統一をはかった時期に越後《えちご》は上杉《うえすぎ》領国解体の時代を迎えていた。慶長三（一五九八）年正月、豊臣秀吉《とよとみひでよし》は上杉景勝《かげかつ》を越後（三九万石）から会津《あいづ》（一二〇万石）に移封し、越前北庄《えちぜんきたのしょう》から直臣堀秀治《じきしんほりひではる》（一八万石）を越後（四五万石）に移した。秀吉が没したこの年、越後の年貢処理をめぐって堀氏と上杉氏の対立が深まるが、この間堀秀治は問題を有利に解決するため徳川家康《とくがわいえやす》に接近していった。

やがて慶長五年、関ヶ原《せきがはら》合戦を機に越後では騒乱がおきた。上杉勢は会津から六十里越え、八十里越え、津川口の三方から越後に侵入し、堀氏の統制に不満をもつ土豪《どごう》・百姓・町人勢力と合流して、堀之内の下《した》倉《くら》城や三条《さんじょう》城を攻めた。上杉遺民一揆《うえすぎいみんいっき》である。一揆は坂戸《さかど》城主堀直寄《ほりなおより》や三条城将堀直次《なおつぐ》・蔵王堂《ざおうどう》城主堀親良《ちかよし》らの固い結束と、関ヶ原の合戦による家康方の勝利があきらかとなるにおよんで上杉軍は敗走し終息にむかった。この騒乱の結果、魚沼《うおぬま》や三条付近など、激戦地となった地域からは一揆に加わった多数の百姓・町人が会津に逃亡し、村は荒廃したらしく、慶長九年、坂戸城主堀直寄は米の貸与と諸役を五カ年間免除することとして百姓の召返しを村肝煎《むらきもいり》に命じている。

堀秀治が慶長十一年に没し忠俊《ただとし》（一一歳）が跡をつぐと、治政の実権をにぎった堀直政《なおまさ》（家老《かろう》で三条城主）の主導で秀治の願望であった福島《ふくしま》（上越《じょうえつ》市直江津《なおえつ》地区）に築城し、春日山《かすがやま》から福島城に移って海陸の実権を掌握しようとした。慶長十三年、堀直政が没し嫡子直次が家老職につくと、直次と直寄の対立が表面化し

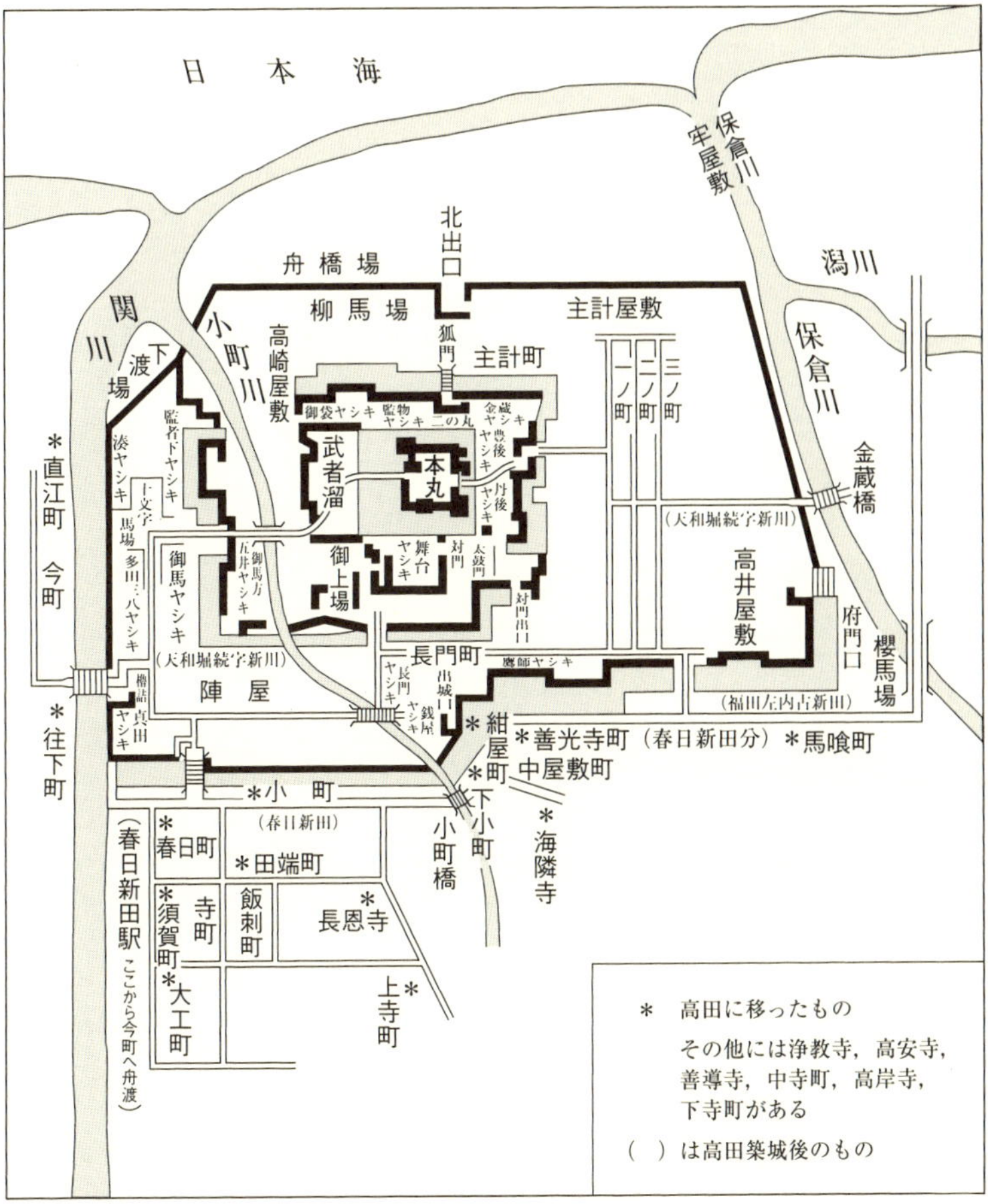

福島古城(『直江津町史』による)

た。直寄は、領内で浄土《じょうど》・法華《ほっけ》両宗が争ったとき、直次が浄土僧を殺したことを駿府《すんぷ》の家康に訴えた。その結果、訴訟にやぶれた直次は三条城五万石を没収され、主君福島城主忠俊も家中不取り締まりを理由に領地を没収された。直寄も坂戸二万石の領地を没収されたが、やがて家康の直臣として駿府へ召しだされ、慶長十五年には信濃飯山《しなのいいやま》に四万石をあたえられた。背後に佐渡《さど》金銀山と駿府を陸路で結ぼうとする大久保《おおくぼ》長安《ながやす》の意図が感じられる。堀氏改易《かいえき》によって豊臣氏大名堀一門による越後の支配体制は崩壊した。

松平忠輝の改易と小藩分立●

慶長十五(一六一〇)年、家康は六男の忠輝《ただてる》(信州松代《まつしろ》城主)を福島に移封し、家康の代官頭大久保長安が付け家老として政務に加わった。村上《むらかみ》城の村上氏、新発田《しばた》城の溝口《みぞぐち》氏は与力《よりき》として忠輝を助け、ここに徳川一門の越後配置が完成した。忠輝時代の越後を考える場合、家康の全国支配との関連をみすごしてはならないだろう。その第一は高田《たかだ》築城である。忠輝治政の初め慶長十五年から十六年にかけて、北国《ほっこく》街道・三国《みくに》街道・北陸道《ほくりくどう》の宿駅《しゅくえき》に伝馬宿《てんまやど》に関する法令がだされ、十九年には交通の要衝高田に高田城をきずいて福島城から移転した。築城にさいして、幕府は忠輝の舅《しゅうと》伊達政宗《だてまさむね》を総裁に近隣大名に普請《ふしん》を命じた。

忠輝は大坂冬の陣には江戸留守居《るすい》を、翌元和元(一六一五)年の夏の陣には家老衆を率いて出陣したが、同年八月家康の勘当《かんどう》をうけ、翌二年七月には秀忠《ひでただ》により所領を没収され伊勢《いせ》国朝熊《あさま》に流され、その後飛騨《ひだ》高山《たかやま》・信濃高島《しなのたかしま》に移され九〇余歳の生涯をそこで閉じた。改易の理由は直接には大坂出陣の途次近江守山《おうみもりやま》で秀忠の家臣を殺害したこと、大坂夏の陣の遅参とされているが、その背景を考えるとき、慶長十四年朱座《しゅざ》(水銀の独占販売機関)設置以後、急速に冷却した家康と長安の関係に思い至る。慶長十八年、長安の死を契機に保守派本多《ほんだ》派の台頭のなかで対外問題で積極的であった大久保忠隣《ただちか》派が没落したのと開明的思想の持主忠輝の改易は連動する。元和二年十月二十五日付の平戸《ひらど》イギリス商館長コックスの日記に「上総《かずさ》様（忠輝）の家僕予《よ》の許《もと》に来りて、果実《くだもの》を贈り、且つ次の如く語りぬ（主人よりの伝言ありてと）彼はその兄なる皇帝（秀忠）の怒りに触れたるが故、予のために何もなすこと能《あた》わざるを遺憾とす。されども今後事情異るに至らば、彼は今日なし能《あた》わざることをなすべし」と記されている。

しかし、その約束はついに実行されるところがなかった。忠輝改易のあと忠輝の遺領は六大名と一旗本に分与された。高田一〇万石に上州《じょうしゅう》高崎《たかさき》城主酒井家次《さかいいえつぐ》、長岡《ながおか》八万石に飯山城主堀直寄を、頸城《くびき》長峰《ながみね》五万石に上州大胡《おおご》城主牧野忠成《まきのただしげ》を、刈羽《かりわ》藤井《ふじい》二万石に伊勢崎《いせざき》城主稲垣重綱《いながきしげつな》を移すなど、関東から譜代《ふだい》大名の転《てん》封《ぽう》があいつぎ豊臣秀吉配置の大名は新発田の溝口氏のみ、また徳川一門の大名も排除され、越後は譜代および譜代に準ずる大名に分割されることになった。

松平忠輝肖像

高田藩には忠輝改易ののち譜代大名酒井氏が入部したが、元和四年には信濃松代から松平忠昌《まつだいらただまさ》がはいった。寛永元（一六二四）年忠昌が越前北庄に移ると、寛永十一年越前宰相《さいしょう》松平忠直《ただなお》の子松平光長《みつなが》が高田（二六万石余）に入封した。光長は数人の郡《こおり》奉行を、その下に代官《だいかん》をおいた。彼らが中心になって用水の整備・新田開発が進められた。新田開発に対して開発地の一〇分の一をあたえるという制度によって寛永年間（一六二四～四四）には大瀁《おおぶけ》新田が開かれた。また、城下の町人に地子《じし》銭《せん》を免除した結果、高田城下はおおいに繁栄し、領民に松平中将様時代とことほがれたが、反面藩庫からの出費も多く、さらに寛文五（一六六五）年の高田大地震の復興費用とも重なって、藩財政は窮迫した。

こうした状況のもと、家老小栗《おぐり》美作《みまさか》と次席家老荻田《おぎた》主馬《しゅめ》とが施策のあり方をめぐって激しく対立した。これが越後《えちご》騒動《そうどう》である。事件は五代将軍綱吉《つなよし》の裁定で小栗美作父子は切腹、荻田は八丈島《はちじょうじま》に流罪となり、光長も改易となった。一般にこの改易は将軍綱吉による徳川一門に対する抑圧政策の現れだと考えられている。光長改易の翌年天和二（一六八二）年、全領にわたって実施された検地《けんち》は天和《てんな》検地とよばれ、この検地を機に多くの名子《なご》百姓が名請人として登録され、納税者となった。ここに近世的農民支配の基礎がととのった。検地では屋敷の周囲一間《いっけん》通りを免除地とする四壁《しいき》引きが行われた。

長岡城主堀直竒が元和四年に村上へ移されたあと、長峰城主牧野忠成が長岡にはいって六万石を領知し、さらに同六年栃尾《とちお》郷一万石を加増された。寛永十一年、牧野忠成は次男武成《たけしげ》に一万石、三男定成《さだしげ》に六〇〇〇石をあたえて、それぞれ与板《よいた》藩、三根山《みねやま》藩を立てた。長岡藩では正保から慶安にかけて検地を実施した。町方については新潟町を支配した堀直竒は船役・商人役などの諸役を免除して町の繁栄をはかった。また承応三（一六五四）年には新しい町割をつくって新新潟町をつくり、延宝四（一六七六）年には、代官を改めて町奉行とした。そのころ新潟は二五〇〇軒を数える港町となっていた。

越後では元和四年、最後の豊臣大名村上忠勝《むらかみただかつ》が改易され、長岡藩主堀直寄が一〇万石の大名として村上にはいり、村上城を修築した。しかし寛永十九年後継ぎがなく除封され、正保元（一六四四）年、本多《ほんだ》忠《ただ》義《よし》が藩主となった。越後諸大名はこうして激しい転封を繰り返し、その過程で地方《じかた》知行《ちぎょう》制から蔵米《くらまい》知行制をとるようになり、武士はしだいに行政官僚となっていったのである。

天和二年、松平忠輝改易後、幕領が各地に成立した。出雲崎陣屋《いずもざきじんや》は越後幕領を代表するものであるが、それは佐渡金銀山への人と金銀の渡海場と米や資材の積出港を管理することを任務として設定された。糸魚川《いといがわ》陣屋は加賀《かが》藩を意識して軍事的な意味をもって設定された。このようにして元禄のころには、越後の幕領は三〇万石に達している。

村と百姓

上杉氏の時代には越後・佐渡の村々には中使《ちゅうじ》がおかれ、中使が年貢・諸役を徴収した。中使は戦国期以来の村の土豪（親方）の系譜をもつ人たちであった。中使には「中使免田」が認められ、人足役《にんそくやく》の免除・軽減が行われたが、それは「軍役」のための給付を引きついだものであった。堀秀治の時代には各地に数十カ村をまとめる組をつくり肝煎《きもいり》をおいた。六日町《むいかまち》や塩沢《しおざわ》に配置された大肝煎井口《いぐち》氏は代官的商人で課役徴収額の一割を得分として年貢徴収・新田開発などに従事していた。新発田藩では役地をあたえて肝煎を転勤させている。一国全体が金銀山御囲村《おかこいむら》とされた佐渡では、村中使が永代名主《えいたいなぬし》として村を支配したが、元禄検地《げんろくけんち》によって経営耕地のせまい小百姓が多数成立すると役を面割《つらわり》から石高《こくだか》割にせよ、とする村方《むらかた》騒動（正徳期）を経て永代名主のほとんどは姿を消し、百姓互選による名主が一般化した。越後では慶長三（一五九八）年、堀秀治が入国するとただちに村に検地指出《さしだ》しを求めた。秀吉が越後の石高を一割五分増しの四五万石としてあたえたから、それに見合う新田畑を打ちださなければならなかったのである。

越後はその後大開発時代を迎えるが、天和元（一六八一）年に松平光長が改易されると、翌二年、幕府は全領に検地を実施した。この検地で越後ははじめて一反三〇〇歩制となり、苧畑・漆畑・茶畑などもすべて検地、課役の対象となった。多くの名子が名請百姓として検地帳にのり名請人の急増をみることになる。佐渡では慶長五年、上杉氏代官河村彦左衛門《かわむらひこざえもん》が水田のみの指出検地を実施し一〇〇刈に京枡《きょうます》八斗四升の年貢をかけた。ついで元和三年屋敷検地を行った。屋敷検地は現に屋敷に住むものを登録させたため、慶長五年検地の名請人と屋敷検地帳の屋敷持百姓は一致しない。元禄四（一六九一）年五月、新任の奉行荻原重秀《おぎわらしげひで》は、すべての実耕作者に田と畑の指出しをさせた。その結果、年貢は一挙に倍増し二万石余から四万石余となった。慶長の指出しが実態とはかけはなれたものだったのである。指出しを基礎に元禄六年の検地が実施されると名請人数は四、五倍に、石高は二倍に急増し、中世以来の村の秩序は変質した。元禄期をさかいに高の少ない農民たちは課役の軒割に反対し、持高による賦課を求め、各地で村方騒動が頻発したが、これを機に佐渡では総百姓寄合による村運営が行われるようになった。

2　忽然とうまれた五万人の鉱山町

金銀山と佐渡奉行●

坑道《こうどう》掘《ぼ》りという新技術によって相川《あいかわ》に金銀山がうまれたのは文禄四（一五九五）年のことである。家康は慶長六（一六〇一）年、佐渡を幕領とし敦賀《つるが》の豪商代官田《た》中清六《なかせいろく》を代官として佐渡に送った。清六はそれまでの一山請負による運上《うんじょう》請負制を停止し間歩《まぶ》ごとに短期間の運上額を入札によって決め、稼がせるという新しい経営法をとった。こうした方法が採用できたのは坑道掘り（間歩）によって作業場が増加したからである。鉱山は広く山師《やまし》に解放され、その結果、慶長七年の家康への銀運上額は一万貫に達した。佐渡金銀山は世界的な鉱山となった。慶長十七年の記録に「そのころ、佐渡の国に金山《かなやま》繁昌して、京、江戸にも御座なきほどの遊山見物遊女など充満す。国々より来る金《かな》ほり、町人等かようの遊興にふけり、もとでを失ひ候て、ことごとくうかれ国元へ帰る事なき者数を知らず。身持よくして帰るは十人に一人なり」とある。島全体の百姓四万人の年貢額が銀五〇〇貫のとき相川から駿府に送られた銀が一万貫であることをみれば、その生産額の大きさは想像を超える。

　慶長八年、家康の代官頭大久保長安が佐渡の国奉行になると、翌九年、長安は同勢一〇〇人を連れて島にわたった。

相川鉱山（道遊《どうゆう》の割戸《われと》）

佐州山出銀江戸上納高

年次	銀灰吹銀
	貫余
慶長18(1613)年	1,819
19(1614)年	1,659
元和元(1615)年	2,578
2(1616)年	815
3(1617)年	2,098
4(1618)年	3,085
5(1619)年	2,903
6(1620)年	3,741
7(1621)年	6,230
8(1622)年	5,491
9(1623)年	6,000

長安は相川に港をつくらせ、港をのぞむ台地の先端に広大な陣屋をつくらせ、陣屋から銀山に直線道路をつけ、その両側に京《きょう》町・味噌屋《みそや》町・八百屋《やおや》町・米屋《こめや》町・四十物《あいもの》町などの町人の町をおき、鉱山の近くには諸国からきた山師・買石《かいいし》(精錬業者)が町立てをした。海岸には板《いた》町・炭屋《すみや》町・材木《ざいもく》町など資材をあつかう商人たちの店が軒を連ねた。こうして人口四、五万人をようする江戸時代日本最大の鉱山町相川が成立した。長安は盛んにイスパニア・ポルトガル商人と交易し、生糸・陶器など外国の産物がわが国にもたらされたが、同時に新文明の到来にも注目する必要がある。相川に慶長十一年のころ水銀精錬所が設けられた。慶長十四年家康がヨーロッパ人とのあいだの水銀自由取引の停止を命ずるまで相川で鉛灰吹法《なまりはいふきほう》と並行して水銀アマルガム精錬が行われたのであった。また長安は銀山で必要とする炭・鑚《たがね》などの資材を公給して山師の掘りだした鉱石を荷分けするという画期的な新経営法をとりいれて経営技術の革新をはかった。

慶長十八年、長安が没してのち金銀山は家康に収公され、元和三(一六一七)年、旗本《はたもと》鎮目《しずめ》市左衛門《いちざえもん》・竹村《たけむら》九郎右衛門《くろうえもん》が佐渡奉行となり、交替で島に常駐した。

元和期から寛永期にかけて金銀山は未曾有の繁栄期を迎えた。わが国の銀輸出額は一時世界銀産額の二五%にもおよんだといわれる。そのころ相川に味方孫太夫《みかたまごだゆう》（但馬《たじま》）という大山師がいた。元和八年、味方は坑道の水を抜くために二〇〇メートルの水貫を掘り、自分の持ち金一万五〇〇〇両を投入している。味方はその富で相川に氏寺瑞仙寺《ずいせんじ》を建立し、さらに大野に法華宗の本山根本寺《こんぽんじ》、一谷《いちのさわ》（佐渡市）の日蓮配処妙照寺《みょうしょうじ》建立に力を貸している。こうした繁栄の基礎に技術の革新があった。坑内にたまった水を抜くためにスポイト（スポン樋）、アルキメデスポンプ（水《すい》上輪《しょうりん》）、排水坑道（疎水）の装置をつくるために技術者が招かれた。戸地《とじ》川には鉱石砕鉱のために西洋型水車が設置された。奉行鎮目市左衛門は算勘にたけた人として知られるが、彼の発想と味方但馬の科学的精神がこの繁栄をつくりだした。しかし寛永十一（一六三四）年、同十三年の大洪水で坑道の多くは水没し、それをきっかけに鉱山は没落した。やがて元禄期、佐渡奉行となった荻原重秀《おぎわらしげひで》は佐渡金銀山再生のために二二五万両の巨費を投じて相川の海岸から

アルキメデスポンプをつくる職人

延長九〇〇メートルにおよぶ大水貫（南沢大水貫）を掘った。この工事の完成によって金銀山はふたたび活況を呈することになる。彼の時代を荻原近江守様《おうみのかみさま》時代と島人がよぶ一つの理由であった。

鉱山町相川●

相川町は慶長五（一六〇〇）年羽田《はねだ》村から分離して独立した。『佐渡国略記《さどのくにりゃっき》』によると元和年間（一六一五～二四）のかまど数が五〇〇〇とある。鉱夫長屋も一かまどと計算されるから、四、五万人をもつ鉱山町が二〇年ほどのあいだに形成されたことになる。町に住む人びとはすべて他国から集まった人びとであり、奉行や地役人のあいだに強い身分関係がないという点で城下町《じょうかまち》とは異質の新しい町であった。元和五（一六一九）年の「町掟《まちおきて》」をみると、山衆のあいだでおきた争いごとは組の年寄衆《としよりしゅう》があつかうこと、町人の争いは問屋年寄衆があつかうこと、が決められている。町立ては慶長八年と寛永六（一六二九）年に行われたが、慶長の町立ては米屋町・炭屋町・紙屋町・市町など必要物資をあつかう商人を集住させて商人町をつくっている。彼らに物資調達をまかせたのである。しかし寛永期の町割では一丁目、二丁目というふうに雑多で新しい町人町ができた。慶長期相川の港には五カ所の番所《ばんしょ》を設け陸揚げされた商品から一〇分の一の色役《いろやく》（現物役）をとり、陣屋によってせりにかけられた。

鉱山町の特色の第一は町が生産者で構成される点にある。寛永二十年、相川にはねこ流し（斜めにした樋に布を敷き、泥状にした鉱石を水で流し、下に敷いた布に金銀をすいとる）二二五台、石磨《いしうす》（鉱石を砂状にする石臼）一三〇台、板取（ゆり板で比重選鉱する）二五二枚、大庄屋五軒、小庄屋一三軒、吹分床九軒、歩《ぶ》替店《がえだな》三五軒、鍛冶屋《かじや》七軒の存在が確認できる。その第二は巨大な消費都市が出現した点である。消費の第一は鉄・炭・木材・油・鉛・塩などの生産資材である。つぎに生活物資である四～五万石におよぶ移入米、

❖コラム

川路聖謨のみた相川

十九世紀の初め川路聖謨《かわじとしあきら》が奉行《ぶぎょう》として佐渡《さど》にきた。一年たらずの期間だったが、聖謨は江戸の母に日々のようすを書き送った。九月二十日は相川《あいかわ》の善知鳥《うとう》神社の祭礼である。その昔大久保長安《おおくぼながやす》によってたてられたこのやしろは鉱山の盛衰と運命をともにしてきた。社の祭礼について、川路はつぎのように記録する。

「一体、相川はいにしえ金銀一年に二、三十万（両）宛も出し頃は、ことににぎわいし都会にて、ことかくものもなく人多くうつり住みけるが、金銀山の衰うにつれて町も衰え、寛政の頃はおもかげばかりになりし」。「此の祭りをもて、此の土地をみるに、民は上《かみ》の赤子《せきし》なれば、則ち某が兄弟か、或は乳母か預りし子の類なるべし。然るに衰え極まりて、おごりもならぬこととは成りしなるべし。しかおもえば、いともあわれにて、袖ぬるるおもいぞかし」。

金銀山で栄えた国は金銀山とかかわり続けて衰えていったのである。

金銀山の衰えは佐渡に住む人びとの気持ちにも影響をあたえた。水戸《みと》の藤田東湖《ふじたとうこ》がその著「見聞《けんぶん》随筆《ずいひつ》」のなかに川路から聞き書きとして、つぎのように記している。

佐渡は、「街衢《がいく》の繁華・商賈《こ》の狡猾《こうかつ》、ことごとく江戸の雛形《ひながた》にて、江戸の外《ほか》に佐渡にまさる国なしと人々自負し、人物皆鼻の先の利口にて、少しも寛裕の気象なし。其の仲間にて見るときは、人物、気質の相異もあるべけれども、内地の人これを見れば、一様にみゆるなり」。「海外異朝の人より日本の人を見る時は、恐らく我れ佐渡人を見るが如くならん」と。

五〇〇〇戸の家を建てるための材木、生活のための薪《まき》・塩・紙燭（ろうそく）、食料としての四十物・菓子・衣類、どれをとってみても、北陸一円の流通・生産構造に大きな影響をあたえるものであった。相川には大きな遊女町ができた。元和のころ、相川には遊女屋が三〇軒余もでき、それぞれが三〇～四〇人の遊女をかかえたため、総人数は一二〇〇人にものぼり、太夫の花代は五匁であったという（『佐渡国略記』）。

　相川に集住した四～五万人の人びとはどこからやってきたのであろうか。役人についてみると、上杉景勝時代には越後と甲州、慶長期の長安時代には甲州・石州・武州、元和期の鎮目時代には甲州・越後・大和《やまと》が圧倒的に多く、没落した大名の家臣で牢人となったものの再就職者であった。鉱山経営者、山師は多田《ただ》や石見《いわみ》銀山出身者が多く、味方但馬のように佐渡で五七カ所の銀山をとりたてると同時に多田銀山・南部《なんぶ》銀山・伊勢《いせ》銀山を並行稼業するものもいた。鉱山の金穿り大工についても山師について島にわたったものが多くあるほか、能登・越中・越後など近国から鉱山稼ぎに来国したものが多いことは、「さんせう太夫」の話や加賀・越後大名のだした百姓渡海の禁令によって知ることができる。

　かつて戦国時代にあって領国の中心は大名の城下で、そこに領内産物をつかさどる市場商人たちが集住した。そして伊勢商人など大名から特権をあたえられた他国商人が活動した。上杉氏時代に活躍した伊勢御師《おし》蔵田《くらた》五郎左衛門《ごろうざえもん》はその例である。しかし相川の場合は諸国から集まった人たちが自由に町をつくったのである。それが近世的な町の姿である。

　金銀山で働いた人たち（金穿り）の収入について述べた記録は決して多くない。慶長・元和のころ、金穿りたちの収入は一日に銀一匁＝米五升としたものがある。また幕末になってのことであるが、奉行川路《かわじ》聖謨《としあきら》の『島根のすさみ』（天保十一〈一八四〇〉年）に「大工の手間あまりに安し、よって民蔵（下僕）を以てとくとたずねしに、飯料ともに一人一二四文、中以下は飯料ともに八〇文の由、囲い女に一日一朱位の者は最上なりと思うべし。佐渡は至極日傭の下値なる所にて、銀山に弁当は彼の方より持ち参りて二八文位の日傭あり。それが内にも山中へ参り穴へ入り金銀を掘り候山大工という者は一日に四〇〇文も五〇〇文も取り候由」とある。当時百姓の田打日当は男手一日一〇〇文ほどであった。

3 池を干拓してうまれた村一〇〇カ村

大潟新田●

越後には大きな川が多い。三面《みおもて》川・荒《あら》川・胎内《たいない》川・阿賀野《あがの》川・信濃《しなの》川・鯖石《さばいし》川・保倉《ほくら》川・関《せき》川などである。それらの川は海岸にできた砂丘のために水はけが悪く、とくに砂丘の裏側は潟や湿地におおわれていた。また洪水のため河川の流域には野が多く、部分的には開発地もみられたが全体としては十七世紀を迎えるまで「野谷地《のやち》」として開発の対象とはされなかった。しかし十六世紀の末、戦国時代に城下町の形成による米需要、戦争による兵糧米《ひょうりょうまい》需要の増大、鉱山町の形成を契機に商品としての米生産に目がむけられるようになると、「野谷地」の開発が日程にのぼされるようになった。慶長初期の佐渡金銀山の成立はその動きにはずみをつけた。慶長九（一六〇四）年の『佐渡年代記《さどねんだいき》』の記事に「米価高くして三斗五升入の米一俵の代銀五五匁程に及びしと云う」とある。佐渡では米不足のため、能州、越後、出羽酒田《でわさかた》から、果ては津軽《つがる》に米買いの役人を派遣した。このような時期、もっともはやくこの事態に対応したのは高田藩であった。当時潟町《かたまち》砂丘と保倉川にはさまれて大潟という広大な湿地が広がっていた。この開発に目をつけたのが高田の御用商人宮嶋作右衛門《みやじまさくえもん》であった。寛永十四（一六三七）年に新田開発願書が高田藩に対してだされたが、そこには⑴新田の用水は保倉川から取りいれるが普請人足の費用は私どもが負担する、⑵用水江筋の村には費用負担をかけない、⑶万一不成功におわったときは普請のため潰地となった田地の年貢は納付する、というものであった。開発請願者は宮嶋のほか神戸三郎左衛門《かんべさぶろうざえもん》・茂田七右衛門《しげたしちえもん》・平石彦左衛門《ひらいしひこざえもん》である。彼らはいずれも上州からやってきた牢人たちである。開発は湿地の水を北方の鵜ノ池《うのいけ》・蜘ケ池《くもがいけ》に排水し干拓するというもので、用水は保倉川の水を引いた。開発のために上州・信州・越中から百姓が招かれ、寛永十四年から正保元（一六四四）年までかかり、石高七五七五石、四〇カ村の村ができた。この事業の成功で新田請負人には開発面積の一〇分の一、七五七石の田地があたえられた。

ついで正保三年から明暦三（一六五七）年にかけて中谷地《なかやち》新田（四〇三六石、村数三六カ村）ができ、寛文元（一六六一）年から延宝六（一六七八）年までかかって大潟《おおがた》新田（石高四八四四石、村数二四カ村）ができた。これらを合計すると石高一万六四五〇石余、村一〇〇カ村がうまれたことになる。近世初期、わが国最大の開田事業の一つといえよう。

こうした事業推進の原動力に藩主松平光長《まつだいらみつなが》（将軍秀忠の孫）のもとで藩政を担当した家老小栗正高《おぐりまさたか》、その子美作がある。寛文五年、高田は大地震に見舞われ光長のブレーン小栗正高・荻田隼人《おぎたはやと》が家屋の下敷きとなり圧死した。そのあとをついだ小栗美作は幕府から五万両を借りいれて、城下の復興につとめるとともに積極的な産業開発に手をさしのべた。直江津港を改修し、関川を改修して板倉までの舟の航行を可能にした。寛文十二年、頸城《くびき》郡内一二人の大肝煎が中江《なかえ》用水の開発の助成を願いでると、美作は二万数千両の金をだして用水を完成させ、その水は一〇〇余カ村の水田をうるおした。美作は同年みずから水源地野《の》尻《じり》湖を見分《けんぶん》するとともに延宝二年には江戸から河村瑞賢《かわむらずいけん》を招聘《しょうへい》して、開発意見を求めるという積極ぶりであった。藩が年貢米販売で得た金を田地開発のために用いるということは異例といわなければならない。高田の人びとがこの時代を光長様時代とよんで光長を敬慕するのは、領民がその治政を肌で感じたからである。しかし延宝七年、藩内では積極派と保守派のあいだで藩政のありようをめぐって抗争がおき、翌年綱吉が将軍職をつぐと、延宝九年両者の対決の結果、綱吉は美作父子に切腹を命じたのを始め両派ことごとくを処分し、藩主光長も改易された。

各地にうまれた特産物●

江戸時代は、村が自給自足の経済から解放されて商品生産社会に移った時代であるが、それはまず海外貿易による交易銀需要の高まりとしてあらわれた。県内には鉱山が多く、それが戦国期いっせいに開発された。天文期に開発をみた佐渡鶴子《つるし》銀山、上田五十沢《うえだいかざわ》銀山、北越後の高根《たかね》金山・ぶどう金山などが知られる。鶴子銀山をもった佐渡の河原田本間《ほんま》氏、上田銀山を領有した上田長尾《ながお》氏、高根金山をもった北越後の鮎川《あゆかわ》氏、ぶどう金山を支配した本庄《ほんじょう》氏などが力をふるい、それが越後の戦国動乱の引き金になった。しかし江戸時代の初めには鉱山の多くは減産に追い込まれ、それにかわって相川金銀山、川村瑞賢によって開発をみた魚沼白峯《しらみね》銀山、村上の鉛山、蒲原《かんばら》の下田《しただ》鉛山などが活況を呈した。

戦国期から江戸時代初期に栄えたものに塩の生産がある。人口四～五万人をようする相川の消費、鉱山で使用する資材としての塩は莫大なものであったし、さらに信州や会津の塩需要も大きかった。越後にあっては堀氏が出雲崎町の敦賀屋を塩座請負人に指定した。敦賀屋は塩三升を米一升で総買入れし、売値段は塩二升を米一升の値としてこれを請け負った。堀氏が慶長十二(一六〇七)年福島城にはいると、小町商人に塩商売の権利をあたえた。さらに元和九（一六二三）年には藩領外への塩売りの特権を直江町にあたえた。こうして小町は信州、直江町は越後魚沼地方への塩販売を独占した。また糸魚川の信州問屋は松本《まつもと》街道での塩流通を支配した。しかし寛文期、塩飽《しあく》廻船によって安値で良質な瀬戸内塩が流入すると、越後・佐渡の製塩業はしだいに衰退の途をたどった。

柏崎《かしわざき》大久保の鋳物師《いもじ》は塩釜を製造して大をなし小熊《おぐま》氏・歌代《うたしろ》氏を中心に大久保鋳物として展開することになる。三条町では古くから家釘が製造されていた。寛文元（一六六一）年、会津から鋸《のこぎり》や鉈《なた》などの製造技術が伝えられ、享保期には鎌・包丁・小刀・鋏《はさみ》・曲尺《かねじゃく》などがつくられはじめ、十八世紀後半田沼《たぬま》時代には商業流通の発展の波にのって信州・会津・関東方面に販路を広めていった。

越後は広大な山林をもっている。江戸時代になると各地の城下町・鉱山町・港町・町場で各種の山村資源需要がうまれた。慶長十六年に大量の檜木皮が出羽《でわ》から積み込まれているが、それは相川町の家建築のためであった。荒川の支流女川《おんな》の奥から伐りだされた木材は、塩谷《しおや》まで筏《いかだ》で川下げされて岩船潟《いわふねがた》にはいり、岩船町から廻船で佐渡鉱山の留木用として島に送られた。精錬用として佐渡にわたる炭も多く、元和八年には越後鉢崎《はっさき》炭を中心に一〇貫目入り七、八万俵（代価米五〇〇〇石）におよんだ。町に住む人びとの使用する薪もおびただしい数量にのぼった。新発田藩では毎年八万束の薪が領内山村から伐りだされた。魚沼の山からは木炉《ころ》が伐りだされ、長岡や小千谷《おぢや》で販売された。山をもつ人、木を伐る人、筏流しをする人、商人と山働きをする人びとの手に貨幣がわたり購買力が高まった。

現在の長岡市から小千谷市は中世に紙屋《かみや》荘と称した地域で、広く紙が生産されていた。『古今著聞集《ここんちょもんじゅう》』には北越後で乙《きのと》寺の説話がのるが、そこには猿が集めた楮《こうぞ》で紙を漉《す》き法華経《ほけきょう》を写経した話がのっている。

八木沢番所通過蠟荷物

年　　次	荷　・　量	荷　　主
享保7(1722)年	蠟　荷　12箇　12貫入	牧野(長岡)内
酉(1729)年	里点蠟　39箇　13貫入	小千谷理右衛門
明和元(1764)年	蠟燭箱荷　8箇　8貫入	長岡町団助
〃	〃　4箇　8貫入	〃
7(1770)年	〃　5箇　6貫700匁入	牧野内
〃	〃　5箇　8貫入	長岡町団助
〃	点　蠟　15箇　12貫入	長岡町利右衛門
安永2(1773)年	蠟　15箇　12貫入	十日町五郎右衛門
〃	〃　28箇　13貫入	十日町利兵衛
3(1774)年	蠟燭箱荷　4箇　7貫入	牧野内
〃	点　蠟　36箇　12貫入	小千谷九之助
〃	〃　7箇　12貫入	牧野内
〃	蠟燭箱荷　4箇　7貫入	〃
〃	点　蠟　6箇　12貫入	〃
4(1775)年	蠟燭箱荷　4箇　6貫800匁入	〃
〃	〃　12箇　〃	長岡町津右衛門
〃	里点蠟　81箇　12貫入	小千谷彦右衛門

塩沢町「大塚邦之助氏所蔵文書」による。

そうした紙生産は江戸時代に引きつがれ阿賀野川上流の鹿瀬《かのせ》組や上条《じょうじょう》組では天正十八(一五九〇)年に紙役が課せられていた。また、元和六年には村上藩の家老堀主膳《ほりしゅぜん》が米のかわりに年貢を紙で代納させたことが知られている。『新編会津風土記《しんぺんあいづふどき》』には小出《こいで》紙・大谷《おおや》地《ち》紙・七谷紙など各地の地名をつけた特産紙が名を連ねている。越後の山間地域には古くから漆木が植えられており、漆木一本に一升の割で村高に加えられていた。各藩では蠟座《ろうざ》を設けて蠟の生産・販売を行っていた。天和以後越後幕領では、魚沼郡の小千谷村、頸城郡の吉木《よしき》村に蠟座が設けられ、村々から集荷された漆実を生蠟に製造して幕府に上納したほか、多量の蠟が民間で生産された。上表は三国街道の八木沢《やぎさわ》番所を通過した蠟の記録である。おびただしい商い蠟が三国峠を越えて関東にでていったことがわかる。

漆は塗料としても珍重された。村上には江戸初期から漆工として中山《なかやま》・山中《やまなか》の両氏、彫工に山脇《やまわき》氏の名が知られる。漆は会津領内からも大量に運ばれてきた。

越後・佐渡は江戸時代に大量の牛馬が飼育された。慶長のころ、ふいごに用いる牛皮五〇〇枚が越後から佐渡に移出された記録がある。慶安二（一六四九）年、佐渡牛の移出が解禁となるが、記録では元禄四（一六九一）年、島では牛六七八五疋、馬四八八五疋が飼育されていた。佐渡の大佐渡山地は牛の放牧場として利用されて近代に至った。佐渡牛は毎年五〇〇疋前後が赤泊《あかどまり》港から信州方面に売りだされ、中山道《なかせんどう》筋の運送に従事した。越後の馬生産も盛んで八木沢番所の通過記録をみると、元禄期から享保期にかけて毎年二〇〇〇疋の馬が上州方面に売られている。十日町千手《せんじゅ》の馬市は諸国に知られ、前橋《まえばし》・伊勢崎《いせざき》方面から博労《ばくろう》たちが集まった。売り値は高いもので一疋一〇両ほどであるから、これまた莫大な金銭が百姓のふところにころがりこんだ。

越後の麻布（白布）は戦国期以来の特産物で上方《かみがた》に運ばれたが、上杉氏の会津移封を機に衰えた。しかし寛文・延宝期には麻布に改良を加え越後縮《えちごちぢみ》の名で広く商品生産化された。そのころから青苧《あおそ》は米沢《よねざわ》から移入され六日町《むいかまち》八幡社《はちまんしゃ》の市などで販売され、それを買い求めて村の有力農民が奉公人の冬仕事に織らせていたが、十八世紀のなかばからは代官所の機《はた》道具の資金貸付によって広く一般農家の女たちの手で織られることになった。縮生産の中心地は小千谷・十日町・塩沢などで、天明年間（一七八一～八九）にはその生産量は二〇万反に達した。縮は元禄のころには上質のもので一反二～三両もしているから、これも農家のふところをうるおした。縮は主として江戸にむけて販売され、紬《つむぎ》とともに越後の二大織物となった。

越後の酒は藩の保護もあって、はやく各地にうまれた。魚沼塩沢町の武左衛門《ぶざえもん》は、延宝三（一六七五）

年、上州《じょうしゅう》との国ざかいの村舞子村《まいこ》（南魚沼市）の庄左衛門《しょうざえもん》から酒造米一石七斗と株（酒林）を買い、貞享の末年、京都三条通大橋町《さんじょうどおりおおはしまち》の酒屋丸屋市郎右衛門《まるやいちろうえもん》の子久兵衛《きゅうべえ》を杜氏《とじ》として招き、酒造業をおこした。武左衛門は当時四二石四斗余の高をもち商業をいとなんでいた。同じ塩沢村の嘉右衛門《かえもん》は高四三石余をもつ商人孫右衛門《まごえもん》の弟で酒造にのりだすが、杜氏仁兵衛《じんべえ》を江戸四谷伝馬町《よつやてんま》近江屋仁右衛門《おうみやにえもん》から招いた。さらに塩沢村の儀右衛門《ぎえもん》は四一石余の高をもち商業をいとなんでいるが、貞享の終わりに長岡表町二丁目権四郎《ごんしろう》の子七兵衛《しちべえ》を杜氏にやといいれて酒造りをはじめた。当時越後と関東の米価の差には大きなものがあった。しかも塩沢の米価は新潟出しの輸送費がかかるという理由で長岡にくらべて一両につき二割も安かった。米価の安さと上州への運送費の安さが塩沢の酒造りの要因の一つとなった。塩沢でつくられた酒は上州須川《すがわ》方面へ販売された。十八世紀になると、越後の海岸地帯各地に酒造業がおき、江差《えさし》・松前《まつまえ》に移出されて酒王国の基礎をきずくのである。

越後村上の茶は、江戸時代、わが国北限の茶として知られた。元和六年、村上町大年寄徳光屋覚左衛門《とくみつやかくざえもん》が宇治《うじ》・伊勢からもたらした茶の種子によって「黒蒸《くろむし》」という茶の生産がおこり、広く越後国内に販売された。宝永二（一七〇五）年の茶畑面積は一一〇町歩にも達した。延宝二年には茶畑一反歩に五匁五分の役銀を課した。中期には佐渡潟端《かたばた》村を中心に茶が栽培され新潟方面に出荷された。また村松《むらまつ》藩も茶の生産に力をいれた。

最後に米は、越後を代表する最大の商品であった。越後と佐渡の石高は江戸時代の末には合計で一三〇万石に達するものであった。越後・佐渡の年貢額は帳簿上石高の三割を超える五〇万石ほどのものであった。実生産額は明確にはしがたいが地主の帳簿をみると、収穫のうち年貢が三割、地主取り分が二割、小作人取り分が五割ほどとなる。したがって毎年、越後・佐渡からは五〇万石ほどの自由米（さんでん米）が市場に流れでた。ざっとみても五〇万両の貨幣が地主・百姓の手にはいったとみることができる。

4　街道・舟運・町

すべての道は江戸へ●

江戸時代になると地域の城下町のみでなく、江戸が経済・交通の中心としてしだいに重きをなした。越後をめぐる街道の整備は佐渡の金銀を江戸に輸送することによって開始された。大久保長安によって出雲崎・高田を経て信州で中山道追分《おいわけ》を結ぶ北国《ほっこく》街道の開設が計画され、元和年間（一六一五〜二四）に完成している。さらに出雲崎、寺泊《てらどまり》から長岡、六日町を経て中山道高崎宿《たかさきのしゅく》を結ぶ三国街道が整備された。また、奥州《おうしゅう》街道白河《しらかわ》（福島県白河市）から会津、津川、新潟、出雲崎に到達する街道が整備されて信州越え・三国越えとともに三道とよばれた。街道の要所には関所や口留《くちどめ》番所をおいて通過荷物から役銭《やくせん》を徴収した。

寛永期をすぎ、相川金銀山が衰えをみせると相川の人口は急減し三万人もの人びとが島を去った。近世初頭以来、佐渡を中心に組み立てられてきた経済圏がくずれだした。米がだぶつき慶安二（一六四九）年には江戸で一両、一石七斗で売れた米が沼垂《ぬたり》では三石以上も売らなければ一両にならなかった。しかも正保三（一六四六）年の記録では敦賀の米買舟が越後にやってこなくなったことをなげいている。高田藩が清水《しみず》街道を開き、信濃川をのぼせた米を清水を経て利根《とね》川に出、江戸に結びつけようとしたのは明暦の初めのことであった。しかし明暦三（一六五七）年には三国街道の関《せき》・湯沢《ゆざわ》・浅貝《あさがい》・相俣《あいまた》・塚原《つかはら》・中山《なかやま》・横堀《よこほり》の村々が連名で清水街道の開削に反対した。三国街道による利権の消滅を恐れたのである。さらに寛文七（一六六七）年には小浜《おばま》・敦賀の商人が老中《ろうじゅう》宛に願書を提出して、もしそのようなことが実現したら敦賀・小浜がさびれてしまう、と訴えた。こうして清水街道で信濃川と利根川を新しいパイプで結ぼうという高田藩の計画は絵に画いた餅《もち》におわった。松平光長の時代、高田と塩沢を結ぶ松之山《まつのやま》街道はその先が絶たれて地方の一街道にとどまった。

越後にはわが国でもっとも長大な河川信濃川と阿賀野川があり、しかも米が年貢、商品として移動しはじめると河川交通とりわけ川船の運行が盛んとなり川船が組織化された。舟持が河岸場《かしば》ごとに船道《ふなどう》を組織して米や商業荷物の輸送にあたった。船道は元和二年、堀直竒が長岡城主となり、新潟を中心とした河川の通船を整備したことにはじまる。寛永十九（一六四二）年には長岡河岸は船継河岸として幕府から公認された。さらに高田藩は慶安元年、信濃川の支流魚野《うおの》川の塩沢・六日町・浦佐《うらさ》・小出島《こいでじま》・堀之内《ほりのうち》・川口《かわぐち》・小

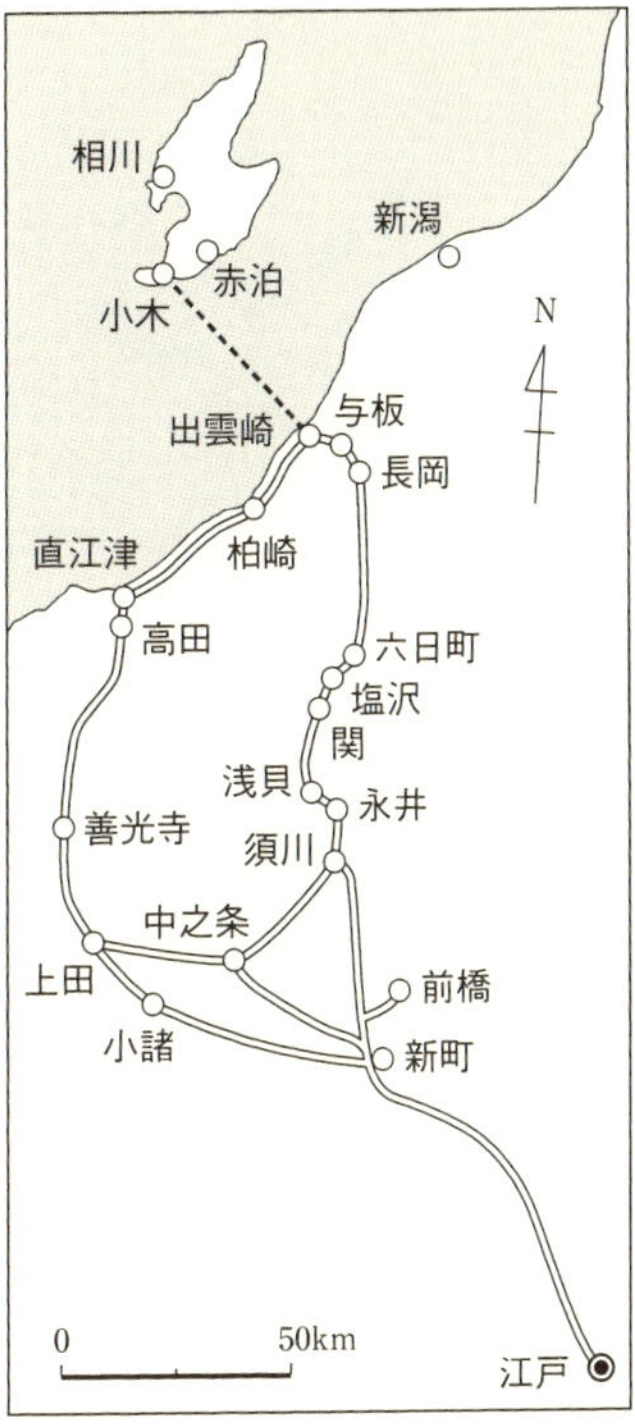

北国街道と三国街道図

千谷から長岡河岸までの回米運賃を定めた。長岡までくだった荷物は、ここで長岡船に積みかえられて新潟方面にむかった。阿賀野川では津川船と下条《げじょう》船が津川船道を独占して会津藩領と新潟を結ぶ物資の輸送にあたった。下り荷がおもに米であったのに対して登り荷は塩・四十物・煙草《たばこ》・青苧・瀬戸物など他国からの移入品であった。また陸路が川を越えるところには渡し場が設置され、渡し守をおき給米をあたえて往来を監視させた。

海の道●

江戸時代の初め、まず佐渡金銀山を舞台に海運が隆盛をみせた。四〜五万石を必要とする米は越後・出羽酒田・津軽・越中伏木《ふしき》・能登から運ばれた。記録では元和・寛永のころ越後間瀬《まぜ》船が相川に着岸し、一日のうちに米を売りはらって戻っていったとある。材木は越後や秋田から積み込まれた。鉄や油は敦賀から回送された。また他国から買い求めた水銀や生糸が相川の代官宗岡佐渡《むねおかさど》のもとに売却された記録が残るから、そうした品物は敦賀から佐渡に運ばれたのであろう。薪は越後の村上や出羽庄内から、炭は能登や越後柏崎の鉢崎炭が、塩は越後塩と能登塩が運びこまれた。それらの移入額は元和八（一六二二）年には二〇万両を超えた。人の往来には越後直江の津・出雲崎港が用いられた。佐渡の小木《おぎ》港は慶長十九（一六一四）年、出雲崎への金銀の渡海場に指定され繁栄期を迎えた。その小木にうまれた廻船業者に風間長左衛門《かざまちょうざえもん》がいる。寛永二十（一六四三）年、長左衛門の八人乗りの船の航海日誌をみると、八月に新潟から小木港にはいり、ただちに能登にいき能登塩を買いこみ、越中伏木から新米を積んで佐渡へ、そして九月には新潟にいき相川の山師片山勘兵衛《かたやまかんべえ》の注文で銀三五匁をだして、真綿・木綿を求め、さらに金一両で新潟で綿・木綿を買いこんで相川に入船している。また正保二（一六四五）年には新潟の商人田巻三郎兵衛《たまきさぶろうべえ》から大豆・塩を買って相川に入船している。

新潟は慶長三年、堀秀治が越後に入封すると直轄領となった。天和二年、松平忠輝改易のあとをうけて新潟町を支配した長岡藩主堀直寄は、新潟町の諸役を免除して流通の中心においた。

十七世紀のなかば以後、新潟は西国への米の輸送港として繁栄した。村上・長岡・米沢・会津の蔵米《くらまい》、それに百姓の売る自由米が新潟を経て上方に運送された。越後農民の購買力が大きくなるのにしたがって、諸国とりわけ西国から木綿・古着・繰綿・塩・茶・四十物などが新潟に運びこまれ、それが信濃川・阿賀野川などの諸河川をとおって越後一円、さらには会津・米沢方面へと運ばれていった。新潟は承応三（一六五四）年に信濃川の中洲《なかす》（当時は白山島《はくさんじま》・寄居島《よりいじま》と呼称）に新しい町立てをしてそこに移転するが、同じ年、信濃川支流魚野川流域の関村や、上州中之条などに新規の町立てが行われていることをみると、このころ新潟は越後や上州の内陸と他国を結ぶ海港として発展期を迎え、それをきっかけに諸道が整備されていることがわかる。

関村（南魚沼市）の商人佐藤九左衛門《さとうくざえもん》の日記によると、九左衛門は慶長十八年に上州の真庭《まにわ》（群馬県みなかみ町）から関村にきて田地の開発と商業をいとなんでいた。その明暦三（一六五七）年の日記には、この年の江戸の大火によって九左衛門は筆巻一〇駄（一駄は三〇貫）、イカ三駄を江戸小舟《こふね》町横山佐左衛門《よこやまさざえもん》のところにあずけていたため焼失させたが、同年中新潟から四十物一〇〇駄を運んで利益を得たとしている。万治二（一六五九）年の日記では、この年三国通りを新潟から鮭が三〇〇〇駄余上州に運送されていったことが述べられている。

寛永十九年、村上藩瀬波《せなみ》町では年貢が三三石余であったのに鮭網役が四八石余におよんでいる。三面川の鮭は新潟を経て信濃川をさかのぼり馬荷で峠を越えて江戸に運ばれたのである。このような記録をみると、新潟はすでに越後の港であると同時に日本海側各地と江戸を結ぶ商品輸送ルートの起点になっていることがわかる。また、寛文八（一六六八）年、佐渡相川岩谷口《いわやぐち》村の舟登源《ふなとげん》兵衛《べえ》は、新潟三ノ町の櫛屋弥次兵衛《くしややじべえ》に敦賀行きの米の買付代金と佐渡イカの販売代金をあずけておいたところ、弥次兵衛が夜逃げをしたとする記録がある。佐渡の四十物も新潟に売られ、江戸にむかったのであろう。

在町●

十七世紀なかばをすぎると、農村における商品経済の発展を背景に越後には数多くの在町が成立した。延宝七（一六七九）年には頸城郡の新井《あらい》・針《はり》（上越市板倉《いたくら》区）・岡《おか》野《の》町（同市清里《きよさと》区）、三島《さんとう》郡の脇野《わきの》町、魚沼郡の小千谷・十日町・堀之内・六日町・塩沢などで六斎市《ろくさいいち》が立っていた。ここでは塩沢村についてみておくことにしよう。元禄二（一六八九）年、村には一六六軒の家があり、うち一二八軒が高持《たかもち》百姓であった。村高は一一三〇石余、二

三面川の鮭漁（「岩船郡村上三面川鮭浚之図」）

❖コラム

雪とその作品

かつて越後《えちご》の文化は雪のつくりだした文化であった。十一月から三月まで、五カ月間、越後は雪一面の国となる。その雪を前に越後の人は野菜をたくわえる。大根一つをとってみても、ナマのまま土中に伏せる。たてぶせともいう。そのうえに藁《わら》をのせ棒を立てる。雪を掘る目じるしだ。大根を干す。青い葉も干す。数百本のたくわんを漬ける。せんぎりにしても干す。戻せばナマで食べられる。雪が漬けものを文化にしたてた。

雪は人びとに多くの仕事をあたえた。夏伐りだすことのできない奥山の材木も、雪が川や谷を埋めれば雪のうえを少人数の人手で運びだすことができた。凍った日などはソリにのせられた大木はおもしろいほどかるがると目的地に運ばれた。雪で布をさらして縮《ちぢみ》が白くなったことはよく知られるところである。雪はとけると水になる。その水を利用して信濃《しなの》川・阿賀野《あがの》川を中心に水運が発展し、川がさまざまな仕事をうんだ。豊富な水は用水として用いられ広大な土地が田地となった。よい水はよい酒をうんだ。近代になると水は水力発電事業をおこした。

そういう意味からしたら越後人の歴史は雪と水を利用して生きた歴史である。このところしきりに文明がさけばれると、しだいに雪や水は雪害とか水害とか、いわば対策の対象になることが多くなった。それと同時に雪やきれいな水がつくりだした、布や漬けものや酒といったすばらしい作品はこのところ衰亡の淵にたたされている。

自然を排除の対象としてみる今日の文明を、雪の作品たちはどんなふうに眺めているだろうか。

一〇石の年貢をおさめる。村には三国街道がとおり、「町場《まちば》」がある。そこで六斎市が立つ。村で一番の大高持は大塚勘左衛門《おおつかかんざえもん》で一二〇石の高をもつが家の本業は薬種商で「所々商内」をし、弟は家の農業の手伝いをしながら京・大坂を往返して商業活動に従事している。「町場」で酒造をなりわいとする三軒の家はいずれも四〇石あまりの石高をもつ百姓で大方の田地は小作にだし飯米用の田地は奉公人に耕作させている。二〇石余の田地をもつ弥次兵衛《やじべえ》は広く信州・関東にでむいて木綿商をいとなみ、一五石余の高持百姓次郎右衛門《じろうえもん》は、新潟と関東を結んで商売をいとなんでいる。このように他国商いをする商人が一〇軒ある。寺門前に住み少々畑（高二升四合）をもつ喜兵衛《きへえ》は在郷二、三里四方の村々へ塩・茶・鰊《にしん》・紙をもって小商いにでる。このような地回り商人が四〇軒ほどある。彼らがあつかう商品は前述のほか、布・木綿・小白・塩鰯《いわし》・塩鯖などである。十八世紀初頭の在郷町の姿はこのようなものであった。

6章

幕藩政治の展開と越佐の人びと

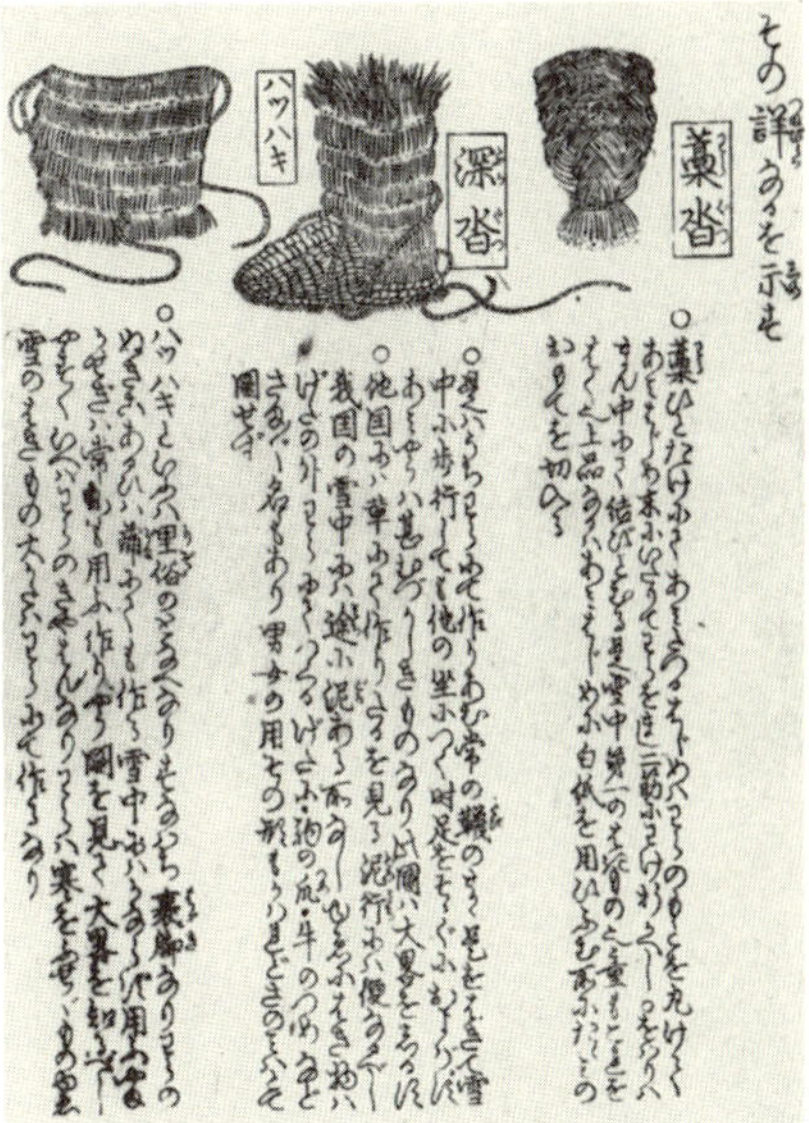

雪中歩行の用具(『北越雪譜《ほくえつせっぷ》』)

1　政治の改革と民衆

十七世紀後半にはいると百姓の土地質入れが盛んとなり、ついには質流れした土地が金主にわたり、小作人となるものが増加した。

幕府は田畑の永代売買を禁止したり（寛永二十〈一六四三〉年）、二〇石以下の名主と一〇石以下の百姓の分割相続を禁止したりして（延宝元〈一六七三〉年）、年貢負担にたえうる百姓の維持につとめた。しかし商品経済の農村への浸透はやむことなく、経済的に困窮した農民のなかには土地を手放すものも増加した。

頸城郡質地騒動●

幕府はやむなく現状肯定の政策をとっていた。享保三（一七一八）年、幕府は質年季五〜一〇年の質入地で年季明け五年以内、質年季二〜三年の質地で年季明け三年以内であれば元金・利子をはらうことで流質地を取り戻せるとする法令をだした。さらに享保七年四月には、質地の年季が明けて何年たとうが質流れとならず、元金と一割半の利子をはらえば土地は取り戻せるとした法令がだされた。年貢負担にたえられる百姓を維持しようとする封建領主《ほうけんりょうしゅ》としては当然の政策であった。

享保年間（一七一六〜三六）にはいり、米価は急激に下落、享保二年から同八年にかけて半値以下となった。この米価下落にくらべて他の商品は高値を維持し、百姓の生活を圧迫した。頸城《くびき》地方では、百姓の土地が高田《たかだ》・今町《いままち》（ともに上越市《じょうえつし》）などの高利貸商人の手にわたるものが多くなった。

享保七年の新しい質地条例が越後頸城地方の村々に伝わったのは同年十月であった。流質地が取り戻せるとの情報を知り、鶴町《つる》・米岡村《よねおか》(ともに上越市)の質入農民が中心となり、角川村《つのかわ》・四ツ辻村《よっつじ》・荻野村《おぎの》・新屋敷村《しんやしき》・野村《の》(以上、上越市)などの質入人が会合し、質地条例を読みあい、村ごとに質入人が連判して、質地の六〇%は質入人に返してもらい、そのうえで元利を年賦払いにして欲しい、と稲村《いなむら》代官所に訴えた。代官美濃部勘右衛門《みのべかんえもん》は、これらの土地は流質してから年限が久しいものであるとして訴えを却下した。農民の不満は高まり、質入人による騒動が勃発した。鶴町・野村などの金主がおそわれ、米が強奪された。

代官は押さえきれない騒動の情勢を江戸表《えどおもて》に報告し、質入人側もただちに代表吉岡村《よしおか》(上越市)市兵衛《いちべえ》らを江戸表に出訴させた。また、各村ごとに地元代官所に訴えるなど、質入農民の流質地取戻し要求は執拗《しつよう》に続けられた。この間、質地取戻しの運動はしだいに周辺村々に広まっていった。

享保八年四月、山間地の菖蒲村《しょうぶ》(上越市大島区)に騒動が発生した。代官所では騒動者の捕縛《ほばく》にむかったが逆に農民に追い払われるという始末で、稲村・川浦《かわうら》・高野《たかの》・福田《ふくだ》などの代官が集まり対策を協議したがなんの解決策もとれなかった。その後も、金主、質入人それぞれの代表による江戸への出訴が繰り返された。越後からつぎつぎと評定所へ直訴《じきそ》があるなかで、羽前《うぜん》(山形県)の漆山《うるしやま》・長瀞《ながとろ》の両代官所支配地の天領《てんりょう》でも質地騒動が発生した。羽前での質地騒動の発生を聞いた荻生徂徠《おぎゅうそらい》は、この騒動は御役人のかるはずみな申し出により発生したもの(『政談《せいだん》』)と幕政を批判した。農民の自立と封建支配の維持強化をはかろうとした法令が、結果として代官による天領支配を困難な状況に追い込んでいた。

享保八年八月、幕府はついに流質地禁止令を解除した。しかし、村々に「年季の長いものは借金棒引きでも、年季の短いものは少々の返金で田地は取り戻せる」との偽《にせ》の情報が出回るなどで、ふたたび質入人のさわぎは高まった。

享保九年三月、頸城地方一五〇カ村の質入人二〇〇〇人余が高野代官所につめかけ、質入地の耕作を強く主張したがうけいれられず、ついに実力による質地奪還を決意した。吉岡村市兵衛らは岡之町《おかのまち》村の神社境内に農民を集め、実力で質地を奪回し田打ちをはじめた。各村々でも五〇人、七〇人と集団で質地を奪った。各代官は今町に集まり、対策を協議、江戸表へ飛脚《ひきゃく》で情況を報告した。幕府はこうした混乱状況をみて、享保九年閏四月、越後の天領をつぎのように諸藩にあずけることとした。

一　高拾万七千石　松平越中守（高田藩）

一　高七万石　松平肥後守（会津《あいづ》藩）

一　高六万四千石　牧野駿河守（長岡《ながおか》藩）

一　高四万七千石　松平右近将監（館林《たてばやし》藩）

一　高四万三千石　溝口信濃守（新発田《しばた》藩）

計三十三万一千石

享保九年の五月にはいっても質入人は実力で奪った質地を耕作し苗を植えるなどの情勢が続いていた。こうしたなかで、高田藩は代官支配地を引き取り、稲岡・高野・川浦の各代官所をうけとった。また、家《か》老服部半蔵《ろうはっとりはんぞう》、久松十郎右衛門《ひさまつじゅうろうえもん》を御用掛《ごようがかり》に任じ藩の武力をもって、騒動鎮圧にのりだした。騒動の主謀者をとらえ投獄《とうごく》、拷問《ごうもん》を加えながら裁判を実施し、享保十年三月、市兵衛以下主謀者五人磔《はりつけ》、獄門晒者《ごくもんさらしもの》一〇人、死罪一〇人、遠島《えんとう》二〇人、田畑取上げ所払《ところばら》い一九人の判決をくだした。騒動発生以来丸二年七カ月におよんだ質入人による高利貸商人を相手とした質地奪還の騒動は藩権力によって鎮圧され、以後、商業資本の農村への激しい進出はとどまることはなかった。

佐渡と越後諸藩の政治改革●

幕府による享保改革《きょうほうのかいかく》は、天領佐渡《さど》においても強力に押し進められた。幕府のドル箱佐渡金山《きんざん》は寛永期以後しだいに産出量を減じ、幕府への上納金銀高は享保期には年平均六一一貫となり、元和期の六分の一ほどになっていた。幕府財政再建を佐渡金山に期待することはまったく無理な状況になっていた。

こうした佐渡で享保期にはいるや、幕府財政再建のため、新田《しんでん》開発、年貢の増徴、殖産興業《しょくさんこうぎょう》などがつぎつぎに実施された。佐渡奉行《ぶぎょう》は特定の商人に運上金《うんじょうきん》徴収を請け負わせる商人請座《うけざ》制を設置し、佐渡の産物に対する課税を強化するとともに、特定商人をつうじて商品の生産と流通を掌握した。享保四（一七一九）年には年貢徴収に定免《じょうめん》制を実施、豊凶にかかわらず年貢収入を確保し、その後定免切替えのたびごとに、しだいに年貢率をあげて年貢の増収をはかった。佐渡での新田開発は江戸時代をつうじて享保期にもっとも盛んに行われた。元文元（一七三六）年、中国向け輸出品である俵物《たわらもの》の干鮑《ほしあわび》の試作が海士《あま》町（佐渡市）で行われ、これが契機となり宝暦・明和期（一七五一〜七二）以後佐渡の俵物生産は全盛期を迎えた。

このように幕府の政治改革が直接、強力に佐渡奉行をとおして行われたが、やがて佐渡島民の重税などに対する反発を招き、寛延三（一七五〇）年には佐渡ではじめての大規模な一揆《いっき》が発生した。

十八世紀初めには、越後の諸藩も財政窮乏に悩まされていた。その原因には、参勤交代《さんきんこうたい》制により江戸と領地での二重生活を余儀なくされ、江戸での支出が全財政支出の七割にも達し、そのうえ幕府から命じられる課役の費用が多額であったことなどが指摘されている。また自然災害の続発により年貢収入が減じたこともあげられる。

こうした状況に対処するため、享保年間（一七一六〜三六）以降越後《えちご》の各藩は藩政の改革に取り組んだ。藩財政窮乏の打開策として、年貢を増徴した。村松《むらまつ》藩で明和年間（一七六四〜七二）に行われた地方改《じかたあらた》め、天明年間（一七八一〜八九）の新発田藩の地《ち》改めなどは、領内の田畑を再調査して石高《こくだか》を増加させ、ひいては年貢を増加させようとするものであった。

長岡藩では、寛延二年以後の新田検地について、六尺五寸（一尺＝約三〇センチ）の間竿《けんざお》を用いることをやめ、すべて六尺の間竿にかえた。一坪が六尺五寸四方から六尺四方となり、年貢の増徴がはかられた。しかし、藩財政窮乏はかわらず、宝暦十二（一七六二）年には年貢増収をねらって藩士を「地方養育方《じかたよういくかた》」に任命し、農業指導、灌漑《かんがい》用水路の整備などを行わせた。

こうした年貢増徴策によってもなお不足する分は借財でおぎなった。家臣《かしん》からは知行《ちぎょう》借上げ、領民には御用金上納を命じた。また、無尽講《むじんこう》を組織させ、領主もそれに参加し、初回の掛金を領主がうけとった。京・大坂の豪商からは蔵米《くらまい》を抵当にいれて高額の金を借用した。領内外の地主や商人からも借財した。

宝暦・天明期の二度にわたる飢饉《ききん》に見舞われ荒廃した農村の復興策も改革政治の一つにあげられる。飢饉によって生じた不耕作田地をなくするために農民に商業に従事したり、奉公にでることを制限した。また、村の風俗の取り締まりを強め農民の経済的困窮をふせごうとした。

新発田藩では、農民の救恤《きゅうじゅつ》策として、社倉《しゃそう》制度を創設した。社倉制度とは、毎年一定量の米を社倉に納入させ、凶作・飢饉のさいに貧窮農民に貸しだす制度である。新発田藩では困窮者に社倉米を二月から四月のあいだに貸しつけ、十月から十二月のあいだに利米《りまい》をそえて返納することになっていた。この制度の運用は各組ごとに名主・百姓の代表からなる社倉掛にまかされていた。新発田藩の社倉掟《おきて》によると、貯穀計画は、年貢上納石一石につき籾《もみ》三升の割で囲米《かこいまい》を拠出させ、さらにその二〇分の一を藩より下付して両方をあわせて貯穀した。天保年間（一八三〇〜四四）には、新発田藩は一万二三〇〇石余という多量の穀物備蓄をはかっていた。こうした貯穀は、その後の全国的な凶作・飢饉にさいし困窮者の救済に有効にはたらいた。

国内産業を発展させることも藩財政をうるおすことになる。各藩とも領内の諸産物の育成にも力をいれた。村上藩《むらかみ》では、特産物の鮭《さけ》について、天然孵化《ふか》を促す方法を考え、宝暦以後漁獲高を向上させた。また同藩では他国との交易が盛んになるにつれ、寛政三（一七九一）年、村上町の有力商人を交易引受役に任じ、領外との交易を掌握し、そこから税収の増加をはかろうとした。養蚕業をも奨励し、福島から桑苗を取りよせ、その栽培を進めた。寛政十年には三条役所《さんじょう》管轄下の三条組・燕《つばめ》組など五カ組に対し甘蔗《かんしょ》の栽培を命じ三条商人をとおして砂糖の専売を行った。村松藩では文政年間（一八一八〜三〇）、家中婦女子の手内職として木綿糸生産を導入した。これはのち、藩特産木綿織の発生の基《もとい》となった。高田藩では文化七（一八一〇）年、榊原政令《さかきばらまさのり》が藩主となると徹底した緊縮財政策をはじめる一方、木地屋《きじや》を信濃《しなの》から招いて木地製品を藩に提供させたり、妙高山《みょうこう》麓の笹ヶ峰《ささがみね》を開発させ、赤倉《あかくら》温泉を開いたりした。

越後諸藩の国内産業発展策には、国産品を藩が独占的に購入する形の専売制はみられない。商品流通を自由にし、商人が領外へ運ぶ国産品を役所で改め、その交易量に応じて運上金を取りたてた。

こうした藩財政再建を目的とした藩政改革に対し、領民は年貢の減免を始め、商業活動の自由など種々の要求を掲げて対抗した。越後各地ではやがて農民が蜂起《ほうき》し大規模な一揆が続発した。

2　越後平野開発への挑戦

水とたたかう村人●

新潟市西蒲区《にしかん》の遠藤《えんどう》集落は蒲原平野のほぼ中央にあった潟湖《せきこ》、鎧潟《よろいがた》（昭和四十年干陸）の北端に位置した集落である。この地域の盆踊唄《ぼんおどりうた》で「遠藤・横戸はどうでも場所だ、場所は場所でも流れ場所」とうたわれた。遠藤・横戸の集落は、近世期にあっては、毎年のように繰り返される洪水・湛水に苦しんでいた。遠藤村では作の流れたあとに稗《ひえ》・粟《あわ》などを栽培して飢《うえ》をしのぎ、盆すぎから十二月ごろまでは作流れのない村へ作男・作女として働きに出ることが多かった。

正保国絵図の復元図をみると、当時はまだいくつもの潟湖が信濃川、阿賀野《あがの》川の下流域に散在し、この地域一帯が河川に囲まれた低湿地であったことがわかる。中《なか》ノ口《くち》川、西《にし》川にはさまれた西蒲原の平野は鎧潟を底としたゆるやかな、すり鉢状の地形で、さらに、両河川は、年々川床が土砂の堆積で高くなり、川の水面が周囲の田畑より高い天井川《てんじょうがわ》となった。一度河川の堤《つつみ》が切れれば洪水はふせぎようもない水害の常襲地であった。また、鳥屋野潟《とやのがた》を中心とした、信濃川、阿賀野川、小阿賀野川に囲まれた亀田《かめだ》郷も同様で、破堤・水害は毎年のように繰り返されていた。

信濃川・阿賀野川流域での江戸時代の破堤箇所をみても、両河川の下流域がいかに洪水の害に悩まされていた土地であったかがわかる。こうした地域にある村々の多くは、近世初頭から十八世紀ごろにかけて、自然堤防や砂丘、砂堆などの上に成立した村であった。

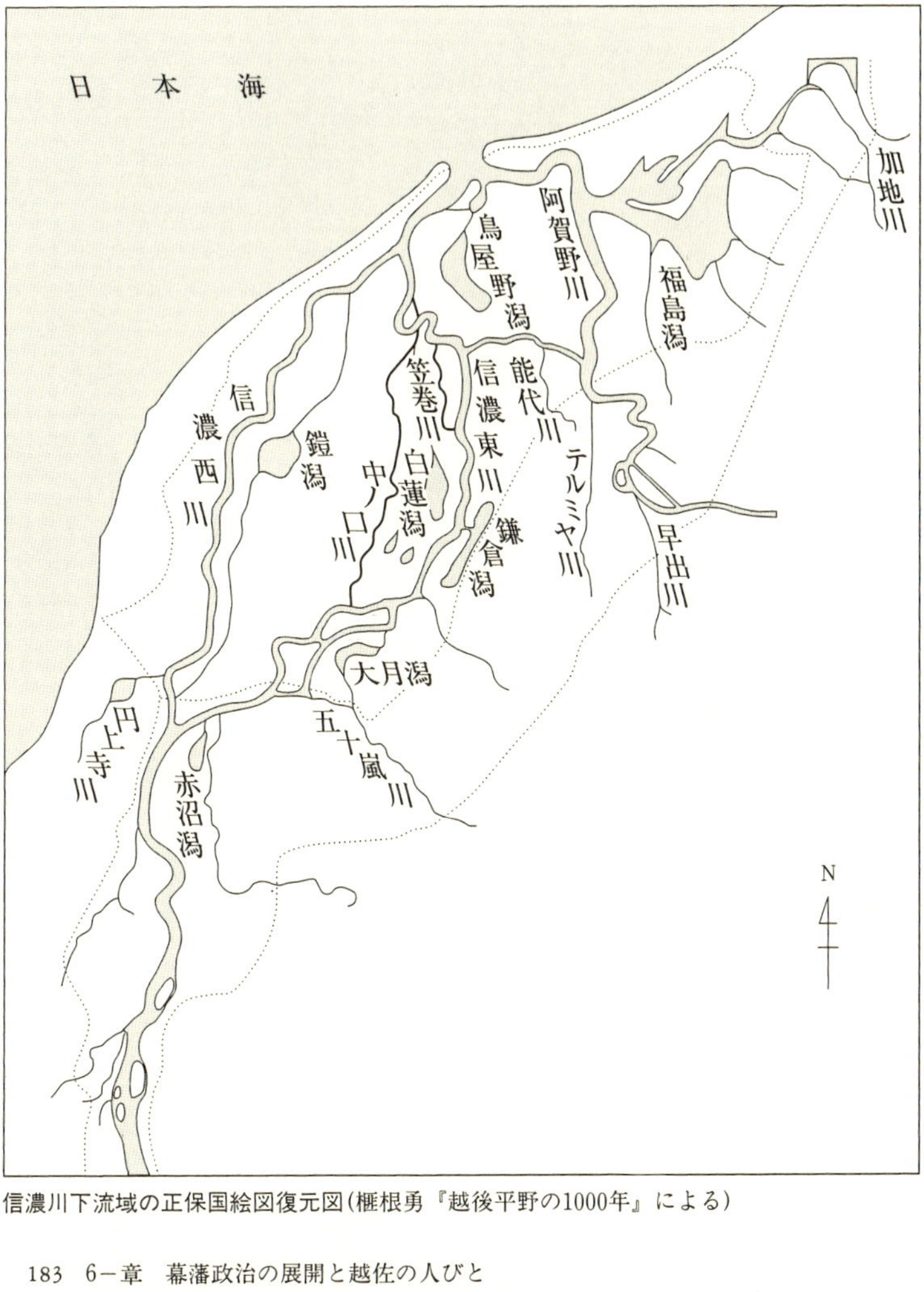

信濃川下流域の正保国絵図復元図(樋根勇『越後平野の1000年』による)

信濃川・阿賀野川などの下流域に住む人びとは、江戸時代をつうじて、河川によって形成された未開発地に進出し、つぎつぎと居をかまえ、災害のなかで村人が結束して少しずつ耕地を広げ、村の生活を維持していた。この地域では低い土地を少しでも高くして水難をのがれようとする努力も続けられた。土を盛りたて、耕地を高くする客土《きゃくど》は農閑期の重要な仕事の一つであった。

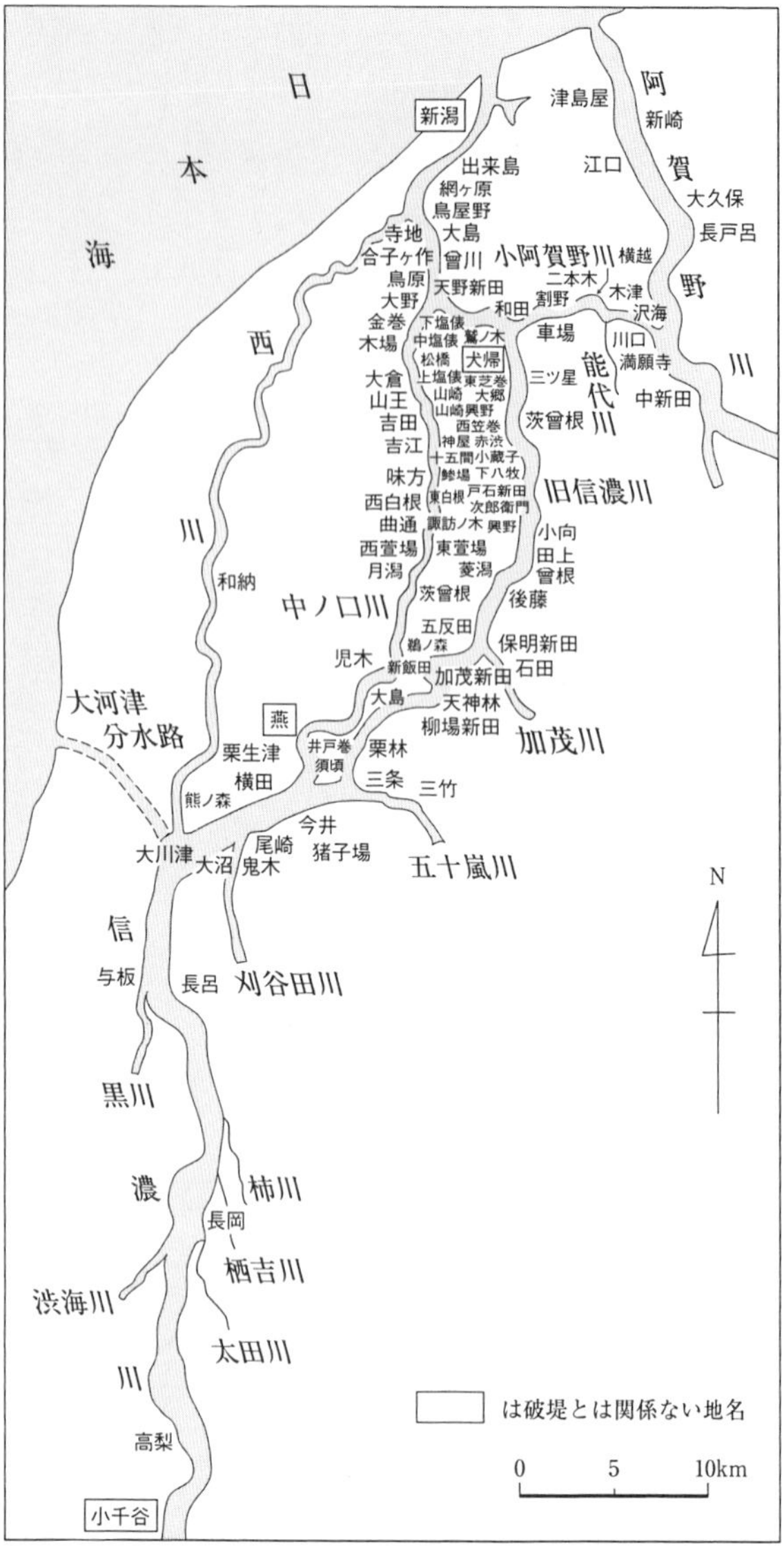

信濃川下流域の破堤場所(『新潟県史』通史編5近世三による)

蒲原地方の特有な客土法の一つに「フンダギリ」と称するものがある。川底の土を水中にもぐって、あたかも包丁で豆腐でも切るように、足のひらで切りとり、これを肩にのせて舟に積み込む。こうしてふんだくった土を低地に客土したり、畦《あぜ》を作ったりした。この言語に絶する難作業は昭和二十年代ごろまでみられた。客土作業は冬から二月、三月ごろにかけて行われた。運搬には田舟《たぶね》を主としたが、雪の積もった田面を橇《そり》で運ぶこともあった。成人一人、一日の労働で舟四、五杯、一反（一〇アール）を客土するのに六日から七日かかった。

「掘上げ田」とよばれる客土法もある。田面の一部の土地に堀を掘り、その土をかきあげて田面に積みあげた。土地の一部を客土用に犠牲にしてまで、少しでも高い耕地を作りだそうとした。

こうした人びとの努力で、耕地が低湿地に進出すればするほど水害地域は増大した。耕地や集落のまわりに囲い土手をめぐらし、水難をふせごうとする努力も続けられた。しかし根本的な解決とはならなかった。

宝暦七（一七五七）年、信濃川岸の横田《よこた》村の堤が切れて大洪水が越後平野一帯をおそった。その惨状が「横田切れ口説《くどき》」として語り継がれている。「時は宝暦丁《ひのと》の丑《うし》よ」と語りはじめ、「昼夜篠《しの》つく大雨なれば、信濃川筋水かさまさり」「切れる切れると早貝吹いて、土俵、くわ、かご夜の目も合わず、かがり、たいまつ袖提灯《そでちょうちん》は、宇治《うじ》の川瀬の夜ごとの蛍《ほたる》」と人びとの対応のようすを語り、「田畑村々ただ一面に海のおもてか湖水の上か」と大洪水の情景を伝えている。

河川の氾濫は、蒲原地域のいりくんだ支配領域を越えておそいかかった。越後平野を流れる河川も多くの領主により支配されていたから治水対策も利害が複雑にからんで、地域全体をみとおした治水策は容易江戸時代、越後《えちご》で行われた割地慣行《わりちかんこう》は一村を単位として村内の土地を百姓の共同管理下におき、村ごとに定められた一定年限ごとに抽選で所持地を決定した。したがって耕地などの所持地は固定せず、一定年ごとに所持者がかわった。新潟県内では天領佐渡《てんりょうさど》や阿賀野《あがの》川以北の地などをのぞき、信濃《しなの》川下流域や三島《さんとう》郡・南蒲原《みなみかんばら》郡・中頸城《なかくびき》郡の関川《せきがわ》流域、西頸城郡の一部などで割地慣行などが行われていた。

西蒲原地域の村の多くは、低湿地を農民共同で開発して村をつくり、さらに潟・沼を干拓して耕地を拡めた。こうした村では災害をうけやすい場所、あるいは自然条件のよい場所など差があり、村内の耕地などを百姓個々が固定して占有し続けた場合、繰り返される水難に絶えず被害をこうむるもの、あるいは比較的被害の少ない土地を所持し続けるものなど、災害時の被害にも差が生じ、貢租負担も公平さを欠くことになる。百姓同士がこうした不公平をなくし、土地を公平に分けあう方法として割地する慣行が行われるようになったと考えられる。こうした割地慣行を図示すれば、つぎのようになる。

西蒲原地域では、村の土地を細分する分母にあたる数を「村並総軒前」と称した。この総軒前数は村ごとに異なっていた。鎧潟《よろいがた》周辺の村の総軒前数は次頁図に示されたとおりである。

中郷屋《なかごうや》村二一軒前、遠藤《えんどう》村三二軒前、横戸《よこと》村四四軒前などと称した。時代の経過とともに新田地が増加しても、村並総軒前数は原則として不変で、増加分の土地は総軒前数に分割して百姓に所持されたから「一軒前」の面積は増加していった。「一軒前」と称される土地の反別は同一村であっても時代の経過のなかで変化したのである。

百姓の階層分化が進むと一軒前の二分の一、四分の一、八分の一と軒前権も細分化された。また、割地制度下では百姓個々の所持する軒前持分の土地の切売りはできず軒前権が土地移動の対象となった。水害の多い西蒲原地域で行われた割地慣行は近世村落の維持に重要な役割を果たしていた。

❖コラム

割地慣行

A村の土地を分割しあう農民a，b，c，dの4人

A村の土地

山林	a	b	c	d
原野	d	a	b	c
宅地	c	d	a	b
田	b	c	d	a
畑	a	b	c	d

- A村の4人が平等に分割権をもつとすれば，村の土地は上図のように分割される。
- a，b，c，d，のそれぞれの土地は，一定期間ごとに抽選などで割替えが行われる（田，畑など村の一部耕地のみ割り替え，ほかは割り替えない村もある）。
- 田，畑など一区分の単位面積は村により字により異なる。村内における各字の一持分の合計がその村の「一軒前」とよばれる面積になる。
- 上図のごとき村を「四軒前」とよぶ。

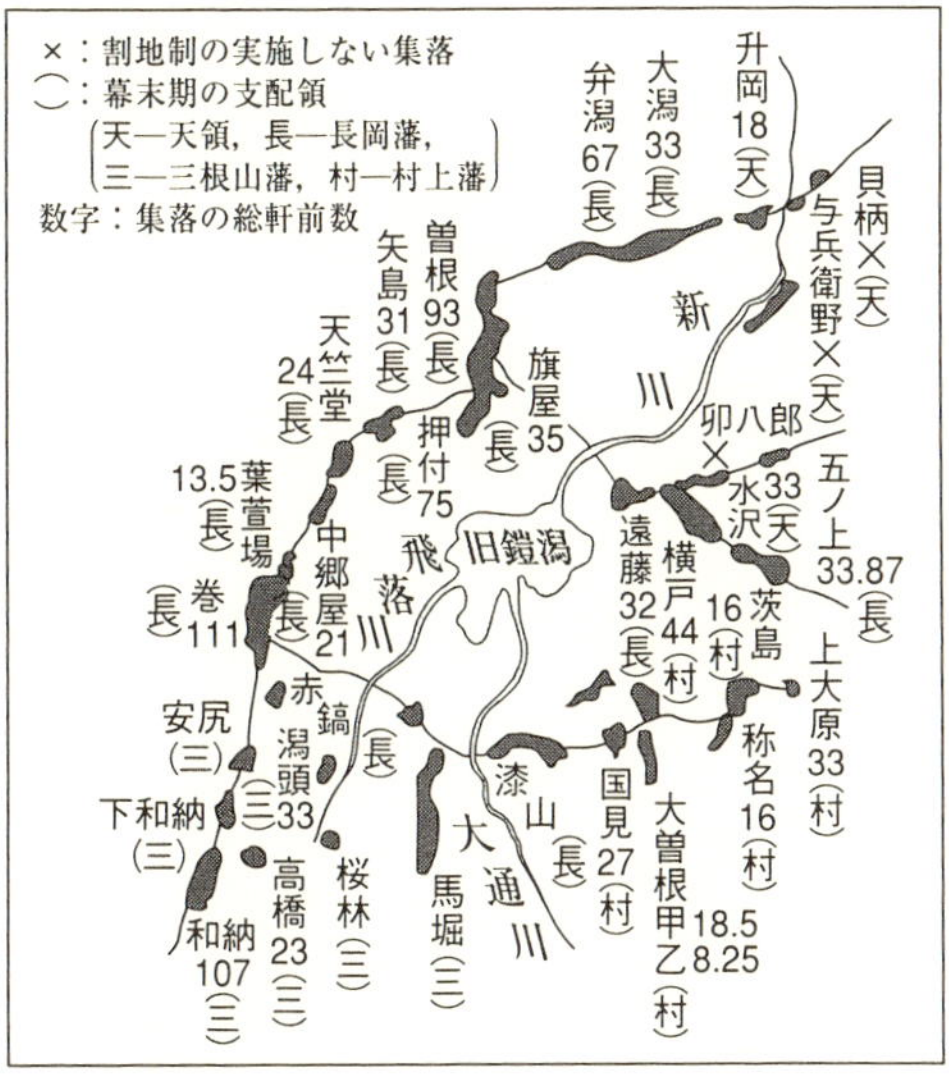

旧鎧潟周辺村落の総軒前数

にたてられなかった。下流域の村々は堤防を高くして上流からの悪水をふせごうとする。上流地域の村々は湛水を排水するために、下流村の高い堤防は邪魔《じゃま》になる。堰《せき》・堤の位置や高さをめぐって地域間の対立が生じた。こまかく分割支配された地域であっても、用排水の管理運用に利害を共にする村々は藩領域を越えて自主的に結束し生活の場を村々の連帯の力でまもろうとした。

こうした、水難から村をまもるための共同作業は、当時の村落共同体の重要な仕事の一つであった。

信濃川分流の夢と新川開削●

信濃川の破堤・洪水は下流域を中心として江戸時代には八五回ほどにのぼった。この洪水を防止するには、信濃川を大川津《おおかわづ》村（燕市）付近で分水して日本海へ放出する、大河津分水掘削計画が江戸時代をとおして多くの人により考案され、その必要性が幕府に繰り返し請願されていた。

分水工事の請願は、まず享保二十（一七三五）年、寺泊《てらどまり》町の豪商本間数右衛門《ほんまかずえもん》の幕府への請願からはじまった。宝暦三（一七五三）年、数右衛門の再度の請願も認められず、数右衛門は病死した。その遺志をついだ二代目数右衛門の安永五（一七七六）年、天明六（一七八六）年の二度にわたる請願も許可されなかった。

天保三（一八三二）年、福島《ふくしま》村（三条市）の庄屋《しょうや》田中新之丞《たなかしんのじょう》の分水請願書によれば、分水工事が完成した暁《あかつき》には二万石余の河原が干拓され、三万石の川沿いの畑が田となり、幕領、私領あわせて一〇万石の土地が水損地から解放されるというものであった。その後も天保九年、柄沢《からさわ》村（五泉《ごせん》市）の庄屋の幕府への請願、天保十三年、桑名《くわな》藩主による幕府老中水野忠邦《ろうじゅうみずのただくに》への請願などが続いた。

一方、こうした分水路掘削計画に対し、反対する村々も多かった。新発田藩領加茂《かも》組・小須戸《こすど》組などの村々は信濃川の水を海に放出することで用水不足をきたすとして、こぞって反対した。また、西川沿いの長岡領五九カ村は西川の水量が減ずることで、用水不足と通船への支障を理由に反対した。新潟町も信濃川の流水量不足により、河口に土砂が堆積して浅くなり港の機能が低下するとして反対した。

こうした情況のなかで、鎧潟・田潟《たかた》・大潟《おおかた》（三潟《さんかた》と称す）周辺地域の農民は一世紀余の長期にわたり水難をのがれるための努力が続けられていた。明和五（一七六八）年には江戸近郊の武州《ぶしゅう》多摩《たま》郡（東京都）の名主が三潟周辺地域の開発請願を幕府におこした。地域外の人にさえ当地域が開発可能な投資対象の地とみられていたのである。

三潟の東岸に低湿な未開発地が広がり、周辺地域の悪水を集める遊水池として潟端の村々を水害からまもる役割を果たしていた。こうした遊水池のため開発が禁ぜられ封印された原野であったところから「御封印野」と称せられていた。

三潟周辺の長岡領三七カ村が延享元（一七四四）年、御封印野開発を幕府に請願、鳥原《とっぱら》（新潟市西区）から悪水を信濃川へ放流する計画が許可された。延享四年着工、宝暦元年遠藤村・横戸村・五之上《ごのかみ》村など一二カ村の村請新田として耕作されることとなった。三四〇〇石として検地高入れされた土地であったが、「浮沼地」（水量により浮流し風により移動した）、「ガス地」（ゴミ、ガツボ、ヨシの根株・葉などの層をなした土地）あるいは「ドブ田」などと称せられた劣悪な土地であった。三潟周辺地域は、より効力ある排水工事を行わない限りあらたな開発はのぞめない限界に達していたのである。

打ち続く水難をのがれるためには、三潟周辺の悪水を日本海に放出するほかに手だてはなかった。悪水を日本海へ流す計画を実現するため、長岡藩領中野小屋《なかのこや》村割元《わりもと》伊藤五郎左衛門《いとうごろうざえもん》、同槙尾《まきお》村（新潟市西区）

庄屋中野吉郎左衛門《なかのよしろうざえもん》、曽根《そね》村（新潟市西蒲区）割元中野清左衛門《せいざえもん》らが協議を重ね、悪水を日本海に放出するための排水路掘削工事の実施を幕府に請願した。新潟町の反対があったものの、文化十四（一八一七）年、幕府の許可を得て工事は着工された。

長岡藩領三七カ村、村上藩領一五カ村、計五二カ村が支配領域を越えて結束し工事は進められた。工事費は長岡・村上が六対四の割合で負担し、掘削のために生ずる潰地は長岡藩領の村で代替地を拠出することなどを申し合わせた。村上藩領では藩が全額負担したが長岡藩領はすべて割元・庄屋らが負担した。長

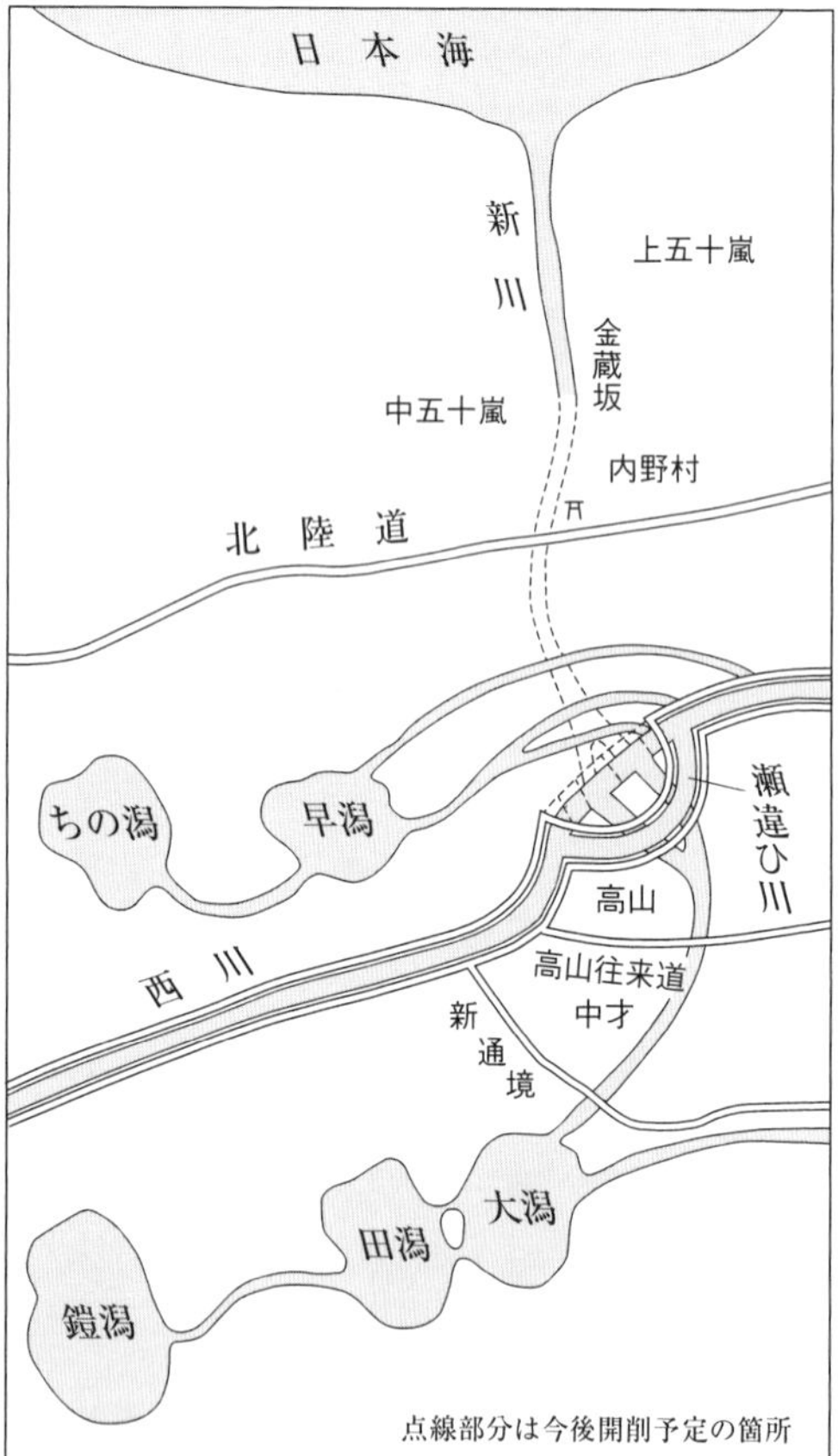

三潟悪水抜麁絵図（文政元〈1818〉年ごろ。『新潟県史』通史編4近世二による）

岡藩領の庄屋らは庄屋役を質入れするなどして借財して資金を調達、一身を賭《と》して地域開発にたちむかったのである。

大潟の出口から西川までの新川増幅、流路修正、西川から海まで砂丘を掘り、あらたな排水路を開削した。西川の流路をかえないように新しい堀（新川）と西川の交差点に底樋《そこひ》を伏せ込み、新川と西川を立体交差させた。工事は延べ一九〇万人余の労働力を要し、文政三（一八二〇）年一月完成した。

この新川掘削により御封印野新田を始め既存の村々が水難から救われ、排水が進展して干《ひ》あがった土地が開田された。そののち底樋の増設工事も行われ、窪地沼地二三〇町歩余が良田となった。西川の東西両岸の地域数千町歩が度重なる水害をまぬがれた。こうした工事成功の矢先、幕府は天保十三年、三潟および新田村一七カ村の地を上知《あげち》した。

以後、幕末から明治期にかけて水路の改修工事が行われ、耕地改善の努力が続けられた。

紫雲寺潟・福島潟の新田開発●

正保二（一六四五）年には越後・佐渡の全石高が約六三万六〇〇〇石余であったものが、天保年間（一八三〇〜四四）には一五四万五〇〇〇石余となり、約二倍強に増大した。

地域的にみると、越後では魚沼《うおぬま》・頸城地方が近世前期に石高がのびて後期には停滞したのに比し、蒲原地方は近世中期以降も新田開発の衰えはみられず、天保期ごろまで開発の進展はゆるまなかった。この蒲原地方の近世中期以降の新田開発には、前期にみられない新しい担い手、町人や地主がめだってきた。紫《し》雲《うん》寺《じ》潟《がた》の干拓《かんたく》は中期以降の新田開発の代表例の一つであった。

元禄十三（一七〇〇）年の越後国絵図には「塩津潟」と記され、新潟港とも結ばれた舟運にも利用されていた。この潟は当時周辺地域の水難防止を目的とした遊水池にされていた。潟縁の地の開発が進むにつれ、水害をこうむる度合いを増し、連年の不作で潟周辺地域の百姓は苦しんでいた。新発田藩ではこうした水難を防止するために排水工事を実施したが成功しなかった。この潟の本格的な開発にのりだしたのは遠く信州高井《たかい》郡米子《よねこ》村（長野県須坂《すざか》市）の竹前《たけまえ》小八郎《こはちろう》と兄権兵衛《ごんべえ》であった。

竹前家は米子村代々の庄屋をつとめ硫黄鉱山《いおうこうざん》を経営する家柄であった。弟小八郎は江戸で煙草《たばこ》問屋をいとなみ、その得意先にのちに三日市《みっかいち》藩主になった松平保経《まつだいらやすつね》がいた。松平家への出入のあいだに紫雲寺潟周辺が開発可能な地であることを知ったものであろう。自費による開発を幕府に請願し、享保十二（一七二七）年十月、開発許可がおりた。

竹前兄弟は米子村の田畑山林を質入れして開発資金を調達し、さらに江戸の町人会津屋佐左衛門《あいづやさざえもん》の参加を得て、享保十三年越後に赴いた。竹前兄弟は柏崎《かしわざき》の町人で新田開発を手がけていた宮川四郎兵衛《みやがわしろべえ》の協力も得て、同年七月工事を着工した。当初小八郎のみが現地で開発を指揮したが、享保十四年他界したため、兄権兵衛が後をついだ。権兵衛は妻子を信州から越後の地におよび、紫雲寺潟開発に専念した。九一六両余の資金を投入しても工事はなお完工せず、資金不足で工事推進は困難となった。こうしたおり幕府は勘定所吟味役《かんじょうしょぎんみやく》で、治水家の井沢弥惣兵衛《いざわやそべえ》を現地に派遣した。竹前家中心の工事推進をあやぶんだ幕府は潟水面と開発地を没収し、幕府が中心となって工事を続行した。そのさい、竹前家に五〇〇町歩を払い下げ、残り一五〇〇町歩を、開発者を再募集して工事を行わせた。幕府の工事再開に応じた九〇人ほどの町人のなかから新発田町の町人を主とした一七人を選び干拓工事にあたらせた。

井沢弥惣兵衛の指導する工法は当時紀州流《きしゅうりゅう》とよび、従来の遊水池を残す開発から脱し、河川の堤を高くし、積極的にあふれる水を防止して、耕地拡大をはかろうとするものであった。潟への加治《かじ》川から流入する水を、境《さかい》川に堤防をきずいて締め切り、潟から落堀を掘って日本海に放水し潟の干拓をはかった。新発田藩では潟への加治川からの流入がせきとめられることで遊水池がなくなり周辺村の水害が増大することを恐れ、その工法に反対した。

開発者は加治川の増水分を阿賀野川を経て日本海に放流する開削工事の実施を約束、新発田藩の積極的な協力を得、新潟町民の反対をおさえて松ヶ崎《まつがさき》（新潟市北区）に排水路を開削。享保十五年十月完工させた。この松ヶ崎堀割は享保十六年春の融雪時の洪水で両岸が決壊し、一挙に幅が五〇間に広がり、阿賀野川が日本海に直流した。当時の技術をもっては、旧に復することは不可能であった。

阿賀野川が松ヶ崎の地で日本海へ直流することで北蒲原地域の水位は急速に低下し、紫雲寺潟干拓工事もいっきに進展した。享保十八年干拓工事は終了した。元文元（一七三六）年六月検地高入れが行われ、紫雲寺郷四二村新田総高一万六八五八石余、一九三〇町歩の新開地が誕生した。しかし、その年の暮、塩《し》津《お》新田の助十郎《すけじゅうろう》ら四人の農民が新田地の所持をめぐって幕府に越訴《おっそ》した。訴えの主張は、九〇〇人もの農民が名請人になることを期待して開発工事に従事したが、検地の結果は意に反して小作人の地位におかれたことを不当とするものであった。この助十郎らの訴えは幕府によりしりぞけられた。

紫雲寺郷の新田村の検地帳は名請人が一人から数人の村が多く、入植者の多くは小作人として、その後の新田村での労多い生活を余儀なくされた。

福島潟は新発田町南西に広がる横三一町、長さ一里余の湖であった。近世前期から土豪や潟縁農村の切添で開発されたが、松ヶ崎堀割が阿賀野川本流となり排水が進展して干拓化が進んだ。干拓は新発田藩により行われ、開発に功あった藩士へ恩賞としてあたえられたり家中に売りだされたりした。また、大庄屋桂《かつら》家、白勢長兵衛《しろせちょうべえ》らも開発に参加した。さらに、宝暦（一七五一～六四）・文化（一八〇四～一八）期には町人請負で干拓工事が進められ、山本丈右衛門《やまもとじょうえもん》らの開発後、水原《すいばら》町の市島徳次郎《いちしまとくじろう》以下一三人による共同開発が行われ、潟の西部を中心に水田化された。

3　日本海に躍動する北前船

西廻航路の発展●日本海側と西国を結ぶ海上交通は、室町《むろまち》期にはすでに越前《えちぜん》や若狭《わかさ》と出羽《でわ》・津軽《つがる》や蝦夷地《えぞち》とを結ぶ海運があったが、当時は米を運ぶことはあまりなかった。戦国時代にはいり、上杉景勝《うえすぎかげかつ》・最上義光《もがみよしあき》の積極的な海運政策によって、米その他の物資が日本海の航路を利用して京都へ運ばれた。航路は、敦賀《つるが》・若狭までを海運で、その先は陸路によった。

江戸時代にはいり、上方《かみがた》方面への米の輸送が多くなると、出羽・津軽の諸藩は敦賀・小浜《おばま》の町人を蔵宿《くらやど》に指定して運送させた。越後の米も敦賀・小浜までを海路で運送し、一部をその地で売却する場合もあったが、多くはさらに陸路で大坂方面に送られた。この陸路の運送経路は、敦賀・小浜から馬で琵琶湖《びわこ》北岸の塩津《しおづ》・海津《かいづ》・大浦《おおうら》などに運ばれ、そこから琵琶湖を船で大津《おおつ》まで運び、大津からふたたび陸路を馬で京都・大坂に運ぶものであった。したがって荷物を積みかえる手数や費用がかさみ、荷物の減損も多かった。

こうした手数と費用の節減をはかるために船で直接瀬戸内海をとおって大坂に運ぶ試みがなされた。寛永年間（一六二四〜四四）に加賀《かが》藩によって、加賀（石川県南部）、能登《のと》（石川県北部）、越中《えっちゅう》（富山県）の米が西廻りで輸送されたのが最初である。寛文元（一六六一）年には山形の米が江戸商人正木半左衛門《まさきはんざえもん》により直接船で江戸まで運送された。しかし、こうした試みは遠距離で難所も多く危険とされ、一般的な航路にまでは至っていなかった。

西廻航路が確立したのは、寛文十一年河村瑞賢《かわむらずいけん》が幕府の命により、海路の調査および番所や水先案内人の設置などを行って航路を整備し、翌年の寛文十二年に出羽最上郡の天領米を、この航路によりはじめて江戸に運送したことが契機となった。佐渡の小木《おぎ》港も河村瑞賢により寄港地の一つと定められた。

北陸地方と松前《まつまえ》地方（北海道南部）を結ぶ航路は、近江《おうみ》商人により開拓された。この航路が北陸地方や下関《しものせき》・大坂などを結ぶ西廻航路と連結してからは、越後を始め北陸地方の諸港から船を仕立てて米を蝦夷地（北海道）に運び帰途、海産物を積んで北陸や上方方面で売却、さらには西国の塩・紙・木綿その他の物資を積んで越後を始め北陸各地や蝦夷地で売りさばいた。

江差《えさし》（北海道）の廻船《かいせん》問屋関川《せきかわ》家の宝暦三（一七五三）年から享和二（一八〇二）年にわたる「入船帳《いりふねちょう》」には各地からの入船数一一五〇隻を数えるが、そのなかに越後船一六四隻、佐渡船六〇隻が含まれている。十八世紀後半から十九世紀初頭にかけて、越後・佐渡からも多くの船が蝦夷地との交易に従事していたことがうかがえる。

下北《しもきた》半島にある野辺地《のへじ》港（青森県上北《かみきた》郡野辺地町）は南部《なんぶ》藩の銅を大坂へ積みだす港として発展した。野辺地の廻船業者は越後・佐渡を大坂に到達するまでの中間地点として位置づけていた。野辺地の廻船問屋五十嵐甚右衛門《いがらしじんえもん》家は越後の五十嵐浜（新潟市西区）の出身で天文年間（一五三二〜五五）に当地に移住し

天保期，越後近海での海難事故(難船隻数)

年　　代	越後・佐渡船	他国船	計
1832(天保 3)	2	1	3
1833(　　4)	2	0	2
1835(　　6)	1	4	5
1836(　　7)	0	0	0
1837(　　8)	0	2	2
1839(　　10)	0	2	2
1841(　　12)	1	0	1
1842(　　13)	0	4	4
1843(　　14)	0	2	2
合　　計	6	15	21

『新潟県史』通史編 5 近世三より作成。

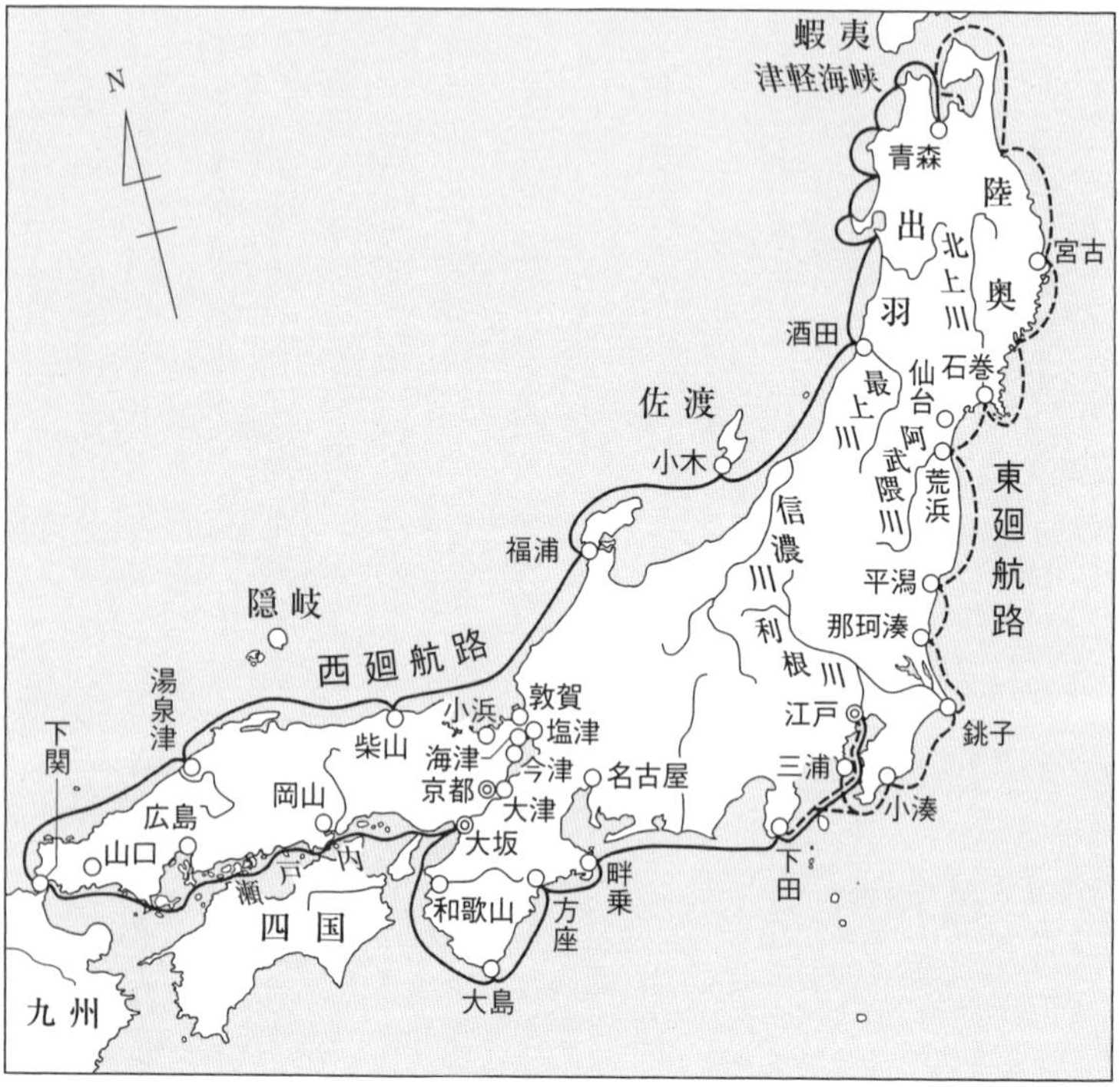

東廻航路と西廻航路(古田良一『河村瑞賢』による)

たと伝えられている。五十嵐家の客船帳には二一五〇艘の来船記録があり、松前（二九四隻）、大坂（三三九隻）、加賀（一六八隻）にまじって越後（一二二隻）、佐渡（二〇隻）などの来航船もあった。この来航船の多くは十九世紀前半の化政年間（一八〇四〜三〇）に集中していた。

青森港最大の廻船問屋であった滝屋《たきや》は、先祖が越後の脇野町《わきの》出身ともいわれている。この廻船問屋の客船帳にも、天保十一〜嘉永六年（一八四〇〜五三）のあいだに越後・佐渡の廻船一〇七隻の来航が記されている。十九世紀にはいってからの越後・佐渡の廻船の活躍ぶりがしのばれよう。

西国にむかった越後・佐渡の廻船の記録も多い。享和元〜二年（一八〇一〜〇二）のあいだに尾道《おのみち》（広島県）の廻船問屋鰯屋《いわし》の客船帳には一〇〇隻の越後船来航の記録がある。

佐渡沢根《さわね》（佐渡市）の廻船問屋浜田屋《はまだ》は文化年間（一八〇四〜一八）に二月から十月にかけて上方方面に三往復、松前とのあいだに一往復して、松前と上方との交易を組み合わせ、越後や佐渡を結んで盛んに商業活動を行っていた。

環日本海の航路で活躍した船は十八世紀までは上方や瀬戸内地方の船が多かったが、十九世紀にはいると山陰地方や越後・佐渡を含めた北国の船が急増し、西廻航路での主役となっていった。

北前船・船絵馬と松前の佐渡衆●

出雲国杵築《いずもきづき》（島根県出雲市大社町《たいしゃ》）の廻船問屋藤間家では、慶応二（一八六六）年から明治四（一八七一）年にかけて、新潟港で出雲木綿などを売り、米六〇九俵を買い、さらに佐渡の小木港で烏賊《いか》二九六包を買っている。山陰地方の廻船が越後に移入する商品の中心の一つが木綿であったことを示す一例である。山陰からの移入品のもう一つの代表的なものが鉄類であった。

新潟港は北国最大の鉄の移入港であった。新潟についで出雲崎《いずもざき》・柏崎《かしわざき》・寺泊などにも鉄類が移入され、三条金物など内陸の需要に応じ、越後の金物生産をささえていた。

越後から西国地方への移出の代表的なものは、米と干鰯《ほしか》である。干鰯は西国地方で棉など商品作物栽培用の肥料として移入していた。

十八世紀中ごろまで、大坂への干鰯の出荷地は、関東・九州・中国・四国などであったが、その後それらの地で商品作物栽培が発展したため、干鰯の需要が高まり、大坂への関東などからの干鰯の入荷が減少し、価格も高騰した。かわって北国や松前産の干鰯が移入されるようになった。越後や佐渡からの干鰯の移出は、こうした経済情勢の変化に伴うものである。

十九世紀にはいると、越後・佐渡の干鰯移出は急増した。嘉永三（一八五〇）年から一〇年間に寺泊港では、越前浜《えちぜんはま》・角田浜《かくだ》・五ケ浜《ごかはま》・間瀬《まぜ》（以上、新潟市西蒲区）などからあわせて六万五〇〇〇俵余にのぼる干鰯を集荷し移出していた。

他方、西国から良質な安い塩が移入されだすと、古くから行われていた越後・佐渡を始めとする北陸各地の製塩業はしだいに衰退した。越佐の地場《じば》産業は西廻航路の展開に強い影響をうけながら変動したのである。

糸魚川市能生《のう》の白山《はくさん》神社に奉納されている絵馬の一点に、「ハガセ船」を描いた船絵馬がある。ハガセ船は中世末期から近世前期にかけて日本海海運に活躍した船である。L字型の船材を船底の左右にいれ、そのあいだに平らな船底材をいれた堅牢《けんろう》で荒海や岩礁の多い海岸の航行に適した船である。帆《ほ》は筵《むしろ》帆で短く、帆走力は弱く横風・逆風にも弱い。そのために漕ぎ手が必要で、走行は帆と櫓《ろ》を併用した。十八世紀以後、西廻航路の主流となった北前船《きたまえぶね》(弁財船《べざいせん》、千石船《せんごくぶね》などとも称された)の二倍の水主《かこ》が必要であった。ハガセ船にやや遅れて、北陸から奥羽《おうう》にかけて活躍した「北国船《ほっこくぶね》」も帆走性はハガセ船よりやや向上したが櫂《かい》の併用が必要で、一〇〇〇石積みで二〇人前後の水主を必要とした。ハガセ船同様、やがて北前船にとってかわられた。

十八世紀初頭から西廻航路を席巻《せっけん》した北前船であったが、竜骨《りゅうこつ》のない、板をあわせた船で、船体に比して大きすぎる帆柱などのため横風には弱かった。また、甲板《かんぱん》がないから大波をかぶれば、船内への海水の浸入はふせぎようもなかった。不運にも荒天に遭遇すれば、帆柱を切り、荷を捨て、波のしずまるのを神に祈るよりほかに手だてはなかった。江戸時代、北前船の難船記録は非常に多い。越後近辺の日本海で遭難した船のうち、天保年間(一八三〇~四四)にかぎってみても、北前船の遭難は毎年のようにおきていた。

日本海に浮かぶ飛島《とびしま》(酒田市《さかた》)は庄内《しょうない》酒田港の避難港でもあった。その飛島には一年間に二〇〇~三〇〇艘もの船が入船した。粟島《あわしま》(岩船郡粟島浦村《あわしまうら》)の内浦《うちうら》港も同様の性格をもち、荒天時には六〇~七〇艘の避難船があった。西廻航路の盛況を示す数字である。

板一枚、その下は地獄、といわれる危険と隣りあわせの船頭たちは、縁ある寺社に航海の安全を祈願して船絵馬を奉納した。その絵馬の図柄の多くは、水平線から今まさにのぼろうとする朝日を描き、持船の船上で船頭・水主たちが、無事をよろこび朝日に祈っている姿が描かれている。

長岡市白山媛《はくさんひめ》神社、胎内市荒川《あらかわ》神社、糸魚川市白山神社などには多くの船絵馬が奉納され航海安全を祈願した船主、船頭たちの願いを今に伝えている。

青森県の深浦町《ふかうら》にある円覚寺《えんかくじ》には「髷《まげ》の額」が奉納されている。大しけのなかで船頭たちが、自分の髷を切って神に救いを求めた。そのかいあって無事荒海をのりきることができた。その御礼として奉納したものである。その髷額に記されてある水主の名に、荒浜《あらはま》（柏崎市）の龍助、柏崎の勘右衛門・宮川政吉の名前がある。

宝暦年間（一七五一〜六四）に編まれた「佐渡四民風俗」には、春になると赤泊《あかどまり》村や松ヶ崎村などから多くの人が出稼ぎに江差・松前にわたり、秋には帰国して松前などからの昆布・鮭などの海産物を商っていることが記されている。

享和三（一八〇三）年、松ヶ崎村から松前への出稼ぎ希望者は村の労働人口の四〇％にもおよぶ一〇〇人に達した。海を越え、松前にわたることが富をもたらす出世の早道と思われていたのである。正徳三（一七一三）年、佐渡全体から松前への出稼ぎ者は二七三人、天保年間には年に三七八人ほどにも増加した。松前への出稼ぎ者は「佐渡衆」とよばれた。現地の鰊《にしん》漁などでむらがる漁師

荒川神社（胎内市桃崎浜）の北前船の絵馬（天保13〈1842〉年奉納）

を相手に漁具・縄・筵・日用品・佐渡酒などを売り、昆布・身欠鰊や肥料鰊などを積み込み、来春の再訪を約して松前を後にした。松前稼ぎの商人が佐渡に着くと、佐渡島内の商人たちが馬をひいて松ヶ崎に集まり、魚肥などの取引がはじまった。この時期、松ヶ崎は市《いち》のごとくにぎわったという。

松前から荷を積んだ船のなかには大坂にむかう船もあった。棉花《めんか》栽培などの肥料として鰊などが売りさばかれた。

佐渡宿根木《しゅくねぎ》（佐渡市）の神社の石鳥居は宿根木の船主が尾道から運んだ花崗岩《かこうがん》でできている。石工は尾道出身の与三郎《よさぶろう》と名がきざまれている。

御城米の江戸・大坂回送●

新潟市の白山神社に、下条村（阿賀野市）地主市島次郎吉正光《いちしまじろうきちまさみつ》が願主となり、嘉永五（一八五二）年奉納された大船絵馬がある。横三六〇センチ、縦一八八センチの大きな絵馬で、当時新潟町の画家井上文昌《いのうえぶんしょう》により、新潟港の御城米《ごじょうまい》積込み風景が描かれている（昭和四十四〈一九六九〉年、県文化財）。この絵馬には、帆をはり出航間近の船や積荷役中の船など北前船四八艘とともに、城米を積んで本船にむかう艀《はしけ》、積荷作業に立ち働く多くの小揚《こあげ》などもみられる。船の幟《のぼり》には荒井浜請、梶屋敷《かじやしき》請、岩船《いわふね》町請、市振《いちぶり》邑請、柏崎町請など、城米回送を請け負った町村名も読みとれる。

下条村の市島次郎吉と新発田町の次郎八《じろうはち》が越後御城米（幕府領の年貢米）の七カ年間江戸、大坂回米差配を申しわたされたのは、天保十三（一八四二）年であった。翌天保十四年、岩船町（村上市）から岩崎《いわさき》村（村上市）までの船持に各村々にある廻船の積石数に応じて、御城米三八五〇石余を村々に割りあて、最初は三四〇〇石を大坂に、ついで江戸に四五〇石を回送した。御城米の積出し港は、近世前期には新潟港、出雲崎港、今町港（上越市）の三港にかぎられていた。その後安永元（一七七二）年に海老江《えびえ》（村上市）、文政年間（一八一八〜三〇）には柏崎が指定された。

越後からの御城米回送には大坂などからの廻船が使われた。大坂から越後など御城米積出し港にむかう船は空船でいくことが定められていた。寛保元（一七四一）年にはこの規程が改められ、出羽、北国行きの御城米船にかぎって積石の三割を限度として、塩・砥石《といし》・藍玉《あいだま》などの商業用荷物の積載が許された。

化政期ごろからは、地元の船がやとわれて御城米回送にあたることが多くなった。文政七（一八二四）年、出雲崎町の敦賀屋権之助はこの年から七カ年間の幕領年貢米請負廻船の差配《さはい》を命ぜられ、出雲崎代官領の年貢米三七〇石余を海老江港で積み、江戸品川《しながわ》に二カ月かかって入津している。同年、尼瀬《あまぜ》町（出雲崎町）の京屋（野口七左衛門《のぐちしちざえもん》）も出雲崎代官領御城米の江戸回送を請け負った。さらに糸魚川《いといがわ》町知左衛門《ともざえもん》が、天保十三年から三年間にわたり川浦代官領の年貢米五〇〇〇石の江戸・大坂回送を請け負うなど、越後の地元商人や地元船による城米輸送が盛んに行われるようになった。市島次郎吉の越後御城米の回送も、こうした情勢を背景にしたものであった。

ところで新潟港への米穀の積出量の推移をみると、十七世紀後半から十八世紀末にかけて、御城米、諸家米、町人百姓米あわせた俵数は七〇万九〇〇〇俵（元禄十〈一六九七〉年）から二七万八一三〇俵（寛政八〈一七九六〉年）と激減している。とくに諸家米の減少率がめだち、御城米は元文二（一七三七）年の落込みをのぞき、寛政年間（一七八九〜一八〇一）には元禄年間（一六八八〜一七〇四）の積出量に近づいている。

こうした、新潟港への米穀積出量の減少はなにに起因するものなのか明確ではないが、当時続発した越後国内の水害などによる生産不良と年貢収入減などにより信濃川・阿賀野川水系をとおしての集荷米の減少なども反映されたものであろう。いずれにしても、新潟港からの御城米回送は、諸家米や町人百姓米集荷量が減少しているなかで、越後廻船の活動の場の確保に役立っていたと思われる。

ところで、越後国内からの御城米回送の情況はどのようなものであったか。頸城郡大濁村《おおにごり》（妙高市《みょうこう》）について述べよう（中村辛一氏の研究による）。大濁村は現在妙高市にある山村で、天保年間（一八三〇～四四）、村高一〇〇石三斗、田畑二六町五反、家数六五軒、住民三四四人の村であった。秋、郷蔵に収納された年貢米は、翌春、雪どけを待って三月、四月ごろ関川を利用して川舟で今町（上越市）に運ばれた。春の雪どけ時期になると、各地の郷蔵から関川の津出し場へ年貢米の運搬がはじまる。道路は輸送のための駄馬の往来で交通事故がおこるほどの混雑ぶりとなった。

江戸への輸送の廻船が今町港にはいると、代官出役は廻船を検閲のうえ、上乗庄屋・組頭《くみがしら》らの立会いで米俵の桝目検査が行われた。大濁村庄屋与右衛門《よえもん》らののりくんだ船は大坂からの備前《びぜん》屋新助《しんすけ》の船で乗組員は一七人であった。

明和九（一七七二）年四月二十日、今町港で午後半日かけて回送する御城米を積みおえ、その日のうちに出港した。船には長方形の白布に日の丸を描き、御城米・御用と書かれた定式の御城米旗を掲げた。御城米船は他船に優先して便宜があたえられていた。与右衛門らの乗船した備前屋の船は、四月二十一日午後八時ごろ佐渡小木港に着いた。小木港をでたのは五月十日であったから、そのあいだ一九日間小木に滞在していた。小木では佐渡奉行所役人の船中改めなどがあり、天候の好転を待って出帆、五月十一日正午ごろ能登の塩津に入港、塩津を十三日にでて五月十六日夜、長門《ながと》の萩《はぎ》まで来て木嶋の港にはいった。同日午後六時ごろ出帆、十八日は大雨で航行困難となり、九州、長門の両方の山がせまったあたりで一夜を明かし、翌朝出船。さらに天候が悪化、午後二時ごろ下関にはいった。五月二十四日午前八時ごろ下関出帆、四国の伊予《いよ》にその日のうちに着いた。二十八日塩飽島《しあくしま》をとおり、二十九日室津《むろつ》に入港。そこで六月三日まで船頭たちは上陸して休養をとり、六月四日室津を出港。六日に兵庫に着いた。九日兵庫をでたが風向きが悪く、後もどりして紀州大島に寄航。十四日大島をたち、十七日浦賀《うらが》に到着。ここでも役人の検査をうけ、六月二十日神奈川に到着。二十三日神奈川をでて、その日のうちに品川に着いた。

四月二十日今町を出港してから六月二十三日品川に着くまでに六三日を要したのであった。品川では八月三十日蔵前《くらまえ》で荷揚げを開始し、九月十三日に御城米の納入を完了した。

この御城米運送にかかわる費用は幕府からだされたが、上乗庄屋らの旅費はすべて村方の負担であった。年貢米の津出しなどの費用もあわせると、山村大濁村六十数軒の百姓にとって決して軽い負担ではなかった。江戸・大坂への回米に要する負担は天領村々の農民に多くの犠牲を強いるものであった。

4 新しい思想と文化のひろがり

竹内式部の尊皇論●

尊皇論者《そんのうろんじゃ》竹内式部《たけのうちしきぶ》（名、敬持《かげもち》）は正徳二（一七一二）年、新潟町の医家にうまれた。享保年間（一七一六～三六）に京都にのぼり公卿徳大寺家《くぎょうとくだいじけ》につかえ式部と称した。初め松岡仲良《まつおかちゅうりょう》に、のちに松岡の師で、山崎闇斎《やまざきあんさい》の高弟玉木葦斎《たまきいさい》に垂加流神道《すいかりゅうしんとう》を学んだ。この神道は『日本書紀《にほんしょき》』神代巻《じんだいのまき》に権威を求め皇室守護を本旨とするものである。

垂加神道をおさめた式部は青年公卿たちに日本書紀神代巻や「靖献遺言《せいけんいげん》」などを熱心に講じた。靖献遺言とは、大義《たいぎ》に靖《やす》んじて身を献《ささ》げる、いわゆる忠臣の遺した言葉の意で、浅見絅斎《あさみけいさい》編著による中国古今《ここん》の忠臣の詩文を中心に編述したものである。幕末期には吉田松陰《よしだしょういん》やその門下の志士に強い影響をおよぼした書物であった。

式部はまた、「奉公心得書」を書いて門下生に講じた。その内容は、天皇を神としてうやまい二心なく奉公せよと、天皇神格論を主張したものであった。幕政を直接否定するものではないが、天皇を始め公卿が学を深め人格を高めることで天下万民は天皇の徳に服し、自然に徳川将軍《とくがわしょうぐん》も政権を天皇に返すであろうと説いたのである。式部の説く垂加流神道の熱心な信奉者が公家《くげ》のあいだに増加するにつれ、幕府との関係を良好に保とうとする保守派公卿の反感が強まった。宝暦六（一七五六）年十二月、保守派公卿の告訴により、式部は京都町奉行で取調べをうけた。この取調べでは、式部のもとでの多人数の集会が禁止された程度であった。式部の活動はそののちもやむことはなかった。

こうした式部の動向に対し、全国の神社の神職を支配していた吉田神道《よしだしんとう》は垂加神道に強く反対した。宮廷公卿の保守派もこうした動きをうけて再度式部の取調べを町奉行に訴えた。宝暦八年六月二十八日、京都町奉行での吟味《ぎんみ》の結果、革新的公卿グループは職を取りあげられるなどの処罰をうけ、式部も重追放の処分をうけた。その後の式部は伊勢《いせ》などに居住したが、消息は定かでない。

ところが明和四（一七六七）年三月、式部はふたたびとらえられ三度目の吟味をうけた。それは、山県《やまがた》大弐《だいに》・藤井右門《ふじいうもん》らのいわゆる明和《めいわ》事件に関連したものであった。

山県は江戸で儒学・兵学を講じていた。山県の著書『柳子新論《りゅうししんろん》』は封建的身分社会を批判し、庶民の国政参加をも説くという、当時にあっては革命的思想を主張したものであった。この著書は事件後幕末に至るまで密かに伝えられ松陰門下の志士にも熟読されていた。『柳子新論』がだされた五年後の明和元年に「上州武蔵伝馬騒動《じょうしゅうむさしてんまそうどう》」が発生、参加人数二〇万人を超える、一揆参加者数では江戸期最大の一揆であった。この一揆参加者のなかに大弐の門弟の多い上州小幡《おばた》藩の農民も加わっていた。一揆は農民が連帯して宿場《しゅくば》や助郷《すけごう》村々への重課に反対し幕府の命に抗するものであった。幕府は大軍をさしむけて鎮圧した。

明和四年山県らはとらえられ死罪となった。山県らとの関係を疑われてとらえられた式部は吟味の結果、とくに関係のないことが判明したが、京都などへ潜行したという、重追放に違反したかどで八丈島《はちじょうじま》に流され、明和四年十二月五日寄港地三宅島《みやけじま》で「湿病」のため病死した。

式部が公卿らに説いた垂加神道は越後にも伝えられていた。式部が宝暦三年新潟町の武本徳右衛門《たけもととくえもん》にあてた書翰によると、新潟町白山神社神主小林能登守直養《こばやしのとのかみなおやす》、見附《みつけ》町菊池貞斎《きくちていさい》らが式部らの説く神道を学び、

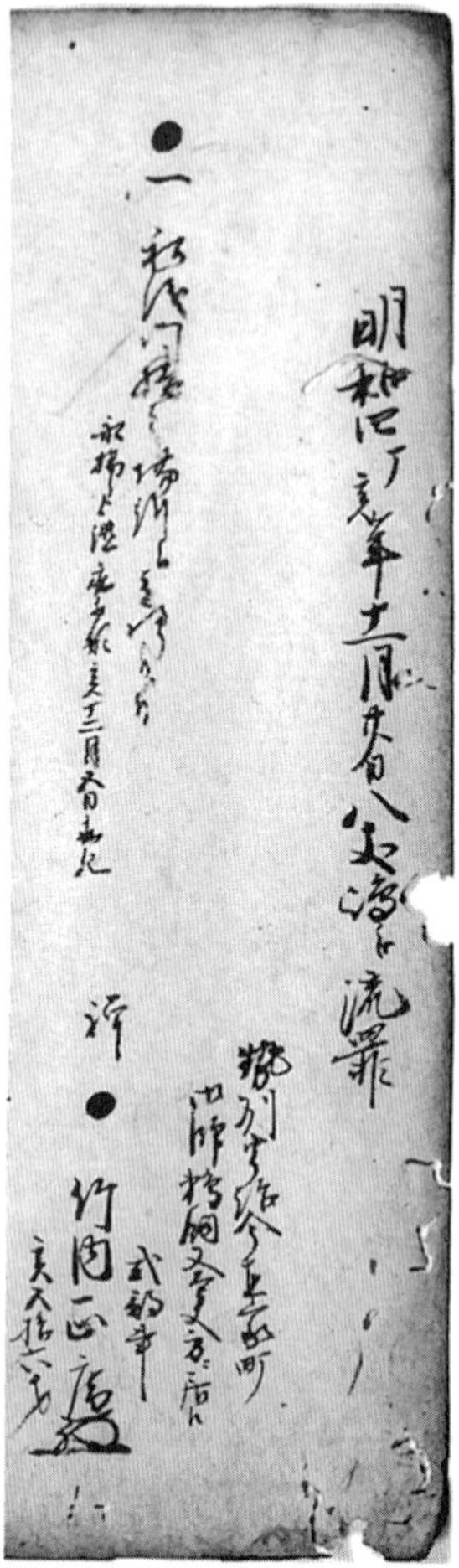

流人罪名帳断簡(竹内式部自署絶筆)

新潟町には儒学神道を研究する集まりがあったことなどがうかがわれる。菊池貞斎は上京して式部の塾に在籍、山県大弐とも交友があった。帰郷して塾を開き多くの子弟を教育した。

本多利明の開国論●

十八世紀後半から十九世紀にかけて、鎖国《さこく》体制を批判し開国の必要を主張した経世家《けいせいか》本多利明《ほんだとしあき》は当時の日本の識者に大きな影響をあたえた。利明は寛保三（一七四三）年生まれで出身は、越後村上城下の士とも、福島潟北方の農村出身ともいわれている。著書『経世秘策《けいせいひさく》』（後編）では越後出身者らしく、新田開発の必要性を説くにあたり阿賀野川・加治川・福島潟などの自然状況を詳述し、鎧潟・福島潟周辺の農民はみな、新田開発を願っているが許可されない理由は、為政者が農民の情況理解にうとく、賄賂などを得て大事を見失っているためだとし、農民の苦しみを知って国家の政治を行うべし、と訴えていた。

利明は江戸で関孝和《せきたかかず》の高弟今井兼庭《いまいけんてい》に算学《さんがく》を学び、蘭学《らんがく》は司馬江漢《しばこうかん》らとまじわり独学し、二四歳の若さで江戸で算学・天文学《てんもんがく》の私塾を開いた。身分は町人であったが、晩年、文化六（一八〇九）年に加賀藩に一年任官しただけで一生浪人をとおした。著書には経世論として『経世放言《けいせいほうげん》』『経世秘策』上・下・補遺・後編、『西域物語《さいいきものがたり》』など、北方問題の書としては『蝦夷拾遺《えぞしゅうい》』『蝦夷風土記《えぞふどき》』などがある。

利明の経世論の思想体系が完成したのは、寛政年間（一七八九〜一八〇一）ごろで、直接的契機は、天明《てんめい》飢饉の惨状のなかを東北地方を旅した体験から、社会・経済問題へと学問の中心を移したことによる。利明は日本が開国し外国との交易を行うことが国を富ませ、ひいては農民を救うことだと主張する（『経世秘策』下）。国を富ませるには国産の増殖が必要であるが、自国の力のみでは国力や農民が衰えるばかりだ、国産の不足を他国より金銀を得る交易によって行うほかにない、と農民救済と国富をはかるために開国と交易の必要性を主張した。また、わが国の鎖国政策を批判し、かつての日本は広東・安南、あるいは赤道直下の南洋諸島にまで交易船が渡海していた。鎖国となり日本から金銀などが外国にでていくばかりだ、鎖国をやめ、かつてのように渡海が盛んとなれば、金銀も国外にでることはなかろうと、官営交易による重金主義の主張を展開した(『西域物語』)。

北方領については、ロシアが南下し日本の北境に侵入しつつあることを指摘、わが国にとり樺太《からふと》ほど大切な国境はないが、そこでも近年ロシア人の侵攻が目立つと、樺太経営の急務であることを主張、このまま放置することは「官の過失」であると警告した。さらに、日本を「天下第一の国」にするにはイギリスの都ロンドンと同緯度であるカムチャツカの地に日本の都を移し、樺太の北緯四十六、七度あたりに城郭を建て、山丹《さんたん》・満州《まんしゅう》などと交易し、中国の産物を安く入手する必要もあると、広大な思いを吐露している。幕府は利明の北方経営の卓見を知り、蝦夷地案内役への出仕を依頼してきたが、門弟最上徳内《もがみとくない》を推して自身は辞退し、生涯のほとんどを門弟教育と著述に従事した。利明は文政三(一八二〇)年七八歳で没するが、その三〇余年後、日本は開国にふみきった。

利明の著書は三〇部ほど刷られて同志に頒布される程度で、広く人びとに流布したものではなかったが、当時の識者にあたえた影響ははかり知れない。韃丹《だったん》地方を探検した間宮林蔵《まみやりんぞう》は手記に、本多利明の教示に影響をうけたと記している。また、幕末に幕府の蝦夷地総督《そうとく》に任ぜられ、樺太探検にあたった越前大野《おおの》藩士内山隆佐《うちやまたかすけ》は利明の卓見に共鳴し、利明の著書を書写して所蔵していたという。

ロシアの蝦夷地進出について、北方防衛の必要を説いた林子平《はやしし へい》・工藤平助《くどうへいすけ》らと異なる点は、林・工藤らの所論が軍備をもって外国をふせぎ藩の枠にとらわれた富国策であるのに対し、利明は藩を超えた一国と

越後諸藩の藩校

名称	藩名	所在地	創立	廃止
道学堂	新発田	新発田	安永元(1772)年	—
崇徳館	長岡	長岡	文化5(1808)年	
克従館	村上	村上	文化年間(1804〜18)年	明治6(1873)年
正徳館	与板	与板	—	明治5(1872)年
修道館	高田	高田	慶応2(1866)年	明治4(1871)年
自彊館	村松	村松	明治元(1868)年	明治5(1872)年
明道館	糸魚川	糸魚川	明治2(1869)年	明治5(1872)年
入徳館	三根山	峰岡(新潟市)	明治年間	—
秉彝館	三日市	舘(新発田市)	—	—
為善館	椎谷			明治5(1872)年
明新支館	上ノ山	七日市(長岡市)	慶応元(1865)年	—

『新潟県史』通史編4近世二による。

しての開国交易で外国に対処せよ、と主張した点にある。

藩校と私塾●

幕府は五代将軍綱吉《つなよし》のころから武断《ぶだん》的な政治から文治《ぶんち》主義に転じ、政治の基本理念を儒学《じゅがく》に求めた。越後諸藩もそれにならって藩政統治の理念を儒学においた。

長岡藩では元禄年間（一六八八〜一七〇四）に家臣を幕府の儒官林家《りんけ》に入門させるなどして儒学の導入をはかった。儒学のなかでも朱子学《しゅしがく》は封建的身分制度を正当化し、その制度をささえる役割を果たし幕府からも保護されていた。しかし十八世紀にはいると仁政による儒教的政治を説く朱子学のみでは、現実の流動する社会への対応は困難となった。朱子学を概念的すぎると批判し、古代儒学の原典を実証的に研究する古学《こがく》と称される学問が越後においても学ばれるようになった。その後さらに朱子学その他の学派にとらわれず、それら諸学説を取捨選択して穏当な説を立てようとする折衷学派《せっちゅうがくは》があらわれた。

儒学は越後諸藩の武士やその子弟に、為政者たる武士のもっとも必要な教養として学ばれた。越後諸藩の学問を教授する藩校《はんこう》が一一校設立されたが、新発田・村上・長岡の三藩をのぞき他は慶応期(一八六五~六八)から明治初年に設立されたものである。幕府・諸藩の支配体制が動揺し崩壊のきざしをみせはじめた時期に各藩は家臣の教育を強化し組織的に行いはじめた。

長岡藩の藩校は文化五(一八〇八)年、九代藩主牧野忠精《まきのただきよ》により設立された。校名は徳を崇《たっと》ぶという論語などからとった「崇徳館《そうとくかん》」と称された。崇徳館の学規(学問の目的、修業の心得)は、忠・信・孝・悌という儒教の根本的倫理をおさめ、その実践をめざすことと定められていた。

初代の都講《とこう》(藩校の運営責任者)に任ぜられた秋山景山《あきやまけいざん》は江戸で学んだ古文辞学《こぶんじがく》派(徂徠学派)の立場をとり、古学を中心とし、幕府の官学《かんがく》である朱子学にとらわれず、実践を目指すことこそ学問であるとの立場をつらぬいた。開校当初の門下生は三〇〇余人、幕末期には七、八〇人の家臣の子弟が出席していたが、足軽《あしがる》身分の子弟は入門を許可されなかった。この藩校での成績優秀者は藩の要職に採用されるなど、人材登用の役割をも果たしていた。

新発田藩の藩校「道学堂《どうがくどう》」は八代藩主溝口直養《みぞぐちなおやす》によって安永元(一七七二)年に設立された。直養は朱子学のなかでもとくに固陋《ころう》な山崎闇斎の学を奉じ、新令を発してそれ以外の説を禁じた。さらに藩では朱子学を広く庶民にも普及させるため社講《しゃこう》制をしいた。学力あるものを名主、百姓などの身分にかかわらず「社講」とよばれた講師に任命し、封建体制維持の思想でもある朱子学を全領民に広めようとしたが、意のごとくには進展しなかった。藩の規定した朱子学をさけ、具体的な社会のありさまに即していかに生きるべきかを説く古学が庶民や藩士にも求められていたのである。

幕領佐渡相川の田中葵園《たなかきえん》は和漢神仏の経典につうじ、江戸にでて林述斎《はやしじゅっさい》に学んだ。亀田鵬斎《かめだほうさい》が佐渡にきたとき「葵園に就いて学べば上京の必要はない」と学問の深さを激賞したという。葵園は奉行所内に学問所を建てることを建言、文化七年、幕府の許可を得て、翌年三月着工、八月完成し修教館《しゅうきょうかん》と名づけられた。また、幕府の許可を得て昌平黌《しょうへいこう》の聖像を模刻して聖堂に掲げた。この建築費は公費を一切使わず武士から百姓・町人に至る人びとの献金によってまかなわれた。修教館では天保四（一八三三）年以後毎年地役人の子弟の素読試験を行い、地役人登用にも関与した。

藩校が藩の枠内の子弟教育であったのに比して、私塾は藩領域を超えた広がりをもち、越後各地に成長してきた豪農・豪商の子弟教育の場となった。学問を深めようと志すものは、まず越後在郷の私塾に学び、その後さらに江戸や上方にでて著名な学者の門下生として学を深め、帰郷して高度な新しい学風を私塾をとおして越後に伝えた。私塾こそが、越後での新しい学問研究をになう場となっていた。

在郷の儒学は、古学派や折衷学派の影響が強かった。幕府による異学《いがく》の禁止で朱子学派の圧迫をうけた折衷学派の学者亀田鵬斎は文化六年、越後にきて歓迎され同八年まで越後、佐渡ですごしたが、それも豪農・豪商らの広い支持をうけたからにほかならない。

文化・文政期以後、とくに発展した私塾は自由な雰囲気をもち越後各地から学徒が集まり在郷の村々へ広く学問を普及させていた。三島《さんとう》郡片貝《かたかい》村（小千谷《おぢや》市）の郷学「朝陽館《ちょうようかん》」は天明年間（一七八一〜八七）、村内の重立が協力して資金をだしあい学校を創設したものである。寛政元（一七八九）年、請われて館主となった藍沢北溟《あいざわほくめい》は江戸で折衷学を学んだ、学識・徳望をかねそなえた評判の人で、北溟をしたって入門するものが多かった。朝陽館はのちに耕読堂《こうどくどう》と改称し、維新後片貝小学校となった。

朝陽館創設者の中心であった庄屋太刀川喜右衛門《たちかわきえもん》は随筆『やせかまど』で当時の支配層を批判しながら、

農事暦や農法・農具などを記録し、後世に役立てようとしていた。こうした実生活に有用な学問を求めた設立者たちの意向が穏健で実証的な折衷学を中心とした塾として発展していったのである。

朝陽館の基をきずいた北溟の子藍沢要助《あいざわようすけ》（号は南城《なんじょう》）は江戸で父と学友の松下一斎《まつしたいっさい》の塾に入門、折衷学を学び、文政三年（一八二〇）に帰郷して南条《みなみじょう》村（柏崎市）で「三余堂《さんよどう》」を開いた。三余とは、年のあまりの冬、日のあまりの夜、時のあまりの雨の日など、農業の余暇に読書にはげむという、学問すべき三つの時を意味した。南城は儒学のほかに仏教や神道にも理解があり、万延元（一八六〇）年に没するまでに

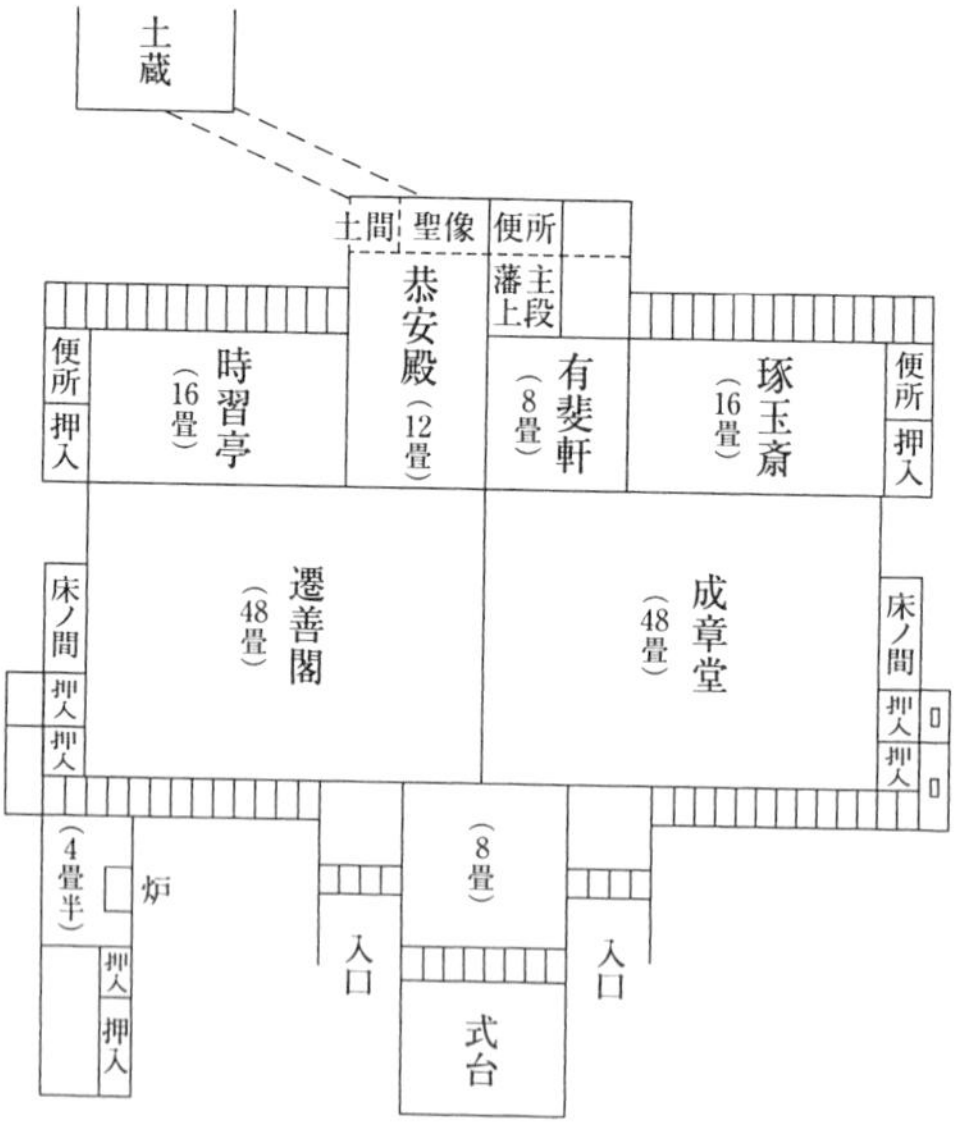

崇徳館（長岡市）の平面図

長善館址碑（燕市）

門人は七二三人を数えた。門人の多くは豪農など富家の子弟で医師・僧侶などの子弟もいた。

粟生津村《あおうづ》（燕市）の鈴木文台《すずきぶんだい》が開いた「長善館《ちょうぜんかん》」も三余堂とならんで近世の越後を代表する私塾であった。文台は粟生津村の医家の二男で、文化十一年、一九歳で江戸に遊学、帰郷して天保四年に長善館を開いた。学習は、中国の経典を購読し、聖賢の道をあきらかにするもので、「長善館学則」や「学規二則」などが定められ、学習の日課や方法などがととのえられた。ここでの教育は儒学によりながらも、のちには国史・数学・英学なども取りいれられ、時代の要請に応じた人材の育成につとめた。塾生は明治十五（一八八二）年までに五七七人を数え、出身地は越後各地におよんでいたが、西蒲原郡《にしかんばら》・南蒲原郡・三島郡などに集中し、やや在地性の強い塾であった。著名な門人としては、長谷川鉄之進《はせがわてつのしん》らの勤王《きんのう》の志士、明治時代に中央政界で活躍した長谷川泰《だい》・大竹貫一《おおたけかんいち》らがいる。

私塾は、ほかに済美堂《せいびどう》（上越市）、学古塾《がっこじゅく》（佐渡市）、犂雨村舎《りゅううそんしゃ》（佐渡市）など、江戸時代には各地に一六〇ほどの特色ある私塾が開業され、在野資産家の子弟などに学問をとおして新時代を展望する力をあたえていた。

和算・洋学の創造的研究●

和算は西洋の数学にひけをとらない高度な研究がなされていた。和算の発祥の地は、京都・大坂とならんで、金山の栄えた佐渡であった。鉱山開発のための測量術が必要とされた元和年間（一六一五～二四）、越中から相川町に移住した算学者百川治兵衛《ももかわちへえ》は、和算の書『諸勘分物』をあらわし教授した。その後百川の算学が佐渡や越後を始め全国各地で学ばれ、百川流和算として発展した。書物の内容は材木の分直し（体積をかえず形をかえる方法）など材木に関する基礎的問題が多かった。

百川流和算は金銀山との関わりをもち実用面でも活用された。越後で本格的な和算研究が行われたのは寛政期（一七八九～一八〇一）以後である。この期の越後出身の和算研究の先駆けとなった本多利明や丸《まる》山良玄《やまりょうげん》らによって、江戸の算学者関孝和やその後継者らの研究が越後にも導入されたのである。

この期の越後での和算研究をになったのは諸藩の勘定方や在村庄屋層であった。田地測量や貢納物の計算の必要から和算の知識を必要としたからである。江戸帰りの和算家は研究を深めると自分の発見した問題や解法を書いて神社に奉納した。こうして奉納された算額は七八面が知られている。奉納期は寛政・享和・文化期（一七八九～一八一八）に集中していて和算研究発展の状況がしのばれる。

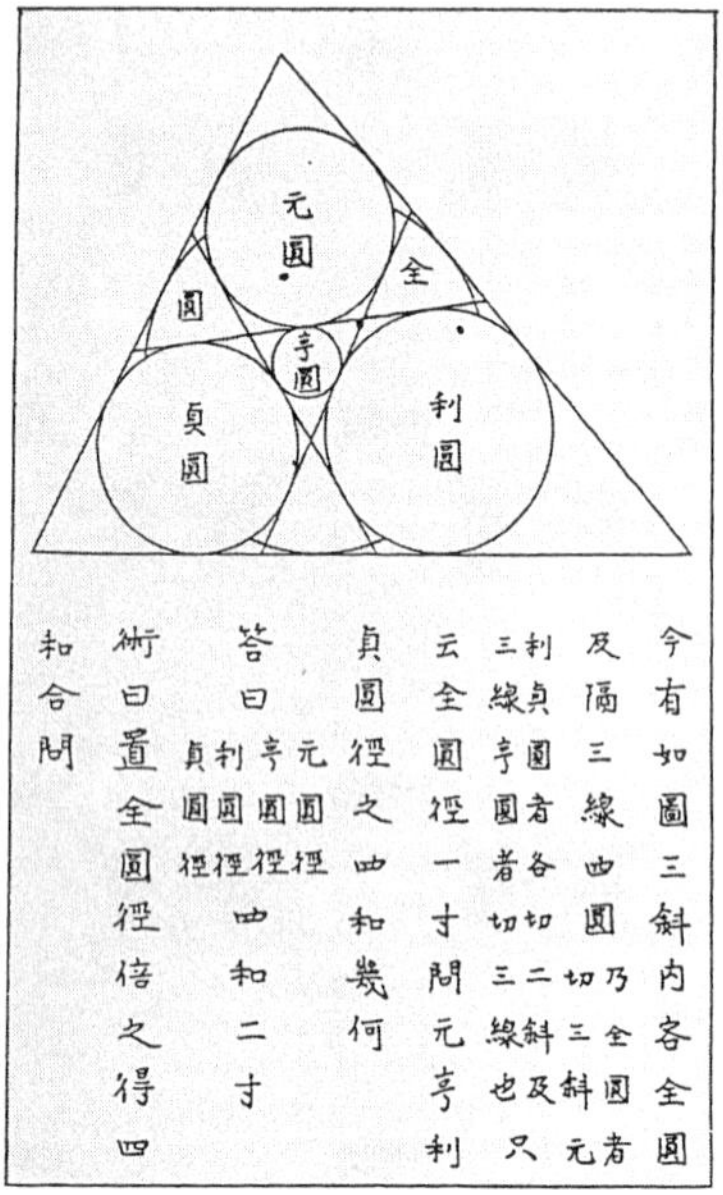

山本方剛奉納の白山神社の算額（『新潟県史』通史編5近世三による）

享和三（一八〇三）年、山本方剛（新発田藩士）が新潟町の白山神社に奉納した算額は「三角形の中の三本の斜線に囲まれた四円の直径の和が全円の直径の二倍となる」という幾何学的関係の発見を記したもので、この発見は世界でもっともはやいものとされている。

文化・文政期以後になると算学者の活躍の中心は町民や農民出身の研究者に移っていった。和算は越後佐渡の農村各地に広く浸透し、さらにこうした算学研究の深まりは、算学の枠を越え合理的な思考をも促し、自然界を合理的に思考し追究する洋学研究者をも輩出した。

十八世紀、上方でのオランダ医学を取りいれた漢蘭折衷の学派が興隆すると越後佐渡からも遊学入門があいついだ。享保十九（一七三四）年、糸魚川の相沢玄泉《あいざわげんせん》の遊学以来、安永五（一七七六）年までのあいだに一一人の遊学入門者を数えた。この人たちにより従来の抽象的な漢方医学中心の医学分野にはじめて実証的な西洋医学が越後に導入された。その後、寛政期から文化期にかけて、江戸や京都・大坂などの蘭学塾への遊学者が増加した。江戸時代、諸国の洋学塾で学んだ越佐の出身者は二〇〇人余が知られている。加茂《かも》の森田千庵《もりたせんあん》は京都で蘭語訳読や西洋医学を学び、さらに長崎でシーボルトに学んだ。この千庵を中心とした医者グループにより西洋医学の研究が続けられた。

越後諸藩では漢方医学が主流であったが、西洋医学の受容もみられるようになった。なかでももっともはやく西洋医学導入につとめたのは長岡藩であった。文化年間（一八〇四～一八）に藩医を大槻玄沢《おおつきげんたく》の塾に就学させたり、天保三（一八三二）年には藩医によって解屍が行われるなど、実証的医学の研究が行われた。しかし、藩による西洋学問の研究は、藩が指定した特定者にかぎられ、命ぜられたもの以外の洋学研究は禁止された。

医学を中心とした洋学研究はやがてほかの分野の研究へと広がった。小千谷町の富商の家にうまれた広《ひろ》川晴軒《かわせいけん》は初め和算を学んだが、さらに江戸へでて万延元（一八六〇）年、天文・地理・窮理学《きゅうりがく》（西洋物理学）などを修学、帰郷後、慶応二（一八六六）年『三元素略記《さんげんそりゃっき》』を自刊、一〇〇部ほどを友人に配布した。当時はほとんどこの学説は理解されず、明治四十一（一九〇八）年、狩野亨吉《かのうきょうきち》によって世に紹介されるまでかえりみられることがなかった。狩野によると広川の『三元素略記』は熱と火と電気の三者は本質においては同一物である、とする学説で、西洋のエネルギー相関説と同じものであること、しかもその発表は両者とも同じ時期であったこと、を指摘している。

佐渡宿根木（佐渡市）の四十物《あいもの》師の家にうまれた柴田収蔵《しばたしゅうぞう》は天保十年江戸にでて医学を学び、嘉永元（一八四八）年、卵形の世界地図『新訂坤輿略全図《しんていこんよりゃくぜんず》』を著した。その後、幕府の絵図調書役に任ぜられた。同じく、佐渡新町《しんまち》村（佐渡市）の医学者で洋学者でもある司馬凌海《しばりょうかい》は、江戸で洋学を学び、さらに長崎でオランダ医師より蘭学を修得、オランダの薬学書から抜粋した『七新薬』を公刊、当時の医学書のベストセラーとなった。佐渡に帰り、明治期にはいって『和訳独逸辞典《わやくどいつじてん》』を編集した。

寺子屋と庶民文化●

江戸時代、庶民が学んだ寺子屋《てらこや》は数多い。越後・佐渡各地で開校された寺子屋は今日、七九六校の所在が確認されている。天和年間（一六八一～八四）に築地《ついじ》（胎内市）に開校した西村平作《にしむらへいさく》の寺子屋蓊亭《おきなてい》がもっとも初期のものとされている。寺子屋の開設は、化政期から天保期にかけて激増した。十九世紀にはいり庶民の教育への要求がいちだんと高まってきたあらわれであろう。

天保年間（一八三〇～四四）、日本海にある離島、粟島《あわしま》の文化状況について、当時の地理学者で『越後全図』『佐渡鉱山図譜』などを著した小泉基明《こいずみもとあき》は、粟島島民のなかには御家《おいえ》流、上国《じょうこく》流の書法による文字を書くものや算術《さんじゅつ》・碁《ご》・将棋《しょうぎ》・俳諧《はいかい》もたしなむものがいる、と記している。

町場の寺子屋では授業が通年行われるのが普通であったが、農村や豪雪地域では冬期を中心に農閑期にのみ授業を行うところが多かった。片貝村（小千谷市）の太刀川喜右衛門の寺子屋では三月三日の節句までの冬期を中心に農閑期に村の子どもを教育した。南魚沼《みなみうおぬま》郡内では四季をつうじて学ぶものは少なく、冬期九〇日程度と夏の農作業の暇なときに学習するのが一般的であった。

太刀川喜右衛門の著した『やせかまど』（文化六〈一八〇九〉年序）の春の項につぎのような記述がある。

わが家は昔から書にすぐれているわけではないが、村の子どもに読み書きの世話をしてきた。村人がわが家に子どもを託するのは、書の能力のためではなく、私を信頼してのことである。子どもたちに深いことを教える必要はない。物の名前、人名、村名や銭勘定と米の収支の覚えを書けるようにすれば村で生活するに十分である。貧しい家の子どもが多いので、十四、五歳にもなれば農業の働き手になるから、さしあたり役に立つことを教えればいいのではないか。こうしたなかで身元のしっかりしている人は紙や筆を買う費用に不足がなければ、さらによい先生について聖賢の道を学ぶこともよい。

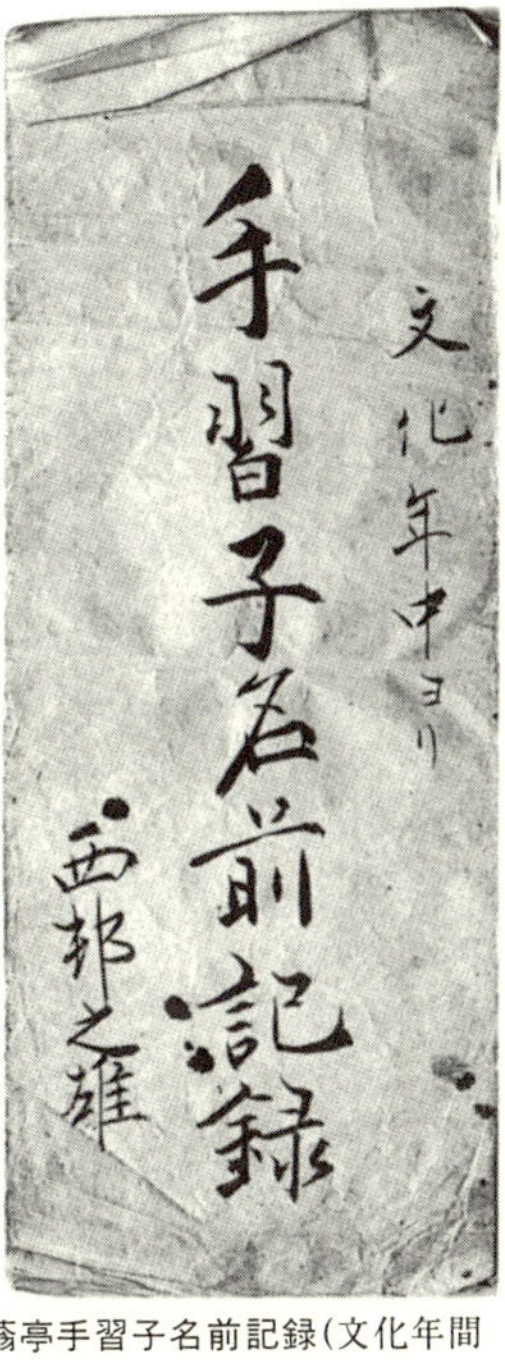

蓊亭手習子名前記録(文化年間〈1804～18〉より)

村の庄屋が親から託された農民の子どもを農業の合い間に指導している情況がうかがえる。記述はさらに続いて「女子は縮《ちぢみ》の糸より紡ぎ、男子は手習または農具の用意が専一であり、春の永き日は男子は読、書、算盤、手習の時期なればいたずらに日数を送るべからず」と男子優先の教育ではあるが、農閑期においての勉学を促している。

塩沢《しおざわ》の井口祖右衛門が嘉永年間（一八四八〜五四）に開いた三省堂《さんせいどう》では、年齢に応じた、体系的な教育内容が編成されていた。三条の古城《こじょう》町に文政年間（一八一八〜三〇）開校した尚古堂《しょうこどう》は明治六（一八七三）年の廃業までに、町内の子ども一八三人が学んだが、そのうち女子は四五人と、全体の四分の一であった。村上の磯部順軒《いそべじゅんけん》の寺子屋には元文三（一七三八）年より寛政二（一七九〇）年のあいだに一二二三人の寺子が在籍したが、女子は五人と非常に少ないところもあった。寺子屋の師匠となった人は村役人・僧侶・医者など村の有職者で、村内の指導的立場にある人であった。

領主は庶民教育の場となった寺子屋に関心を示しはじめてはいたが、積極的には寺子屋教育を推進する意図はみられなかった。経済的発展を背景に、庶民の要求にささえられ、庶民みずからの力で寺子屋教育が進められていたのである。

寛政期以後幕末にかけて、越後・佐渡に広がった俳諧は庶民大衆がはじめて作りだすことのできた文芸であった。松尾芭蕉《まつおばしょう》の門人各務支考《かがみしこう》は宝永三（一七〇六）年、同五年の二度越後にきて越佐の俳壇に大きな影響をあたえた。「田舎蕉門《いなかしょうもん》」などと卑《いや》しめられつつも作風が平易であることで、糸魚川・直江津・高田・出雲崎・新潟などの俳人に影響をあたえた。なかでも新潟町の俳人北村七里《きたむらしちり》は支考に師事し、北国にこの人ありといわれるほどに名をあげた。その後、支考の高弟美濃《みの》国出身の仙石盧元坊《せんごくろげんぼう》が享保十（一七二五）年、同二十年、寛保二（一七四二）年の三度来越し、村上、沼垂《ぬったり》、五泉、加茂、井栗《いぐり》、下条《げじょう》、池ノ端《いけはた》、新津、橋田《はしだ》、粟生津、与板《よいた》、長岡、出雲崎へと門人を広め、庶民的とされる美濃派俳諧が流行した。宝暦・明和期は美濃派俳諧が越佐俳壇の中心をなし、農村にも普及した。

享和元（一八〇一）年、塩沢の鈴木牧之《すずきぼくし》は同郷の井口茂兮《いぐちもけい》とともに浦佐《うらさ》の普光寺《ふこうじ》境内に俳句額を奉納した。集句数四一〇〇余句、選句は江戸・京都・讃岐《さぬき》・伊勢《いせ》・大坂の宗匠一〇人に依頼した。寺社への奉額行事は時代がくだるにつれ規模を大きくした。文政十（一八二七）年、片貝（小千谷市）の観音寺《かんのんじ》と浅原神社に掲げられた俳額には一万五〇〇〇句の応募があり、信濃の小林一茶《こばやしいっさ》と長岡の杉坂石海《すぎさかせっかい》が一〇〇句ずつ選句して奉納した。越佐の俳諧は京・大坂や江戸とも交流を深めながら広く庶民のあいだに普及していった。

和歌は神職や国学者のあいだに広がった。五泉の大江広海《おおえひろみ》は京都にでて活躍し、広海と親交のあった五泉の和泉円《いずみまどか》には嘉永五（一八五二）年刊の歌集『ひなさえずり』がある。

佐渡では連歌《れんが》が盛んに行われた。佐渡奉行所付きの連歌師となった土屋永輔《つちやえいほ》は、寛政七年、江戸城柳営連歌の連衆に加えられるなどのめざましい活躍をした。

羽茂《はもち》村は連歌の盛んな村の一つであった。羽茂への連歌の伝播《でんぱ》は中世末期連歌師宗長《そうちょう》の弟子宗礼《そうれい》が大永三（一五二三）年に大泊《おおどまり》（佐渡市）に上陸し、当時の時宗《じしゅう》教団とも密接な連携をとりながら連歌を普及させたことによるといわれている。羽茂連歌は寛永五（一六二八）年に菅原《すがわら》神社で祈禱連歌がもよおされたのが文献上の初出である。

羽茂の連歌衆は京都より宗家里村玄川《さとむらげんせん》を招いて指導をうけ作句の力をつけていた。文化期には常時三〇

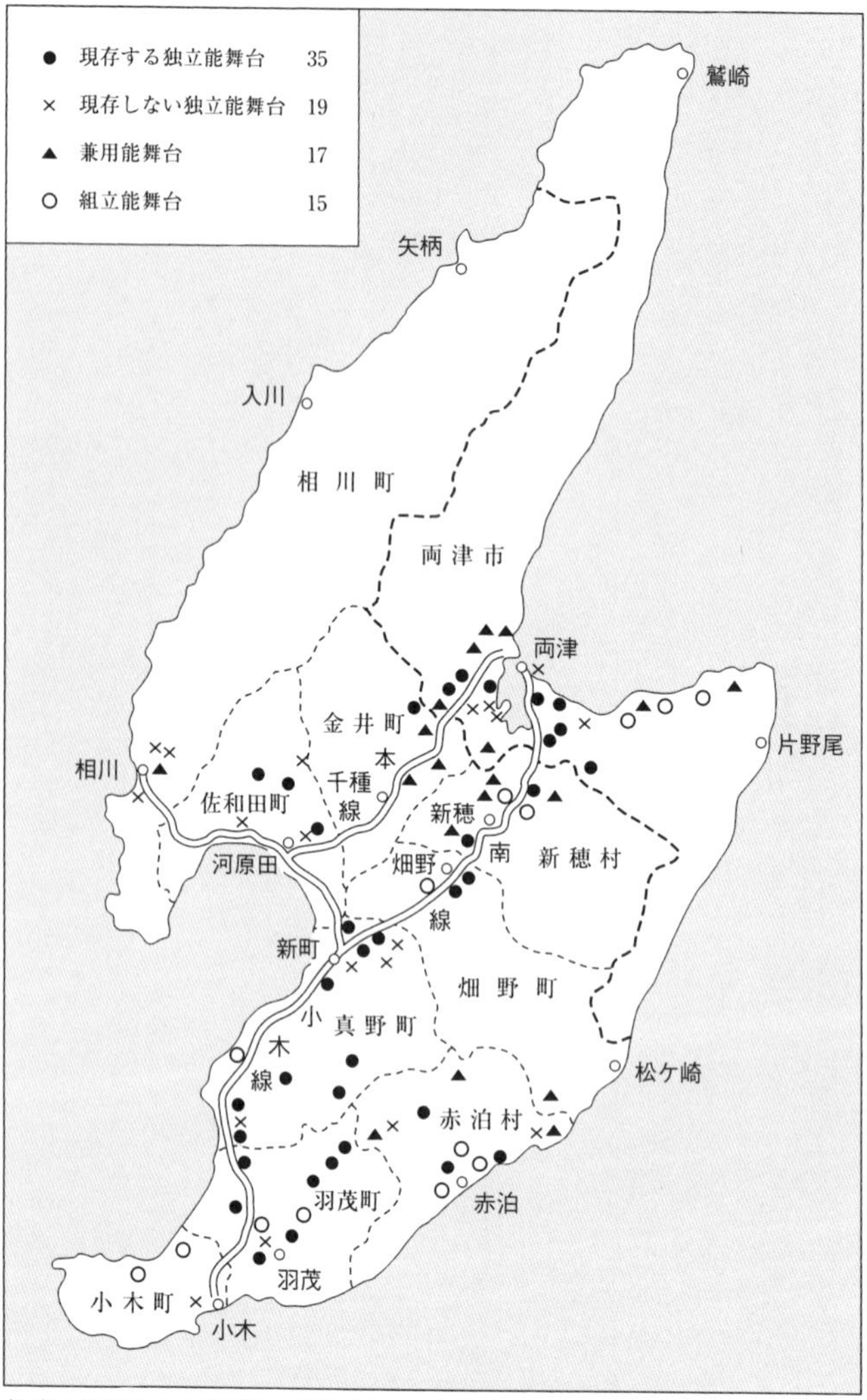

佐渡の能舞台の分布(若井三郎『佐渡の能舞台』による)

人をくだらない人びとが羽茂の連歌衆仲間に加入していた。文化十年、羽茂の連歌開催の状況は、五月十六日の月次会《つきなみかい》からはじまり十月までのあいだに一八回もの連歌がもよおされていた。このころ、連歌に出座できた人は常連の連歌衆のほかに老母でも娘でも村の誰もが気軽に参加できる状況であったという。

佐渡では、金銀山の影響で発達した文化の一つに能楽《のうがく》がある。大久保長安《おおくぼながやす》が相川春日社《かすがしゃ》で鉱山繁栄のために行った神事能が島の伝統芸能となったものである。佐渡島内の能舞台は、すでに現存しないものを含め仮設能舞台をのぞくと八八の能舞台があった。多くは神社境内に設けられた舞台で、地謡座がなかったり楽屋が舞台後方にあったりで標準的な舞台とは違った独特のものであったが、かつては村人自身の出演による能楽が盛んであったことを示している。佐渡市吾潟《あがた》にある本間《ほんま》家は、宝生《ほうしょう》宗家から贈られた謡本を伝える。

柏崎市大字女谷《おおあざおなだに》の下野《しもの》・高原田《たかんだ》に伝わる綾子舞《あやこまい》は、踊り、囃子舞《はやしまい》、狂言《きょうげん》からなり、かつては農閑期に刈羽《かりわ》・頸城地方の農村の娯楽として巡業されていた。慶長年間（一五九六〜一六一五）、京からくだった女《おんな》歌舞伎《かぶき》により越後に伝えられたものである。踊りは二、三人の少女が赤い布をかぶり振袖、だらり帯、たぐり、白足袋《しろたび》（高原田は赤い袴《はかま》の巫子《みこ》姿）で扇をもって踊った。初期歌舞伎踊を今に伝えている。

佐渡ののろま人形は、江戸の人形芝居の合間に演じられた滑稽《こっけい》な野呂松《のろまつ》人形が、金山の繁栄のなかで佐渡に伝えられ定着したものである。佐渡市新穂瓜生屋《うりゅうや》の広栄《こうえい》座に現存する人形首のなかには、享保期ごろの上方風のつくりで、古浄瑠璃《こじょうるり》人形首の原形を伝えるものもある。

近世初期から後期にかけて、京・大坂や江戸の文化が越後・佐渡に伝えられ、こうした伝来文化が越後・佐渡庶民のあいだに定着し、それぞれの村の文化として成長しながら庶民生活を豊かなものにしていた。

禅僧で詩人・歌人・書家でもあった良寛《りょうかん》は宝暦八（一七五八）年、出雲崎の名主で石井《いしい》神社神職でもあった山本《やまもと》家の長男としてうまれた。この生年は、天保二（一八三一）年一月六日に七四歳で没したという説を逆算したもので、没年齢七五歳説もある。

良寛の祖父新左衛門《しんざえもん》はその子新之助《しんのすけ》が幼なくして死亡し嗣子《しし》がなかったため、分家である佐渡相川町橘《たちばな》屋《や》の娘を養女とし、宝暦五年二月に与板町の割元新木《あらき》家の二男重内《じゅうない》を婿養子として迎えた。この橘《きつ》左衛門泰雄《ざえもんやすお》、または伊織《いおり》と名乗り、俳号を以南《いなん》と号した人が良寛の父とされてきた。

良寛の母の名は従来の「秀子《ひでこ》」説の根拠が薄れ、『佐渡国略記』の記述などから「おのぶ」であることが近年判明した。なお、良寛の父についても『佐渡国略記』によれば、おのぶは越後新津の一七歳になる新次郎《しんじろう》と寛延三（一七五〇）年結婚したと記されてある。この新次郎こそが良寛の実父であり、新次郎は新津大庄屋桂家の四代目をついだ桂誉章《かつらたかあき》であるとの説が有力である。

新次郎は桂家のお手かけの子で出雲崎の山本家に養子となったが、桂家三代目の誉春《たかはる》の一人の男子が遁《とん》世《せい》したため桂家に引き戻されたものとされている。おのぶは新次郎とのあいだに良寛をうんだが、やがて新次郎と別れ、以南と再婚したものと考えられている。

こうした栄蔵《えいぞう》（良寛の幼名）の出生事情も良寛出家の理由の一つではなかったかと指摘されている。良寛は少年のころ大森子陽《おおもりしよう》が地蔵堂（燕市）に開いた私塾「三峰館《さんぽうかん》」に学び、十六、七歳のころ名主見習いとなったが、やがて家をでて隣町尼瀬《あまぜ》にある曹洞宗光照寺《そうとうしゅうこうしょうじ》にはいった。安永八（一七七九）年、備中玉《びっちゅうたま》島《しま》（岡山県倉敷《くらしき》市）の国仙和尚《こくせんおしょう》に伴われて円通寺《えんつうじ》できびしい修行を積んだ。寛政二（一七九〇）年、修行証明書である偈《げ》を国仙和尚からあたえられた。翌年、師の国仙がなくなり、良寛は諸国行脚《あんぎゃ》ののち、寛政八年帰国し、郷本《ごうもと》（長岡市）や国上村《くがみ》（燕市）国上寺《こくじょうじ》五合庵《ごごうあん》などを転々とし、文化二（一八〇五）年、五合庵に定住した。文化十三年、五合庵から麓《ふもと》の乙子《おとご》神社側の庵《いおり》に移住。文政九（一八二六）年、老衰のため島崎《しまざき》（長岡市）の木村元右衛門《きむらげんえもん》のすすめで木村《きむらけ》家邸内の庵に移り、四年余ののち、天保二年一月六日「痢病」のため示寂《じじゃく》した。

慈愛・寛容の精神を体得した良寛の、地位・名誉・富などの人間の欲望をすて去った生きざまは、当時の人びとに敬愛され、今もなお多くの人びとに清廉な人生の生きざまを示唆している。良寛の徳をしたって長岡藩主牧野忠精は、良寛に城下の寺に住むようすすめたが、「焚くほどに風が持てくる落ち葉かな」という句を示して申し出を断わったという。

良寛の残した和歌、漢詩、書などの作品には良寛の人間味あふれる独自な高い芸術の境地があらわれていて、良寛存命中から信奉者が多く、「良寛禅師詩集」「良寛師作歌」などとしてまとめられ、人びとの手により写しつがれていた。現在、良寛の残した詩歌は漢詩七五四首、和歌一四一五首を数える。

良寛の生地出雲崎は近世初頭、佐渡相川の金銀山隆盛期には、佐渡からの金銀の陸揚港として栄え、幕府の直轄地となり代官所もおかれて発展していた。しかし、やがて隣町尼瀬が港としての適地であったため急速に発展し、渡津の中心は尼瀬に移り、尼瀬の新興の名主京屋野口家《のぐちけ》に政治的主導権がにぎられていった。また、同じ出雲崎にあっても、敦賀屋のように西廻航路の盛況にのって、蝦夷地・松前などとの交易にのりだした新興商人との競合にも後塵を拝するようになった。

佐渡相川にある分家橘屋も金山の衰えとともに商業経営は悪化し、この分家とも深くかかわってきた出雲崎の本家も経済的動揺のなかにあった。こうしたなか、以南は良寛の弟由之《よしゆき》に家督をゆずり、旅にでて京都にのぼり、寛政七年、桂川に入水《じゅすい》自殺した。

良寛をめぐる社会的・家庭的環境は決して明るいものではなかった。

良寛は疲弊する農民に心をよせる詩をよみ（漢詩「寛政甲子の春」）、自分の非力をなげいて、

身を捨てて世を救う人もますものを
草のいほりに閑《ひま》もとむとは

とうたった。

生涯身を立つるに懶《ものう》く、五合庵にあって浮世《うきよ》の名利は問題外という心境の日々でもあったが、良寛の晩年、良寛に歌道・仏道の教えをうけ良寛の末期《まつご》をみとった貞心尼《ていしんに》とは情愛あふれる日々をすごした。

貞心尼が、良寛との唱和《しょうわ》を集めた「はちすの露《つゆ》」には、つぎのような二人の歌が記されてある。

君や忘る道やかくるゝこの頃は
待てど暮せど音づれのなき　良寛

とうたった良寛に、

いかにせむまなびの道も恋ぐさの
しげりていまはふみ見るもうし　貞心尼

と返した。

鈴木牧之は魚沼の塩沢の地で、寛政七年ごろ、雪国の生活を伝える書物を書きあらわしたいと考えていた。二六歳のころであった。牧之の家は越後特産物縮の仲買いの商人で質屋をかねていた。幼名を弥太郎《やたろう》、

牧之は俳号である。父は牧水《ぼくすい》と号した俳人で、牧之も若いころから俳諧に親しんだ。牧之は家業にも精をだし、家産を一代で三倍にふやすほどの努力家でもあった。

何度か江戸にでて文人と交流を重ね、雪国の風俗を記述、江戸での出版をはかった。江戸の戯作者《げさくしゃ》山東《さんとう》京伝《きょうでん》に草稿を送って刊行を依頼したが刊行までには至らなかった。その後滝沢馬琴《たきざわばきん》らに交渉したが実現せず、京伝の弟山東京山《きょうざん》の好意でようやく『北越雪譜《ほくえつせっぷ》』初編三冊が天保八年に刊行された。刊行を思いたってから四〇年余の歳月がたっていた。こうして世にでた書物は続刊がのぞまれるほど好評で、牧之は晩年病床で筆をとり、天保十二年に二編四冊をだし、翌年七三歳で没した。

『北越雪譜』には豪雪地に生きる人びとの労苦や、春を迎えようとする人びとの営みが描かれてある。九月の末から十月にかけての初雪。降雪は一昼夜に六、七尺から一丈（約三メートル）も積もるときもあ

良寛托鉢像(長岡市隆泉寺境内)

鈴木牧之像(南魚沼市)

った。雪に埋もれた長い冬、男は晩秋に取りいれた稲を脱穀し、藁《わら》で深ぐつや莚《むしろ》・縄《なわ》などをあみ農具をつくった。吹雪《ふぶき》や雪崩《なだれ》に悩まされる冬のきびしさ。晴れた日には屋根に積もった雪おろしにはげむ。冬のあいだは女は家で縮布織をきそう。織りあげた白布や縮布は三月ごろ、まだ雪の積もる田畑で晒す。この縮布は五月ごろ堀之内《ほりのうち》・小千谷・十日町《とおかまち》・塩沢などの市で売られた。

『北越雪譜』に描かれた雪国越後の風俗は今もなお人びとの生活のなかに生き続けているものが多い。

7章

経済の発展と新しい社会への鼓動

越後縮の製作(『越能山都登』)

1

商品経済の発展と越佐の特産物形成

越後・佐渡によせくる商い荷●

十七世紀後半から十九世紀にかけて、越後《えちご》と佐渡《さど》は全国的な流通機構との結びつきをしだいに強めていた。当時すでに越後最大の港町として発展していた長岡《ながおか》領新潟町は、日本各地から北前船《きたまえぶね》で移入された商品や、信濃《しなの》川・阿賀野《あがの》川の両河川などの舟運により集荷された商品で活況を呈していた。

元禄十（一六九七）年、この年の移出入品は、村上御蔵米《むらかみおくらまい》一三万俵ほどを筆頭に長岡・村松《むらまつ》・与板《よいた》など越後国内を始め、会津《あいづ》・米沢《よねざわ》などの蔵米をあわせて約三四万四〇〇〇俵ほどが新潟港に集荷された。しかし、地主・商人など民間流通の「在々からの町米」が三六万五〇〇〇俵ほどにのぼり、領主米を上まわる米が商品として取引されていた。米以外の大豆《だいず》・粟《あわ》・稗《ひえ》などの雑穀をあわせると八三万俵ほどの穀物が集荷され、民間の商い荷《あきなに》が領主側の商品流通量を圧倒していた。

西塩《にししお》（瀬戸内《せとうち》産の塩）・能登塩《のとしお》・松前鰊《まつまえにしん》・昆布・瀬戸物・紙・銅・鉄・会津木材・近江畳表《おうみたたみおもて》など日本各地からの新潟港の商品移出入交易の総額は四六万二〇〇〇両にものぼった。さらに宝永七（一七一〇）年には、交易総額五八万一〇〇〇両余に増加した。当時、新潟港への入港船は日本各地にかけてその数三五〇〇隻に達していた。

信濃川・阿賀野川両大河や中小河川で越後各地と結ばれていた新潟港は、越後海岸の地廻廻船の拠点として、さらには全国的な流通機構に接する商品流通の拠点として大きな役割をになっていた。

近世初頭の佐渡経済は佐渡金山《きんざん》のある佐渡市相川《あいかわ》を中心とした需要を満たすための島内外からの経済活動が主軸であった。鉱山が衰えはじめると、町の人口も減じ、これまで禁じられていた島内生産物を島外移出にまわすことで経済活動を持続せざるを得なくなった。

佐渡奉行は生産者農民の要求にこたえる形で宝暦元（一七五一）年はじめて佐渡島内産品の他国出しを許して島内の貨幣流出をふせごうとしたが、発展する貨幣経済の流れはとどめようもなかった。

佐渡の農村で商品生産を盛んにしはじめた契機は、享保期（一七一六～三六）からの年貢定《じょう》免制《めんせい》施行にあるとも指摘されている。工夫と努力を重ねることで一定の年貢をおさめたあとに余剰米が手元に残った。金肥をつぎこみ、多収をめざす農業経営が一般化した。畑では、煙草《たばこ》・茶などの商品作物栽培にも精をだした。寛延四

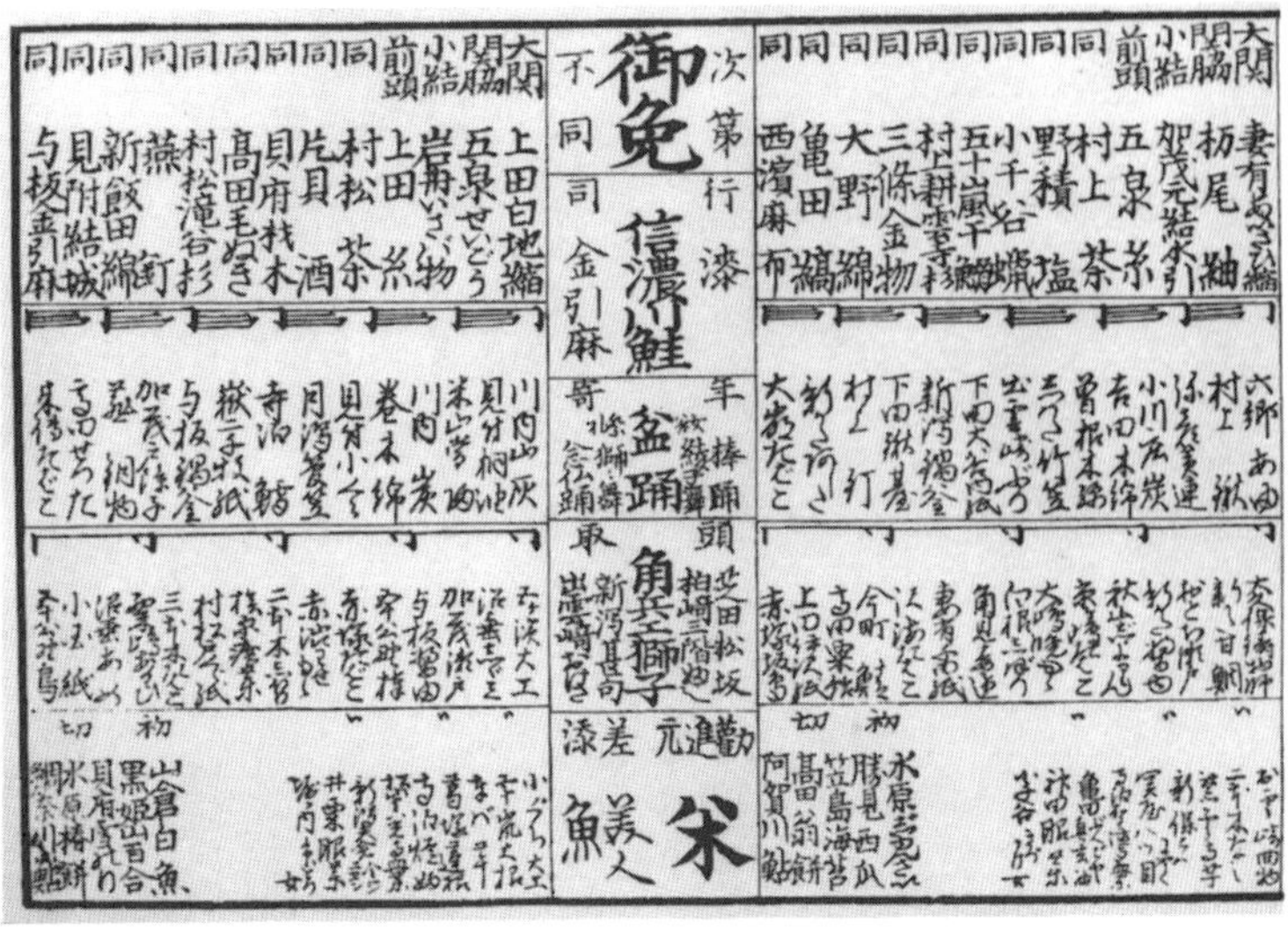

越後の産物（『越後土産』初編）

（一七五二）年には潟端村《かたばた》（佐渡市）の茶畑が造成されだした。個々の百姓が田を耕作しながら、畑の一角で茶を栽培した。こうした茶は島内需要にとどまらず、最盛期には三万斤も新潟に移出されていた。

佐渡南部の村々では、竹細工・柿の加工・石細工、国中《くになか》（佐渡島中央の平野部）の村では製塩・藁細工・桐細工などが行われ、村々の商品生産はそれぞれの地域の特産物として、小規模ながら産地形成されていた。文政年間（一八一八～三〇）には、笊《ざる》・籠《かご》などの竹製品、筵《むしろ》・あば縄などの藁製品、膳棚《ぜんだな》・折戸《おりど》などの木製品が盛んに島外に移出された。

佐渡赤泊《あかどまり》などから船で蝦夷地《えぞち》へ移出されたあば縄などの藁製品は、平野部国中の百姓によってつくられ、在郷商人の手によって、赤泊・松ケ崎《まつがさき》の問屋に集められて江差《えさし》などに送られた。佐渡からの商人は、江差漁場に集住する漁師たちに佐渡からの商品を販売した。佐渡国中の農民が生産した藁製品が遠く松前・江差の地で売られ、その見返りに肥料用の胴鰊や昆布などが売りこまれた。のちには集荷商人が百姓に蝦夷地からの商品を前貸しして、その代価として農家の生産した藁製品を独占的に集荷する状況にまでなった。

三条金物問屋の商圏拡大●

信濃川と五十嵐《いがらし》川の合流地点にある三条《さんじょう》町は近世初期、農民の副業として和釘製造から発し、近世後期

文政年間(1818～30)における佐渡国産商品の他国出荷高

商品名	出荷高
筵	3,192貫
苫	709
串　柿	283
大小竹	6,501
小唐竹	317
篠　竹	256
笊	690
籠	118
ふじみ	729
草　履	479
わらじ	149
膳　棚	1,260
箱	384
杉　戸	910
あば縄	501

田中圭一『天領佐渡(3)』による。

❖コラム

出稼ぎに活路を求めて

元治二（一八六五）年二月、越後から上州の国境にある猿ヶ京《さるがきょう》宿をとおって関東にむかう通行人が毎日絶えることなく続いた。二月二十六日から約一カ月間に一三〇〇人ほどが越後の早春を後にした。天保七（一八三六）年、山内番所（新発田市）を経て会津方面にむかう出稼ぎ者が一月十九日から二月二十四日にかけて八四七人にものぼった。角田浜《かくだはま》・角海浜《かくみはま》・間瀬《まぜ》村など、主として西蒲原《にしかんばら》海岸村からの大工などの出稼ぎ者で、多くは年の暮れには帰村した。角田山麓の農民の毒消《どくけし》薬行商や、諸国を巡業した月潟《つきがた》村（新潟市南区）の「越後獅子」も出稼ぎに活路を求めた人びとであった。雪の多い越後の山村では冬期間「冬奉公」と称して関東方面に出稼ぎしていた。なかには出稼ぎ先から帰村しない人も多くなった。こうした出稼ぎを規制する施策もとられたが効果なく、出稼ぎ人の増加は村落社会の維持をおびやかすほどであった。

柿崎・吉川など頸城《くびき》地方や小国《おぐに》・野積《のずみ》村（長岡市）などから関東方面の酒造家に杜氏《とじ》や酒男として出稼ぎにでる人が化政期（一八〇四～三〇）以降急増した。打ち続く洪水をのがれ、出稼ぎするものも多かった。天明期から寛政期にかけて白河領の村に越後の女性が嫁として迎えられた。また、寛政七（一七九五）年から文化四（一八〇七）年にかけて常陸《ひたち》・下野《しもつけ》などへ頸城地方の農民が招かれて移住した。移住先では百姓一軒に一〇石相当の田畑や農具・米などの食料も支給された。こうした移住農民は「新百姓」などと卑下されながらも望郷の思いを胸に、結束して努力をかさね荒廃村を再興していった。

には、兵庫の三木《みき》とともに日本有数の刃物産地として発展した。万治元（一六五八）年、すでに鍛冶職《かじしょく》二九人の集住する鍛冶町が形成されていた。六〇年後の享保三（一七一八）年には農村地域の一《いち》の木戸《きど》地区にも鍛冶専業地域が広がった。

新田《しんでん》開発が盛行するなかで、鎌《かま》・鍬《くわ》の需要が高まり生産も盛んになった。嘉永四（一八五一）年ごろになると、町部の鍛冶町や、信濃川・五十嵐川合流地点の河原・船着場周辺の河川交通の便利な場所に鍛冶生産地が集中した。

鍛冶生産の火炉《ほど》に使用する燃料である鍛冶炭は、五十嵐川上流の森町《もりまち》村、下田《しただ》村、鹿峠《かとうげ》村などで生産された。五十嵐川右岸の八幡小路《はちまんこじ》河戸・五ノ町《ごのちょう》河戸などに揚げられた炭は、鍛冶町の「炭市」で売買された。しかし、この炭も不足することがあり、ときには佐渡の海府《かいふ》炭や、会津炭を移入しなければならないときもあった。原料の鉄は出雲《いずも》産の鉄材が海路新潟に運ばれ、そこから信濃川を川船でのぼり三条に運ばれた。原料鉄移入を専門とする商人も出現し、長岡船道の要地にある三条の鍛冶生産は発展を続けた。

この三条金物の生産と販売に大きな力をもっていたのが三条金物問屋で、天保二（一八三一）年、七人ほどの問屋が、仲間議定書をもとに金物問屋仲間が組織された。金物問屋仲間は鍛冶職人に前貸金をあたえ、生産品を独占的に買い占める状況になった。議定書では、鍛冶職人が問屋仲間以外に製品を売りわたした場合は取引を全面的にやめるなど、きびしい規制を設けていた。品質についても入念に調査し、不良品製造をふせいだ。こうした力を背景に関東・東北地方に販路を拡大した。関東では越前の武生《たけふ》（福井県越前市）の鎌と激しい商戦を展開し、それに打ち勝って商圏を拡大した。また、江戸の鉄物問屋とも取極めを結び、三条金物を江戸問屋優先に出荷するなどの契約により、江戸市場に直接販路を確立していた。

三条金物問屋は、燕《つばめ》町・月潟《つきがた》村などで生産される鎌・小刀なども集荷し、越後国内の農家の需要にも応じながら、関東全域、信濃・甲州方面、さらには阿賀野川の舟運を利用して会津方面や奥羽各地にまで商圏を拡げていた。三条金物の生産は、金物問屋資本のもとに賃金労働者化した鍛冶職人による生産が行われ、ほかの金物産地に先行した問屋制家内工業段階にまで進展した生産活動によるものであった。

縮・紬・綿織物の生産●

魚沼《うおぬま》の農村でおこった縮《ちぢみ》生産は天明六（一七八六）年には生産量が二〇万反にも達し、天保期以後は一〇万反前後で推移していた。縮生産には多くの人手を要した。一反を織るのにおよそ一〇〇日かかったという。冬期間、一人でせいぜい一～二反を織るのが普通であった。魚沼山間地の人びとは年貢諸役の納入の多くを縮生産による収入にたよっていた。冬場にかけて織った縮を四月の縮市で代金の収入を得、その金で年貢納入を行うため、縮市が開かれる時期まで役金納入の猶予を願いでるものが多かった。

天保三（一八三二）年、塩沢《しおざわ》組全体の農家収入の状況をみると、ぜんまい・材木・漆《うるし》・蠟《ろう》・宿料・駄賃などによる収入も多いが、とくに縮布代一万一〇〇〇両（全体の六九％）が群を抜いて多い。当時の魚沼地方の村々にとって、縮布の生産・販売が生活維持のためにとくに大きな比重を占めていたことがうかがえる。

縮の原料である青苧《あおそ》は会津・最上《もがみ》・米沢などから移入した。会津苧は品質がよいが高値のため主として羽州《うしゅう》産の苧が使われた。文政年間（一八一八～三〇）、加治《かじ》川通船によって運ばれた青苧は年間六三〇駄（一駄は三七貫二〇〇匁）で、この時期の縮生産に必要な量の八割ほどを占めていた。この青苧移入にも多くの商人がかかわった。当初は米沢の商人が越後にきて販売していたが、明和年間（一七六四～七二）以後は越後の商人が米沢藩領にでむいて買いつけるようになった。この出買商人は享和年間（一八〇一〜〇四）には五〇〜六〇人にものぼった。

　青苧は上野《うえの》・十日町《とおかまち》（十日町市）、辰ノ口《たつのくち》（津南町《つなん》）などで開かれた青苧市で縮生産者に売られた。この青苧代金の支払いも翌春の縮市のあとに行われることが多かった。縮市には、江戸を始め各地から買付商人が集まった。小千谷《おぢや》では縮問屋が買い集めた縮布を各地からきた買付商人に販売した。縮は買付商人により江戸へ、京都・大坂へと街道をとおって運ばれた。

　縮の販売にはこうした問屋の手をとおさず、縮布を直接江戸に持ち運び行商《ぎょうしょう》する、江戸行商人も出現した。文化三（一八〇六）年、魚沼・頸城《くびき》・刈羽《かりわ》などからの江戸行商人は五〇〇人を数え、直接江戸市中で縮を売り歩いたので、江戸十組呉服問屋の経営をおびやかすほどであった。縮の生産は天保期以降停滞し一〇万反前後で明治期を迎えた。この停滞の原因には天保改革《てんぽうのかいかく》の倹約令により、模様・品質・染色にまできびしい統制が加えられ、さらには武士の経済的困窮からの需要減や天保飢饉《ききん》による羽州青苧生産の減少で青苧価格が高騰し、機屋の利を減じ縮生産を減少させるなど種々の要因があげられる。

　こうした縮の生産減少傾向のなかで、養蚕・製糸・紬《つむぎ》など、絹織物生産が農民の余業として増加した。絹織物の産地は栃尾《とちお》（長岡市）、五泉《ごせん》（五泉市）・山辺里《さべり》（村上市）・加茂《かも》・新津《にいつ》（新潟市秋葉区）などに形成され、近世中期以降、絹織物需要増のなかで特産物化していった。栃尾紬が各地に名を知られるようになったのは縞紬完成以降で、栃堀村《とちほり》（長岡市）などでは庄屋植村角左衛門《しょうやうえむらかくざえもん》の努力で寛政年間（一七八九〜一八〇一）に商品化に成功し、文化初年には一万疋《ひき》の生産高に達した。幕末期には魚沼七市場（小千谷・堀之《ほりの》内《うち》・小出島《こいでじま》・須原《すばら》・塩沢・六日町《むいかまち》・十日町）全体の扱い高は絹八〇〇〇反、紬二万反、生糸五〇〇〇貫に達した。平野部で生産がはじまった木綿織物は天保期に急激に発展し、亀田縞《かめだじま》・加茂縞・見附結城《みつけゆうき》などの産地が形成された。これらは日本最北の綿織物産地として発展し、庶民の平常着、農作業用着として広く利用された。

このように、十八世紀から十九世紀にかけて越後の村々の産業・経済の発展は著しく、在郷町《ざいごうまち》の六斎市《ろくさいいち》などを中心に、地域的な市場経済を発展させつつ大坂・江戸などを中心とした全国的な経済圏との結びつきを強めていった。

市でにぎわう在郷町●

十七世紀後半から、越後各地の在郷町に六斎市が開設されだした。これは、当時の新田開発の成功による生産力の増加や農村に商品経済が浸透し、農産物や農民の手仕事による生産品を売り、日常生活品や生産用具を購入する生活が一般化した経済状況を背景にして成立したものである。

十七世紀後半以降成立の在郷町は越後では、頸城郡の新井《あらい》(妙高市)・針《はり》(上越市板倉区)・岡野町《おかの》(上越市清里区)、三島《さんとう》郡の脇野町《わきの》(長岡市)、魚沼郡の小千谷(小千谷市)・十日町(十日町市)、堀之内(魚沼市)、六日町・塩沢(ともに南魚沼市)、古志《こし》郡の栃尾(長岡市)、蒲原郡の新津(新潟市秋葉区)、加茂(加茂市)、三条(三条市)、水原《すいばら》・安田《やすだ》(ともに阿賀野市)、五泉(五泉市)・亀田(新潟市江南区)・白根《しろね》(新潟市南区)、今町《いままち》(見附市)、燕などがある。佐渡では相川金山と小木《おぎ》を結ぶ街道に河原田《かわはらだ》(佐渡市)と新町《しんまち》(佐渡市)がある。

こうした町には一カ月に六日、期日を定めて定期的に市が立つ六斎市が立ち、周辺農村から商品の売買を目的として人びとが集まりにぎわっていた。越後の六斎市の成立時期は、とくに十七世紀後半二七町、十八世紀後半に一六町と、十八世紀後半までに成立した六斎市五二町の八三%が集中していた。新井では、山間の農村部から大豆・小豆《あずき》・粟・稗・麦・そば・煙草・苧などが出荷され、里の村から米・菜・藍・小間物などがだされて売買された。頸城郡の能生谷《のうだに》三三カ村を背後にもつ能生町の六斎市では、米・塩・薪《まき》・塩肴《しおざかな》などが売買された。糸魚川大町《いといがわおおまち》の商人はここで塩を販売し、畳・筵《むしろ》などを買い求めた。

亀田町は、栗《くり》の木《き》川の舟運などで新潟町五菜堀《ごさいぼり》船着場に直結する交通の要所にあった。新潟町に滞在している京都・加賀《かが》・近江・越前《えちぜん》・能登などの商人や、高田《たかだ》・柏崎《かしわざき》などの商人も亀田の市に商いにきた。出店者は、享保六（一七二一）年では出店者総数四三人のうち、三五人が、亀田町から一里（約四キロ）以内の農村居住者であった。そこでは大豆・野菜・雑穀などの農産物や織物などの品が売買された。

このように亀田町の六斎市は周辺地域の農産物などのほかに越後各地や越後国外の商品も売買された。在郷町の発展に対し、各藩では、初めは保護策をとっていたが、農村への商品流通がさらに盛んになるにつれ、農民の生活は華美さを増し、あるいは農業をはなれ、ひいては年貢などの税収に悪影響をおよぼすとして、規制を加えるようになった。

また、在郷商人の盛んな商業活動は、既成の城下町商業に大きな影響をあたえはじめた。長岡町では、特権的城下町商人と新興の在郷商人との利害が対立し抗争が生じた。長岡藩では宝暦十二（一七六二）年、郷中御掟書《ごうちゅうおさだめがき》をだして在郷商人の活動を規制し、城下町商人の保護をうちだした。「浦方、山方のかせぎ事は格別であるが、その他の農村での商売は農業を粗略にするから禁止する」というものであった。郷中掟書ではさらに「長岡町は近年商いが薄くなり町家は困窮している」と在郷商人の町方への影響を認めていた。在郷商人の活動は城下町商人の特権的営業を破りはじめていた。明和元（一七六四）年、在郷商人の活動をさらに規制した。しかし、在郷商人の活動はやむことなく、長岡町の商人のあいだに休業や夜逃げをするものが続出した。城下町商人は領主をたより、在郷商人の活動をさらに押さえこもうと画策したが、活動はやむことがなかった。

2　庶民の成長と高まる要求

村の変化と地主の成長●

貨幣を使う暮らしが村に広まると、村人は農産物を売り、あるいは農閑余業に精をだして生活をまもった。村人の生活は年を追って豊かになったが、その生活を維持するためにしだいに借財を重ねるものもうまれた。

元禄年間（一六八八～一七〇四）から百姓が質入れした土地が、借金を返済できず質流れする土地がめだってきた。頸城平野の関《せき》川流域の村々では、享保年間（一七一六～三六）以後、窮迫する農民から上層農民の手にわたる流質地が増加し、十八世紀末までに村内の一、二の百姓が村高の二、三割から五割前後を所持するまでになった。また、村内の耕地を他村の地主が所持する事態もみられ、耕地は村域を越えて流動しはじめた。

魚沼地方の在郷町小出に近い干溝《ひみぞ》村（魚沼市）では、享保十一（一七二六）年、土地を所持する八九人の村民の階層はつぎのようであった。

一九石以上の村の上層部に属する大高持は一〇人で、多くは自作兼地主。この人びとの総持高は二八五石と、村高の五割を占めた。ついで七～一五石を所持する自作農が一七人、村の中間層を形成し、総持高は一六六石で、村高の三割にあたった。ほかの六二人の農民は三石以下を所持する零細農民で、自村や他村の地主から借地して小作をしている人びとが多かった。零細な土地所持者が多く出現した理由は、経済的困難により、中間層の百姓が土地を失ったことに起因するほかに、それまでは高持百姓のもとに隷属していた無高のものが、小規模ながら土地所持者として上昇した結果である。経済の進展するなかにあって、土地を所持しない人びとが、そうした状況から脱出したことはみのがすことはできない。

幕末に大地主に成長した二宮《にのみや》家《け》のある蓮潟興野《はすがたこうや》（聖籠《せいろう》町）では、十九世紀前半には二宮家のもとに村民の六〇％が小作人となっていた。越後の村々は、少数の地主と圧倒的多数の下層小作人が存在する社会に変貌していたのである。

近代日本の地主制で、新潟県は「地主王国」と称され、一〇〇〇町歩前後の巨大地主が群立していた。明治三十四（一九〇一）年の五〇〇町歩以上の巨大地主には、市島徳厚・白勢正衛・佐藤光淵・二宮孝順・斎藤彦太郎・円山琢左衛門・伊藤文吉・今井フエ・田巻堅太郎・田巻恒彦・市川辰雄・保阪潤治があげられる。これらの地主諸家は、江戸時代後期から幕末および明治前期にかけて成長したもので、中頸城郡の保坂氏をのぞいては、主として下越《かえつ》地方に居住していた。

市島家は元禄年間には在郷町水原で薬種商をいとなみ、宝暦年間（一七五一〜六四）には、山形・米沢に支店を開いた。山形・会津の山間地からとれる薬種を京・大坂などで売り、利を得ていた。寛政初年からはこうした商業活動を停止し、もっぱら金融業や、貸付地による地主経営にはげんだ。まず商業資本家として発展し、それを基盤にして、土地集積を行い、巨大地主へと転進していったのである。

市島家の所持高は天保三（一八三二）年には一〇〇〇町歩を超え、その所持地も新発田《しばた》藩・白河《しらかわ》藩、さ

市島家が集積した土地の所在地(宝暦～天明期〈1751～89〉)

支配	村名
水原代官所	水原，百津潟，七島新田，高田村新田，三椡，千原新村，天王新田，藤屋新田，大月興野，下興野，太田興野新田，土地亀新田上組・同下組
石瀬代官所	浦新村，次郎丸，金屋
白河藩	赤水
新発田藩	高田，天王新田，中ノ目新田，三椡，三椡新田，下興野，堀内，下興野新田，太田興野新田，高森，江端

『新潟県史』通史編4 近世二による。

らには水原・石瀬《いしぜ》代官所支配領にもおよび、複数の領主支配地にまたがっていた。

こうした集積地の多くは、下越地域の広大な新田地帯にあっても、直接、新田開発によるものではなく、金融業のなかで、質入れされた土地の質流れ地を取得する形で集積したものが多かった。この質入れ・質流れの事例には、一人で五町以上の土地を質入れした地主層までも含まれていた。これは、近世前期からの大高持で隷属的な農民をしたがえ、手作りを主とした農業経営が変質をせまられていたことの現れである。

白勢家は新発田町で寛文年間(一六六一～七三)から、米・雑穀・木綿・茶・雑貨などを商い、のちに質屋もあわせて行った。享保期には商いは京・大坂・敦賀《つるが》など広範囲におよんだ。質営業のかたわら、新開地にある土地を集積していった。集積した土地は開発後まもない土地が多く、一反当り一両程度ときわめて安く取得しているのが特徴的である。白勢家が新開地を積極的に集積した動機は、安定した小作料をただちに期待したものではなかった。広大な田畑を安く買い集め、その地で働く小作農の努力によって、やがては生産が安定し、小作料もしだいに安定的に増収することをみとおしての土地集積であった。このことは、先行投資的な考えによる商業金融資本の活動の姿をあらわしているといえよう。

二宮家（同郡蓮潟興野）	斎藤家（同郡安田）	田巻家（同郡田上）	原田巻家（同郡同村）	今井家（同郡吉田）
明和2	元禄12	天和3	元禄15	明和6
安永4	文化5	元禄4～享保初（宝暦6）	享保6	天明元
天明3（113）	天保3（138）	享保3（103）	宝暦4	天明末期
寛政9（329）	〃13（304）	安永9（311）	寛政3	文化初期
文化5（525）	嘉永4（508）	寛政2（504）	文化10	文政初期
天保4（1,051）	文久元（1,074）	文化4（1,055）	文政3	天保末期
〔嘉永元（2,051）〕		弘化3（3,076）	天保6	安政初期
			天保11	慶応期
			嘉永2	
			安政4	
慶応3（2,905）	慶応4（1,235）	慶応3（3,955）	慶応4	慶応4（5,500）

る。中山清『千町歩地主の研究』による。

越後平野部は、江戸時代をつうじて開発が続けられた巨大な新田地帯ともいえる。新田開発の進展による広大な耕地の増大が、大地主がうまれる背景ともなっていたのである。

在郷町吉田《よしだ》で成長した今井家も商業・金融業をいとなみ土地集積を行った。大地主への成長は天保年間（一八三〇～四四）以降であった。蓮潟興野の二宮家の場合、土地の集積は明和二（一七六五）年が最初で、所持地一〇〇町歩を超えたのは天保初年であった。天保十三（一八四二）年に二二村にまたがっていた所持地も、七年後の嘉永二（一八四九）年には四〇村にまで広がった。二宮家の土地集積は幕末期に成長した大地主の典型的な例である。

近世後期、村社会は地主・小作関係が顕著になると、近世初期の土豪《どごう》や草分け百姓などの村役人層は後退し、あらたに台頭した地主層が村役人になった。また、広大な小作地経営で得た富を背景に、窮乏する領主に財政援助などを行い、特権的地位を獲得していった。

巨大地主諸家の土地集積過程

	市　島　家 (蒲原郡水原)	白　勢　家 (同郡金子新田)
集　積　初　出	宝永 6	享保16
継続的集積開始	宝暦 7	享保16(宝暦 4)
集積累計　10町	宝暦11(　反 106)	享保20(　157)
〃　30町	明和 3 (　369)	延享 4 (　323)
〃　50町	安永 4 (　679)	宝暦 5 (　548)
〃　100町	〃　7 (1,010)	〃　6 (1,027)
〃　300町	寛政 4 (3,290)	天明 5 (3,001)
〃　500町	〃　12(5,147)	文化 4 (5,025)
〃　700町	文化 5 (7,009)	〔文化 4 (6,016)〕
〃　1,000町	天保 3 (10,362)	
幕 末 集 積 累 計	慶応 3 (11,004)	慶応 2 (6,768)

住所は江戸期のもの。白勢家は実質的には新発田町であ

関川《せきかわ》村下関《しもせき》の大地主渡辺三左衛門《わたなべさんざえもん》家は、米沢藩に大《だい》名貸《みょうがし》を行い、幕末までに融資額一〇万五〇両にのぼった。白勢家は新発田藩に御用金《ごようきん》を上納、藩財政に深くかかわった。新発田藩へは明治初年までに藩債一〇万二九〇〇両余に達していた。さらに村上藩や三根山《みねやま》藩の御用《ごよう》達《たし》などをつとめた。今井家も長岡藩に多額の御用金をおさめ、長岡藩の勝手方《かってがた》、御勘定所金穀払方《おかんじょうしょきんこくはらいかた》などをつとめ、幕末期の長岡藩の活動を財政的に支援した。

越後各地に成長した大地主は、多額の御用金などを納入することで藩財政に参画し、領主支配を財政面からささえるほどの力をもつに至ったのである。

新潟明和騒動●

明和五（一七六八）年は全国的に打ちこわしが多発した。越後でも今町（上越《じょうえつ》市）、出雲崎町、新潟町、十日町、三条町で打ちこわしがおきた。いずれも町民により米商人や町役人宅などが打ちこわされたものである。なかでも新潟町の騒動はとくに激しいものであった。

新潟明和騒動《めいわそうどう》のきっかけは、明和四年に長岡藩が一五

〇〇両の御用金を町検断《まちけんだん》以下の町役人をのぞいた新潟町民に課したことによる。新潟町は半金の七五〇両を八月までに上納し、残りの半金を九月から二分の利子をそえて、翌明和五年八月までに上納することにした。当時の新潟は信濃川河口で合流していた阿賀野川が新潟町の北方、松ヶ崎村の地で分流して直接日本海に流れだし、阿賀野川の水流が信濃川河口に流れず港は浅くなり、新潟港への入港船も年々減少した。そのため交易品にかかる税収や新潟町商人の収益は減少していた。明和五年に発生した信濃川洪水は長岡領の農民の生活をおびやかし、年貢減により長岡藩財政を圧迫した。この年は全国的な不作で、物価は上昇、新潟町民の生活を苦しめた。こうしたときに課せられた新潟町民への上納金の調達は町民にとり容易なものではなかったのである。

明和五年八月、涌井藤四郎《わくいとうしろう》は「残りの半金を期限までに上納することは困難。十月までに利息分一八〇両は上納するが、元金七五〇両は景気がよくなるまで猶予願いたい旨の嘆願書を新潟町奉行に提出しよう」と、回状で町中の町人によびかけた。明和五年九月十三日、西祐寺《さいゆうじ》に町人四〇人ほどが集まった。その場で涌井藤四郎と岩船屋佐次兵衛《いわふねやさじべえ》が頭取に選ばれ、町奉行に嘆願書をだすこととなった。

この願書には、御用金納入延期はもちろんのこと、町役人の交代は公選にすること、地子《じし》など税の取立て、割当には町内から立会人をだすこと、仲金《すあいきん》（移出入商品に課す税）を長岡藩におさめるのは隔年とし、藩に納入しない年の仲金収入は新潟町貧窮民への貸付にまわすことなどをとりまとめた。しかし、この集まりが町の検断・町老らの知るところとなり、町奉行所の指示で涌井藤四郎は入牢、家族・五人組は町内預けとなった。

新潟町民は上納金延期などの訴願の中心人物がとらえられたことで、町奉行や町役人への怒りが高まった。藤四郎入牢の日の夜、州崎《すざき》町など下町《しもまち》の人びとが「火事だ、火事だ」などとさけび、さわぎたてた。九月二十六日夜子《ね》の刻《こく》（午前零時）下町の本明寺《ほんみょうじ》の鐘《かね》の乱打を合図に町民六〇〇人ほどが、手に手に掛《かけ》矢《や》・斧《おの》・棒などをもって日和山《ひよりやま》に集まり、奉行所・町会所にむけておしよせた。騒動側は三隊に分かれ、隊ごとに黒装束のもの二人ずつの指揮により進んだ。奉行所側は鉄砲隊まで繰りだして騒動側と対峙した。騒動側は西祐寺の集まりを密告した八木市兵衛《やぎいちべえ》宅を打ちこわし、黒装束者の指揮のもと、鉄砲隊などの奉行勢力とは屋根上から薪などを激しく投げつけて対抗した。奉行所側はかなわず敗走した。勢いにのった騒動側は町老格小川屋《おがわや》、米問屋大山屋《おおやまや》など一五軒を打ちこわした。奉行所側はやむなく入牢中の藤四郎を釈放して騒動の沈静化をはかった。翌二十七日、新潟町はなお不穏な情勢であった。暮六《くれむ》ツ（午後六時）ふたたび鐘を合図に州崎町方面から群衆が繰りだした。この日も町役人宅など九軒が打ちこわされた。

明和義人顕彰碑（新潟市中央区白山公園）

藤四郎は困窮民の救済のために働くことを決意し、九月二十八日、西堀《にしぼり》の勝念寺《しょうねんじ》に町内の代表者を集め、連判状を作成した。そこでは騒動のことで取調べがあっても、町中一同でやむを得ず行ったと申し立てる、個人的に出頭を命じられても応ぜず、町内みんなでそろって出頭し、くわしくは藤四郎に聞いてくれと答える、などと約束した。

騒動発生後二カ月間、新潟町の行政は、藤四郎を中心とした町民の手にゆだねられた。十一月にはいり、長岡藩は武力を背景に体制をととのえ、騒動首謀者らを長岡に出頭させてつぎつぎと逮捕した。長岡藩は新潟町統治を強化するなかで明和六年九月、ふたたび町に御用金を課した。明和七年八月二十三日、騒動の中心人物涌井と岩船屋は長岡から新潟に送られ、町中引きまわしのうえ処刑された。

近世初期からの新潟町役人は領主との関係を強めた特権的豪商で、領主によって任命され町政の一翼になっていた。しかしこうした豪商たちが、享保期を境に急速に町役人の地位をはなれ、新しい商人勢力にとってかわる傾向がみられた。宝暦年間（一七五一～六四）以降文化年間（一八〇四～一八）にかけて、新興商人の台頭が盛んで、問屋仲間にあっても競合が激しく、その地位は決して安定的なものではなかった。騒動の背景には、こうした町政にたずさわる特権商人と新興商工業者の対抗関係も存在していた。

また、州崎町など多くの騒動にかかわった人びとの住む地域は、信濃川河口の下町と称される一帯で、日雇・賃稼ぎ・漁夫などの住むところであった。その人びとの多くは借家住まいをして、路上で商いをする棒手振《ぼてふり》、座や株をもたない零細な商人や職人、漁業従事者などであった。

各地からの廻船や河川の舟運でにぎわう港町新潟の繁華な影に、借家住まいで一日一日をしのいでいる多くの移住者の存在が、明和騒動発生時の新潟町の社会情勢にあったのである。

立ちあがる越後の小前百姓●

文化十一（一八一四）年四月三日朝七ツ時（午前四時）まだ夜も明けやらぬなかを、村松《むらまつ》藩領下田《しただ》郷の吉《よし》ケ平《がひら》・遅場《おそば》・葎谷《もぐらだに》（以上、三条市）の村民が、一斉蜂起した。五〇〇人ほどであった人数が、その日の夜には一万人もの一揆勢にふくれあがった。蓑・笠・わらじばきで、手に手に鎌・斧・竹槍・棒などをもった群衆が森町と七谷方面に分かれて進んだ。森町方面にむかった一揆勢は、藩の運上金《うんじょうきん》徴収の役所や葎谷村肝煎《きもいり》猪三治《いのさんじ》宅を打ちこわし、猪家では帳簿類など残らず破却した。七谷方面に進んだ一揆は、高岡《たかおか》運上取立番所や黒水《くろみず》運上取立番所などを打ちこわした。黒水の番所は黒水川をとおって加茂町に運ばれる七谷郷の産物の運上金徴収、高岡番所は下田郷から五十嵐川をとおって三条・燕方面に運びだされる産物への運上金取立ての番所であった。見附方面では、四月三日から五日にかけて、藩の増税を目的とした新法の実施に協力した大庄屋・村役人宅、あるいは見附役所などが打ちこわされた。四月五日八ツ時（午後二時）、一揆は下田郷に引き揚げ、さらに村松城下にむかおうとした。

当時の村松藩は財政窮乏を解決するためにつぎつぎと財政再建策を実施していた。延享四（一七四七）年には税収を増加させるため、年貢の定免制を改め、年ごとに生産状況に応じて税率を定めることとした。また、新田地の検地をきびしく実施し、それまで荒地とされていた新開地や隠しもっていた田畑をみつけだして課税した。

文化年間（一八〇四～一八）にはいると、これまでの年貢増徴や倹約令に加えて、領内産物の領外移出に対する運上金取立ての強化や商人・職人からの役銭の取立てなど、あらたな歳入増加策がとられた。つぎつぎと打ちだされた藩の増税策は、零細農民や商工業に活路を求めていた人びとの生活をおびやかした。

文化十（一八一三）年に発生した大凶作はこうした状況に追打ちをかけた。この年、村々から夫食米拝《ふじきまい》借願がつぎつぎにだされたが、藩では財政難を理由にとりあわなかった。そればかりか藩では多額の御用金を領内に課した。こうした状況のなかで七谷郷の百姓や村役人は、領主側に立って藩の施策を押し進めようとする大庄屋宛に嘆願書をだし、藩の施策（新法）による農民の困惑ぶりを訴えた。しかし、なお検地はきびしく遂行され増税策はゆるむことはなかった。農民はこうした藩の新法を阻止するために立ちあがったのである。

一揆勢により、藩の下級役人・大庄屋・運上取立番所など六六軒が打ちこわされた。村松城下にむかおうとしていた一揆勢に、代官小川作兵衛《おがわさくべえ》らが藩からの新法廃止の書面を一揆代表者にわたした。農民たちは要求が達せられたとして解散し、一揆は五日間で終息した。藩では農民の要求をいれるかわりに、今後不当の願いはしないという請書を村々からさしださせた。一揆の頭取たちは、その後の藩の対応が不十分として、再蜂起を策したが、同調者を得られず、葎谷村組頭五兵衛、百姓七蔵らを始めとする一揆首謀者はとらえられた。

藩では文化十二年五月判決をくだし、百姓七蔵は斬首となるなど、きびしい処断がくだされた。全領の農民にも過料銭《かりょうせん》が課せられた。

この村松藩領の一揆は栃尾町住民にも強い影響をあたえた。文化十一年五月八日、長岡藩の打ちだした、栃尾船道を設定して藩の後だてによる特権商人の独占的経営などに抵抗して打ちこわしが発生した。五月十五日幕領蒲原郡上条村《じょうじょう》（加茂市）で打ちこわし、五月十八日幕領蒲原郡中条《なかじょう》町（胎内市）で打ちこわし、五月十九日白河藩預地幕領蒲原郡五泉町（五泉市）で打ちこわし、そして、五月二十四日には蒲原・岩船両郡境地域に一揆が発生するなど、この年は連鎖的に一揆が続発した。

蒲原・岩船両郡にまたがった一揆は五月十八日の中条町の米屋打ちこわしに影響をうけて発生した。文化十一年五月二十三日、一揆発生の前夜、胎内《たいない》川・荒《あら》川沿岸の村々に落し文や張り札が行われた。その文面にはつぎのようなことが書かれていた。

　近年は不作で小前《こまえ》百姓は困窮している。また当年は米が高値ではなはだ難儀しているのに、浜方《はまかた》や在《ざい》方《かた》の金持は米を買い入れ、大船で諸国へ積みだしているから、なおいっそう高値になっている。もし

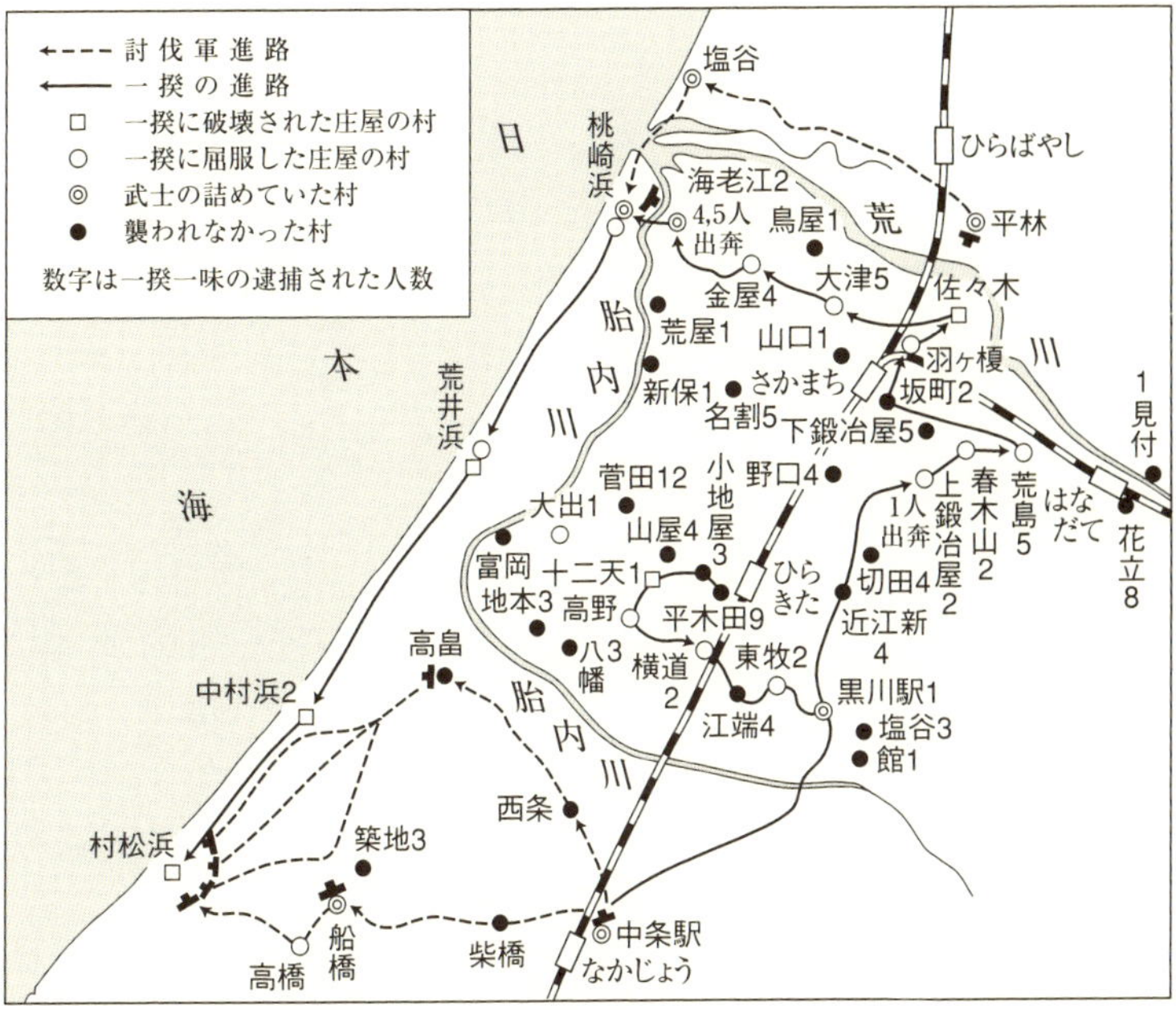

文化11(1814)年の北蒲原郡岩船地方の騒動図(井上鋭夫『新潟県の歴史』による)

今年も不作であれば小前百姓、水呑まで命はない。そこで、明二十四日飯出野（胎内市・村上市にまたがる野）で相談したい。

五月二十四日七ツ時（午後五時）飯出野では、ほら貝がしきりに吹きたてられ、それを合図に方々の村から百姓が集まってきた。一揆勢はまず十二天《じゅうにてん》村にむかい、庄屋三右衛門《さんえもん》宅を打ちこわした。一揆は米を買い占める地主・高利貸・廻船問屋に対し、米の安値売払い、小作料の三年猶予、米の積出し三年停止などを要求しながら進んだ。

二十五日朝には一〇〇〇人にもなった一揆により佐々木《ささき》村庄屋峰右衛門《みねえもん》宅も打ちこわされた。この一揆で打ちこわしにあった村々は、十二天・荒島《あらしま》・佐々木・荒井浜《あらいはま》・笹口浜《ささぐちはま》・中村浜《なかむらはま》・築地《ついぢ》・村松浜《むらまつはま》の八カ村で、とくに海岸村の豪農が打ちこわしの対象となった。

五月二十六日にはいり、白河《しらかわ》藩が騒動鎮圧にのりだした。これを知った一揆勢は潮どきとばかり逃げ散った。当日七ツ時（午後五時）までに一八人が召しとらえられた。二十八日、会津藩兵鉄砲隊を含む二〇〇人が中条に加勢に到着し、水原に仮牢を設け逮捕者を収容した。

七月十六日には江戸から役人が水原に下向し、きびしい取調べが行われた。この間新発田藩・村松藩は警備出役を命ぜられた。調査が進むなかで逮捕者は百数十人にもなった。野口《のぐち》村の次太郎《つぎたろう》らが一揆の中心人物として江戸に送られたのは八月五日であった。翌年の文化十二年五月三日に判決がくだり、次太郎（獄死）と菅田《すがた》村助左衛門《すけざえもん》が遠島、ほかは入墨追放などであった。

一揆の参加者をだした村々からは、村高に応じて過料銭が取り立てられた。一揆の脅しに負けて要求を認めたり、酒や飯をふるまった村役人にも過料銭が課された。さらに、一カ年にわたる取調べの諸経費、村役人の江戸出府費などが窮迫した農民に課せられた。当地域も時代の流れのなかで他地域同様、農民の階層分化は進んでいた。一揆の中心的な勢力としての役割を演じた菅田村の場合、文化年間の村民の土地所有状況は三町以上の大高持が三人で、中間層は減少し、五反以下のものが六七人と、村の七六％にも達していた。

一揆勢におそわれた羽ケ榎《はがえ》村の国井伴之丞《くにいとものじょう》家は、文化期までに集積した土地は荒川・胎内川流域一帯三五村におよぶ、二三八町九反余の大地主に成長していた。また、中村浜で打ちこわされた庄屋佐藤三郎左衛門家は、土地集積をもとにして廻船業をいとなむ豪農であった。菅田村では寛政八（一七九六）年、年貢米上納に差しつかえて、村高五二九石余のうち他村出作分をのぞいて、五〇一石余をすべて佐藤家に入質した。佐藤家は菅田村の庄屋株をも二〇〇両で買いうけた。こうして佐藤家は中村浜庄屋と菅田村庄屋を兼帯していた。

文化十一年、越後各地に発生した一揆は、宝暦・天明期（十八世紀後半）に顕著になった農民層の分解と、その結果としての地主—小作関係の広範な展開を象徴するできごとでもあった。

天保飢饉と生田万の乱●

天保七（一八三六）年は全国的な大飢饉の年であった。佐渡では、夏の天候不順で山間部を中心とした二〇〇余村が減免を願いでた。米価は高騰し、佐渡奉行は囲籾《かこいもみ》六〇〇〇俵を放出した。村々では他村への米の流出を禁止して自衛手段を講じた。佐渡奉行は島外への米の移出を禁じ、島内の米の確保をはかった。松ヶ崎村の問屋丁子屋覚右衛門《かくえもん》は越後からひそかに米を買い、島民の窮乏を救おうとした。越後でも、天保期にはいって連年凶作に悩まされた。天保元年、この年の凶作で新潟町では米価が高騰し、町民三〇〇

○人が廻船問屋を打ちこわす事件がおきた。

天保四年から同七年にかけて、凶作は深刻であった。天保四年、越後の稲作は平均三分作という低い作柄であった。米価は白米一升一一〇文が二〇〇文にもあがり、新潟町を始め各地では穀留をして米の確保をはかった。天保五年は稲の作がよく、やや米価は値をさげたが、天保六年、七年と長雨・寒冷・虫害などが重なり、ふたたび大凶作となった。天保八年の春には米価が高騰し、三条町では白米一升二一八文にはねあがった。江戸ではそのころ一升四〇〇文にも高騰していた。天保七年暮から同八年にかけて、越後山間地の飢饉は深刻であった。松之山《まつのやま》郷や秋山《あきやま》郷では松皮餅《まつかわもち》・藁餅《わらもち》などまで食した。天保九年三月の土樽《つちたる》村（湯沢《ゆざわ》町）庄屋の記録によると総戸数二八六軒の村で、無人で空屋になっている家が七五軒にものぼり、そのうち一五軒は家族全員が死に絶えたもの、ほかの六〇軒は家族の幾人かは死亡したが、残された生存者は家をすて出稼ぎあるいはものもらいとなって家をはなれ空家となったものであった。

天保七年四月、商人の米買占めを阻止しようと三条町、地蔵堂町、今町（見附市）、新潟町では小前層の騒動が発生、不穏な情勢が越後・佐渡の各地に広がっていた。柏崎地方でも、天保五年から同七年にかけて、米価は二倍以上にあがり、なお米は他国に流出した。

こうした世情のなか、天保八年六月一日未明、大塩平八郎《おおしおへいはちろう》の一党と称するものたちが柏崎陣屋《じんや》を襲撃する事件が発生した。桑名《くわな》藩の幕府への報告によると、天保八年五月末日、与板《よいた》藩領刈羽《かりわ》郡荒浜村（柏崎市）で大塩党と名乗る浪人が村役人宅をおそい、奪った金品を窮民にほどこし、六月一日朝「奉天命誅国賊」と書かれた白旗を掲げて刀・槍をもち、火事装束のもの六人ほどが三〇人ほどの手勢をしたがえて陣屋仮表門に押しよせた。陣屋表門はその年二月の大火で類焼し、再建中であったから陣屋詰役人は民家に仮住し、六月一日早朝の陣屋は無人に近かった。

この乱の中心人物が国学者生田万《いくたよろず》であった。万ら一党はかけつけた陣屋役人に切りつけ乱闘となり、仮表門に放火した。襲撃者の浪人の一人は斬死、疵をおった生田万は陣屋をでて仲間に助けられながら浜まで逃亡し、そこで自刃した。さらに逃亡したものは陣屋側の繰りだす鉄砲でうちとられた。斬殺された農民のもつ一本の白旗には、「集忠義討暴逆」と書かれていたと報告されている。陣屋側は死者三人、勘定頭以下数人が負傷した。

事件をおこした生田万は享和元(一八〇一)年上州《じょうしゅう》(群馬県)館林《たてばやし》藩松平斉厚《まつだいらなりあつ》の家臣生田信勝《いくたのぶかつ》の長男として出生し、少年時代藩校《はんこう》で朱子学《しゅしがく》を学んだ。その後文政七(一八二四)年、二四歳で江戸へでて国学を知り、平田篤胤《ひらたあつたね》の門人となる。朱子学から国学に転じた万は平田塾の塾頭になるほど頭角をあらわした。文政十一年には藩政改革の意見書を藩に提出。財政再建や農業振興策、国学による教育策を含んだ万の意見は藩にはいれられず、万は藩を追放され、妻子とともに平田家に寄寓《きぐう》した。

天保七年、同門の樋口英哲《ひぐちひでのり》に招かれて柏崎に移り、富商・地主・町役人らの門人を集めて桜園塾《おうえんじゅく》を開いた。万が移住した越後柏崎はこの時期凶作飢饉のただなかにあり、そこで見聞した惨状は、万の上州太田《おおた》にあてた手紙によると「当地は米産地であるが、このごろは一俵一両二朱にもなり、山間地では葛の根まで食料にしている。さらに生き残るために小児を川に流す村もある」と記していた。

村々では年貢軽減を要求、さらに陣屋が貢米を商人に売却して換金する「払い米」の安値を求めた。しかし陣屋では特権商人の独占的販売を維持して米価をささえ、特権商人は人びとの惨状をよそに巨利を得ていた。なお農民は凶作による産米不足で納入する年貢米がたらず、その不足分は高値の払い米で換算されて借金として繰り越された。こうして陣屋側は払い米の高値をのぞみ、飢饉対策をなおざりにしていた。生田万は「米不足、米の高値は穀留をしない領主の無策と米を他所に移出して巨利を得ている悪徳商人によるものだ」と激しく非難した。

天保八年二月、大坂での大塩平八郎の乱発生の情報は柏崎にも伝わり、大塩の大坂周辺農民への檄文《げきぶん》なども逐一写しとられるほどであった。大塩の乱は国学者万に大きな影響をあたえていた。万は、柏崎地方の人びとを共に行動させせることができるものと考えたのであろう。しかし、万の門人たちは、飢えにおびやかされない商人階層で、万とともに立ちあがる人たちではなかった。また、柏崎町の一般町人も周辺農村の人びとも万とともに行動することはなかった。荒浜村からしたがってきた農民も金品のほどこしを期待したもので、積極的な参加ではなかった。

生田万の乱は早朝のほんの一時でおわったが、騒動後、米商人は米の安売りを行い、陣屋側でも飢人救済米を放出し、窮民救済活動を行うなど乱の影響は少なくなかった。天下をおどろかせた大坂の大塩の乱の精神が遠く越後の地にも波及し、封建の支配体制をおびやかしはじめていた。

天保の佐渡一国一揆●

天保九（一八三八）年閏四月、前年の徳川《とくがわ》十一代将軍家斉《いえなり》から十二代将軍家慶《いえよし》が継立し、恒例の幕府御料巡《じゅん》見使《けんし》が来島した。上山田村《かみやまだ》（佐渡市）の善兵衛《ぜんべえ》は四月二十三日相川にはいった巡見使に一七カ条からなる訴状を提出した。さらに後続の諸国巡見使にも、五月十七日訴状を提出し、佐渡島民の願いを幕府役人に越訴《おっそ》した。

佐渡奉行所では、島民がひそかに寄合いを重ね不穏な動きをしていることを察知し、触《ふれ》をだして不法な行為を禁じ、名主をよびだしきびしく警告したが、全島的な農民の動向を封じることはできなかった。

この越訴計画は善兵衛とともに、畑野《はたの》村四郎左衛門《しろうざえもん》、村山《むらやま》村白山《はくさん》神社宮司宮岡豊後《みやおかぶんご》らが中心となって進められたもので、当時佐渡全町村二六一の八割を超える二二〇町村の賛同を得たものであった。

天保九年五月二十二日、善兵衛は諸国巡見使が離島する前日、小木でとらえられ相川に送られ入牢させられた。急を知った宮岡豊後は村々に回状を発し、人びとを集めて巡見使に善兵衛の釈放をせまろうとした。上山田村から五〇人、大石《おおいし》村から一七〇人など近郷の村人が馳《は》せ参じ、小木港近くに集まったが、巡見使はひそかに佐渡を脱出してしまった。そこで宮岡豊後は善兵衛の釈放を佐渡奉行に要求するため、八《や》幡《はた》村八幡社境内に農民を集めた。約一万人ともいわれる人たちが善兵衛奪還を決議し、奉行所へむかって示威《じい》行動をおこした。佐渡奉行は農民の強い結束力の前にたじろぎ、五月二十五日ついに善兵衛を釈放した。八幡野に釈放された善兵衛を迎えた一揆は、奉行所に内通した八幡村名主宅を打ちこわし、さらに小木町に押しだした。小木町では奉行側にくみした小木町問屋を打ちこわした。佐渡奉行は激昂した一揆を押さえることはできなかった。奉行の無力が露呈されるなか、佐渡の世情は騒然となった。

八月にはいり、丸山《まるやま》村（佐渡市）の米商人が相場にまかせて利をむさぼったという理由で三〇人ほどの農民に打ちこわされた。徳和《とくわ》村・赤泊《あかどまり》村（佐渡市）などでも打ちこわしが発生、さらに国中方面にも波及していった。小前農民は、高騰する米価の値下げを要求し、富農・米商人などを打ちこわした。「天保佐渡一国惣代訴状弁覚書」によれば、打ちこわしにあった富商・米商は一三一軒にものぼった。急を知った幕府は江戸在府奉行篠山重兵衛《しのやまじゅうべえ》を江戸より佐渡に出発させた。篠山奉行は高田藩兵約三〇〇人とともに渡海し、武力を背景に善兵衛ら首謀者を逮捕した。一揆が鎮静したのは、巡見使への越訴以来四カ月後であった。

善兵衛らを中心として、名主・組頭など村役人二五四人もが参画した越訴状の内容はつぎのごとくであった。年貢・諸役に関し、土地不相応の過重な石盛をしている、上納米一〇〇石に四石の口米《くちまい》が課され、上納米の秤量《ひょうりょう》では下役人の不正がある、また、役人の賄賂政治も横行している、などと指摘し、小前農民の負担軽減を訴えていた。この訴状でとくに注目されるのは、佐渡奉行が小木町や相川町の商人と結託し、広恵倉《こうえそう》の営業をとおした独占的な経済活動への反発に関するものであった。

「広恵倉」とは文政六（一八二三）年、佐渡奉行泉本正助《いずみもとしょうすけ》が農民の負担により、相川の羽田《はだ》浜に建てた倉の名称である。この倉の設立の趣旨は商品が安いときに買い入れ、高くなったら放出して物価の安定をはかること、この売買で得た利益は貧民救済や飢饉対策にあてること、とされた。

しかし、佐渡奉行は島民救済の設立趣旨をはなれ、奉行所直営の商品売買の拠点として活動し、利潤追求に走った。佐渡奉行は、小木入港の諸国廻船から問屋仲間をとおして独占的に商品を買い占め、莫大な利益をあげていた。また、佐渡奉行が組織した四十物《あいもの》・薬種栽培・搾油・板木などの諸商売は、奉行の鑑《かん》札《さつ》をもつ問屋仲間にかぎって営業が許されていた。越訴状では、こうした奉行所や特権商人の独占的経済活動に反対したのである。

奉行の独占的経済活動阻止の要求は、多くの島内新興商工業者の要望にこたえるものであった。このように善兵衛らは小前農民の負担軽減の要求から、名主・豪農層の経済活動への要求をも含む、島民各層の願いをまとめあげて幕府巡見使に改善を訴えたものであった。全島的願いを越訴に結集した一揆も、巡見使離島後は小前層が各地で米商人・富商を打ちこわす状況となり、両者の対立をあらわにしていった。

幕府は一揆鎮圧後、一揆首謀者善兵衛ら農民一七人および佐渡奉行所役人田中従太郎《たなかじゅうたろう》ら八人を相川から江戸に移し、江戸評定所で裁判を続行した。やがて、天保十一年八月判決がくだり、善兵衛は獄門、宮岡豊後の死罪を始め、遠島三人、追放一四人、所払《ところばらい》一三人など、多くの犠牲者をだした。一方、奉行所役人も、佐渡奉行鳥居八右衛門《とりいはちえもん》が役職をとかれ、ほかに七七人もが処罰されたが、多くは押込み・差控えなど軽いものであった。

一揆が要求した年貢・諸負担の軽減は認められなかったが、広恵倉の経済活動は停止された。また、四十物座などの株仲間も廃止された。結果として新興商人のより自由な活動が可能となったのである。

3 新しい時代への胎動

抜荷と新潟上知●

幕府は、天保十一(一八四〇)年十一月、長岡藩主牧野忠雅《まきのただまさ》を武蔵国《むさし》川越《かわごえ》(埼玉県川越市)へ、川越藩主松平斉典《まつだいらなりのり》を出羽国《でわ》庄内《しょうない》(山形県鶴岡市周辺)へ、庄内藩主酒井忠器《さかいただかた》を長岡へとそれぞれ転封させる、三方領地替え《さんぽうりょうちが》を発令した。そのさい長岡藩領の新潟町と庄内藩領の酒田《さかた》町を海防の要地であるとして、幕府直轄地にしようとしたのである。

川越藩は江戸港防備の夫役の重い自分の藩をきらい、生産力の高い旧領地姫路《ひめじ》へ転封を願っていたから、場所こそ違え開発の進んだ庄内平野への移封は望むところであった。庄内藩や長岡藩では酒田や新潟港で抜荷《ぬけに》(密貿易)が行われているとの風評があり、その懲罰のためであろうと噂《うわさ》された。川越移封の命をうけた長岡藩では藩士や家族の動揺は大きく、農民は「殿様お慕い願い」の運動をおこし、幕府に川越移封を反対しようとしたが、藩はその動きをおさえた。庄内藩では、農民が藩主の転封による収奪強化を回避するために転封阻止の運動が行われた。農民の江戸越訴、さらには全藩一揆（天保十二年二月）にまで発展し、転封反対運動は激化の一途をたどった。

全国の外様《とざま》大名もこの領地替えに質問状を提出し、幕政への疑問を表明した。幕府は天保十二年七月、ついに三方領地替えの中止を命じた。これは幕府が発令した転封令を撤回した唯一の例で、幕府の政治的権威を大きく失墜させた。

この年、老中《ろうじゅう》水野《みずの》忠邦《ただくに》の天保改革《てんぽうのかいかく》がはじまった。幕府は財政をおぎなうため天保十二年六月一日から十五日にかけて、江戸城最寄地、新潟町、大坂城最寄地の順に上知令《あげちれい》を発した。新潟町（六〇八石）の上知令は六月十一日に発せられ、長岡藩には新潟町上知のかわりに三島郡高梨《たかなし》村（六三〇石）をあたえた。港町新潟は交易に対する課税で運上金が年に五五〇〇両にも達するほどで、長岡藩のドル箱であったから長岡藩財政に大きな痛手をあたえた。江戸・大坂の最寄地は領民や領主の反対運動が高まり、またまた撤回せざるを得なかったが、新潟町の上知は実行された。

天保十四年六月十七日、老中水野忠邦の抜擢《ばってき》で御庭番川村修就《おにわばんかわむらながたか》が初代の新潟奉行に任ぜられた。九月二十八日、家族や部下を引きつれて江戸を発し、三国峠《みくにとうげ》を越え、六日町《むいかまち》から船を利用し、十月九日長旅をおえて新潟町の奉行所に着いた。ここに、新潟町は元和四（一六一八）年から二二〇余年続いた牧野氏支配からはなれることとなった。

新潟町上知の背景にあった抜荷事件とはなんであったのか。天保六年十一月、北蒲原村松浜《きたかんばらむらまつはま》（胎内市）

に薩摩船が遭難した。船には中国産の薬、織物など長崎会所を経ない密貿易品が積まれていた。発覚をおそれた乗組員は村松浜の百姓家の倉庫に隠したが、翌年ついに発覚し、新潟町の廻船問屋若狭《わかさ》屋などが江戸に送られ、天保十年、評定所で抜荷関係者五〇余人が八丈島へ流されたり、家財没収などの重い処罰をうけた。

ところが、翌十一年、ふたたび抜荷事件が発覚した。この事情は川村修就のひそかな探索によるものであった。修就の調査報告書「北越秘説」には新潟町には中国産の薬種類、毛氈《もうせん》、珊瑚《さんご》珠、光明《こうみょう》朱《しゅ》などが江戸より安値で大量に出回っている。これは、新潟町の廻船問屋で藩の御用商人津軽《つがる》屋・当銀《とうぎん》屋などの密貿易によるものであり、こうした行為は長岡藩とも十分関係をもったものである、と指摘していた。藩ぐるみともみられた抜荷の発覚が、幕府に新潟上知の有力な口実をあたえた。

ところで、幕府の対外貿易業務を担当する役所である長崎会所が発足したのは元禄期にはいってからであった。長崎会所は幕府による官営貿易の中枢をになっていた。その長崎会所貿易も、密貿易の盛行によ

初代新潟奉行川村修就

松田傳十郎のカラフト統治

カラフト（サハリン）探検家として知られる松田傳十郎《まつだでんじゅうろう》（幼名幸太郎）は明和六（一七六九）年、頸城《くびき》郡鉢崎《はっさき》（柏崎《かしわざき》市）の浅貝源右衛門《あさがいげんえもん》の長男としてうまれた。天明元（一七八一）年、米山《よねやま》峠の復旧工事の監督、幕府普請奉行《ばくふふしんぶぎょう》大西栄八郎《おおにしえいはちろう》に見込まれて江戸にいき、幕府役人御小人目付《おこびとめつけ》松田家の養子となり、仁三郎《にさぶろう》と改名、養父の死後傳十郎を襲名した。

寛政十一（一七九九）年、幕府は東蝦夷地《ひがしえぞち》（北海道東南部および千島《ちしま》列島を含む地域）を直轄地とし、ついで文化四（一八〇七）年には西蝦夷地《にしえぞち》（カラフトおよび北海道西北部）を直轄地としてロシアの南下策に対処した。寛政十一年、幕府の北方経営策の一環として傳十郎も厚岸《あっけし》などに赴き、北方領統治に従事した。以後、文政五（一八二二）年に至る二四年間の長期にわたり、傳十郎は幕府役人として北方領経営に尽力した。函館奉行調役元締《はこだてぶぎょうしらべやくもとじめ》に昇進した傳十郎は文化五年、奉行所の雇いであった間宮林蔵《まみやりんぞう》をつれてカラフト奥地探検を行った。当時カラフトは半島であるか島であるのか、日本国内のみならず諸外国においてさえ明確にはされていなかった。林蔵はカラフト東岸を、傳十郎は西岸をと二手に分かれて北上、幾多の困難をのりこえ、傳十郎は文化五年六月十九日ラッカ岬に到達し、潮流や地形あるいは先住民からの情報などを総合してカラフトが離島であることを断定したのである。

東岸を北上した林蔵は途中、航行不能となり上陸して西岸にでて北上、傳十郎に再会しカラフトが離島であると断定した状況をうかがったのであった。しかし、この島と大陸との海峡は「マミヤ

❖コラム

海峡」として世界に紹介された。その理由は林蔵の探検報告書が幕府役人高橋景保《たかはしかげやす》に提出され、景保が「日本辺海略図」にカラフトを離島とあらわし、その地図がオランダ商館付医師シーボルトにより「Mamia Str」として紹介されたためであった。

その後の傳十郎のカラフトでの活躍は、ロシアに対抗して日本の国益をまもるために大きな働きをした。先住民を組織して地域防衛の任にあたらせたり、沿海州山丹《さんたん》地域の人びととの毛皮交易において、先住民が借財で経済的に支配され、ときには大陸につれさられていたりしていた状況を、幕府の力で借財を返済することで解消し、以後北方での交易を幕府の統制下においた。こうした傳十郎の活躍は、清《しん》国に対しカラフト南部が日本の支配下にあることを強く印象づけ、日本の勢力圏として維持する役割を果たしたのである。

松田傳十郎著「北夷談」に描かれたカラフト先住民

ってしだいに会計が悪化し、天保期には会所貿易は密貿易によって押しつぶされるのではないかとの風説さえ広まっていた。

中国と日本間の抜荷は、日・中両国の商人にとって、危険をおかしてもなお魅力あるものであった。とくに清《しん》朝が海禁を解除してからは、中国沿岸から直接日本へ渡航する船が増加し、オランダ船より航路が短く、商品の売り値が安いために競争力を強めていた。幕府はオランダとの貿易を維持するために、清船の貨物に重税を課し、オランダ船と清船との商品の値を調整した。また、日本商人が比較的低い値で中国船の積荷を買った場合、ときには貿易総額の七割もの重税を課した。

密貿易の場合、こうした重税がないから、日本商人を密貿易へと走らせる原因ともなった。また清船にとっても、密貿易を行えば貿易高の約一五分の一ほどの「船別置銀」とよばれた税をまぬかれていた。天保期にはいり薩摩《さつま》藩は財政建直しのため、琉球《りゅうきゅう》を拠点とする中国との密貿易を長崎などをとおして増加させた。幕府は薩摩藩の「琉球物」と称する密貿易を押さえるため、天保八年薩摩の長崎貿易を禁止したが、容易にやむことはなかった。

薩摩船が唐物を越後沖で売りさばいたり、越後海老江《えびえ》港あたりで松前産の俵物を仕入れ、唐物《からもの》と交換するなどしたため、長崎会所に回る俵物の品質が落ち、入荷量も減じていた。幕府は薩摩藩の密貿易活動を押さえ、公貿易を維持するためにも新潟港など、抜荷の基地となっている港を直轄地として押さえることが必要であった。

日本に来航した中国船と称される船であっても、単に操縦者が中国人というだけで船籍は東南アジア全域にわたっていた。越後沖でひそかに行われていた抜荷交易は、中国人によって広く東南アジア各地と結んで行われていた貿易活動の余波であった。

　川村修就が新潟奉行に就任して九年間に町政改革がつぎつぎと実施された。新潟海岸に台場《だいば》をきずき砲術訓練などを奉行役人に義務づけて海防を強化した。また、交易船からの税の取立てを厳重にした。この結果、仲金の収納高は年々増加し、嘉永二（一八四九）年には一万四九五五両と長岡藩時代の三倍にも達した。

異国船の来航と新潟開港●

文化元（一八〇四）年ロシアの使節レザノフが長崎で通商を求めたが翌年拒絶されるなど、ロシアは日本に開国を求めて組織的に南下策を進めていた。文化三年から同四年にかけて、ロシア船がカラフト（サハリン）島のクシュンコタンや、国後島《くなしり》・択捉島《えとろふ》などに来航し、兵が上陸して日本の番所・倉庫などを焼き払い、掠奪を重ねた。

　こうした情況は、新潟町の年寄・検断などの町役人にもいちはやく伝わっていた。新潟町年寄吉川市兵《よしかわいちべ》衛《え》の記録によると、択捉島に二隻の異国船がきて兵が上陸し、争乱におよんだこと、日本側の打ちだす鉄砲には、いっこうに恐れず攻撃をしてきて、日本の役人・番人などは山へ逃げかくれたこと、南部《なんぶ》・津軽などの藩から援兵が派遣された状況などがつぶさに把握されていたことがうかがえる。

　こうした情勢をうけて、十九世紀にはいるや海防への関心がいちだんと高まっていた。幕府は、寛政五（一七九三）年すでに長岡藩・高田藩・新発田藩の三藩に天領《てんりょう》佐渡の警護を命じていたが、さらに文化五年、佐渡奉行は島内六カ所の番所に鉄砲を始めとする武具を急遽配備し、春日崎《かすがざき》・弾野《はじきの》に遠見番所《とおみばんしょ》を設けて見張りを厳重にした。また、相川町や島内の村々から、八五〇人ほどの警護用員を徴集することにした。

村々ではこれを忌避するものもいた。佐渡の民謡に、

おろしや船なら千艘来とまゝよ、土屋長三郎さん来にやよかろ

とうたわれ、当時の佐渡奉行土屋長三郎《つちやちょうざぶろう》の海防策強化に対する村人の気持ちを表明していた。佐渡奉行は、佐渡海岸線全域にわたり五八カ所の台場をきずき、外国船への対応の仕方を詳細に定めて村々への徹底をはかった。

越後各藩も海防の強化につとめた。高田藩では、海岸二二カ所に大筒《おおづつ》台場をきずいた。糸魚川藩でも海岸警備のため各組に人馬徴集の数を定め、漁船・廻船の徴発も計画した。

嘉永二（一八四九）年七月十九日、佐渡外海府《そとかいふ》の願《ねがい》村（佐渡市）沖で出漁中の相川町の漁師が異国船を発見し、浦目付《うらめつけ》に通報した。これが佐渡で異国船を確認した最初であった。漁師の報告によると、船は鉄の柱から火煙をはきだし、長さ七〇間余、船の左右に外輪車をつけた蒸気船であったという。漁師は、小舟で近づいてきた異人に水樽をあたえ、返礼としてお菓子をもらったと報告している。

こうした情勢のなか、国政は一挙に開国へと大きく転換された。一八五四（安政元）年三月日米和親条約締結、一八五八（安政五）年七月日米修好通商条約締結、引きつづき、オランダ・ロシア・イギリス・フランスとも通商条約が結ばれ、いよいよ日本は開国への歩みをはじめることとなった。この日米通商条約の第三条に、はじめて新潟の名が条文に登場した。条文では、安政六年から神奈川・長崎・箱館《はこだて》を開港するが、ついで新潟の開港を一八六〇年一月一日とする、もし、新潟港を開きがたいことがあれば、かわりに新潟の前後に一港を別に選ぶ、と記されていた。

安政五年七月に結ばれたオランダやロシアとの条約には、新潟の名はだされず、西海岸（日本海側をさ

❖コラム

漁師の描いた世界地図

佐渡《さど》の南海岸に宿根木《しゅくねぎ》という村がある。江戸時代の末、天保十（一八三九）年の記録では二ヘクタールほどのせまい谷あいに一二〇戸・五六九人もの人びとが海とかかわって生活をしていた。村には一三艘の千石船《せんごくぶね》があって、一〇〇人ほどの舟乗りをのせて、大坂・江戸に年貢米を運んでいた。文政三（一八二〇）年六月、この村の四十物《あいもの》漁師長五郎《ちょうごろう》の家に男の子がうまれた。長五郎の息子昇蔵《しょうぞう》（のち収蔵《しゅうぞう》と改名）は少年のころから細字を書くことにすぐれていた。その器用さに目をつけたのが佐渡奉行所《ぶぎょうしょ》絵図師《えずし》石井夏海《いしいなつみ》（司馬江漢《しばこうかん》の門人《もんじん》）であった。そのころ石井は伊能忠敬《いのうただたか》の作成した佐渡地図の補正作業に従事していたのである。石井夏海のはからいで高田《たかだ》藩儒者《じゅしゃ》中根半仙《なかねはんせん》のもとで篆刻《てんこく》を学ぶ。天保十二年、収蔵は江戸から帰るとき『蘭学階梯《らんがくかいてい》』を購入して島に帰る。島に帰った収蔵は一年の過半を相川《あいかわ》の石井氏のもとで地球図作成に全力をあげる。収蔵は家の仕事もろくに手伝わない道楽息子であった。弘化元（一八四四）年、収蔵は江戸にでて伊東玄朴《いとうげんぼく》の門人となり蘭方医《らんぽうい》となった。翌弘化二年の秋、江戸から島に帰った収蔵は宿根木村の歓喜院《かんきいん》という無住の寺で医業を開くかたわら、「万国全図」の製作に力をそそぐ。これがのち嘉永元（一八四八）年に『改正地球万国全図《かいせいちきゅうばんこくぜんず》・地球万国山海與地全図説《ちきゅうばんこくさんかいよちぜんずせつ》』という名で出版される。

嘉永三年、収蔵は三度目の江戸行きの旅に出立、安政三（一八五六）年、念願の蕃書調所《ばんしょしらべしょ》の絵図師に任命された。佐渡島の四十物漁師の息子が、古道具屋でみつけた刀を腰にさして幕府の役人となり、黒船《くろふね》のむこうに世界をみるような時代の波がひたひたと押しよせていたのである。

す）で一港を開くとだけ定められていた。

安政五年、五カ国と通商条約を結んだ時点では、日本海側の開港場が新潟と確定していたわけではなかった。開港期日である安政六年十二月までに、アメリカなど五カ国との交渉の結果しだいではほかの港が開港場に指定される可能性もあったのである。

アメリカ側は新潟港が河口港で土砂の推積がはなはだしく、船の入港もままならず港として不適であると考えていた。ほかの四カ国も同様であった。幕府側は基本的には、大名領の良港が上知困難な現状では、日本海側では、新潟以外に開港場の候補にあげられる港はないと考えていた。幕府の新潟開港の意向と、イギリスなど諸外国との日本海側の開港場選定をめぐる対立により、新潟開港は容易には決定しなかった。イギリス総領事オルコックは新潟の代案と

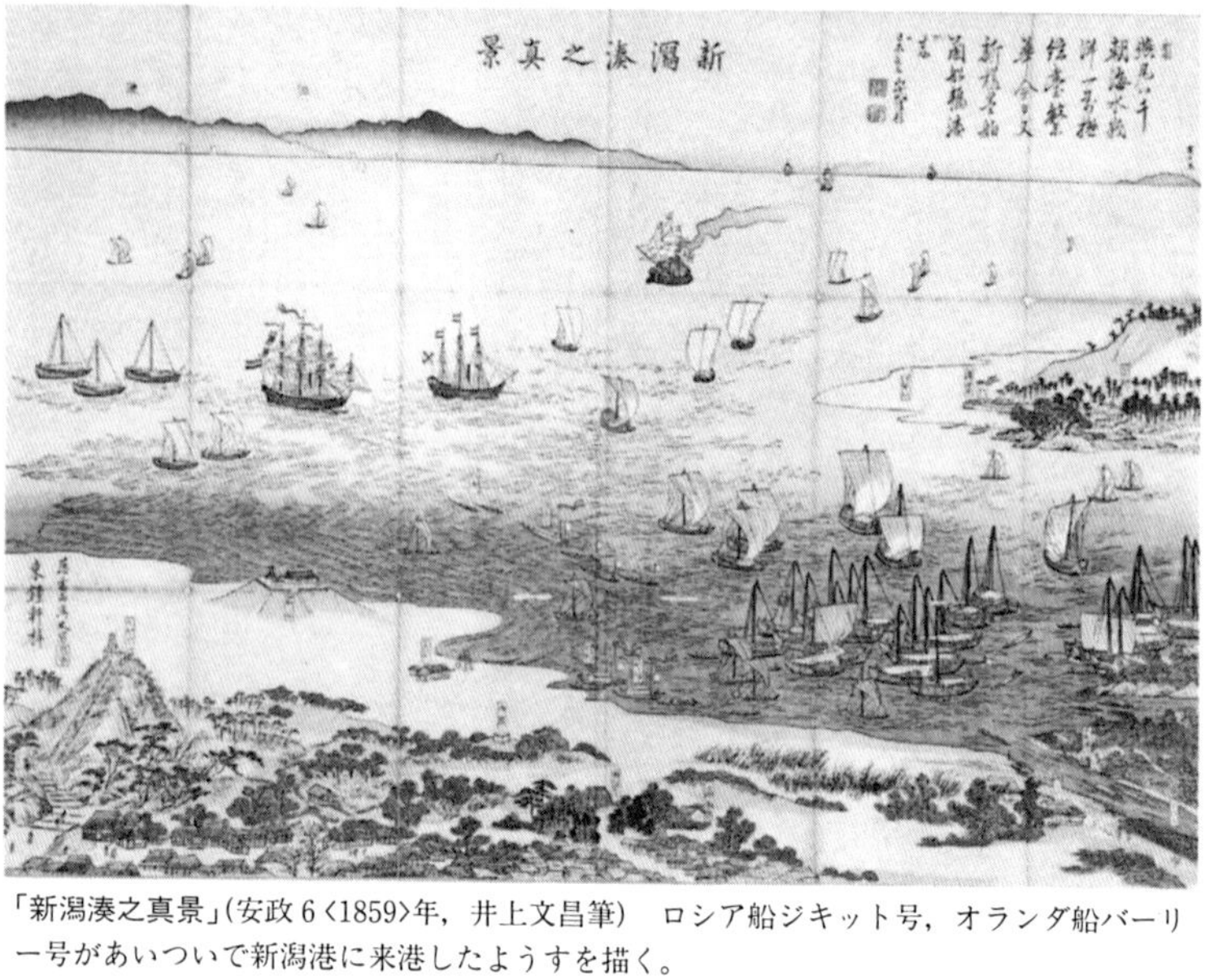

「新潟湊之真景」（安政 6〈1859〉年，井上文昌筆）　ロシア船ジキット号，オランダ船バーリー号があいついで新潟港に来港したようすを描く。

して今町（上越市）か酒田の案を示した。さらにイギリス公使パークスは新潟港を直接調査し、代案として加賀の七尾《ななお》港の開港を要求した。

幕府は七尾が加賀藩の領地であり攘夷運動が盛んな時期でもあり、不測の事態が発生するおそれがあると指摘してイギリス側の説得につとめた。こうした幾多の交渉のなかで、イギリス公使は幕府の当面している政治上の困難を救うために、幕府提案の新潟港と佐渡の夷《えびす》港（佐渡市）を補助港として同時に開港する条件で同意した。ほかの四カ国も新潟開港の同意を幕府に伝えた。しかし、やがて幕府が倒壊、続いて新潟町が戊辰《ぼしん》戦争の戦場となるにおよんで、開港は延期され、実際に新潟が開港したのは明治元年十一月十九日（一八六九年一月一日）であった。

幕末越後の幕府・諸藩の動向と民衆●

幕末越後の諸藩は、時代の急変とその対応に追われていた。どの藩も財政が窮乏し、藩政はいきづまっていた。高田・長岡・与板の各藩は二度にわたる長州征討への出兵で膨大な出費を要し、新発田藩では新潟港の警備や海防などで財政を悪化させた。長岡藩では財政建直しのために負債の返済をはかり八万両の才覚金を領内の豪農・豪商や領内七カ組に命じた。村上藩でも、三条五カ組に属する豪農から三万六〇〇〇両の用立てを依頼したが、これは応じてもらえなかった。このように各藩では財政建直しに苦労したが、めだった成果は得られなかった。

幕府はペリーの開国要求後、海防充実をはかる費用調達のため、全国の幕領村々から上納金を徴収した。越後でも水原代官所管内で一万四〇〇〇両余、川浦《かわうら》代官所では二〇六〇両余の上納を求めた。いずれも、主として豪農たちの負担にたよっていた。

幕末期の幕府・諸藩の政治的活動は当時あらたに台頭してきた豪農・豪商の資力にたよらざるを得なかったのである。幕府は長州征討の費用についても全国の幕領の豪農・豪商に上納金を命じたが、江戸・大坂をのぞいて二〇〇両以上の高額上納者は、越後では白勢長兵衛・市島徳次郎など二五人にのぼり、全国で最多であった。

幕領佐渡では奉行久須美祐明《くすみすけあき》のもと天保改革が進められ、役人の綱紀粛正《こうきしゅくせい》、経費節約、物価引下げなどの施策がとられてきた。佐渡鉱山は大幅に産出量を減じていた。幕府への上納高は慶応期には年平均一二〇貫と全盛期の三%ほどに落ちこみ、経営の改善は絶望的となっていた。諸藩の改革は領民に過重な負担をかけ領民を苦しめた。

嘉永六（一八五三）年八月、長岡藩領東谷《ひがしだに》・西谷《にしだに》（長岡市）、栃堀《とちぼり》村（長岡市）など栃尾郷一帯に一揆が発生、村役人層や栃尾町役人、金融業者などが打ちこわされた。この一揆の要因は藩財政建直しのための新役銀取立て、才覚金上納の強制などを新興の豪農層をたよって実施しようとした藩政への小前農民の強い不満によるものであった。

慶応二（一八六六）年、第二次長州征討の開始は、幕府・諸藩の多量な物資の買付けをよび、上昇する物価をさらに急騰させた。たとえば、村松藩では慶応元年十月に白米一升二〇〇文ほどのものが、翌年十一月までには五〇〇文と二倍を超えていた。物価の高騰は庶民を苦しめた。寺泊町や間瀬《まぜ》村の人びとは手当米《あてまい》の安売を要求して町役人宅へ押しかけ、米商人を打ちこわした。生活に苦しむ水原町周辺や七谷郷（加茂市）の農村でも、小作人が騒動をおこし地主に小作料の減額を認めさせた。生活に苦しむ越後各地の小前農民は、要求を掲げ城下や代官所に直接押しかけるよりも、むしろ村役人の不正を糾弾し、領主側にくみした豪農・豪商を対象として打ちこわしを行った。

騒乱のなかで、新しく台頭してきた在野《ざいや》の豪農層は「草莽《そうもう》」をとなえ尊皇《そんのう》を旗印に行動するものが多かった。寺泊町の富商の家にうまれた本間精一郎《ほんませいいちろう》は陽明学《ようめいがく》を学び、京都で尊攘《そんじょう》派として活躍したが、文久二（一八六二）年暗殺された。下粟津《しもあおうづ》村（燕市）の庄屋にうまれた長谷川鉄之進《はせがわてつのしん》は勤王の志士を輩出した長善館《ちょうぜんかん》で学び、尊攘派として活躍した。村松藩の尊攘派が結集した正義党《せいぎとう》は長州藩にくみしていた。長谷川鉄之進はその正義党と連絡をとりながら、高田・直江津《なおえつ》などの志士とも会合を重ね、しだいに越後各地の豪農・豪商に尊攘思想を広めていった。

幕末維新期の越後では、幕府否定論にもつながった、現実を直視しその改革を論じた国学が豪農層のあいだに広く学ばれていたため、多くの豪農・豪商が尊皇思想によって混乱期のなかできたるべき新時代の方向を求めて行動していった。新津村（新潟市秋葉区）の大庄屋で国学者の桂誉重《かつらたかしげ》は多発する窮民の一揆を前にして、地主の土地集積の弊害を認め、「天子の子であり宝である百姓を天子の大御心《おおみこころ》をもって愛育し、村の自力更生をはからなければならない」（『済生要略《さいせいようりゃく》』）と説いた。幕末の越後の世情は、佐幕を標榜する会津・桑名藩などの武士が各地を遊説し、一方、尊王の志士が活躍、幕府の脱走兵や浮浪人の横行もはなはだしかった。去就に迷う諸藩は動揺し、混乱状態におちいっていた。

元治元（一八六四）年八月、幕領水原代官所では農民から兵を取り立て陣屋警護にあたらせた。この年、小牧《こまき》村（燕市）など五村が申しあわせ、自衛のために浪人防御策を取り決めた。村役人の指揮のもと、鉄砲・竹槍などをそなえ、浪人が村に侵入するのをふせごうとするものであった。新発田藩でも村役人層を中心に「銃隊組」が組織され、イギリス・フランスなどから輸入された最新の銃をそなえて訓練にはげんでいた。

慶応三年九月、会津藩は越後にある各藩によびかけ、騒然とした社会情勢に対処するための会議を新潟町で開いた。領内を厳重に取り締まり、変事の急報、情報交換などの約定を取りかわした。

慶応三年十月、大政奉還《たいせいほうかん》により幕府は政権の座をおりた。慶応四年二月、幕府は越後国内に散在する一三万八〇〇〇石余の直轄地を会津・米沢・高田・桑名の四藩にあずけ、越後の直接支配をおえた。同年三月、新政府派遣の北陸鎮撫総督《ほくりくちんぶそうとく》一行が高田に到着し、集められた越後十一藩の重臣に対し、政府軍への協力を求めた。とくに長岡藩の動向に疑念をいだき、高田への藩兵の派兵を命じたが拒否され、さらに軍資金三万両の献上要求も即答は得られなかった。北陸道軍は間近にせまった江戸城攻撃のため高田を去り、江戸にむかった。

当時会津藩は幕府からの預り地を含め越後に二二万石余の支配地を擁していた。この支配地守護の名目で兵を派遣、越後諸藩の動きを牽制した。会津藩の盟友桑名藩主松平定敬《さだあき》は、三月三十日、桑名領柏崎にはいり会津藩とともに政府軍に対峙した。

戊辰戦争の戦局を左右した越後での戦いが目前にせまっていた。

8章

新潟県の近代化

明治元(1868)年越後大合戦略図(北越戊辰戦争)

1　地主王国の形成

北越戊辰戦争と新潟県の成立●

慶応四（一八六八）年一月五日、鳥羽《とば》・伏見《ふしみ》の戦いで勝利をおさめた明治新政府軍は支配範囲を全国におよぼすため、各地に鎮撫総督府《ちんぶそうとくふ》を設置した。越後《えちご》地方を支配するため設けられた北陸道鎮撫総督府の総督は高倉永祜《たかくらながさち》、副総督は四条隆平《しじょうたかとし》で、二人とも公卿であった。この年の閏四月十七日、参謀に任命された黒田了介《くろだりょうすけ》（清隆《きよたか》・薩摩藩士）・山県狂介《やまがたきょうすけ》（有朋《ありとも》・長州藩士）らは薩長など諸藩兵を率いて高田《たかだ》に集結した。すでに新井《あらい》に滞陣していた東山道《とうさんどう》総督府軍監岩村精一郎《いわむらせいいちろう》（土佐《とさ》藩士）を加えて軍議を開き、全軍を海岸沿いに進軍する海道軍と魚沼《うおぬま》郡の会津《あいづ》藩兵を攻める山道軍に分けて、それぞれ連携して長岡《ながおか》を攻撃することを決めた。小千谷《おぢや》にはいった新政府軍は、小千谷に諸藩会議所を設けて軍議を開いて、越後諸藩で態度の不明確な藩を攻撃することに決定した。五月二日小千谷の慈眼寺《じげんじ》に赴いた長岡藩軍事総督河井継之助《かわいつぐのすけ》は軍監岩村精一郎と会見し、「長岡藩は、これまで新政府軍の再三にわたる出兵・献金要求を拒否してきたが、藩主以下勤王の志に厚いことに変わりないので、藩論を統一するためしばらく進撃を待ってほしい」と要望したがうけいれられず、小千谷会談は決裂し、長岡藩は新政府軍への徹底抗戦を決意した。

このころ東北地方の会津・庄内《しょうない》・仙台《せんだい》など二五藩は新政府軍へ抗戦をとなえて同盟締結の動きがうまれ、五月三日に奥羽列藩同盟《おううれっぱんどうめい》が結成された。五月四日に抗戦の藩論を決めた長岡藩がこれに参加し、五月六日には村上《むらかみ》・村松《むらまつ》・三日市《みっかいち》・黒川《くろかわ》藩が加わり、ここに奥羽越《おううえつ》列藩同盟が成立した。去就の注目された新《し》発田《ばた》藩も五月十五日に加盟を決定して、北越の地は以後四カ月間、戦乱の巷《ちまた》と化した。戦場となった越後の町や村の民衆は新政府軍や同盟軍によって、膨大な戦費の徴発や夫人足《ぶにんそく》がかけられた。五月十九日に新政府軍は長岡城を落城させたが、栃尾《とちお》方面にしりぞいた同盟軍は陣営を立て直して庄内藩などの援軍をうけて攻勢にでるなど、戦闘は膠着《こうちゃく》状態となった。新潟港を背後にもつ新潟町は米沢《よねざわ》・会津・庄内・仙台各藩の共同管理下にあり、オランダ人スネルなどの外国商人が同盟軍への武器売込みに奔走するなど、同盟軍の後方兵站《へいたん》部の役割を果たしていた。

同盟軍は戦局の転換をはかるため、七月二十五日に河井継之助は長岡城奪還作戦を成功させたが、この日新発田藩領太夫浜《たゆうはま》に上陸した新政府軍は奥羽越列藩同盟を離脱した新発田藩の協力を得て、七月二十九日に新潟町を占領した。余勢をかった新政府軍は長岡城を七月二十九日に再度占領し、八月二日、三条《さんじょう》、四日、加茂《かも》・新津《にいつ》・村松を攻略して、さらには十一日には村上藩を降伏させて、ここに北越戊辰《ほくえつぼしん》戦争に終止符をうった。会津藩が降伏したのは九月二十三日のことであった。

一国天領《いっこくてんりょう》佐渡《さど》は佐渡奉行の支配下にあったが、三月十八日に会津藩士ら五人が来島して佐幕勢力への協力を要請した。同じ日に北陸道鎮撫総督から佐渡奉行へ高田への出頭を命ずる書簡がとどいた。佐渡奉行鈴木重嶺《すずきしげみね》は会津と高田へ代表を送って、佐渡が両軍の戦乱の巷となるのをさけるため「戦乱平定まで旧制によらせてほしい」旨の陳情をさせ、四月二十六日にはみずからも江戸にむかった。後事を託された組《くみ》頭《がしら》中山修輔《なかやましゅうすけ》は、来島した会津藩士一〇〇余人に対して約一五〇人からなる迅雷隊《じんらいたい》を背景に、これを退島させて、十一月十三日に新政府から参謀兼民政方に任命された奥平謙輔《おくだいらけんすけ》（長州藩士）が来島するまで、佐渡の「中立」をまもった。

北越戊辰戦争のあった慶応四年（明治元年）は戦乱に加えて長雨や洪水があり、民衆は水兵（水害と戦乱）の両難に苦しめられ、各地で騒擾《そうじょう》や一揆《いっき》が発生していた。とくに長岡藩巻《まき》・曽根《そね》一揆、村松藩下田郷《しただごう》一揆、会津藩東蒲原《ひがしかんばら》地方一揆は、北越戊辰戦争の帰趨や新政府の越後支配に大きな影響をあたえた。民衆統治の必要性を痛感した新政府は、制圧した地域の要所に民政局を設置して民政に力をいれた。五月から九月にかけて、柏崎《かしわざき》・小千谷・長岡・出雲崎《いずもざき》・新潟・三条・水原《すいばら》・村上・津川《つがわ》・川浦《かわうら》の一〇民政局が設けられている。さらに、新政府軍は民衆の疲弊や不満を緩和するために、年貢半減令をだした。

　新政府軍が徹底抗戦を呼号する奥羽越列藩同盟を撃破できた背後には、勤皇《きんのう》の志《こころざし》をもった農村の庄屋《しょうや》・名主《なぬし》の自発的な支援体制があった。彼らは草莽隊《そうもうたい》とよばれる軍事集団を組織して、新政府軍に協力した。越後の代表的な草莽隊に居之《きょし》隊・北辰《ほくしん》隊・金革《きんかく》隊などがあったが、主要な構成メンバーは庄屋・名主・医師・豪商など地方名望家であった。彼らの実力の一端は、たとえば新発田藩兵が同盟軍について進軍中、

越後府庁舎

新発田藩新津組大庄屋桂慎吾《かつらしんご》が近在農民を組織して阻止行動をとったことに明確にあらわれている。新発田藩が同盟軍側に立ちながら、新政府軍側に藩論を転換できた理由の一つに、このような庄屋・名主層の動向があったのである。

北越戊辰戦争の経過のなかで新政府は制圧した旧幕府領などを直接支配する方針を固めて、慶応四年四月十九日に新潟裁判所、二十四日には佐渡裁判所を設置したが、新政府軍の越後・佐渡掌握は不十分であった。そのため新政府は五月二十九日に越後地方を統治するため越後府を設置し、さらに七月二十七日に頸城《くびき》・刈羽《かりわ》・魚沼三郡を管轄する柏崎県を分離・独立させ、それに伴い九月二十一日に三島《さんとう》・古志《こし》・蒲原・岩船《いわふね》四郡を管轄する越後府は新潟府（のち新潟県となる）と改称した。また佐渡裁判所は、九月二日に佐渡県と改称された。北越戊辰戦争後の十二月七日、新政府は奥羽越の朝敵諸藩に対して一斉処分を行い、長岡藩は所領五万石の没収と藩主牧野忠訓《まきのただくに》の謹慎、支藩三根山《みねやま》藩の所替え（のちに中止）、村上・村松両藩主の謹慎、各藩戦争責任者の死刑・家名断絶などが断行されたが、長岡藩以外の越後諸藩は所領を安堵された。

明治二（一八六九）年一月、薩長土肥四藩主による版籍奉還《はんせきほうかん》の上表がだされると、越後諸藩もこれに従った。政府は六月に版籍奉還を許可して、藩主は知藩事《ちはんじ》に任命されるとともに、各藩は政府の指示に沿って藩政改革を進めた。さらに四年七月十四日、政府の廃藩置県《はいはんちけん》の断行によって、越後一〇藩（長岡藩は三年十月、柏崎県に合併される）もすべて県となり、すでに設置されていた新潟・柏崎・佐渡の直轄三県とあわせて一三県となった。同年十一月には府県の統合政策によって、越後・佐渡は新潟県・柏崎県・相川《あいかわ》県の三県に統合され、その後の六年六月には柏崎県、九年四月には相川県が新潟県に合併された。

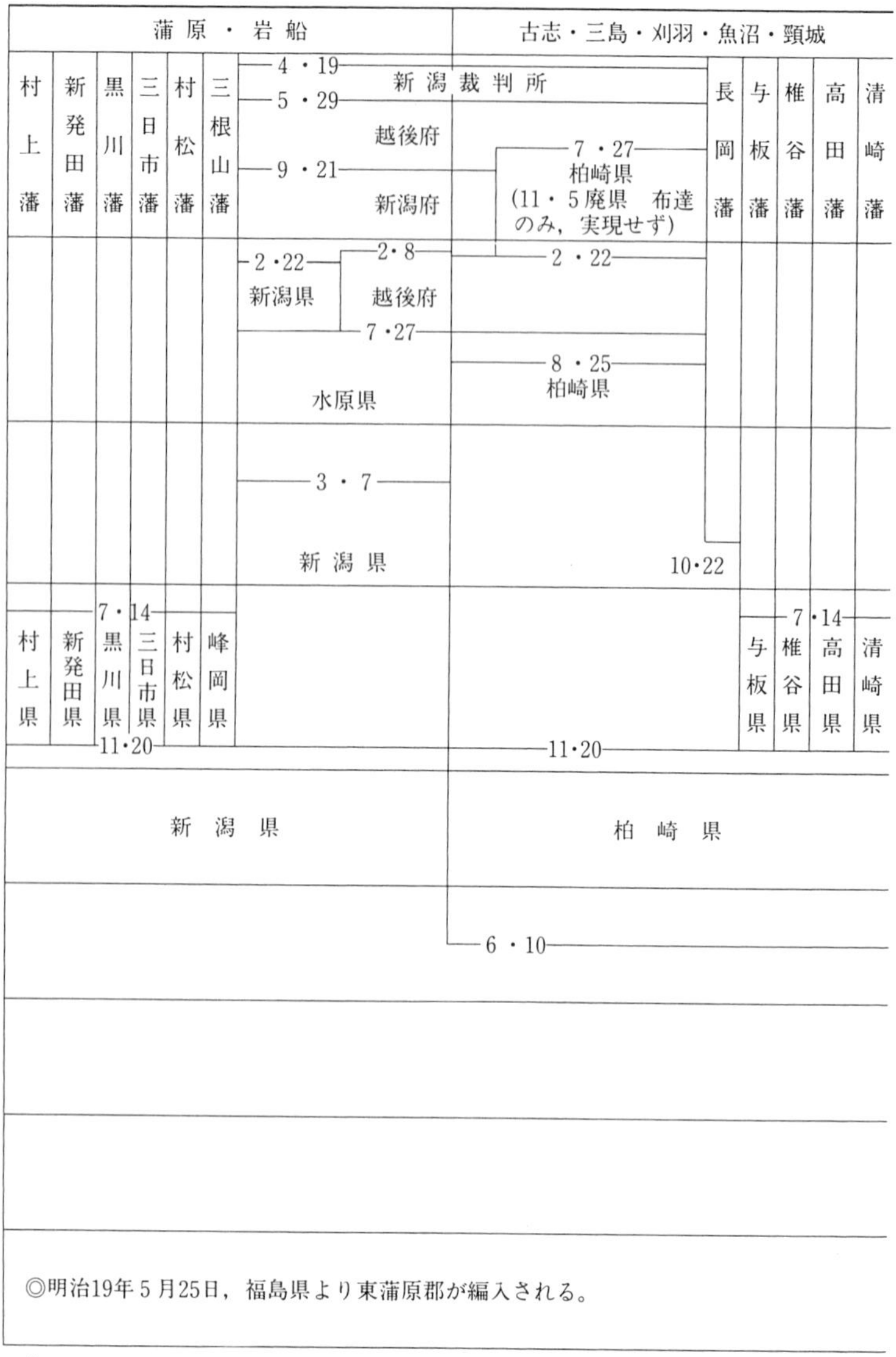
蒲原・岩船
古志・三島・刈羽・魚沼・頸城
村上藩
新発田藩
黒川藩
三日市藩
村松藩
三根山藩
4・19
新潟裁判所
5・29
越後府
9・21
新潟府
7・27
柏崎県
(11・5廃県　布達のみ，実現せず)
長岡藩
与板藩
椎谷藩
高田藩
清崎藩
2・22
新潟県
2・8
越後府
2・22
7・27
水原県
8・25
柏崎県
3・7
新潟県
10・22
7・14
村上県
新発田県
黒川県
三日市県
村松県
峰岡県
7・14
与板県
椎谷県
高田県
清崎県
11・20
11・20
新潟県
柏崎県
6・10
◎明治19年5月25日，福島県より東蒲原郡が編入される。

近代一による。

新潟県の成立

年＼地域	佐渡
明治元年	4・24 佐渡裁判所 9・2 佐渡県 11・5 (新潟府管轄)
明治2年	2・22 (越後府管轄) 7・23 (管轄解除)
明治3年	
明治4年	11・20
明治5年	相川県
明治6年	
明治7年	
明治8年	
明治9年	4・18

『新潟県史』通史編6

開化政策と自由民権運動●

北越戊辰戦争に終止符をうった新政府の越後・佐渡支配の課題は、あいついで発生する一揆や騒動の鎮圧、新政に服従しない民衆の教化、延期されていた新潟開港の実現などであった。

新政府を震撼《しんかん》させた越後最大の騒動は悌輔《ていすけ》騒動と称される大河津分水《おおこうづぶんすい》一揆であった。大河津分水工事はすでに江戸時代から懸案の事案であり、水害に呻吟《しんぎん》する信濃《しなの》川沿岸の農民救済に不可欠の施策であった。新政府は明治三（一八七〇）年七月に大河津分水工事を本格的に開始したが、人足・経費ともに農民の負担が過重であったために、工事に対する不満が広まった。五年四月三日、信濃川・中ノ口《なかのくち》川流域の農民一万数千人が、分水工事負担金免除、神社・仏閣の除地存続、年貢諸税の現状維持、外国交易中止などを掲げて立ちあがった。一揆は各村庄屋宅などを打ちこわしたが、八日になって新潟駐屯の鎮台兵によって鎮圧された。この一揆は浪人・脱籍僧侶・日雇《ひやとい》などを首謀者として、御一新《ごいっしん》反対を目的として企図され、これに分水工事に不満をもつ農民が参加して広がった。一揆は成立日浅い新政府や新潟・柏崎県政に大きな衝撃をあたえることとなり、新政府の越後統治は新しい段階にはいった。

明治五年五月二十四日、新政府は新潟県令に外務大丞楠本正隆《くすもとまさたか》を任命した。楠本は「開化三県令」の一人と呼称された人物で、北越の地に開化政策を積極的に展開した。とくに明治元年十一月十九日（一八六九年一月一日）に開港地となった新潟町の開化と新潟県政の整備などの諸改革を断行した。楠本は新潟町に「市中心得」と「邏卒《らそつ》心得」を定めて、新潟市中の制度・治安維持・風紀と衛生の整備をはかった。また新潟県と柏崎県の合併、合併後の新潟県庁機構の整備をめざした「新潟県庁例規」の制定、布達類の周知のための『新潟県治報知』の発行、新聞紙の刊行などあいついで開化政策を実現していった。

一方、佐渡では、奥平謙輔が寺院の廃合を断行して、五三九寺を八〇寺に整理するなどの荒療治をやってのけた。その後、佐渡県は相川県と改称され、最後の佐渡奉行であった鈴木重嶺が相川県参事・権令として、新潟県への合併に大きな役割を果たした。

新政府は財政を安定させるために、抜本的な土地制度や税制の改革にのりだした。江戸時代の税制は旧領地によって差異のある慣行に基づく石高制《こくだかせい》による米納の貢租であったために、統一的な近代国家建設にはきわめて不十分であった。

政府は土地所有者の確認と地価を明示した地券《ちけん》を交付することを骨子とする新租税制度の導入を構想して、明治五年十月を目標に地券（壬申《じんしん》地券）交付を実施することを決定した。新潟県・柏崎県では同年八月、地券調査を開始して村々に地券係を常置し交付作業を実施した。しかし検地帳に基づく安易な地券交付作業は難航をきわめ、土地測量・所有者の確定・地価決定作業が必要となり、期限内での実現は困難となった。そのため政府は六年七月地租改正法《ちそかいせいほう》を布告したが、その骨子は、(1)土地所有者へ地券交付、(2)地券所有者への地租課税、(3)地租は地価の一〇〇分の三とする、の三点であった。改租事業は、(1)土地の種類・面積・所有者の確定などの作業（地押丈量《じおしじょうりょう》）、(2)土地の等級とそれに応じての収穫量の決定、(3)収穫量（田は米、畑は麦などで換算）を金額に換算して地価を算出・決定、の三段階を経過する。

新潟県の改租事業は東半部（旧新潟県）、西半部（旧柏崎県）、佐渡（相川県）、新潟町の四地域に分けて実施された。事業は難渋をきわめたが、まず明治十年五月に佐渡、同年七月西半部、十三年九月東半部の順で終了した。市街地の新潟町は八年十一月にすでに終了していた。改租事業でもっとも難航したのは土地等級の確定作業であったが、等級決定は一筆↓村↓小区↓大区の段階をたどり、決定にあたっては他との比較・考量主義をとった。そのために主観・恣《し》意的な判断がはいる場合が多く、決定をめぐっては対立・抗争が随所にみられた。対立・抗争の基本的構図は、地価を高額に見積ろうとする政府・県と低額に評価しようとする農民を主体とする土地所有者の角逐《かくちく》であった。結果的には政府・県が農民を圧倒して、

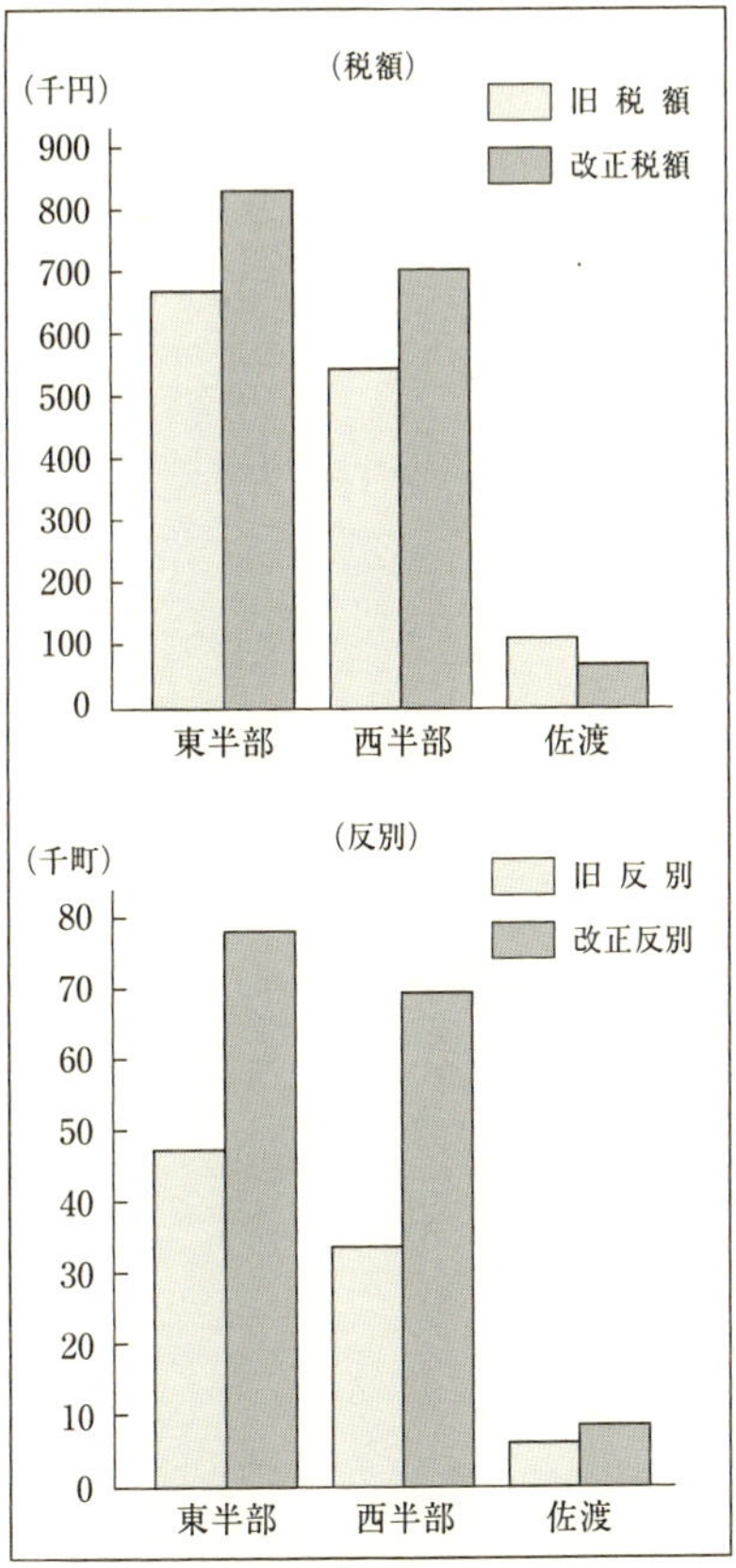

地租改正前後の税額と反別比較（『新潟県のあゆみ』による）

所期の目的を達成したのである。

地租改正の結果、佐渡をのぞく各地域で面積・租額ともに旧税制時を上回った。地主の多い新潟県では、米価上昇に伴い地租金納は地主により多くの利益をあたえ、近代地主制形成の出発点となった。また改租事業の過程で屈服させられた農民層を中核とする人びとは、政府の強引な開化政策に反発して国会開設運動を中心とする自由民権運動にはいっていった。

明治十年四月、新潟県最初の日刊紙『新潟新聞』が刊行され、東京から福沢諭吉《ふくざわゆきち》系の人材が来新して主筆などに就任し、民権思想の啓蒙・宣伝につとめた。その代表的人物が後年「憲政の神様」といわれた尾《お》崎行雄《ざきゆきお》であった。村々の開化政策にかかわった山際七司《やまぎわしちじ》（木場《きば》村〈新潟市西区〉）・島田茂《しまだしげる》（宮野原《みやのはら》村〈津南《つなん》町〉）・小柳卯三郎《こやなぎうさぶろう》（東中《ひがしなか》村〈新潟市〉）・桑原重正《くわはらしげまさ》（秋成《あきなり》村〈津南町〉）・室孝次郎《むろこうじろう》（高田町〈上越《じょうえつ》市〉）・鈴木《すずき》昌司《しょうじ》（代石《だいし》村〈上越市吉川区〉）ら多数の地方名望家も尾崎らと交流を推進して、自由と民権の思想が形成されるようになった。彼らは十三年から十五年にかけて、国会開設運動・政党の結成（頸城自由党《じゆうとう》・北辰自由党・上越立憲改進党《りっけんかいしんとう》などの地方政党）などを実現させ、新潟県の自由民権運動は最高潮に達した。運動の前進をささえたのは、米価の高騰を背景とする地主・商人らの経済的向上であった。

自由民権運動は明治二十三年の国会開設を政府に認めさせるほどに高揚したが、政府の弾圧と懐柔、緊縮財政による物価の暴落と農村経済の沈滞とが重なって、急速に鎮静・衰退していった。新潟県の運動も激化事件の一つに数えられている高田事件（明治十六年三月）を契機に苦難の時代にはいった。多数の地主・商人にささえられ全国的にも強固な基盤をもっていた民権家たちは、衰退期の運動をもちこたえながら再興を企図した山際七司・鈴木昌司・西潟為蔵《にしかたためぞう》らを応援したが、明治十七年十月に大阪で開かれた自由

❖コラム

文明開化期の市民公園

新潟市の中心街に隣接する白山《はくさん》公園は、新潟市民の憩《いこい》の場所として明治初年以降、広く県民に親しまれている。公園の一隅にある石碑の「新潟遊園碑文」には、「開化之本在勉強。勉強之本健身体精神。余嘗歴遊海外。皆有遊園。而荷蘭之制」と記されている。文中の、余とは明治五（一八七二）年五月に新潟県令に就任した楠本正隆《くすもとまさたか》をさし、荷蘭とはオランダのことである。

楠本県令は、新潟県令在任中に政治・経済・文化の多岐にわたる分野において、矢継ぎ早に開化政策を断行したが、その施策は総称して「壬申《じんしん》の開化」とよばれている。楠本は着任以来、市民が憩うことのできるナショナル・パーク（公園）の設立を考えていたが、中心街に近い新潟総鎮守の白山神社の境内地《けいだいち》を適地と思い定めていた。

明治六年一月太政官《だじょうかん》布告によって、日本にも公園の思想がうまれていた。この布告をうけて、楠本にただちに、白山神社境域を神社境内と公園敷地に分け、その公園敷地に新潟遊園と名づける公園を開設することとした。工事は明治六年三月、神社境内の整地を開始し、築山《つきやま》、造池、植樹、庭石の配置などの作業を実施した。様式はオランダの公園様式を模倣し、造園資金の多くは新潟市民の寄付によってまかなわれた。

開設当初の規模は、傘《かさ》亭一、檜皮葺《ひわだぶき》亭一、石獅子《いしじし》五組、庭石《にわいし》五九〇個、石灯籠《いしどうろう》二四基、ランプ六基などをそなえ、そのほかに、古松、椎松、梅、桜、藤、つつじ、春蘭、芍薬《しゃくやく》、牡丹《ぼたん》などの植物が咲きほこっていた。新潟遊園はその後、白山公園とよばれるようになり、現在に至っている。

党大会での自由党解党を阻止することはできなかった。

地主制と地主の文化●

信濃川・阿賀野《あがの》川を中心とする大小河川の流域に形成された肥沃な沖積平野をもつ越後には、すでに江戸時代後期から多数の大地主が存在していた。大正十三（一九二四）年の統計によると、五〇町歩以上を所有する大地主は新潟県に二五七家あり、北海道をのぞいては全国第一位の地位にあった。とくに一〇〇〇町歩以上の巨大地主は北海道以外では全国に九家あったが、そのうちの五家を占めていた。全農家の〇・一％にすぎない五〇町歩以上所有の大地主が全耕地の約一五％にあたる三万九〇〇〇町歩を所有していた。さらに五〇町歩以下の中小地主が各地に散在しており、その対極に五反歩未満の多数の零細小作農民が存在していたのである。

新潟県における地主制が確立したのは、明治中期から後期にかけての時期といわれるが、その分布には地域的特徴がみられる。地主制の分布状況を示す小作地率をみると、越後平野を背景とする北蒲原・中蒲原・西蒲原・南蒲原の各郡、頸城平野に広がる中頸城郡などが、高率な地域であった。とくに北蒲原郡・中頸城郡には大地主が多数存在していた。すでに明治二十（一八八七）年ごろには新潟県の小作地率は五〇％を超えており、越後・頸城平野などの村々には地主の土地および村落支配が確立されていたのである。

新潟県の千町歩地主は大正十三年には、市島徳厚《いちしまとくあつ》家（北蒲原郡・一三四八町歩）・伊藤文吉《いとうぶんきち》家（中蒲原郡・一二三四五町歩）・白勢正衛《しろせ》家（北蒲原郡・一二二〇町歩）・田巻堅太郎《たまきけんたろう》家（南蒲原郡・一二〇四町歩）・斎藤《さいとう》彦太郎《ひこたろう》家（北蒲原郡・一一〇三町歩）であった。なお大正十三年の調査にはでていないが、明治十八年から二十三年にかけて約一二〇〇町歩を所有した田巻三郎兵衛家と、明治二十三年から四十三年にかけて約一〇〇町歩を所有した三菱《みつびし》合資会社（のちの東山農事株式会社）があった。五家の千町歩地主の成立期をみると、市島家・白勢家・田巻家の三家が江戸時代に巨大化した幕藩型地主、斎藤家・伊藤家の二家は幕末期を生成期とし地租改正後から巨大化した明治型地主であった。巨大地主は商業・高利貸を中心とする金融業をいとなみながら土地集積を行い、千町歩地主となった。

大地主の経営について、千町歩地主の耕地管理や企業投資を例に紹介してみよう。耕地管理は帳場（本宅におき、番頭《ばんとう》一〇人前後が業務に従事）―蔵所（現地におき、蔵掛《くらがかり》が執務して、その下に小作人《こさくにん》を統轄する差配人《さはいにん》がいた）が統轄していた。明治時代にはいると、主人―理事―部（総務・内事・地所・山林・東京事務所、各部長は理事）の機構に整備されていて、商社に近似した組織となっていた（市島家の場合など）。

小作米は米商人によって米穀市場に送りだされ、地主は膨大な収入を得ていた。全国各地の米商人によ

新潟県における耕地所有規模別農家戸数（大正13〈1924〉年）

耕地規模	戸数	構成比
	戸	%
～1町歩	136,847	72.7
1～5町歩	44,991	23.9
5～10町歩	4,152	2.2
10～50町歩	2,029	1.1
50～100町歩	161	0.1
100～500町歩	80	
500町歩以上	16	
合計	188,276	100.0

『新潟県史』資料編17による。

って集められた米は各地の米穀取引所でさばかれ、米は商品として大きな地位を占めることになった。国内屈指の米産県である新潟県は大地主・米商人を指導して、選種乾燥・米穀検査・小作米品評会など米穀改良につとめるとともに、明治三十年代からは種籾塩水選・共同短冊苗代・正条植・緑肥栽培・堆肥舎建設を強力に奨励した。さらには治水事業や耕地整理にも力をいれ、産米を中心とする農業生産力向上策は県政の主要課題となった。小作米販売によって膨大な富を集積した大地主は、明治中・後期以後の近代産業の発展に対応して企業への投資活動を行うようになり、銀行・鉄道・石油・海運業などの地元企業に多額の投資をしている。

大地主の投資活動は、都市部の商人地主や一五〇〜三五〇町歩規模の地主が積極的であったのに対して、千町歩地主は膨大な資産保全のための危険分散をはかることが主眼であったために、資本家的企業経営者としての性格が希薄で寄生地主的性格を脱皮することがなかった。企業活動にとくに熱心であった地主・豪商として、鍵富三作《かぎとみさんさく》・斎藤《さいとう》喜十郎《きじゅうろう》（新潟市）、渡辺《わたなべ》清松《きよまつ》（長岡市）、牧口《まきぐち》義矩《よしのり》（柏崎市）、山口《やまぐち》権三郎《ごんざぶろう》（長岡市）、西脇《にしわき》済三郎《せいざぶろう》（小千谷市）などがいる。

強大な経済力と伝統的な家格を背景に村落支配力をもつ大地主は、明治中・後期ごろより社会の各分野で影響力を強めていった。経済活動以外でも、貴族院《きぞくいん》多額納税議員・衆議院議員として国政で活躍していた。また中小地主の多くは、県会議員・町村長・郡市町村会議員として地方政界で影響力をもっていた。

文化の分野でも大地主の影響は強かった。明治初年の文明開化期に県内文化の向上に測り知れない影響をあたえた『新潟新聞』の創刊は、新潟町の商人鈴木《すずき》長蔵《ちょうぞう》が県当局の勧奨に応じて実現し、県内の地主によってささえられていた。さらに官立の中等・高等教育機関が未熟であった明治中・後期ごろまで新潟県の学問・教育発展の推進役を果たした私塾の多くは、幕末期に地主によって創設された。北越私学の双璧といわれる三余堂《さんよどう》（文政三〈一八二〇〉年設立・南条村〈柏崎市〉）・長善館《ちょうぜんかん》（天保四〈一八三三〉年設立・粟生津村《あおうづ》〈燕市《つばめ》〉）や絆己堂《はんきどう》（諏訪山新田《すわやま》〈聖籠町《せいろう》〉）などの学塾からは、明治時代以後の県内外で活躍した人材を輩出している。また明治十年代から二十年代に設立された、明訓《めいくん》学校・有恒学舎《ゆうこうがくしゃ》（新潟県立有恒高等学校の全身）も地主によって設立されたものであった。

新潟県では在野の学者による高水準の文化が形成されたが、大地主の果たした役割がきわめて大きい。地方史誌編纂の分野では、とくに『越佐史料』六巻（大正十四～昭和六〈一九三一〉年）の編集刊行が注目されるが、編集刊行に従事した高橋義彦《たかはしよしひこ》は、中蒲原郡海老ケ瀬村《えびがせ》（新潟市東区）の地主であるとともに、『大日本地名辞書』を完成させた歴史地理学者吉田東伍《よしだとうご》の実弟であった。高橋は県内外の史家を招いて家産を傾けて修史事業に専心して六巻までを刊行したが、第七巻以降は未刊となっている。また北蒲原郡笹《ささ》岡《おか》村（阿賀野市《あがの》）の大地主五十嵐甚蔵《いがらしじんぞう》も『越後志』の編集刊行を企図したが、刊行には至らなかった。漢詩分野では政治家として代議士・県会議員を歴任した中蒲原郡阿賀《あが》浦村（新潟市江南区）の坂口仁一郎《さかぐちにいちろう》（五峰《ごほう》）は名著『北越詩話』を刊行したが、その筆致には重厚な深みと学殖が横溢《おういつ》していて、地主文化の一典型として高く評価されている。坂口五峰は、戦後文学の旗手として有名な坂口安吾《あんご》の厳父である。民俗学では、柳田國男《やなぎたくにお》の郷土研究の影響をうけた小林存《こばやしながろう》の活躍が注目される。小林は中蒲原郡横越村《よこごし》（新潟市江南区）の地主で、終生民俗学研究に専念してのち新潟県民俗学会を結成するとともに、研究雑誌『高志路』を刊行した。『高志路』は現在も刊行されており、日本民俗学研究の発展に貢献している。

地主の企業参加の代表的成功者である石油王中野貫一《なかのかんいち》（中蒲原郡金津村《かなつ》〈新潟市秋葉区〉）は、幾多の困難を克服して日本有数の富豪となったが、単に企業家としてだけではなく慈善家・人格者としても有名であった。中野は文化活動にも理解があり、有形無形の援助をおしまなかった。この分野での彼の最大の功績は大正八年六月に創設された中野財団であった。中野財団は社会事業に関する諸々の施策を援助する機関であり、新潟県の社会事業に協力する有力な組織であった。

「裏日本」化の形成●

明治二十八（一八九五）年三月二十一日に開催された新潟県農会設立準備会の席上、二人の識者から新潟県の現状についての意見が述べられた。知事籠手田安定《こてだやすさだ》は新潟県の現状をうれいて、その後進性の原因を江戸時代の「四分五裂」「犬牙錯雑」の小藩分立から招来された「相反目」した治政にあるとしている。また農業団体の指導者荒木寅平《あらきとらへい》も新潟県の位置を、「維新以来産業ノ発展力ヲ減ジ衰退ノ悲運」にむかっていると指摘して、とくにこの傾向は日清戦争以後増幅されるであろうと述べている。

二識者の認識は当時の新潟県人がいだいていた新潟県観であった。明治初年の新潟県は全国屈指の大県として、政治・経済・文化の各部門とも全国をリードする位置にあった。ところが明治二十年代後半以降からの新潟県は、急速に近代化していく関東圏・近畿圏などの太平洋岸側に立ち遅れはじめ、しだいに後進県＝「裏日本」化への道を歩むことになったのである。

信濃川・阿賀野川・加治《かじ》川・関《せき》川などの越後を貫流する幹線河川や中小河川に囲繞《いにょう》される低湿の沖積平野の多い新潟県は、水害常襲地帯を多くかかえ官民ともに「水との闘い」に腐心する日々であった。とくに明治二十年代から三十年代にかけて日本が日清・日露戦争に勝利して、産業革命を遂行し資本主義への道を疾走する過程で人口の都市への集中と食糧増産の必要性があきらかとなった。明治三十年代にはいるとこの傾向は顕著となり、米の増収による食糧自給力の向上が大きな課題となった。日本最大の米作地帯である新潟県農業は食糧基地としての役割が高まってくるにつれて、食糧増産の前提となる治水、信濃川・阿賀野川などの河川改修が大きな課題となった。

明治二十九年七月二十一日に発生した通称「横田切れ」といわれる信濃川破堤による大水害は、西蒲原郡一帯や新潟市をおそい未曾有《みぞう》の大被害をあたえた。この年は信濃川とその支流だけでなく、阿賀野川・加治川・関川・保倉《ほくら》川・渋海《しぶみ》川なども破堤し、被害は県下全域におよんだ。さらに翌三十年、三十一年にも大洪水が県下をおそい県民生活に甚大な影響をあたえた。ここに至って、政府および県は抜本的な治水事業の策定にせまられることになった。

政府は新潟県官民をあげての要望をうけて、明治四十年から大河津分水工事を中心とする信濃川治水工事を実施した。大河津分水工事は信濃川を大河津村（長岡市）から直接日本海へ分流するための水路を約一〇キロも掘削するもので、延べ一〇〇〇万人の労力と二三〇〇万円の費用を

信濃川大水害(明治29年)

投じて大正十三年に完成した。これによって信濃川中・下流域の洪水はほぼ予防され、地域住民の悲願が実現したのである。さらに阿賀野川の改修工事も大正初期に開始とともに他の河川改修も本格化したのである。

膨大な治水費は新潟県財政に大きな負担を強いることになった。大水害が発生した明治二十九年から三十一年までの三カ年の新潟県予算に占める土木関係費の割合は、それぞれ七二・二％、七九・六％、七四・一％であった。また土木費中に占める治水費はそれぞれ八八・四％、七九・六％、六五・九％となっていた。これ以後も予算に占める土木関係費は水害時には五〇％を超える場合があるとともに、土木費に占める治水費は常時五〇〜六〇％を前後している状況であった。土木費や治水費の異常な突出は近代の新潟県に大きな影響をあたえることになった。

このような極端な公共事業費の膨張は、新潟県の基幹産業である農業の発展を促進することになり、新潟県は日本の近代化をささえる食糧基地としての役割を増していった。

太平洋岸の地域に比較して新潟県などの日本海岸の地方が、多くの分野で低位を余儀されるようになり、太平洋岸＝先進地・日本海岸＝後進地として明確に人びとに認識されるようになったのは、明治三十年代前期である。この実態を人口・産業基盤・教育・文化などについてみておきたい。

人口については、明治二十五年までは新潟県の現住人口は全国第一位であったが、翌年には東京府に抜かれ、日清戦争後に大阪府に抜かれて第三位となり、さらに日露戦争後には兵庫・愛知・福岡の各県に抜かれ、大正三年の現住人口は全国第六位となった。この原因は出稼ぎ・移民などの人口流出にあり、とくに京浜・阪神・東海方面へ吸引されていたのである。

産業基盤についてみると、未整備と立遅れも顕著であり、港湾・治水・鉄道の三分野でとくに目立っていた。新潟築港・信濃川分水工事を中核とする治水工事が帝国議会の議決を得て着工されるのは日露戦争後のことで、効果をあらわすのは大正後期のことであった。南北に長大な県土をもつ新潟県の鉄道網の整備は不可欠の事項であったが、とくに日本海側を縦走する鉄道はきわめて未整備であった。日本海側を縦貫する鉄道が整備されるようになったのは、日露戦争後のことで、完成は大正期であった。大正元（一九一二）年の新津・新発田間、大正二年の富山・直江津《なおえつ》間、大正三年の新発田・村上間の開通によって北陸縦貫線が全通することになった。

教育・文化面では、小学校就学率の低さと官立の高等教育機関の不足が目立った。小学校就学率は明治三十二年段階で全国平均七三％（男子八五％・女子五九％）に対して、新潟県は六一％（男子八二％・女子三九％）になっており、女子の就学率がとくに低かった。また高等教育機関については、日清戦争後にな

新潟県および全国の義務教育就学率

年　　度	新潟県	全　国
	%	%
明治15(1882)年	39.9	－
20(1887)年	33.2	45.0
25(1892)年	44.6	55.1
30(1897)年	51.7	66.7
35(1902)年	95.2	91.6
40(1907)年	97.1	97.4
45(1912)年	98.9	98.2

『新潟県教育百年史』による。

って政府は官立の教育機関の拡充をはかり、三十年の京都帝国大学設立を始めとして、以後東北・九州帝国大学、岡山・鹿児島・名古屋の高等学校（以前にすでに東京・京都・仙台・金沢《かなざわ》・熊本に設立されていた）、千葉・岡山・金沢・長崎の医学専門学校、盛岡高等農林学校・京都高等工芸学校・神戸高等商業学校・広島高等師範学校・山口高等商業学校をあいついで新設した。明治末期・大正初期の高等教育機関はほとんど太平洋岸地帯に集中しており、日本海側にはわずかに金沢に高等学校と医学専門学校があるにすぎなかった。新潟県に高等教育機関が最初に設置されたのは、明治四十三年の新潟医学専門学校であった（大正十一年に新潟医科大学に昇格）。その後、大正八年に新潟高等学校、大正十三年に長岡高等工業学校が設立された。

以上述べたように、新潟県は明治三十年代から各分野において太平洋岸の地域に比較して後進性が顕在化してきた。このような傾向は新潟県を含む日本海岸地方を「裏日本」と認識させるようになり、太平洋岸地方「表日本」と対比される概念となった。以後の新潟県政の課題は、「裏日本」＝後進県からの脱却が悲願となったのである。

2　農工併進をめざして

大正デモクラシーと民衆の動向●

大正七（一九一八）年七月に富山県魚津《うおづ》町で発生した米騒動《こめそうどう》は、八月にはいると全国に波及した。その背景として、第一次世界大戦による物価の高騰、とくに米価の異常な値上がりがあった。新潟市内では大正七年八月には米価は一石三五円五〇銭となり、同年一月の五割高となった。県や市町村は生活困窮者救済のために外米の安売りや救米《すくいまい》の放出などの措置を講じたが、十分な効果をあげることはできなかった。

新潟県では八月十七日、長岡・新潟市で米騒動が発生し、さらに新津・柏崎・直江津・新井町にもおよんだ。八月十七日夜、長岡市では活動写真館平潟館《ひらかたかん》に集まった四、五百人の群衆は米穀商島津政吉《しまづまさきち》宅を襲撃し、さらに川上佐太郎《かわかみさたろう》宅に押しかけ器物を損傷したり放火した。新潟市でも、盆踊りのために白山《はくさん》公園に集まっていた群衆を前にして、職工たちが米穀商を非難する演説を行い、約四〇〇〇人の群衆が豪商鍵富三作宅にむかって投石した。騒動の拡大を憂慮した新潟県は軍隊の出動を要請するなどして、鎮圧にあたった。米騒動に参加して処罰されたものの多くは、日雇・職工・荷車挽《ひ》き・大工・人力車夫《じんりきしゃふ》・徒弟《とてい》・古物商・魚商・木挽《こびき》職・肥料汲取《くみとり》業者などであった。

米騒動を契機に、都市の労働者や農村の小作農民がさまざまな要求をはじめるようになり、政府や県も民衆の動きに注目せざるを得ない時代になってきた。中央では、この年九月二十一日に寺内正毅《てらうちまさたけ》内閣が世論の圧力に屈し総辞職して、政友会《せいゆうかい》の原敬《はらたかし》内閣が誕生した。

大正七年の米騒動、第一次世界大戦の終結は、日本の民衆運動を飛躍的に向上させた。民衆のさまざまの要求を含む明治国家体制に対する反発が一挙にふきだし、大正デモクラシーとよばれる民衆運動は全国に波及した。大正八年、大学を卒業して故郷の新潟新聞社に入社した中村和作《なかむらわさく》は、同年十二月十四日付の『新潟新聞』に「入社の辞に代へて」のなかで、「聞えたか、地上のあらゆるものを揺り動かすあの解放の叫びを、我等は生きたい。よりよく、真に人間らしく生きたい。文化運動、改造、創造、それは曾つて聞いたこともない程に、何といふ生々した、華々しい声だろう。朝が来たのだ。黎明の鐘の響きに我等は共鳴す、共鳴せざるを得ないのだ」と述べ、新時代の到来を熱っぽく訴えている。大正八年は、いわゆる大正デモクラシー運動が全国的に開花した年であった。県内でも、諸新聞・雑誌でのデモクラシー、民主主義などについての啓蒙記事掲載、この年六月に開校された官立新潟高等学校の教授・学生による新文化運動などにより、新潟県内の大正デモクラシー運動は著しく高揚した。

このような動向に呼応して、新潟市鏡淵《かがみふち》小学校訓導《くんどう》の田中惣五郎《たなかそうごろう》は同僚の野口伝兵衛《のぐちでんべえ》らとともに、大正九年十二月に新思想団体の無明会《むみょうかい》を結成したが、会員は新潟市を中心に県内で約一二〇人いたといわれる。会員の大部分は小学校教員であったが、『新潟新聞』記者の中村和作も田中にこわれて入会した。無明会の活動は、新思想の研究・啓蒙にとどまらず、自由教育運動、教員組合運動へと広まり、さらに農民運動の勃興にも大きな影響をあたえた。大正十年十二月に至り、機関誌『無明』の発刊が出版法違反とされ、翌春の年度末異動で田口・野口ら幹部は解職・左遷された。しかしその後、解職・左遷された人び

田中惣五郎

とが中心となって、無明会を一歩進めた社会主義団体である創生会《そうせいかい》を結成した。

大正十一年八月、北魚沼郡堀之内村《ほりのうち》(魚沼市)で村の素封家《そほうか》出身の小学校教員渡辺泰亮《わたなべたいすけ》の指導で魚沼夏季大学が開催され、土田杏村《つちだきょうそん》(哲学者・佐渡郡新穂村《にいぼ》〈佐渡市〉出身)が講師であった。杏村は新潟師範学校での渡辺の先輩であるとともに、当時すでに著名の哲学者として、前年十一月に長野県での信濃自由大学の開催に関係していたのであった。自由大学は官制的な青年団活動を脱皮して、「労働しつつ学ぶ」自己教育道場を掲げており、大正デモクラシー運動の潮流から誕生した在野の成人教育運動であった。翌年八月には、再度堀之内村で、魚沼自由大学と改称して開催され、杏村の紹介で高倉輝《たかくらてる》・山本宣治《やまもとせんじ》・中山晋平《なかやましんぺい》らが講師として招かれていた。その後開設された八海《はっかい》自由大学・川口《かわぐち》自由大学は、昭和二年の閉校までに一四回、延べ二〇〇〇人の聴講者を集めた。

大正デモクラシーの影響は、労働者や農民にも大きな影響をあたえた。大正末期の県内の労働者(職工・鉱夫)数は二万八六六二人(大正十三年統計)でまだ少数であったが、大正末期から昭和初期にかけてしだいに労働組合への組織化が進行していった。この時期の労働争議としては、佐渡鉱山・電気化学青海《おうみ》工場・北日本製菓・新潟毎日新聞社などの争議がある。これらの争議は使用者側の攻勢の前に労働者側の敗北におわった例が多かったが、労働者側は日本労働総同盟などの上部団体の支援をうけて、八時間労働制実施・賃金大幅増額などの労働条件の改善を要求し、ねばり強くたたかった。

新潟県の農民組合は大正十年の二一組合から十三年には二九九組合、昭和二年には五八四組合と急増した。昭和二(一九二七)年段階で北日本農民組合(北日農)に二一七組合・組合員二万三一三人、日本農民組合(日農)新潟県連合会に一七九組合・組合員一万二二五四人が結集し、ほかに単独の一七八組合・

組合員九四六一人があり、これを合計すると、五八四組合・組合員四万一〇二八人で全国最大の規模であった。小作争議の件数は大正九年には二件であったが、十年二五件、一四年二〇四件へと急増し、昭和初年の昭和恐慌期に頂点に達した。新潟県で発生した小作争議のうち、木崎《きざき》村・王番田《おうばでん》・和田《わだ》村の争議は全国的に有名である。小作争議は昭和十二年ごろまで多発していたが、日中戦争勃発以後、急激に減少していった。小作争議は最終的には和解によって終了する場合が多かったが、農村における封建的な地主支配に打撃をあたえた。

大正七年の米騒動以後、衆議院議員選挙・被選挙権の納税資格の撤廃などの普通平等選挙の実施を要求する普選運動が全国的に広まった。新潟市でも大正八年二月、普通選挙期成同盟会が弁護士・実業家・市会議員・新聞記者をメンバーとして結成された。大正十三年五月十日の総選挙で普選推進派の憲政会が勝利を得て、六月に成立した総裁加藤高明《かとうたかあき》を首相とする護憲三《ごけんさん》

木崎村日本無産農民学校

派《ぱ》内閣は、翌十四年五月に普通選挙法《ふつうせんきょほう》を成立させた。これによって、有権者数は一挙に四倍増の一二〇〇万余人となった。

普選法の成立によってぞくぞくと結成されていた無産政党は、政治の表舞台に登場することになった。普通選挙が新潟県で最初に執行されたのは、昭和二年九月の県会議員選挙であったが、この選挙で無産政党は新潟市の労働農民党井上乙吉《いのうえおときち》、北蒲原郡の日本農民党須貝綱太郎《すがいこうたろう》、労働農民党井伊誠一《いいせいいち》の三人を当選させた。さらに昭和五年の市町村会議員選挙では、県下で六九人の当選者をだした。昭和三年二月の衆議院議員選挙は最初の普選であったが、無産政党は井上乙吉（労農党）・須貝快天《かいてん》（日農党）・布施辰治《ふせたつじ》（労農党）・綱島正興《つなしままさおき》（日労党）を擁立したが、いずれも落選した。無産政党が最初の衆議院議員を誕生させたのは、無産政党の統一で成立した社会大衆党の三宅正一《みやけしょういち》を擁立した、昭和十一年二月の選挙であった。

農村恐慌と経済更生運動●

第一次世界大戦の経済不況の低迷から脱皮できなかった日本経済は、昭和五（一九三〇）年には前年秋ニューヨークの株式市場の大暴落からはじまった世界恐慌《せかいきょうこう》に直撃されて、不況はいちだんと深刻化し、昭和恐慌とよばれる長期の慢性的な経済恐慌に突入することになった。とりわけ農産物価格の下落が顕著で、農村のうけた打撃は深刻であった。米価は昭和四年に一石二六円前後であったが、翌五年には二一円台に、さらに六年には一六円台にまで暴落した。また大豆・小麦などの農産物価格も下落するなど、新潟県の農産物生産総額は昭和四年の一億円台から、昭和六年には六〇〇〇万円台に激減した。養蚕業への打撃はさらに深刻であり、昭和四年に一貫目六円二九銭だった繭《まゆ》価は、五年には二円八〇銭に暴落し、生産総額も四年の一〇〇〇万円台から六年には四〇〇〇万円台に激減した。

農村恐慌は他の産業にも大きな影響をあたえた。昭和五年から九年までの企業生産高は、金属・機械・化学・ガス・電気・紡績・食品・窯業・印刷製本の各部門で低下している。企業規模の面からみると、資本金五万円未満の中小企業に不況の影響が集中しており、一〇万円を超える企業は資本金や収益をふやしていた。恐慌は中小企業の経営危機と大企業の独占化を進行しつつあった。

農村恐慌は農村の出稼ぎをさらに促すこととなった。新潟県の出稼ぎは、明治末期ごろから関東圏や北海道方面への人口流出が目立ち、昭和期にはいり、東京などの工業地帯への流出が多くなっている。また製糸業・紡績業地帯への出稼ぎは女工出稼ぎが中心であった。挙家離村や二男・三男の東京・北海道などへの離村型の出稼ぎは、昭和恐慌期を契機に増加していった。

東京における新潟県出身者が多く就職している職種は、古本屋・豆腐屋・風呂屋・酒屋などがあった。とくに風呂屋・豆腐屋で成功者が多かったが、その原因として、新潟県人の忍耐力・勤勉性・従順性などの県民性をあげることができる。

女工出稼ぎは、昭和八年調査では女工の賃金仕送りは農林水産業生産額の六・四%にもおよび、その送金は小作料支払いや窮乏農家の補塡にあてられ、昭和恐慌期の農村をささえた。女工出稼ぎの形態は、人生の一定期間または不況・凶作および農閑期などにみられるいわゆる還流型であった。

昭和恐慌の影響は、日本社会をささえる農家や中小企業に深刻な打撃をあたえた。昭和七年における新潟県の県民負債総額は農林・養蚕業一億八〇〇〇万円、中小商工業者七二〇〇万円、漁業一〇〇万円に達した。県民一戸当り平均七六〇余円であった。このため新潟県でも、青田売り、娘の身売り、欠食児童の出現、小作争議などの社会問題が激増した。

❖コラム

市町村是の設定と坂仲輔知事

大正三（一九一四）年四月、石川県知事から新潟県知事に転任してきた坂仲輔《さかなかすけ》は、赴任早々の同年六月二十五日の郡市長会議で県治方針の基本政策として、県下郡市町村に市町村是の設定を提唱した。また県段階でも、一〇年間で生産額を一億三〇〇〇万円から二億四〇〇〇万円に増加させる「産業ニ関スル県是」や、河川改修を科学的に推進するための「治水ニ関スル県是」を設定した。

町村是設定は、日露戦争後の地方改良運動の一環として、明治四十（一九〇七）年前後から全国各地で実施されつつあったが、新潟県では坂知事によって本格的に進められたのである。市町村是とは、各市町村の現況を農業・畜産・商工業・金融・教育・衛生・寺社などについて調査し、その問題点を分析しつつ、将来目標を設定し、一〇カ年間にわたる長期的な施策を策定しようとするものであった。

坂知事の指導によって、大正六年ごろまでには、新潟県下では郡是・市是・町是・村是が策定され、印刷公表に至っている。全国各地の郡是・市町村是の設定実績をみると、第一位福岡県、第二位新潟県、第三位茨城県となっており、坂知事が指導した茨城・新潟県が好成績をあげている。

市町村是設定の目的は、それまで県知事や県会の恣意によって推進されがちであった県政や市町村政に、一定の合理的・科学的な目標を設定することにより、公平な行政を確立しようとするものであった。とくに新潟県では、県政史上はじめて、産業振興の科学的施策が推進され、農業を中核とする産業の健全な発展が期待できるようになった。

新潟県は、政府の時局匡救《じきょくきょうきゅう》事業（大規模な土木事業によって農家の現金収入を増加させ、あわせて購買力を高め、経済を活性化させ、恐慌を打開することをめざす事業）に呼応して、昭和七年九月十二日の臨時県会で時局匡救予算を決定した。この事業は昭和七年から九年まで三年間にわたって継続されたが、三カ年間の時局匡救事業費（救農土木事業）は約一七〇〇万円にのぼった。事業の骨子は、県道改修・橋梁架換工事・河川および港湾工事・用排水改良と暗渠排水工事・林道開設工事などの各種土木工事の実施であった。たとえば昭和七年度事業では労力費一九二万八〇〇〇円、一人一日七〇銭の労賃で試算すると二七五万余人分となり、経済効果が期待された。

時局匡救事業とならんで恐慌対策の支柱となったのは経済更生運動であった。この計画は昭和七年末から八年の初頭にかけて実施に移された。その骨子は「勤倹力行」「隣保互助」「自力更生」「産業組合の拡充」などであり、県は毎年数十カ村を指定して、それぞれの町村の実情に即応した農家負債の償還・農家経済の立直しなどの農山漁村経

自力更生をめざす青物市場(西蒲原郡弥彦村)

済再建計画を策定しようとするものであった。この計画は農村民の自発的創意に基づいていたために、農会や産業組合の協力が不可欠であった。

実施状況を佐渡郡についてみておこう。佐渡郡二五町村のうち、ほとんど農家がなかった三町をのぞく二二町村が指定をうけた。年次別指定町村は、七年三村、八年一町二村、六年三村、十年一町二村、十一年三村、十二年一村、十三年二村、十四年二村、十五年二村となっていた。また指定助成金は一般と特別に分かれていて、一般は一カ村当り一九〇〇円、特別の場合は町村規模などによって一万三〇〇〇円から二万二〇〇〇円の助成金が支給された。なお、一般は一八町村、特別は四町村であった。

佐渡郡の農山漁村経済更生運動は、産業組合がその中心機関と位置づけられ、産業組合の拡充運動と結合して推進されたのである。

経済更生運動は畜産・藁工品・蔬菜などの生産量を増加させるとともに、産業組合の拡充・整備や共同販売・購買組織の量的増加などを促進し、さらには農山漁村における農業経営の多角化や流通機構の合理化に一定の成果をおさめることができた。しかしながら、昭和恐慌でうけた深刻な不況の影響を払拭《ふっしょく》することはできなかった。

大陸に活路を求めて●

昭和七(一九三二)年の満州国《まんしゅうこく》建国によって、新潟港は大陸への窓口として重要性をましていった。日清戦争後の明治二十九年、新潟港・ウラジオストック・樺太間の定期航路が開設され、さらに四十年からは県の補助金を得て新潟・ウラジオストック間の直通定期航路が開始された。また新潟港の整備工事としては、明治四十(一九〇七)年から二〇年間にわたって河口、突堤、護岸、燈台の工事が継続的に実施されるとともに、大正六（一九一七）年からは九カ年間の歳月と二二〇万円の総工費をかけて完成する築港工事が開始された。これと併行して、九年からは新潟臨港株式会社が中心となって、山の下地区に四つの埠頭と繋船岸壁を建設した。さらに大正四年から焼島潟《やきじまがた》の埋立て工事が本格的に実施され、昭和四年までに約三万坪の埋立地が造成された。

昭和六年の上越線の全通および大陸の吉林《きつりん》・会寧《かいねい》間鉄道全通、七年の満州国建国によって、東京・新潟・羅津《らしん》・新京《しんきょう》（長春）を結ぶ路線が注目されることになった。昭和十年には、新潟港と大陸を結ぶ航路は政府や県・市の補助金をうけて定期命令航路となり、北日本汽船株式会社が新潟・清津《せいしん》・羅津間に二〇〇〇トン級の嘉義《かぎ》丸・天草《あまくさ》丸を月三回就航させ、さらに十二年には月四回に増強、満州《まんしゅう》丸（三〇五三総トン）・月山《がっさん》丸（四五一五総トン）が新規に参加した。

昭和十五年一月、国の勧奨によって北日本汽船・大連汽船・朝鮮郵船の三社が合併して日本海汽船会社が誕生した。政府が、東京・新潟・羅津・新京（長春）を日満連絡の幹線ルートとするにおよび、新潟港の役割・機能はいちだんと重要視されるに至り、新潟港の旅客・貨物量が急増することになった。

新潟県の満州移民が本格化するのは、政府が立案した「満州農業移民百万戸移住計画」が実施されるようになった昭和十二年からである。この計画は、二〇年間に日本から全農家の二〇％に相当する一〇〇万戸の農家を満州国へ送出しようとするもので、その主体は日本の農家全体の三五％にあたる五反歩未満の二〇〇万戸の零細農家を対象にしていた。零細農家の満州送出計画を推進することによって、政府は農村の経済的恐慌状況を抜本的に解決するとともに、満州国の人口の一割を日本人で占めることで「五族協和」の理念をあわせて実現することをねらっていた。

❖コラム

上越線の父岡村貢

昭和六（一九三一）年九月一日、県民にとって数十年来の悲願であった上越線が全通した。これにより上野・新潟間は信越線経由にくらべて、距離にして九八キロ、時間で四時間短縮されることになった。東京と日本海岸を結ぶ最短コースの鉄道が全通したのである。

明治二十（一八八七）年代以後、鉄道敷設ブームのなかで、県内では信越線を中心とする鉄道網が着々と完成し、昭和初頭までには上越線の全通が各方面から期待されていた。しかし、険しい地形が多く、難工事のために膨大な敷設経費がかかることから、その実現は不可能とみられていた。ところが、上越線敷設に執念を燃やした人物がいた。南魚沼《みなみうおぬま》郡石打《いしうち》村（南魚沼市）出身で郡長・衆議院議員をつとめた岡村貢《おかむらみつぐ》であった。岡村が陸の孤島といわれる魚沼地方の発展には鉄道敷設が不可欠との固い信念をもって、南魚沼郡長の職をなげうって、上越線敷設運動に専念したのは、明治十五年のことであった。

岡村は協力者である土樽《つちたる》村（湯沢《ゆざわ》町）の南雲喜之七《なぐもきのしち》らとともに、三国峠《みくにとうげ》や土樽の山野を調査したり、鉄道の必要性を人びとに訴えたり、再三にわたり鉄道敷設の実現を政府に請願するなど、文字どおり東奔西走の日々が続いた。明治二十七年には、魚沼地方の人びとに推されて、代議士として帝国議会の舞台でも運動を進めた。しかし、運動が前進しなかったため、岡村は全財産を投じて上越鉄道会社を組織して鉄道敷設をはかったが、折からの物価高騰のため失敗してしまった。岡村や魚沼地方の人びとの悲願が成就したのは、これから実に三十数年後のことであった。

昭和十三年八月、新潟港が満州移民送出港に指定されるにおよんで、新潟県は移民事業に積極的に対処するようになった。翌十四年五月には、県職業課は分村移民と青少年義勇軍送出のための基本調査として、各郡町村別の耕地面積と一戸当り耕地面積の実態を発表した。これによると、県内の農家戸数二〇万八八七〇戸のうち三万四八二〇戸を過剰戸数、田畑所有高一町歩未満農家が一一万六〇〇〇戸程度として、この数字に基づいて郡別・町村別の農業移民や青少年義勇軍の割当てが定められ、分村分郷移民計画が実施に移された。十五年五月四日、新潟市に満州移住協会経営の新潟満蒙開拓館が建設されて、ここを拠点に満蒙開拓の啓蒙宣伝が行われるとともに、十一月十五日には満州農業移民事業を推進する県拓務課が新設された。

新潟県から満州国への集団開拓団送出状況は、第一次弥栄《いやさかえ》村開拓団から第十四次中越郷開拓団（昭和二十年五月）までのあいだに、約二五〇〇世帯・九六〇〇人に達したといわれる。移民団は、「王道楽土」をスローガンに、初期には二男以下のものが多かったがしだいに戸主層が増加するとともに、第九次移民団以降は分村分郷形態が主流となった。

昭和十三年から開始された満蒙開拓青少年義勇軍は、募集要項には「年齢は数え年十六歳で尋常小学校終了の健康な者」となっており、先に策定された「二十ヶ年百万戸送出計画」の一環として企図された。選定された青少年は茨城県の内原《うちはら》訓練所で二カ月の訓練をうけたあと、渡満して現地訓練所で三カ年の訓練後に義勇隊開拓団として各地に入植した。新潟県からの入植数は、長野・広島・山形の各県についで、全国で四番目に多い。新潟県から開拓団・青少年義勇隊員として渡満した数は一万二六〇〇余人で、全国第五位であったといわれる。

満蒙開拓移民の国策に呼応した人びとは、昭和二十年八月の敗戦によって大きな打撃をうけることになった。敗戦時の在満邦人は約一五五万人で、うち移民団関係者は約二七万人であったが、敗戦に伴っての一般邦人の死亡者約一七万六〇〇〇人のうち移民団関係者は約八万人であったといわれ、満蒙移民団の犠牲者の異常な多さが目立っている。混乱のなかでの引揚げの悲惨さは言語に絶するもので、数多くの中国残留孤児・婦人をうんだ原因ともなっているのである。

農工併進への道●

新潟県の鉄道網は、明治四十（一九〇七）年の北越鉄道の国有化による信越線への編成、大正二（一九一三）年の富山・直江津間開通による北陸線の全通、翌三年の岩越線（のちの磐越西線）の全通および羽越線新津・村上間の開通、大正十三年の羽越線全線開通などによって整備が進み、昭和二（一九二七）年に白山・新発田間の工事予定線への編入（昭和十四年工事開始・三十一年全通）や翌三年の越後鉄道の国有化が実現すると、上越線の全通が残る大きな課題となっていた。

上越線の建設は「陸の孤島」といわれた魚沼地方を始めとする新潟県民の悲願であった。宿願実現のために一身を捧げた岡村貢《おかむらみつぐ》らの長年の努力が結実して、大正七年から敷設工事が開始されて、大正十四年十一月に宮内《みやうち》・越後《えちご》湯沢《ゆざわ》間が開通した。その結果、水上《みなかみ》・越後湯沢間の開通を残すのみとなった。しかしこの区間には上越国境に横たわる重畳たる山岳が横たわり、難工事が予想されていた。

工事は上越国境地帯に横たわる谷川岳《たにがわだけ》の下を貫通して九七〇二メートルの清水《しみず》トンネルを開削する方式をとり、大正十一年八月に群馬県側の土合《どあい》口から、十二年十月に新潟県側土樽口から開始された。昭和六年九月一日に石打・水上間が開通して上越線全通が実現するまで、二一人の犠牲者をだすとともに一一七二万円余の巨費が投ぜられた。上越線全通によって、東京（上野）・新潟間は信越線経由より四時間、磐越線経由より二時間四〇分短縮されることになり、新潟・長岡・東京を結ぶ大動脈は経済恐慌から脱却しつつあった新潟県経済の発展に大きく貢献した。

「北陸の救世主」といわれ、極早生品種の優良種である農林一号が並河成資《なみかわせいすけ》らの新潟県農事試験場スタッフによって、昭和六年に開発された。農林一号は早生品種と多収穫をのぞむ農家にうけいれられ、急速に県下全域に普及して昭和十五年には作付面積は五万町歩におよんだ。この品種は新潟県のみならず北陸一帯にも普及するとともに、さらには東北・関東地方にまで広がった。農林一号の登場は、早稲《わせ》米の不足によって生じていた米穀市場での県産米の不利な立場を克服することとなり、経済恐慌に呻吟する農家に一大福音《ふくいん》となった。

このころ新潟県にとって宿命的ともいうべき雪害対策の必要性が、官民あげてさけばれるようになってき

農林1号を開発した並河成資(左端)と新潟県農事試験場の人びと

た。

大正十五年十二月に山形県選出の代議士松岡俊三《まつおかしゅんぞう》が中心となって「帝国雪害調査会」が創設されたのを契機として、県内でも県選出代議士や県会が「山間降雪地の税減免」などを訴えた。その後も大雪害が襲来するたびに、政府への請願・陳情を繰り返したが、ようやく昭和十一年六月に県知事を会長とする雪害調査会が設置された。その後、昭和十六年雪害調査会は県会議員を特別委員に加え新潟県雪害対策委員会と改名し、さらに従来の北陸四県の雪害対策連盟に長野県を加えて名称を北信五県雪害対策連盟と改め、本格的な雪害対策が開始された。この運動や課題は太平洋戦争をはさんで、戦後にも継承され、現在の積雪対策に大きな影響をあたえているのである。

昭和恐慌下で生産高が極端に落ちこんでいた新潟県の農工業生産が、昭和元年水準に回復した時期は農業が昭和十年、工業は昭和七年であった。また満州事変の勃発、上越線の全通、日満定期航路開設などを契機に工業生産が大幅に伸長した。工業生産額は昭和七年には農業生産額を抜いて第一位の地位を占めるに至り、新潟県は熱心に工業発展策を講ずるとともに、農工併進を県是とする政策をとることになった。

不況下の新潟県工業に大きな影響をあたえたものに財団法人理化学研究所（理研）の存在があった。理研は大河内正敏《おおこうちまさとし》（東京帝国大学工学部教授）の指導で、大正十五年に吸湿剤アドソールの原料である天然ガスのある三島郡出雲崎町尼瀬《あまぜ》に進出して、ガソリン採取のプラントを設置した。さらに昭和二年、大河内は理化学興業株式会社を設立、同社は昭和四年に理研ピストンリング柏崎工場を建設して、ピン止め加工法とよばれる製造特許技術を企業化した。柏崎工場は、昭和十年には従業員一〇〇〇人を超えるとともに、昭和九年ごろから関連会社が県下各地に設立され、その数は昭和十四年には六三社になっていた。大河内の業績は、農村労働力を利用して「一会社一事業」主義に基づいて、単品大量生産を成功させ、農村工業を定着させたことであった。

昭和九年四月一日、新潟県は工場誘致のために「工場課税特免条例」（資本金三万円以上・工場建坪一〇〇坪以上・従業員三〇人以上を有する工場を設立した場合、五年間県税を免除する）を制定したが、これが呼び水となって工場がつぎつぎと設立された。このとき設立された工場は、中央電気工業田口《たぐち》工場・昭和合成化学鹿瀬《かのせ》工場・日本ステンレス直江津工場・理研製鋼柿崎《かきざき》工場・理研電線白根《しろね》工場・大日本セルロイド新井《あらい》工場・東洋活性白土《はくど》糸魚川《いといがわ》工場・日本繊維工業株式会社・株式会社大阪機械製作所・株式会社津上《つがみ》安宅《あたか》製作所・日本軽金属株式会社・北越製紙株式会社新潟工場など、水力電気や重化学工業部門が多かった。

昭和十二年七月七日に勃発した日中全面戦争が泥沼化するにつれて、政治・経済・文化のあらゆる面で国家による統制が強化された。政治面では、銃後行政の進行に伴い、政党は凋落《ちょうらく》の度を強めて、昭和十五年五月の近衛《このえ》新体制

街頭の千人針

への期待の強まりのなかでつぎつぎと解党して、同年十月設立の大政翼賛会《たいせいよくさんかい》に吸収されていった。新潟県の政党支部も中央本部の方針に呼応してつぎつぎに解散するとともに、十月十三日には大政翼賛会新潟支部が設立された。

戦争の長期化とともに、軍需物資の増産が必要となり、重化学工業部門の生産拡大を中心とする産業統制が実施された。昭和十六年八月、重要産業団体令が制定されると、新潟県でも精密機械・化学工業・産業機械・軽金属・鉄鋼・鉄道軌道および金融などの業種のほとんどが統制会か統制組合に再編成された。また電力の国家管理も進み、昭和十七年四月に全国九地区に配電会社が設立されて、新潟県内に二七社を数えた電力会社は東北配電株式会社に統合された。さらに昭和十六年九月、石油採掘を一手に管理・運営する国策会社帝国石油株式会社（帝石）が設立されると、新潟県内の石油鉱区の大半は帝石の所有となった。

物資の配給統制をはかる統制会社も設立され、昭和十六年九月以降に新潟県酒類販売株式会社・新潟県味噌統制株式会社・新潟県繊維製品配給株式会社・新潟県燃料配給株式会社などが、各部門の生産・流通を一元的に支配する体制が整備されることになった。中小企業の軍需産業の下請け化・整理統合が進行し、県内の商工業者の整理統合は二一種、工業一五業種におよんだ。金融界でも整理統合が進行して、昭和十五年末までに新潟県には普通銀行八行と貯蓄銀行三行があったが、昭和十八年十二月までには、さらに企業合同が実施され、第四銀行と長岡六十九銀行の一県二行が実現した。

生活・文化や思想面への統制や規制も強まり、すでにきびしい弾圧をうけていた社会主義的思想のほかに自由主義思想に対しても仮借《かしゃく》のない規制と弾圧が加えられた。県内で発行されていた一七紙の新聞はつぎつぎに統合が進められ、昭和十五年には六紙、さらに三紙となり、十七年になると『新潟日報』一紙となり、一県一紙が実現された。

また食糧確保も重要な課題であり、屈指の米産地である新潟県には莫大な増産と供出量の割当てが強制された。昭和十六年の新潟県への米増産目標量は四二七万石であったが、収穫高は三六四万石、十九年は五〇〇万石に対して三六〇万石であり、目標量と収穫高の差が大きかった。収穫高に対する供出割当量は六、七割にあたっていたが、強権発動による供出命令によって、本県の供出量成績はほとんど完納に近い状況であった。

昭和二十年八月一日、長岡市も新潟県ではじめてB29爆撃機による大空襲をうけて、市長鶴田《つるた》義隆《よしたか》を始め一四五七人が死亡、六万五〇〇〇人の市民が罹災した。さらに建造物被害も全体の七九%におよび、市内中心部にあった長岡市役所、三古《さんこ》地方事務所などの公共施設はほとんど焼失した。八月十五日の終戦によって、新潟市への原子爆弾投下はからくも回避された。

昭和初年の昭和恐慌期によって招来された農村不況は、満州事変の勃発と大陸進出への拠点地域としての新潟県では昭和六年ごろより逐次鎮静化するとともに、工場誘致政策などの実施により工業生産高が急速に増加した。工業化政策は折からの戦時重化学工業の育成策とあいまって、新潟県政は農業と工業の均衡ある発展をめざす農工併進政策を県是として、後進県からの脱却をはかった。しかし太平洋戦争の深まりとともに、新潟県政の課題は中断されてしまい、悲願実現は戦後に託されることとなったのである。

9章

環日本海時代の新潟県

新潟県庁(昭和60年新築)

1　戦後改革

新潟軍政部と農地改革●

昭和二十（一九四五）年八月十五日の正午、ラジオをとおして戦争終結を告げる天皇の玉音《ぎょくおん》放送が流れた。一億玉砕の言葉のもとで、あらゆる労苦と貧困にたえしのんできた国民にとって、ポツダム宣言受諾を国民に告げる玉音放送はまさに驚天動地《きょうてんどうち》のことであった。

虎脱状態の国民の前に、八月二十八日、ポツダム宣言に基づいて、連合軍の先遣隊一四六人が神奈川県厚木《あつぎ》に到着し、さらに八月三十日には最高司令官マッカーサーが来日、十月二日に連合国軍最高司令官総司令部（GHQ）が東京に設置されて、マッカーサー最高司令長官のもとで占領政策が実施されることになった。占領軍は全国各地に進駐し、各地に地方軍政部が設置された。新潟県への進駐は、九月十六日に先遣隊が来県し、二十四日から新潟・高田《たかだ》・三条《さんじょう》・柏崎《かしわざき》・新発田《しばた》・村松《むらまつ》・村上《むらかみ》・相川《あいかわ》などに駐屯した。新潟市公会堂に師団司令部（軍政部）をおいた新潟進駐のアメリカ軍は、八一〇六人であった。その内訳は、新潟市二六五四人・高田市一七七三人・三条市五三〇人・柏崎市七一三人・新発田市一〇〇三人・村松町一一八三人・村上町二〇〇人・相川町（レーダー基地）五〇人であった。

県内に進駐したアメリカ軍は、軍政部（司令部）は新潟市公会堂に、情報部（民生部）は新潟県農業会庁舎におかれた。戦術部隊は県内八カ所に配置されたが、昭和二十年十月から翌年十月までに多くは順次撤退していった。占領政策の基本統治方針は間接統治方式で、占領軍の政策・指令は中央終戦連絡事務局をつうじて日本政府へ伝達され、日本政府はそれを日本の法体系に編成して政策化したり、都道府県に下達・下令した。地方軍政部は、地方における占領軍の政策・指令などが適切に執行されているか否かを監視した。

昭和二十年九月二十五日に新潟市公会堂で開設された新潟軍政部には部長・副部長がおかれ、その下に教育・司法・労働・経済・衛生・報道の担当官が配置された。占領軍は日本政府に対して、日本軍国主義の撲滅と民主主義の育成を骨子とするポツダム宣言の趣旨に従って、つぎつぎと指令を発した。日本政府は、戦犯容疑者の第一次逮捕命令・政治犯の釈放・治安維持法《ちあんいじほう》の廃止、さらには婦人参政権による女性解放、労働組合結成の奨励、学校教育の自由化、経済機構の民主化、専制政治の廃止など五項目を骨子とするいわゆる五大改革の実施が求められた。この指令に基づいて、天皇の人間宣言、公職追放、農地改革、教育改革、労働組合の結成などがあいついで実施された。昭和二十一年一月四日に指令された公職追放令によって、軍国主義者の公職追放と超国家主義団体の解散が命じられ、さらには多くの戦前の指導者もその対象となった。

新潟県では、知事畠田昌福《はたけだしょうふく》が追放該当となったほかに、昭和十七年の総選挙で大日本翼賛会《だいにっぽんよくさんかい》の推薦をうけて当選した一四人の代議士も公職追放となった。さらに、公職追放の範囲は地方議会議員・市町村長・教育関係者などにまで拡大され、昭和二十六年五月までには県下の該当者総数は四二二九人となった。公職追放令は昭和二十七年四月に発効した講和条約を契機に廃止されたが、指導者層の新旧交代を促進し、戦後民主化の推進に大きな役割を果たす結果となった。

GHQの指令で実施された戦後改革のうちで、新潟県にとって画期的なものは農地改革であった。昭和二十年十二月に成立した農地調整法改正法（第一次農地改革令）の内容は、在村地主に五町歩の所有を認め、解放する農地の売買を地主・小作当事者間の直接交渉にまかせるなど、地主寄りの性格が強かった。この改革法は国内各層から強い批判をうけるとともに、占領軍も農民解放指令の趣旨に合致しない不徹底なものであるとして、昭和二十一年六月に「第二次農地改革に対する勧告」を日本政府に行った。政府はいわゆる第二次農地改革法案（自作農創設特別措置法および農地調整法）を九月七日議会に提出した。この法案は十月十一日に成立し、年末の十二月二十九日に施行された。その概要は次のとおりであった。

(1)不在地主の全所有地を国が強制的に買収し、小作人に売り渡す。

(2)在村地主の所有する小作地は一町歩（一ヘクタール）を超える分（北海道四町歩）および自作地と所有小作地合計が三町歩を超える分（北海道一二町歩）の小作地を国が強制的に買収し、小作人に売り渡す。

(3)土地の買収、売り渡し計画の作成は市町村農地委員会が行う。

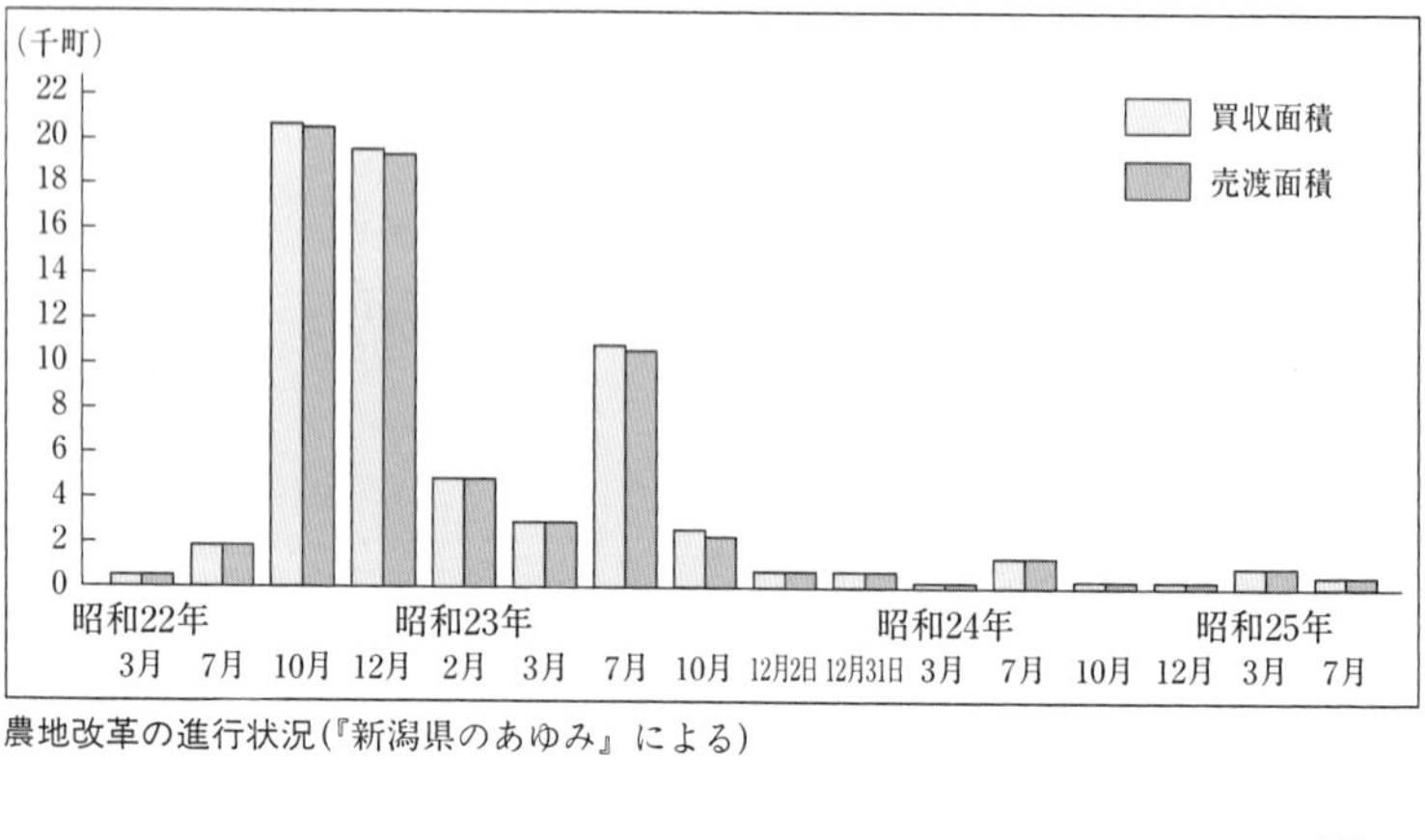

農地改革の進行状況(『新潟県のあゆみ』による)

❖コラム

食料危機を救った新潟米

昭和二十（一九四五）年八月十五日の敗戦によって、日本は言語に絶する食料難におちいった。国民に配給される主食はきわめて少量であるうえに、欠配、遅配があいつぎ、ヤミ物資の買出しなどでかろうじて飢えをしのぐありさまであった。

東京では二十一年五月十九日、食料メーデーが開かれ、二五万人の民衆が「米よこせ」「はたらけるだけ食わせろ」のスローガンを掲げて、政府に主食の増配を要求した。政府は食料危機を打開するために、この年二月に、農家に対して米の強制供出を課する「食糧緊急措置令」を公布した。二十一年度に新潟県に課せられた供出割当量は、全生産量の六八％にもおよんでいた。これにより農家も深刻な米不足に見舞われることになった。全国的にみると、農家の供出拒否が続出し、強権発動によって、米の強制収用をうけた例が少なくなかった。新潟県は米産県として全国から注目されていることもあって、知事みずから連日農村を巡回して協力を要請するなど目標達成に全力をあげてとりくんだ。しかし農家では、「自分の作った米を自分で食べられない。こんな情けないことがあるか」との愚痴《ぐち》や、「完納後屑米を含めてわずか三斗しか残らず、家族一〇人のその後の生活を心配して自殺した」人など、供出米をめぐる悲劇がたえなかった。

県当局の熱意と実直な農民の協力によって、新潟県の供米達成率は抜群の成績であった。二十二年度には目標額を上回り、とくに二十三年度には目標額を三五％も超えることができた。この年の主食配給事情はやや好転し、国民は飢餓状態から脱することができたのである。

(4)農地の標準買収価格は、田は賃貸価格の四〇倍、畑は四八倍と定める。全国平均で一反歩（一〇アール）当り田七六〇円、畑四五〇円とする。

(5)小作料の最高限度を田では総収穫米代金の二五％、畑はその主作物代金の一五％以下とする。

昭和二十年の新潟県の小作地は一一万四〇〇〇町歩で、全耕地面積の五〇・六％を占め、また小作・小自作農家は全農家戸数の五四・二％にのぼっていた。さらに約五〇％を占める所有面積五反歩未満の農家は全耕地の一二％を所有しているにすぎなかった。このうちまったく土地を所有していない農家は全戸数の一一・四％を占めていた。ところが、二・五％の戸数にすぎない五町歩以上所有の地主層が全耕地三一・四％をもっていたのである。

昭和二十一年十二月、新潟県では三九五市町村でいっせいに農地委員の選挙が実施され、県下各市町村に農地委員会が設置された。委員の構成は地主委員三、自作委員二、小作委員五、の一〇人であった。翌年二月には市町村農地委員の階層別選挙によって、地主委員六、自作委員四、小作委員一〇、の二〇人を選出し、これに五人の学識経験者を加えた二五人からなる新潟県農地委員会が設置された。

二十二年三月、第一回新潟県農地委員会が開かれ、劈頭《へきとう》から農地の新潟県標準買収価格をめぐって、地主側と小作側が激しく対立した。結局、小作側の主張がとおり、田は賃貸価格の二五倍、畑は三〇倍以下のものだけを承認し、それ以外は継続審議とすることになった。これは全国的にみても低い買収対価であった。この年四月上旬農林省は、「市町村農地委員会がなんらかの根拠がないのに、標準倍率より著しく低い倍率によろうとする事例がある」として、都道府県農地委員会に通達をだした。

新潟県における農地買収の実績は、地主層が低率買収対価に反発したこともあって、昭和二十二年三月三十一日付の第一回買収は、小作地総面積のわずか〇・五％にすぎず、七月二日付の第二回買収でも二・七％にとどまっていた。全国一の小作地をもつ新潟県の低調さを問題視した新潟軍政部のコックス軍政部長は、「法の目的は公平に改革を行うことで、小作農家のことだけ考慮するなら無償でもよいことになる。地主だけいじめるのは本来の趣旨でない」と述べて、指導にのりだした。占領軍・農林省の勧告と指導によって、買収価格は田三一・七倍、畑三六倍と改められた。換算すれば、田一反歩当り五三八・九円、畑二五六・九円となり、標準買収価格を二〇〇円程度下まわるきわめて低い価格であった。しかも当時の激しいインフレーションの進行のなかでも、買収価格はすえおかれたので、地主の手元にはいる買収代金は実質的に値下がりして、「むしろ一枚と水田一反が同じ値段」などといわれた。農地の解放をうけた小作農民は代金を一五年賦でおさめればよかった。

このののちの買収は急速に進行し、昭和二十五年七月までに一六回の買収が行われ、新潟県の小作地は全耕地の六・六％に激減した。全国平均の九・九％をかなり上回っていた。新潟県の農地改革の結果、小作地の八七・三％が農民に解放され、小作地を解放した地主は大部分はみずから耕作する農民となり、その貸付地は一戸当り二・九反歩となった。地主の性格を完全に喪失してしまったのである。全国に冠たる新潟県の地主制は消滅し、農村の民主化が進行することになった。

農業県からの脱却をめざして●

昭和二十二（一九四七）年四月に制定された地方自治法に基づいて各級選挙があいついで実施された。昭和二十二年四月は選挙の季節といわれ、県知事・市町村長、参議院議員、衆議院議員、県議会議員、市町村議会議員の選挙があった。もっとも注目を集めた県知事選挙は四月五日に実施された。

民選知事選挙の意義を『新潟日報』は、従来の官選知事の天降り人事の弊害が、いかに地方行政や県勢の発展を阻害したかを述べて、「本当に地方民の公僕《こうぼく》としての知事をわれわれ自らの意志と判断によって選び、地方の実情と民意に根を下した健全な地方行政を確立しようとするのが今回の知事公選である」と解説している。県民注視の第一回知事選挙は立候補した五人によって争われたが、第一位岡田正平《おかだしょうへい》の得票が法定得票数に達しなかったために、二位の玉井潤次《たまいじゅんじ》とのあいだで一〇日後に決戦投票が行われ、岡田正平が大差で当選した。岡田は中魚沼《なかうおぬま》郡中条《なかじょう》村（十日町《とおかまち》市）の旧家にうまれ、村長・県会議員を歴任するかたわら、鉄道・電力・石油などの実業にも関係し、終戦後は新潟県農業会会長の要職にあった。当選時七〇歳の岡田は、「尊大ぶったところがなく、誰にでも気軽に知事室に入れる気風を作り、馬に揺られて山間へき地へも訪れたし、ちょっとした工事の完成祝いにも望まれれば喜んで出席し、都々逸《どどいつ》の一つも作った」（岡田正平翁顕彰会編『人間岡田正平』）といわれる気さくな性格であった。岡田は二期八年間県政

初代民選知事岡田正平

を担当し、その間に、工場誘致問題・三面《みおもて》川総合開発・新井郷《にいごう》川大排水機場設置などに力をそそいだが、とくに政治生命をかけたのは只見《ただみ》川開発事業であった。

岡田知事は、戦前からの県政の目標であった農工併進政策を推進して、県土の積極的な開発にのりだした。その中核として、豊富な水資源に着目して、電源開発を根幹とする一〇カ年にわたる県総合開発計画を立案した。まず三面川開発事業は昭和二十四年六月に県営事業として着工させ、二十八年には県営三面ダムと発電所建設第一期工事が完成した。さらに岡田知事は只見川電源開発事業に着目して、二十二年七月就任早々みずから現地調査を行い、只見川の水力発電実現で一二〇万キロワットの発電量と銀・銅・鉛の産出も見込みがあると発表した。

只見川は群馬・福島の県境、尾瀬沼《おぜぬま》を水源地とし、奥只見で新潟・福島県を流れ会津《あいづ》盆地から阿賀野《あがの》川に流入する河川である。長さ約一五〇キロ、流域面積はおよそ二八〇〇平方キロにおよぶ水力発電の宝庫であった。すでに二十一年末に日本発送電株式会社（日発）が実施調査を開始し、尾瀬ケ原に大貯水池をつくり、奥只見・前沢《まえさわ》・田子倉《たごくら》の貯水池に一二億トンを貯水し、只見川から阿賀野川にわたる一七地点で二三〇万キロワットの電力をおこす大規模な発電計画を立案した。この計画案はやがて「本流案」とよばれたが、福島県知事石原幹市郎《いしはらかんいちろう》も日発の本流案に同調することを表明している。

これに対して、新潟県は二十三年一月に只見川地域に総合開発をめざした具体案を作成した。この案は奥只見と田子倉の貯水池から分水して新潟県の黒又《くろまた》川（信濃川水系）に水を落とし、発電と灌漑用水にあてる「分水案」であった。ここにおいて、本流案を支持する福島県と、分流案を主張する新潟県は激しく対立、両県は中央関係機関に対して陳情運動を展開した。昭和二十六年五月、「集中排除法」による電力再編成令の施行に伴い、日本発送電株式会社は九つの電力会社に分割され、新潟県と東北六県を領域とする東北電力株式会社が設立された。東北電力は只見川開発計画については、本流開発案をとり福島県案を支持した。また政府の要請をうけて現地調査を実施したアメリカ海外技術調査団（ＯＣＩ）は、二十七年五月に本流案により開発すべきであるとの調査結果を発表した。

新潟県は劣勢を挽回するために、県議会議員・県選出国会議員・県庁幹部らからなる「只見川電源開発分流案促進同盟」を結成して、全県一丸《いちがん》となった一大運動を繰り広げた。新潟・福島両県の激烈な抗争は国会でも只見川問題としてとりあげられるにおよんで、政治問題化して全国的に注目を浴びるに至った。このころ政府は、電源開発促進法に基づく国内主要河川の電源開発を目的とした電源開発会社（電発）を発足させた。電発は只見川などを第一次開発地に決定すると、東北・東京両電力を招き、三社会談で泥沼化した対立状態を緩和するための具体的方針を協議した。その結果、中間案ともいうべき奥只見・田子倉両地点を同時着工し、田子倉ダムからトンネルで渇水期にかぎり黒又川に分流する案を電源開発調整審議会に提出した。この電発案に福島県は賛意を表したが、新潟県は反発して「只見川分水案貫徹」の字幕を張りめぐらした二台のバスに分乗して審議会に陳情した。

政府は只見川開発の遅延を憂慮して、昭和二十八年七月、全体として只見川本流沿いの開発を基本としながらも、信濃川流域へは奥只見貯水池から最大毎秒一〇トン、年間七三〇〇万トン、平均毎秒二・五トンの水をトンネルで黒又川へ分流するという内容の政府案を作成して、首相吉田茂《よしだしげる》から新潟・福島両県知事に提示された。両県は七月三十一日までに政府案受諾を表明した。この結果、ここに七年間にわたり中央政界や新潟・福島両県をまきこみ、「タダノミ川」との批判をうけるほどに多額の運動費をつぎこんだ政争はようやく終結をみたのである。

このような岡田知事の積極的な開発政策は、県財政の膨張と疲弊を招来する原因となった。これに加えて、超均衡予算・企業補助金廃止・単一為替ルート設定などを骨子とするいわゆるドッジラインの実施、シャウプ税制改革などの要因も重なって、岡田知事は一期在任中から財政危機にみまわれ、累積赤字は昭和二十九年度末には同年の一般会計歳出額の一三％に相当する二三億円に達した。新潟県は昭和二十九年度から三十四年度までの県財政再建整備計画を立案して歳出抑制にのりだしたが、事態を根本的に解決するには程遠かった。地方自治体の財政危機は全国的な傾向ではあったが、農業県からの脱皮を県是として積極的な開発政策を推進した岡田知事をおそった県財政の危機的状況は、新潟県政に重い課題となって残ったのである。

2　環日本海時代への展望

新潟国体と新潟地震●

昭和三十（一九五五）年四月の県知事選挙では、保守の一部と社会党など革新勢力の推薦をうけた参議院議員北村一男《きたむらかずお》が岡田県政を放漫財政ときびしく批判して、自由党の推薦をうけて農業・工業併進による新潟県の繁栄を訴える知事岡田正平の三選を阻止した。

北村知事はみずからを「赤字退治の鬼」と称して、県庁機構の改革、県職員昇給制限・人員削減・部課長の夏季手当返上、宴会政治の追放などによる支出抑制策で赤字解消をはかり、「四十五歳停年説」「一市町村一校長案」などをとなえた。さらに三十一年七月には、地方財政再建促進特別措置法の適用をうけて、(1)過去の累積赤字を起債で解消し再建債は三十一～三十九年の九年間で返済する、(2)再建期間中は再建債の返済を行いながらも他の支出を切りつめて歳出総額を抑制するなどの財政再建計画を実施・推進することになった。再建計画は予想以上の大幅な県財政好転による歳入増加もあって、予定を二年早めて三十七年度で完了することができた。財政再建の成功の原因としては、北村知事の緊縮財政の断行と、三十年代の高度経済成長に伴う国家財政・県財政の好転があった。

財政再建の見通しも立ち、満々たる自信をもって二期目を迎えた北村知事も病気のために、昭和三十六年十一月に辞任した。この年十二月の知事選挙で当選した大臣経験者の衆議院議員塚田十一郎《つかだじゅういちろう》は就任直後の県議会で、「本県が一日も早く後進性より脱却し、県民所得の増大を期し得ますよう努力いたす所存」と述べたが、日本経済はあたかも池田勇人《いけだはやと》内閣の「所得倍増論」のもとで高度経済成長時代を迎えていた。塚田知事は三十七年四月、「県土の総合的開発利用、産業構造の近代化及び産業基盤整備による高度成長産業の育成誘致を主体とする」総合開発計画の作成を新潟県総合開発審議会に諮問した。五〇人の学識経験者で構成された審議会は昭和三十八年十二月に新潟県総合開発計画を塚田知事に答申した。このころ全国的にも、政府が策定した全国総合開発計画に基づく新産業都市建設促進法・低開発地域工業開発促進法・工業整備特別地域整備促進法などの工業開発を中核とする地域開発法が制定された時期でもあった。

県総合開発計画は、新潟県の後進的状況を克服するために計画目標年次を昭和四十五年に設定して、国民所得倍増計画の示す全国水準に達することを目標として、農林水産・工業・商業・貿易・教育・交通・

観光・厚生などの各分野で大幅な公共投資に基づく基盤整備の必要性を詳述している。また地域格差是正の考え方に立って、県内を五地区に分けた拠点地域開発計画を採用しており、以後はこの計画を基準にしながら各市町村段階でも開発計画が構想されていくことになった。

具体的には、全国総合開発計画に基づく新産業都市建設促進法による地区指定をめざして、三十九年二月には新潟地区が新産業都市に正式指定された。内容は新潟東工業港および付随する臨時工業地帯の造成を中核として、新潟市を始め四市・六町・一一村におよぶ地域の工業発展をめざしながら、地域開発をはかることを目的としていた。

昭和三十九年六月六日から十一日までのあいだに開催された新潟国体とその直後におそった新潟地震は、戦後混乱期をのりきり新しい方向を模索していた新潟県政や新潟県民にとって、忘れることのできない出来事となった。

新潟国体の開催は、誘致の意志表明以来実に一五年目にして実現された。昭和三十九年の国体は日本が国運を賭して開催するオリンピック東京大会のために、異例の六月開

第19回国民体育大会(新潟国体)での新潟選手団入場行進

催となった。「国体へ県民一致の力こぶ」「国体を迎える町です美しく」をモットーに、「健康、清潔、親切、安全」を合言葉として三十九年六月六日に開幕して、十一日までのあいだ、県内各地で開催された。官民あげての周到な準備によって天皇杯・皇后杯とも第一位を獲得したが、選手強化方法など今後の国体のあり方に一石《いっせき》を投じる大会でもあった。また会場になった各競技場の整備は県内一一市四町五村にわたり、競技場六〇・練習会場一四〇カ所におよび、新潟県における体育施設は飛躍的に充実することになった。新潟国体の開催は、高度成長期を迎えつつあった潮流のなかで県民の生活水準が大幅に向上してきた時期と重なり、県民に新しい時代の到来を予告する出来事であった。

ところが六月十六日午後一時二分ごろ、新潟県を中心にして本州の北半分から北海道南部におよぶ地域が地震に見舞われた。地震の規模はマグニチュード七・五、関東大地震よりやや小規模であったが、それ以後においてはわが国では最大級の地震であった。新潟国体の閉会式からわずか五日後のことであった。被害は秋田・山形両県にもおよんでいたが、大部分は本県に集中した。本県の死傷者数は死者一四人・負傷者三一六人、被害額は直接被害額一三〇〇億円、営業不能に伴う収入減など間接被害額が約一二〇〇億円、合計二五〇〇億円にのぼった。これは昭和三十八年の県内生産所得総額の六三％に相当する額であった。被害市町村の県内五〇市町村はそれぞれ災害対策本部を設置して災害者救援、応急対策を推進するとともに、新潟市を始め県下二三市町村に災害救助法が適用されて、緊急援助費の六三％を国庫負担でまかなわれることになった。

新潟地震復旧対策は、中央直結による県産業の発展を主要政策とする塚田知事のもとで順調に進行した。また大蔵大臣田中角栄《たなかかくえい》を始めとする県出身政治家もこれに協力し、本格的な復旧工事は道路・橋・港湾・

河川・農地・農業施設・上下水道・電気ガス・運輸交通・住宅・公共施設などの各分野で進捗して、昭和四十一年三月までには計画の約八〇％が完了した。しかし復旧事業をめぐって、塚田知事が中央直結政策の成果であると自賛したのに対して、野党側は成果を低く評価するなど、知事と野党側の対立がしだいに先鋭化してきた。このことは、高度経済成長の進行のなかで積極県政を推進する塚田県政の下でしだいに形成されつつあった諸矛盾の是正を求めはじめた野党勢力と、開発推進を主要政策とする知事および与党勢力の対立が顕在化してきたことを示している。

上越新幹線と高速交通時代の到来●

地域開発や新潟地震対策に手腕を示した塚田知事は、県議会与党の保守陣営内部の複雑な政治情況に起因したといわれる「二〇万円中元事件」によって、昭和四十一（一九六六）年三月に退任に追いこまれた。四月十三日告示、五月八日投票の「やり直し選挙」は、自由民主党が県連会長亘《わたり》四《し》郎《ろう》代議士を公認し、社会党も松《まつ》井《い》誠《まこと》代議士を擁立、一騎討ちとなった。激戦の末当選した亘知事は、「明るく豊かな福祉県」を建設するために社会保障の充実を重点施策に掲げ、知恵遅れや身体障害者の施設充実および老人対策などに取りくんだ。昭和四十六年八月、三島《さんとう》郡寺泊《てらどまり》町（長岡市）に開所した「コロニーにいがた白岩の里」は全国で五番目の障害者施設であった。

亘知事は、政府が昭和四十四年五月にこれまでの高度経済成長を背景とする全国総合開発計画を軌道修正して大規模開発プロジェクトと広域生活圏を骨子とする新全国総合開発計画を策定したのをうけて、県勢発展のための長期構想をあきらかにした。この構想は交通通信体系の整備を核として、地域的特性をいかした産業開発・環境保全の大規模開発プロジェクト計画と生活環境を重視する広域生活圏を制定することを特徴としていた。重点施策として、高速交通体系の整備・都市機能と流通業務地の整備などを掲げ、さらに信濃《しなの》川下流・鳥屋野潟《とやのがた》総合開発計画・総合交通体系整備基本計画、産業廃棄物処理基本計画、新都市圏整備計画、農山漁村総合整備計画、自然休養地帯形成計画などを立案して、今後の開発計画の基礎をきずいた。

亘県政二期八年間（昭和四十一〜四十九年）は県産業の発展と変化の時期であるとともに、とくに農政面では激動の時期であった。新潟県は昭和四十二年三月、当時全国的に展開されていた米増産運動の先頭に立って、新潟県米一〇〇万トン達成本部を発足させた。現行の食糧管理制度のもとでは「質より量」の方が農業所得の向上をはかるには得策であった。四十二年秋の産米収穫量は前年度比一割増の八九万六〇〇〇トンとなり、四十三年には九六万六〇〇〇トンと増加し、念願の「一〇〇万トン増産」へあと一歩とせまった。

米生産の増加、生産者米価の大幅な引上げ、さらには農外所得の増加などが重なって農家所得は大幅に上昇した。しかしこの状況は、食糧管理制度による生産者米価の引上げ、農業以外からの収入が増加したことに起因しており、農業の経営改善によるものではなかった。食管制度を中心とする農業保護政策は農民の米作依存体質をいちだんと強め、米過剰傾向を早めることになった。さらに、国民の生活水準の向上と食生活の変化による国民の米消費量の低下がこれに拍車をかける結果となった。四十四年にはついに政府保有の古米持越量は五〇〇万トンに達するにおよび、政府は自主流通米制度を導入した。この制度は、政府をつうじない米流通の途を開き消費者の好みに応じた米の生産をふやそうとするもので、食管制度の改革に道を開くものであった。ついで四十五年には全国一律の生産調整（減反）政策が実施され、さらに翌年には政府の米買入れ制限措置が強行された。

新潟県では、亘知事が昭和四十四年三月に政府の自主流通米制度を支持する発言をしたのに対して、日本農民組合系農民が知事と団体交渉を求めて開会中の県議会へ押しかけ、機動隊が導入されるという事態となった。また減反政策では、新潟県の目標は減産額六万九〇〇〇トン、減反面積一万三〇四〇ヘクタール（減反率は全水田の七％）であった。県は四十五年一月に県米生産調整対策本部を設置して、米の生産調整の実施体制をととのえるとともに、県・市長会・町村会・農協中央会など一八団体の代表者からなる県生産調整推進協議会を発足させて、四十五年度の米生産調整の実施作業を促進した。四十五年の減反実施面積は一万八八三ヘクタール（減反率六％）であった。

農民は、政府・県の増産政策から減反政策への政策転換を「農政の無策と失策を生産者に押しつける、場あたり農政の典型」と批判した。休耕奨励金や良質米奨励金などの補助金と抱き合せの減反政策は逐次定着していったが、農政の矛盾を一時的に回避する対策にすぎないとの指摘もあり、食管制度と補助金制度を根幹とする日本農政の抜本的改革の必要性が求められている。

昭和四十九年四月亘知事が辞任し、君健男《きみたけお》知事が登場した。前年の石油危機によって引きおこされた狂乱物価と物不足状況は、日本経済を高度経済成長から不況にむかわせた。君知事は大型予算を編成して、社会福祉の充実、生活環境整備、農業基盤整備、公共土木事業などの推進によって景気回復をはかった。しかし低成長下の経済環境のなかで県税収入は不振のため、財源を国庫支出金・地方交付税交付金・県債や財政調整基金の取りくずしに依存せざるを得ず、きびしい財政運営をせまられることになった。このため君知事は行政改革を断行し、五十八年の農業改良普及所の統廃合を始めとして、上越《じょうえつ》・佐渡《さど》支庁廃止、保健所の統廃合などにより、県職員定数を八七五五人から七九六五人に減少させた。

このころから新潟県も高速交通時代にはいった。昭和五十三年九月に北陸自動車道の新潟・長岡《ながおか》間が開通、六十年には関越自動車道完成、六十三年には北陸自動車道全通が実現して、本格的な車社会が到来した。また昭和五十七年十一月には、上越新幹線の新潟・大宮《おおみや》間が開通し、六十年には上野《うえの》駅乗入れが実現し、そののち東京駅への乗入れが果たされたのである。

高速自動車道、上越新幹線の完成によって、高速交通体系が確立すると、県は企業誘致と観光開発を重点政策として掲げた。この時期から県内外企業の新規工場立地があいつぎ、六十三年には二二八件と全国第一位を記録した。また、県人初の総理大臣田中角栄の辞任の一因となった狂乱物価の危機などが重なって不振を極めていた新潟東港工業地帯への企業進出も活発になり、平成元（一九八九）年現在の進出決定

親不知《おやしらず》付近の北陸自動車道(昭和63年全通)

企業は一〇〇社を超え、四八社が操業している。それより先、昭和五十七年には長岡テクノポリス構想が国の指定をうけて、長岡市を中心とする新都市づくりがはじまった。また観光客も増加し、五十五年に四一一七万人が六十三年には六一六〇万人となり、とくに首都圏からの観光客が増加した。

日本海時代の開幕と県政の課題●

日本海側の中核に位置し、歴史的にも大陸との交流の拠点として実績をもつ新潟県は、日本海時代の中核県としての立場を積極的に提唱し、昭和六十一（一九八六）年三月に策定した「新・新潟県長期構想」のなかで、「二十一世紀の日本海時代を拓く、活力とやすらぎのある郷土づくり」を強調している。平成元（一九八九）年六月に君知事の病気辞任をうけて当選した金子清《かねこきよし》知事は、「新潟県を日本のオアシスに」とスローガンを掲げて、環日本海圏の中核県をめざして、積極的な県政を展開した。県内の企業・大学や研究機関などがこれに積極的に呼応した。環日本海圏の研究を深めるために、大学にロシア語・中国語・朝鮮語などの学科が新設されるとともに、歴史や文化研究が推進されるようになった。金子知事のあとをうけて平成四年十月に就任した平山征夫《ひらやまいくお》知事も、その施策を継承して、対岸のロシア・中国・韓国などとの交流を積極的に推進している。

平山知事の政策でもある「日本海大交流時代」関連事業は、緊縮型の平成九年度県予算案のなかでも、例外的な扱いをうけて、積極的な事業展開が期待されている。平成九年度の県予算は前年度比一・一％減の緊縮型で一般公共事業費も一三年ぶりに減額となり、歳入面でも財源確保のために財政調整基金・県債管理基本金などを取りくずしている。県債残高は平成八年度末には一兆二三五六億円に達する見込みとなり、平成九年度県予算額一兆二六〇二億円とほぼ同額の巨額にのぼるなど、きびしい財政運営にせまられている。

そのような状況のなかで、担当課長は「こちらの考え方は、ほとんど認められた。『時流』があると思う」と述べるほどの予算がつけられた。おもな事業は、韓国スキーマーケット開拓・輸入促進地域推進・日本海交流拠点構想策・新潟空港滑走路三〇〇〇メートル整備促進・新潟港万代島《ばんだいじま》地区再開発・新潟東港企業誘致促進対策・新潟北東アジア経済会議開催などである。

一方、新潟県にとって、全国注視の事件となった新潟水俣《みなまた》病問題と東北電力巻《まき》原子力発電所建設問題は、二十一世紀を迎える日本の将来にとっても大きな課題を投げかけることとなった。

新潟水俣病問題は関係年表（次頁）のように、昭和三十年後半からの高度経済成長とともに深刻化した公害問題で、開発や生産優先主義を推進する国・自治体や企業などに衝撃をあたえるとともに、公害の絶滅を期す市民運動を高揚させた。日本公害史上特筆される阿賀野川有機水銀中毒事件が発生したことがあきらかになったのは、昭和四十年六月十二日のことであった。新潟大学医学部や新潟県衛生部の調査・診断によって、患者が阿賀野川下流域に限定されていること、患者の症状が水俣病に酷似しており、頭髪から多量のメチル水銀が検出されたことなどがあきらかになった。四十二年四月、厚生省研究班は「新潟水銀中毒事件特別研究報告」を公表して、病名を第二の水俣病としたうえで、汚染源は昭和電工鹿瀬工場の工場廃液と断定した。これに対して、昭和電工は新潟地震によって被災した倉庫から流出した農薬が原因だとする農薬説を主張した。

昭和四十二年六月十二日、患者三家族一三人が新潟地方裁判所へ昭和電工を被告として慰謝料請求の訴訟をおこし、以後第八次まで合計一〇件、原告七七人が総計五億二二六七万四〇〇〇円を請求する大訴訟

新潟水俣病関係年表

年　月　日	事　　　　項
昭和35(1960).7.	新潟県，公害防止条例を制定。その後，新潟市山ノ下地区工場煤煙による大気汚染問題(昭和37年)，上越市関川の高濃度水銀事件(昭和40年)，六日町の亜鉛・カドミウム汚染問題(昭和45年)などが発生。
40(1965).6.12	阿賀野川有機水銀中毒事件が発生。
42(1967).2.4	厚生省研究班「新潟水銀中毒事件特別研究報告」を厚生省に提出し，病名を「第二水俣病」と命名したうえで，汚染源を昭和電工鹿瀬工場の工場廃液と断定。
42(1967).6.12	患者3家族13人，新潟地方裁判所へ昭和電工を相手どり，慰謝料請求訴訟をおこす。以後第8次まで合計10件，原告77人が総計5億2267万4000円を請求する大訴訟となる。
46(1971).9.29	新潟地方裁判所，原告全面勝訴の判決をくだす。
48(1973).6.21	昭和電工・新潟水俣病被災者の会・新潟水俣病共闘会議のあいだで，患者への生涯補償と昭和電工の企業責任を骨子とする協定が成立した。
57(1982).6.21	水俣病未認定患者の新潟水俣病被害者の会，国と昭和電工を相手どり，新潟水俣病第2次訴訟をおこす。
平成4(1992).3.31	新潟地方裁判所，原告のほとんどを水俣病と認め昭和電工に補償を命じたが，昭和電工は東京高等裁判所に控訴した。
7(1995).12.11	原告側と昭和電工は，患者への一時金支給と新潟水俣病被害者の会への団体加算金支払いを骨子とする政府和解案に沿って，和解することに同意した。

斎藤恒『新潟水俣病』(1996年，毎日新聞社)，『新潟日報』(平成7年11月26日付)より作成。

へと発展した。四十六年九月二十九日の第一次訴訟判決で裁判長宮崎啓一《みやざきけいいち》は原告全面勝利をいいわたすとともに、「企業の生産活動も、一般住民の生活環境保全との調和において許されるべきであり、住民の最も基本的権利ともいうべき生命、健康を犠牲にしてまでして、企業の利益を保護しなければならない理由はない」として、企業の社会的責任をきびしく指摘した。その後、昭和電工と新潟水俣病共闘会議、新潟水俣病被災者の会とのあいだで補償交渉が続けられ、昭和四十八年六月二十一日に患者に対する生涯補償と昭和電工の企業責任を骨子とする協定が成立した。

しかしその後、水俣病認定基準がきびしくなるにおよんで、未認定患者が急増してきた。昭和五十七年六月二十一日、新潟水俣病被害者の会は国と昭和電工を相手に新潟水俣病二次訴訟をおこした。平成四年三月三十一日、新潟地裁は国の責任を否定する一方で、原告のほとんどを水俣病と認定し昭和電工に補償を命じたが、昭和電工はこれを不服として控訴《こうそ》した。国は未認定患者に療養手当などを支給する水俣病総合対策医療事業を開始するとともに、和解の方途を検討することになった。七年六月、政府は原告の高齢化を考慮して、政治決着による最終和解案を策定した。同年十二月十一日、原告側と昭和電工は政府解決案に沿う形で、一時金支給と被害者の会への団体加算金支払いを骨子とする和解協定を締結した。協定に基づき原告側と昭和電工は八年二月、和解を成立させ、二次訴訟は一三年半ぶりに終結した。新潟水俣病は、企業の社会的責任や国・県などの行政責任、地域開発と住民のあり方などに重い課題を残した。

地域開発をめぐる住民自治のあり方や民主主義の根源を問い直した事案として、東北電力巻原子力発電所建設是非をめぐる巻町民の住民投票問題が注目される。昭和四十六年五月十七日、東北電力は巻原子力発電所建設計画を公表した。五十二年十二月十九日に巻町議会は機動隊にまもられて原発建設同意を決議

東北電力巻原子力発電所建設問題・住民投票関係年表

年　月　日	事　　　　　項
昭和46(1971).5.17	東北電力，巻原子力発電所建設計画を公表。
52(1977).12.19	巻町議会，機動隊にまもられて原発建設同意を決議。
57(1982).1.25	東北電力，1号機の原子炉設置許可申請を提出。
58(1983).9.	東北電力，国に安全審査中断を申し入れ。
61(1986).8.3	「原発慎重」を公約して，佐藤莞爾氏が巻町長に当選。
平成2(1990).8.5	「原発凍結」を公約して，佐藤町長再選。
5(1993).6.26	巻町議会，原発早期着工促進を決議。
6(1994).8.7	巻町長選で「原発推進」を公約して佐藤町長三選。
6(1994).10.19	巻原発建設の是非を問う住民投票の実施を求める町民グループ「巻原発・住民投票を実行する会」発足。
6(1994).11.11	実行する会が自主管理の住民投票を実行すると発表。
7(1995).2.5	実行する会の住民投票の結果，全有権者の約45%が参加，うち95%が「原発反対」を表明。
7(1995).2.20	巻原発建設予定地内の町有地売却を諮る臨時町議会が反対派の実力阻止で流会。
7(1995).6.26	巻町議会で住民投票条例成立。
7(1995).10.3	巻町議会が，住民投票の発議権を町長権限とする住民投票条例改正案を可決。
7(1995).10.27	実行する会が佐藤町長のリコール(解職請求)運動開始宣言。
7(1995).12.8	実行する会1万231人分のリコール署名を町選挙管理委員会に提出。
7(1995).12.15	佐藤町長が辞職。
8(1996).1.21	町長選で笹口孝明氏当選。
8(1996).8.4	東北電力巻原子力発電所1号機建設の是非をめぐる全国初の住民投票実施(投票率88.29%・反対61%)。

『新潟日報』(平成7年10月5日，8年1月22日，8年8月5日，8年9月27日付)より作成。

したが、東北電力の五十三年度計画では五十六年十二月着工、六十一年三月運転開始となっていた。その後、東北電力は五十七年一月二十五日に国に対して、巻原発一号機の原子炉設置許可申請をしたが、強い反対運動のため着工が延期された。そのため巻原発の着工・運転開始は五十三年度計画以降一七回も先送りされた。また巻町長選挙でも、四十六年の原発計画公表以降、昭和四十九年から六十一年までの四回ともつねに「原発慎重」を掲げた新人が当選するなど、巻原発問題は町政にも深甚《しんじん》な影響をあたえていた。

昭和六十一年八月の町長選で「原発慎重」と主張して当選した町長佐藤莞爾《さとうかんじ》は二期目の平成二年八月の町長選では、「原発凍結」を公約に掲げて再選を果たした。しかし五年六月の巻町議会の原発早期着工促進決議をうけて、佐藤町長は六年八月の町長選では「原発推進」を掲げて三選を実現させた。

原発推進に転じた佐藤町長は平成七年二月二十日、原発建設予定地内の町有地約九〇〇〇平方メートルを東北電力に売却する補正予算案を審議する臨時町議会を招集した。これに対して、反対派が臨時町議会の中止を求めて議場前廊下で町長や町議の入場を実力で阻止したため、臨時町議会は流会となった。これより先、原発建設の是非を住民投票によって決めようとする町民による自主管理住民投票が一月二十二日から二月五日までのあいだに実施され、投票率四五％で投票者数の九五％が原発反対票であった。佐藤町長は住民投票は条例によらない無効なもので、これに拘束されないと言明した。一方、住民投票推進派は、原発のような町の将来を決する基本問題は住民の直接投票で判断すべきであると主張した。

平成七年四月二十三日の町議選で住民投票条例制定を公約とした条例制定派の一二人が当選し、六月二十六日の町議会で住民投票条例案が可決された。ところが原発推進派町議の多数派攻勢で議会勢力が逆転するにおよんで、十月三日の町議会で住民投票の発議権を町長権限とする住民投票条例改正案を可決した。

ここに至って、原発反対派・住民投票推進派は町長リコール（解職請求）運動を展開して、七年十二月八日に一万二三一人分の町長リコール署名を町選挙管理委員会に提出した。一週間後の十二月十五日、佐藤町長は辞職した。

平成八年一月二十一日執行の町長選で当選した「巻原発住民投票を実行する会」代表をつとめた町長笹口《ささぐち》孝明《たかあき》は、三月二十一日の町議会に八月四日に原発建設の賛否を問う住民投票案を提案して、町議会の同意を得た。全国的にみて、原発建設の賛否を問う住民投票条例を制定している自治体は巻町のほかには、三重県大紀町・南伊勢町、高知県四万十町、宮崎県串間《くしま》市の四自治体であるが、住民投票を実施するのは巻町だけであった。

全国注視の住民投票は八月四日に実施され、結果は反対一万二四七八票・賛成七九〇四票・無効その他一二一票となり、投票率は八八・二九％であった。笹口町長は住民投票の結果をふまえて、町有地不売却を明

新潟日報

巻住民投票

原発建設「ノー」

反対61％占める

賛成39％

国・計画推進に大打撃

反対 12,478票

賛成 7,904票

25年間の不信を“凝縮”

町有地

巻町住民投票結果を伝える新聞記事（『新潟日報』平成8年8月5日付）

言するとともに、新潟県・東北電力へ原発建設の不同意と撤回を申しいれた。これに対して、平山新潟県知事は国・東北電力に計画撤回を求めないことを表明し、東北電力も「原発の安全性、必要性を一人でも多くの方々に理解してもらえるよう、誠心誠意努力したい」と述べた。また巻町の原発推進派も、「原発の必要性は変わらない。住民の理解を得るために一からやり直したい」として、原発推進の意思をかえていない。

平成九年三月三十一日、東北電力は巻原発建設計画について、着工予定を平成十四年度、運転開始予定を平成二十年度とする計画案を正式に発表した。巻原発をめぐる動きは、一地方の開発問題にとどまらず日本のエネルギー政策のあり方、議会制民主主義と住民投票の関係など戦後民主主義の根源にせまる問題を国民に提示している。新潟県には、昭和六十年九月に営業運転を開始して現在世界最大級の総出力量をもつ東京電力柏崎刈羽《かりわ》原子力発電所もあり、原子力の安全性をめぐる論議はますます活発となっている。

日本海時代の中核県をめざす新潟県政の課題は、調和のとれた新潟県土の開発と県民生活の安定が求められる施策を確立することである。そのためには、官民一体となって先人の英知と努力に学びながら、真に豊かで調和のとれた新潟県の創造にむかって努力しなければならない。

あとがき

旧版『新潟県の歴史』は昭和四十五（一九七〇）年に出版された。その「あとがき」で井上鋭夫氏は新潟県は「県史をもたない珍しい大県である」と指摘されている。それから三〇年近い歳月が経過した。その間、一五年の歳月をかけて三六巻の『新潟県史』と、総集編として『新潟県のあゆみ』が刊行された。大県史をもつ県になったのである。その編さんに呼応するかのように多くの個別研究がうまれ、市町村史誌や一部では江戸時代の村に関する史書も出版をみるようになった。

新潟県をとりまく歴史的状況も大きくかわった。とりわけ、東北・日本海文化が注目を集め、ともすると古代以来の日本を中央集権国家のようにとらえてきた教科書的歴史家に動揺をあたえつつある。さらにこの二〇年ほどのあいだに日本人をとりまく経済・社会の様子も大きくかわった。

世の中は工業活動の大発展を柱とする高度経済成長期を迎え、いちだんと中央への人口・文物の集中をみせたのち、いま泡のごとくそれが消え去ろうとしている。反面、この間に川や湖・野や山はみる影もなく荒れはててしまった。そのようなときは土地（村）に住む人たちが、みずからの考え方や生き方を問いなおすときでもある。土地に生きた先人たちが人口の減少や物の過不足の時代、田畑の荒廃をどのようにのりきっていったのか。今日はまさに古きを知ることに目をむけようとする転換期を迎えているといってよいだろう。このようなときに私たちは新版の『新潟県の歴史』をまとめる機会をあたえられた。

編集の集まりでは、一つの地域がそこに住む人たちによってどのようにつくられ、障害を知恵にかえてどのように生きぬいていったか、をあきらかにすることに力をそそごうと話し合ったものである。
さて、本書は桑原正史氏が原始・古代を、阿部洋輔氏と金子達氏が中世を、中村義隆氏と田中圭一が近世を、近代・現代を本間恂一氏が執筆したが、原始・古代のうち、縄文時代については前山精明氏から多くのご教示を得た。なお、近代・現代は「県民百年史」にゆだねることにしたため、最少限の記述にとどめた。詳細は、大島美津子・佐藤誠朗・古厩忠夫・溝口敏麿著『新潟県の百年』を参照いただければ幸いである。

一九九七年十月

田中圭一

新潟県全図
都道府県界
市郡界
町村界
JR線
高速道路
有料道路
国道
県庁
N
1:1,150,000
0 12 24km
佐渡島
佐渡市
金北山
弾崎
内海府海岸
外海府海岸
両津湾
真野湾
佐渡空港
粟島
粟島浦村
新潟市
中央区
東区
西区
江南区
北区
にいがた
新潟港
新潟空港
北蒲原郡
聖籠町
胎内市
さかまち
しばた
新発田市
二王子岳
えぶり差岳
飯豊山
2105
飯豊町
岩船郡
関川村
村上市
三面川
あさひ湖
鷲ヶ巣山
以東岳
1771
米坂線
羽越本線
白新線
日本海東北自動車道
山形県
山形自動車道
小国町
朝日町
西川町
鶴岡市
庄内空港
三川町
庄内町
最上川
酒田市
遊佐町
7
8
49
112
113
116
121
290
345
350
402
460

新潟県《にいがたけん》の歴史《れきし》　　県史　15

1998年1月25日　第1版1刷発行　　2017年4月20日　第2版3刷発行

著　者　田中圭一《たなかけいいち》・桑原正史《くわばらまさし》・阿部洋輔《あべようすけ》・金子達《かねこさとし》・中村義隆《なかむらよしたか》・本間恂一《ほんまじゅんいち》

発行者　野澤伸平

発行所　株式会社　山川出版社　　〒101-0047　東京都千代田区内神田 1-13-13
電話　03(3293)8131(営業)　03(3293)8135(編集)
https://www.yamakawa.co.jp/　　振替　00120-9-43993

印刷所　図書印刷株式会社　　製本所　株式会社ブロケード

装　幀　菊地信義

　ISBN978-4-634-32151-9

田中　圭一　たなかけいいち

1931年，新潟県に生まれる
1953年，新潟大学人文学部卒業
元筑波大学教授
主要著書・論文　『帳箱の中の江戸時代史』（上・下，刀水書房，1991・93年），「越後魚沼『町場百姓』の研究」（『越佐研究』第54集，1997年）

桑原　正史　くわばらまさし

1945年，新潟県に生まれる
1968年，新潟大学人文学部卒業
元新潟県立西川竹園高等学校教諭
主要著書　『新潟県史　通史編1　原始・古代』（共著，新潟県，1986年），『巻原発・住民投票への軌跡』（共著，七つ森書館，2003年）

阿部　洋輔　あべようすけ

1938年，新潟県に生まれる
1961年，新潟大学人文学部卒業
元新潟県立高校教諭
主要著書　『戦国大名論集9　上杉氏の研究』（編，吉川弘文館，1984年），『歴代古案』（共編，続群書類従完成会，1993-2002年），『別本歴代古案』（共編，八木書店，2008-2011年）

金子　達　かねこさとし

1940年，新潟県に生まれる
1962年，新潟大学人文学部卒業
元新潟県立高校教諭
主要著書　『新潟県史　通史編2　中世』（共著，新潟県，1987年），『歴代古案』（共編，続群書類従完成会，1993-2002年），『別本歴代古案』（共編，八木書店，2008-2011年）

中村　義隆　なかむらよしたか

1932年，新潟県に生まれる
1955年，新潟大学教育学部卒業
元新潟県立六日町女子高等学校長
主要著書　『古文書が語る北越の領主と民衆』（新潟日報事業社，2015年），『割地慣行と他所稼ぎ―越後蒲原の村落社会史―』（刀水書房，2010年）

本間　恂一　ほんまじゅんいち

1937年，新潟県に生まれる
1961年，新潟大学人文学部卒業
現在　新潟県文化財保護審議会委員・新潟大学講師
主要著書　『雪月花―西潟為蔵回顧録―』（共著，野島出版，1974年），『稿本新潟県史』（共編，全17巻，国書刊行会，1992年）

付　　録

■ 索　引

● あ 行

● た　行

● な　行

● は　行

● ま　行

● や　行

● ら・わ　行

■ 年　表

年　代	時　代	事　項
25000年前ころ〜14000年前ころ	後期旧石器時代	石刃技法によるナイフ形石器が用いられる。
14000年前ころ〜12000年前ころ		ナイフ形石器が衰退し，細石器文化が広がる。
12000年前ころ〜10000年前ころ	縄文時代草創期	住居としてしばしば洞窟が利用され，狩猟用の大形石槍や煮炊き用の深鉢形土器が出現する。
10000年前ころ〜7500年前ころ	早　期	氷期がおわり，台地や丘陵の平坦部に数基の竪穴住居からなる小さなムラが成立する。
7500年前ころ〜5000年前ころ	前　期	温暖化が進み，人びとの活動範囲が海岸付近まで広がる。石器や土器の種類が豊富になる。
5000年前ころ〜4000年前ころ	中　期	食料の確保が安定し，高度な技術を要する火焰型土器やヒスイ大珠が制作され，呪具が増加する。
4000年前ころ〜3000年前ころ	後　期	狩猟採集や生活上の工夫が進み，精神文化の発達を示す石棺状の配石遺構や土壙墓があらわれる。
3000年前ころ〜2000年前ころ	晩　期	亀ケ岡文化の影響をうけた成熟した狩猟採集社会が形成され，ムラの大形化と定住化が進む。
2000年前ころ〜B.C.100年ころ	弥生時代前　期	東日本系の縄文文化を基盤とする狩猟採集社会に条痕文土器などを伴う東海系の文化が流入する。
B.C.100年ころ〜A.D.200年ころ	中　期	北陸地方の西部から櫛描文土器や稲作など弥生社会の文化が伝来し，墳墓に身分の差が発生する。
A.D.200年ころ〜300年ころ	後　期	異なる文化圏に属する集落の対立が深まり，高地性の環濠集落など防禦的な集落がいとなまれる。
300年ころ〜400年ころ	古墳時代前　期	蒲原地方を中心に能登地方と同系統の巨大な首長墓(前期古墳)がきずかれる。
400年ころ〜500年ころ	中　期	魚沼地方に北関東や北信濃の影響をうけた武器や武具を副葬する群集墳が出現する。
500年ころ〜600年ころ	後　期	頸城地方に群集墳，佐渡地方に古墳群が成立する。おもに沼垂地方以南の海沿いの地域や佐渡地方に部民制や国造制が波及する。

西暦	年　号	事　項
544	欽明　5	佐渡嶋に粛慎人があらわれる。
589	崇峻　2	近畿地方政権の東方視察の一環として阿部臣が越地方を巡見する。
642	皇極　1	***9-21*** 越の辺の蝦夷数千人が近畿地方政権に内付する。
647	大化　3	渟足柵をつくり，柵戸を置く。
648	4	蝦夷にそなえるため磐舟柵をつくり，越と信濃の民を柵戸とする。
658	斉明　4	***7-4*** このころ，阿倍比羅夫による北方探査活動が行われ，論功行賞として渟足柵造大伴君稲積に小乙下の位があたえられる。
668	天智　7	***7-*** 越国が近畿地方政権に燃土と燃水を献上する。

682	天武　11	***4-22*** 越の蝦夷伊高岐奈らの申請によって俘人70戸の評が建てられる。このころ，越国が越前国，越中国，越後国に分割される。
689	持統　3	***1-9*** 越の蝦夷沙門道信に仏具や物資が付与される。以後，7世紀末にたびたび越の蝦夷や越後の蝦狄らに物資や爵位が付与される。
698	文武　2	***6-14*** 越後国の蝦狄が産物を献上する。***12-21*** 越後国に石船柵(磐舟柵)の修理を命ずる(翌々年，再び越後国と佐渡国に修理を命ずる)。
701	大宝　1	***8-21*** 蝗害や大風によって佐渡など17カ国に被害が生ずる。
702	2	***3-17*** 越中国の4郡を越後国に移管する。
705	慶雲　2	***11-16*** 威奈真人大村が越後城司となり，翌年閏1月に越後守となる。
708	和銅　1	***9-28*** 越後国の申請によって出羽郡が建置される。
709	2	***3-9*** 佐伯宿禰石湯を征越後蝦夷将軍に任命する（以後，越後国や佐渡国などに軍船や兵器の供出が命じられ，越後など10カ国の人びとが従軍する)。***8-25*** 征越後蝦夷将軍らが京に凱旋する。
711	4	***4-5*** 佐渡など2カ国が飢え，賑給を行う。
714	7	***10-2*** 越後など4カ国の200戸を出羽柵の柵戸とする(以後，越後国の人びとはたびたび柵戸として出羽国に配置される)。
718	養老　2	養老律令に越後国などの柵を無断で越えたり，柵の鍵を盗んだものに対する罰則が規定される。このころ，渟足柵が沼垂城として存続する。
721	5	***4-20*** 佐渡国の雑太郡を割いて賀母郡と羽茂郡を置く。
724	神亀　1	***3-1*** 佐渡国を遠流の国とする。
741	天平　13	***8-15*** 佐渡国に霖雨による被害が発生し，この年の租調庸を免除する。
743	15	***2-11*** 佐渡国を越後国に併合する。
752	天平勝宝 4	***9-24*** 佐渡嶋に渤海使が着岸する。***10-25*** 東大寺の封戸として頸城・磐船・賀茂・雑太4郡の各50戸がみえる。***11-3*** 佐渡国を復置する。
753	5	***4-9*** 東大寺領荘園の頸城郡石井荘の「条里坪付等一巻」が作成される。
758	天平宝字 2	***9-28*** 佐渡など6カ国に飛駅鈴が下付される。
759	3	***1-11*** 生江臣智麻呂が佐渡守となる(佐渡守の初見)。***9-27*** 越後など12カ国の浮浪人2000人を雄勝柵の柵戸とする。
769	神護景雲 3	この年,越後国の西大寺領荘園の文書として「水田并墾田地帳」「田籍帳」「頸城郡大領高志公船長田図」が作成される。
777	宝亀　8	***5-25*** 越後などに命じ，甲200領を出羽国の鎮戍に送らせる。
778	9	この年，西大寺領荘園の蒲原郡鶉橋荘の「庄田勘定帳」が作成される。
780	11	このころ，西大寺領荘園として頸城郡に桜井荘・津村荘，古志郡に三枝荘，蒲原郡に鶉橋荘・槐田荘があったことが知られる。
781	天応　1	***10-16*** 越後など5カ国の12人が私力で軍粮を陸奥国に運び，位階をあたえられる。
784	延暦　3	***10-21*** 蒲原郡の三宅連笠雄麻呂が稲10万束を畜え，長年，困窮者を救済したり，道や橋を修造した功績によって従八位上をあたえられる。
792	11	***6-7*** 佐渡・出羽・陸奥・九州諸国以外の軍団を廃止する。
795	14	***11-3*** 出羽国に漂着した渤海使を越後国に移し，供給を行う。
796	15	***11-21*** 越後など8カ国の計9000人を陸奥国の伊治城に配置する。
802	21	***1-13*** 以後毎年，鎮兵粮として越後国から米1万600斛，佐渡国から塩120斛を出羽国の雄勝城に運ばせることとする。
803	22	***2-12*** 越後国に命じ，米30斛と塩30斛を陸奥国の造志波城所に送らせる。

813	弘仁	4	***7–22*** 頸城郡の居多神に従五位下が授けられる。
818		9	***3–27*** 酒人内親王，古志郡土井荘の墾田地を東大寺に施入する。
822		13	この年，国分寺の尼法光が古志郡渡戸浜に布施屋を建て，墾田40町余と渡船2艘を施入する。
828	天長	5	***6–28*** 越後国の飢餓を救うため穀1万斛を窮民に分かち売る。
833		10	***5–11*** 相撲節のため佐渡などに膂力の人を貢進させる。***7–3*** 干害や伝染病が流行するたびに霊験を示した蒲原郡の伊夜比古神を名神とする。閏***7–24*** 前年来の伝染病の流行と天候不順による凶作のため越後国に多数の死者が発生し，救済措置を行う(翌年も飢餓がつづく)。
834	承和	1	***11–5*** 佐渡国3郡の人びとが国守嗣根の非法を太政官に訴える。
835		2	***8–1*** 前年の風雨の害に伴う飢饉と伝染病の流行によって佐渡国に多数の死者が発生し，賑給を行う。
842		9	***10–2*** 伊夜比古神に従五位下が授けられる。
861	貞観	3	***8–3*** 越後国の伊夜比古神，大神神，居多神に従四位下が授けられる。
863		5	***6–17*** 越後国・越中国に大地震がおき，多数の圧死者が生ずる。
874		16	***12–29*** 佐渡国の花村神に従五位下が授けられる。
877	元慶	1	***12–21*** 佐渡国と能登国にはじめて検非違使を置き，帯剱把笏を許す。
878		2	***8–4*** 越後国と越中国に命じ，軍糧としてそれぞれ米1000斛を出羽国に送らせる。***11–13*** 佐渡国の佐志羽神に従五位下が授けられる。
879		3	***12–15*** 雑太団の権校尉を闘殺した浪人高階真人利風を遠流とする。
880		4	***8–7*** 佐渡国に弩師一員を置く。***8–12*** 越後国に弩師一員を置く。
883		7	***2–2*** 佐渡国の大庭神に従五位下が授けられる。
887	仁和	3	***6–2*** 越後国などが貢進する絹の品質低下が著しいため国司を譴責する。
897	寛平	9	***12–3*** 居多神に従四位上が授けられる。
902	延喜	2	***9–5*** 越後国の飛駅使が都に到着し，国守の紀有世が襲撃されたことを報告する(同月，事情を究明するため推問使が越後国に派遣される)。
950	天暦	4	このころ，東大寺の封戸として頸城・三嶋・沼垂・石船4郡の各50戸がみえる。
998	長徳	4	このころ，越後国の東大寺領荘園のうち，頸城郡石井荘と古志郡土井荘は存続し，頸城郡真沼荘と吉田荘は荒廃する。
1025	万寿	2	この年，東国に伝染病が流行し，佐渡国で100人あまりが死亡する。
1048	永承	3	***7–5*** 越後国から東大寺へ封物代として鮭が納付される(以後，12世紀の初めごろまで封物代として東大寺に鮭が納付される)。
1052		7	この年，東大寺の大法師兼算が頸城郡石井荘の荘司となる。
1056	天喜	4	閏***3–*** 東大寺，石井荘の荘司兼算の所業を非難し，荘園の経営と寺役に勤仕するよう督促する。***12–4*** 東大寺，再び兼算を督促する。
1057		5	***2–21*** 石井荘司兼算，東大寺に弁明書を提出する(その後，兼算は荘司を解任される)。***12–19*** 前荘司の兼算，東大寺に弁明書を提出する。
1059	康平	2	***10–3*** 石井荘の寄人らが荘司良真の解任を東大寺に要求する。
1090	寛治	4	***7–13*** 賀茂御祖社に越後国石河荘の公田40町などを不輸の御供田としてあたえる。
1123	保安	4	***8–8*** 右大臣中御門宗忠，小泉荘(岩船郡)を長子宗能にゆずる。
1128	大治	3	***8–28*** 佐渡守藤原親賢，流人源明国が民を駆使し，国務をさまたげるので，ほかへ移すように要望。

1135	保延 1	1-14 東大寺領石井・上井両荘との交換により豊田荘を沼垂郡に立てる。
1156	保元 1	8-3 保元の乱により，藤原成雅・経憲を越後に，盛憲を佐渡に流す。
1165	永万 1	1- 越後介源某，在庁官人らの瀬波河鮭漁を押妨することをしりぞけ，城資永の濫行を停める。
1172	承安 2	この年，城長茂が小河荘を会津恵日寺乗丹坊に寄付。
1176	安元 2	7- 乙宝寺仏舎利を発掘，天皇に進覧すると伝える。
1181	養和 1	6- 城資職は信濃で木曽義仲とたたかい大敗する。8-15 資職，越後守となる。
1185	文治 1	8-16 越後・伊豆など6国を関東分国に，安田義資を越後守とする。
1186	2	2-11 後白河院，頼朝知行国の越後国などの荘園年貢を頼朝に催促させる。
1189	5	7-17 頼朝，藤原泰衡を討つ。比企能員・宇佐美実政，北陸道の軍を率いて念珠ヶ関にむかう。頼朝鎌倉発，囚人城長茂従軍。
1199	正治 1	3-19 高山寺の文覚を佐渡に流す。ついで許す。
1201	建仁 1	1-23 城長茂ら，源頼家を討とうとしてならず，吉野で殺される。4-3 城資盛挙兵。佐々木盛綱，これを討ち板額をとりこにする。
1207	承元 1	2- 親鸞を越後に，行空を佐渡に流す。
1221	承久 3	5-29 承久の乱おこる。佐々木信実，深匂家賢を願文山に破る。同30日，幕府軍蒲原の宮方を破り，北条朝時越府にはいる。7-20 順徳上皇，佐渡に流される。
1223	貞応 2	この年の冬，高麗人が越後寺泊に漂着する。
1240	仁治 1	9-12 順徳上皇，佐渡で死去。翌13日，遺骨を大原法華寺に奉安。10-10 奥山荘で地頭請が成立する。
1255	建長 7	3-27 幕府，色部公長に小泉荘加納色部・牛屋・栗島などを安堵させる。
1271	文永 8	9-12 日蓮，佐渡に流される。のち4年にして許される。
1277	建治 3	11-5 高井時茂，奥山荘を孫ら3人に分与する。
1292	正応 5	7-18 奥山荘と荒川保の境界をめぐり和与が成立。
1298	永仁 6	3-16 冷泉為兼，佐渡に流される。のち5年で召還。
1325	正中 2	8- 日野資朝を佐渡に流す。
1332	正慶 1 (元弘 2)	6-2 幕府，本間泰宣に日野資朝を斬らせる。
1333	2 (3)	5-8 本間泰宣，北条高時にしたがって自殺。8-5 新田義貞を越後守とする。
1334	建武 1	7-12 色部長倫ら小泉持長を殺し，大河将長を樺沢城に破る。この年，毛利貞親，阿曽宮(大覚寺統)を奉じて越後に挙兵。和田茂実領奥山荘を収公，同荘中条・金山を近衛基堀嗣にあたえる。
1335	2	3-12 越後の反政府軍蜂起，堀口貞政・色部長倫らこれを討つ。12-19 足利方の加治景綱ら，新田方の河村秀義の居城を焼く。12-23 加治景綱，小国政光らと松崎・沼垂にたたかう。
1337	4 (延元 2)	5-16 色部高長ら小国氏らと岩船宿でたたかう。
1340	暦応 3 (興国 1)	8-20 新田義宗，越後に挙兵。この年，幕府，上杉憲顕を関東執事とする。
1351	観応 2 (正平 6)	8-10 直義，尊氏と不和となり，上杉憲顕は越後守護職を失う。11-20 尊氏方の宇都宮公綱の軍，柏崎にたたかう。

1354	文和　3 (　9)	*9–* 宗良親王・新田義宗ら，宇加地城を攻める。
1362	貞治　1 (　17)	この年，上杉憲顕は越後守護に復す。
1363	2 (　18)	*3–* 足利基氏，上杉憲顕を関東管領とする。
1368	応安　1 (　23)	*7–19* 上杉憲顕死去。*7–* 新田義宗・義治，越後・上野に挙兵，上杉能憲・憲春らにやぶれ，義宗は戦死，義治は出羽に逃げる。
1380	康暦　2 (天授 6)	*4–8* 幕府，越後守護上杉房方に，妻有荘を上杉憲方にわたさせる。*6–2* 幕府，佐渡の本間直泰に所領を安堵させる。
1393	明徳　4	*7–16* 幕府,小国三河守・白河兵部少輔の蒲原津五十嵐保押領をとがめる。
1419	応永　26	*1–8* 上杉憲実，関東管領となる。
1421	28	*11–10* 越後守護上杉房方死去。朝方，守護となる。
1422	29	*10–14* 上杉朝方死去。その子房朝越後守護となる。*10–26* 上杉憲栄死去。
1423	30	この年，越後の応永大乱おこる。上杉頼藤・長尾朝景ら，伊達持宗の援をえて長尾邦景・実景とたたかう。
1426	33	*10–* 和田房資ら，長尾邦景と三条城でたたかう(応永の再乱)。
1433	永享　5	*6–11* 幕府，邦景をさとして，上杉持房に所領をわたさせる。
1434	6	*5–4* 観世元清(世阿弥)，佐渡流罪となり京を出発。
1438	10	*10–* 永享の乱おこる。長尾実景，越後軍を率いて関東に出陣。
1440	12	*4–19* 結城合戦おこる。上杉清方，信越らの兵を率いて進発。
1441	嘉吉　1	*4–16* 結城城おちる。長尾実景，春王・安王をとらえ，護送中殺害。
1446	文安　3	*8–* 謙宗南英，種月寺を建てる。
1449	宝徳　1	*3–27* 越後守護上杉房朝死去。清方の子房定つぐ。*9–9* 房定ら，足利持氏の子永寿王(成氏)を鎌倉の主に迎える。
1450	2	*11–12* 房定帰国，長尾邦景を自殺させる。実景，信濃に走る。
1459	長禄　3	*12–* 高師長，曾祖父以来の由緒を述べ，佐渡守護職および弥彦荘などの本領回復を幕府に訴える。
1461	寛正　2	*12–7* 足利義政，房定の関東在陣の功を賞す。
1466	文正　1	*2–12* 上杉房顕，武蔵五十子の陣中に死去。房定の子顕定，管領となる。
1471	文明　3	*6–8* 遊行尊皓，越後称念寺で時宗を広める。
1478	10	*3–* 飯尾宗祇，越後にくる。
1480	12	*7–13* 奥山荘の黒川氏実，家中統治の置文をつくる。*11–27* 房定，足利成氏と義政・政知とを講和させる。
1483	15	この年，古志郡の知行関係を調査する検知を行う。
1486	18	*5–26* 三条西実隆の請により，幕府，房定に本座以外の青苧売買を禁止させる。
1491	延徳　3	*3–* 細川政元，奥州の牧場をみようと越後に至る。帰京。
1493	明応　2	*8–15* 本庄房長，再び房定と抗争する。
1494	3	*10–17* 上杉房定死去，房能守護となる。
1498	7	*5–13* 房能，郡司不入権の厳格な施行を命ずる。
1506	永正　3	*8–18* 長尾能景，越中蓮台寺にたたかう。*9–19* 能景，般若野に敗死。
1507	4	*8–7* 為景，定実を擁して房能を攻める。房能，天水で自殺。
1508	5	*11–6* 幕府，上杉定実を越後守護とする。

1509	永正	6	***7–28*** 上杉顕定・憲房，越後に乱入。為景・定実，越中に走る。
1510		7	***4–20*** 定実・為景，越中より佐渡に航し，蒲原浦に上陸。***6–20*** 顕定，為景・高梨政盛軍とたたかって長森原に敗死(管領塚)。
1514		11	***1–16*** 為景方の長尾房長・房景・中条藤資ら，上田荘六日市で八条左衛門尉ら守護方をみな殺しにする。
1518		15	***7–10*** 畠山勝王，中条藤資により為景に越中出兵の援を求める。
1520		17	***12–21*** 為景，新庄城をおとしいれ，神保慶宗を斬る。
1521	大永	1	***2–13*** 畠山義綱，越後・越中・能登3国の協和を為景に告ぐ。***2–*** 一向宗を禁ずる。***12–7*** 畠山尚順，為景の越中平定を賞し，新川郡守護代職をあたえる。
1527		7	***12–12*** 足利義晴，為景に毛氈鞍覆・白笠袋の使用をゆるし，その子道一に偏諱をあたえて晴景と名のらせる。
1530	享禄	3	***11–6*** 上条定憲，為景に抗す(上条の乱)。長尾房長・宇佐美定満，これに応じる。
1536	天文	5	***8–3*** 為景，家督を晴景にゆずる。
1540		9	***6–*** 伊達稙宗の子実元を定実の養子に迎えんとするや，黒川・色部氏ら，兵を挙げて反抗。実元の兄晴宗も稙宗と争い，揚北乱れる。
1542		11	***4–5*** 定実，隠居をのぞみ，誓書を晴景に送る。
1545		14	***10–12*** 黒田秀忠，晴景に抗す。景虎，府内に帰り秀忠を討つ。
1548		17	***12–30*** 定実，晴景と景虎のあいだを調停し，景虎春日山に入城。
1549		18	このころ，長尾政景，景虎に抗し，古志長尾と争う。
1550		19	***2–26*** 上杉定実死去。越後守護家断絶。景虎国主となる。
1551		20	***8–1*** 長尾政景降伏。
1552		21	***6–20*** 景虎，関東出兵。
1553		22	***2–10*** 晴景死去。***8–*** 景虎，川中島に出兵して，村上・高梨・井上・島津ら北信諸氏を援ける。この秋，景虎上洛。***12–8*** 景虎，宗心と称す。
1555	弘治	1	***7–*** 景虎，川中島出兵(閏***10–15*** 今川義元の仲介で撤兵)。
1556		2	***3–*** 景虎，隠居し国をでる(***8–17*** 隠居を思いとどまる)。***8–23*** 大熊朝秀そむき，駒帰にやぶれる。甲斐武田氏につかえる。
1557		3	***3–24*** 景虎，中野城の高梨政頼救援のため信濃出兵。
1558	永禄	1	***7–*** 上杉憲政，平井城をすて景虎にたよる。
1559		2	***4–*** 景虎上洛。***5–1*** 景虎参内。
1560		3	***3–26*** 景虎，越中にはいる。***8–29*** 関東出陣。***9–19*** 関白近衛前嗣来越，ついで関東に赴く。
1561		4	***3–11*** 上田荘・妻有荘・藪神の水損により徳政施行。***3–*** 景虎，憲政を奉じ，小田原城を攻める。閏***4–*** 景虎，鎌倉鶴岡八幡宮拝賀，関東管領就任，景虎を政虎と改める。***9–10*** 政虎，信玄と川中島にたたかう。
1562		5	***8–2*** 近衛前嗣帰京，参内。***12–*** 関東出陣。
1564		7	***4–20*** 輝虎，柏崎町の条令を定める。***7–5*** 坂戸城主長尾政景，宇佐美定満のために野尻池に殺される。***8–3*** 川中島出陣。
1565		8	***8–5*** 足利義輝殺され，義昭より京都回復を依頼される。***11–12*** 関東出陣。
1566		9	***12–20*** 関東出陣，沼田入城。
1567		10	***4–6*** 北条高広，北条氏康に通じる。

1568	永禄	11	*3-13* 本庄繁長，輝虎にそむき武田信玄に応ず。越中椎名康胤もそむく。
1569		12	*3-14* 越相講和なる。*3-26* 本庄繁長降伏。
1570	元亀	1	*1-25* 北条氏康の子氏秀を養子とし，景虎の名をあたえ，長尾政景の女をめあわせる。*10-8* 輝虎，徳川家康と同盟。
1572		3	*8-6* 謙信，越中出陣。*9-* 富山城おちる。*11-20* 謙信，織田信長と同盟。
1573	天正	1	*8-* 謙信，越中を平定し，加賀朝日城を攻める。
1574		2	*9-* 安田氏領を検地。*10-19* 関東出陣。*12-19* 謙信，髪を剃り法印大和尚と称する。
1575		3	*2-16* 謙信，部将の軍役を定める。*6-13* 本願寺顕如，越後浄興寺に，謙信に援を求めさせる。
1576		4	*2-* 能登の長綱連ら，謙信の能登出兵を希望。*5-18* 謙信，信長と断ち，本願寺と和す。*11-17* 謙信，七尾城を攻める。
1577		5	*9-15* 七尾城おちる。*9-17* 謙信，湊川で織田軍を破る。
1578		6	*1-19* 関東進発の動員令を発す。*3-13* 謙信死去(49歳)。上杉景勝，春日山城実城にはいり，景虎と争う。*5-13* 景虎，春日山城をでて，上杉憲政の御館城に拠る。*5-29* 武田勝頼，越後にはいる。*6-7* 景勝，勝頼と和す。*8-20* 武田勝頼の斡旋により，景勝・景虎の和議なる。*8-28* 景勝・景虎の和議破れ，勝頼，甲斐に帰る。*9-12* 北条氏照，越後に侵入し，景勝方の坂戸城を攻める。
1579		7	*3-17* 上杉憲政殺され，景虎，鮫ヶ尾城にのがれる。*3-24* 景虎自殺。
1580		8	*6-* 本庄秀綱の栃尾城おちる。三条城将神余親綱，部下に殺され落城。
1581		9	*9-1* 直江信綱，春日山城中で刺殺される。景勝，樋口兼続に直江家をつがせる。
1582		10	*1-* 新発田重家，そむく。*5-23* 栗林政頼ら，滝川一益を三国峠にふせぐ。*5-27* 森長可，信濃より越後に侵入。*6-3* 越中魚津城陥落。*7-* 景勝，北信4郡を領す。
1583		11	*2-7* 羽柴秀吉，景勝に誓書を送る。
1584		12	*6-* 景勝，秀吉に人質を送る。*10-26* 景勝，秀吉と呼応，越中の佐々成政を攻める。
1586		14	*6-14* 景勝，上洛し，大坂城で秀吉に閲す。*6-21* 景勝，従四位下左近衛少将に任ぜられる。*6-23* 景勝，佐渡国仕置を命ぜられる。
1587		15	*10-25* 景勝，新発田城をおとしいれ，新発田重家を斬る。
1588		16	*5-26* 景勝，再度上洛し，参議・中将・従三位に任ぜられる。
1589		17	*4-* 景勝，秀吉の北条氏討伐に参加，関東出兵。*6-12* 景勝，佐渡国を平定する。
1590		18	*8-1* 秀吉，景勝と大谷吉継を羽前大宝寺氏領，ならびに庄内3郡の検地奉行とする。*10-18* 出羽の仙北・秋田・由利・庄内などの一揆蜂起。景勝，前田利家・最上義光らとともにこれを平定。
1591		19	*8-* 景勝，秀吉の命により分国中に京枡を用いることを命ず。*9-24* 秀吉，景勝の臣松本助義らに命じて，陸中の九戸・羽前の藤島一揆の残党を誅滅。あとで本庄繁長・その子大宝寺義勝，一揆扇動のことをもって所領没収流罪となる。
1592	文禄	1	*3-1* 景勝，朝鮮役出陣のため越後を発す。*6-17* 景勝，朝鮮釜山に上陸。*11-12* 景勝，佐渡国に検地を行う。

1594	文禄	3	***1–19*** 景勝，伏見城外濠普請を命ぜられる。***9–*** 景勝，家臣団の調査を行い，定納員数目録を作成。
1597	慶長	2	***9–*** 景勝，河村彦左衛門に越後の検地を行わせる。***11–*** 景勝，越後国絵図をつくる。
1598		3	***1–10*** 景勝，越後より会津120万石に移封。***3–24*** 景勝，越後より会津若松城にはいる。***4–2*** 秀吉，堀秀治を越前北庄より春日山に移封。与力大名溝口秀勝を加州大聖寺より新発田へ，村上義明を加州小松より村上に移す。同日，秀吉，堀直政に越後布役を管理させる。***8–2*** 景勝，謙信の遺骸を越後より会津に移す。
1599		4	***2–14*** 前田利家，領内の百姓がみだりに鉱夫となって佐渡へ集まるので，この日渡海を禁止する。
1600		5	***6–6*** 堀秀治，家康の命により，景勝を討たんとして津川口より会津へ進撃。***8–2*** 景勝軍越後に侵入，越後の旧臣らこれに応じて一揆をおこす(越後一揆)。この年，相川金山開発(道遊の割戸)。
1601		6	***6–*** 佐渡，徳川氏の直轄地となる。
1603		8	***2–*** 大久保長安，佐渡の国奉行となる。相川に陣屋を造営し，翌年春に完成。
1606		11	***5–26*** 堀秀治死去，忠俊あとをつぐ。この年，堀直寄，長岡城をきずく。
1607		12	この年，堀忠俊，春日山城を廃し，福島城をきずいて移る。
1610		15	***2–2*** 堀忠俊，所領を没収され，岩代に流される。堀直寄は飯山へ移封。閏***2–3*** 信州松代城主松平忠輝を福島城へ移封(75万石)。***9–28*** 幕府，溝口善勝に新発田藩領から沢海1万2000石を分封させる。
1612		17	***10–20*** 幕府，松平重勝を忠輝の老臣となし，三条城に置く。
1614		19	***7–5*** 高田城完成，忠輝移る。***10–25*** 高田藩領大地震，津波による死者多数。
1615	元和	1	***9–*** 家康，忠輝の乱行を怒り，武蔵深谷に蟄居を命じ，伊勢朝熊に配流。
1616		2	***8–27*** 堀直寄，新潟町中に命じ，伝馬および通船の制をしく。***11–7*** 堀直寄，新潟町中の諸役を免じ，町の繁栄を図る。この年，酒井家次が高崎から高田10万石で入封。飯山城主堀直寄を長岡8万石に，大胡城主牧野忠成を頸城直峰5万石に，八幡山城主堀直之を椎谷5500石に，伊勢崎城主稲垣重綱を刈羽郡藤井2万石に，矢橋城主市橋長勝を三条4万1300石に転封。
1618		4	***3–*** 稲葉正成，糸魚川2万石に封ぜられる。***4–9*** 幕府，村上城主村上忠勝の領地を没収し，堀直寄を村上10万石に，牧野忠成を直峰から長岡6万4000石に移す。
1619		5	***2–*** 堀直寄，三面川筋村々に制札を立て，鮭の稚魚を保護する。***3–11*** 高田城主酒井忠勝，信州松代に移され，川中島城主松平忠昌，高田25万石に移す。
1620		6	***3–17*** 三条城主市橋長勝死去。後継者なく領地没収される。***9–23*** 堀直寄，南蒲原郡大谷地村孫左衛門に紙漉きを命ずる。この年，徳光屋覚左衛門，村上に茶を栽培する。
1624	寛永	1	***4–15*** 高田城主松平忠昌，越前福井へ移封され，松平光長，福井より高田26万石に移される。
1631		8	***2–10*** 尼瀬港の普請が完成し，出雲崎から尼瀬に政治・経済の中心が移る。

1633	寛永	10	***4–23*** 椎谷藩主堀直之を上総苅谷へ移す。***9–*** 阿賀野川氾濫し，信濃川へ合流。新潟港，良港となる。
1634		11	***5–21*** 幕府，長岡城主牧野忠成の次男武成を与板1万石に，4男定成を三根山6000石に分封する。
1637		14	この年，佐渡相川でキリシタン約100人処刑される。
1639		16	***6–29*** 堀直竒死去し，直定あとをつぐ。幕府，加増して13万石とし，次男直時に3万石を分与，安田藩を創設。
1642		19	***3–2*** 村上藩主堀直定死去し，嗣子がなくその領地を幕府が没収。この年，牧野忠成，幕命によって三条城を破却。
1643		20	***5–*** 幕府，長岡藩に命じて新潟河口洲崎に番所を置き，キリシタンの渡来を監視させる。
1644	正保	1	***3–5*** 遠州掛川藩主本多忠義を村上10万石に移封。***5–5*** 北蒲原郡安田の堀直吉，村松に移り，村松藩が成立。
1645		2	***5–21*** 高田藩，えた身分のものに今町から塩荷を運ぶ信州商人を取り締まらせる。この年，蒲原郡如法寺村で石油を発見。
1655～57	明暦年間		新潟地方の米を西廻りで大坂に運漕することがはじまる。
1658	万治	1	***3–3*** 高田藩，五人組掟17カ条を触れる。
1667	寛文	7	***6–19*** 村上藩主松平直矩を姫路へ，姫路城主榊原政倫を村上15万石に移す。このころ堀正俊，越後縮をはじめる。
1672		12	この年，河村瑞賢，西廻り航路を開く。
1674	延宝	2	この年，松平光長の臣小栗美作守正矩，中江用水を掘る。
1679		7	***1–*** 高田藩御家騒動(越後騒動)おきる。
1681	天和	1	***6–*** 越後騒動の幕府の判決がだされ，松平光長領地没収される。
1685	貞享	2	***12–11*** 幕府，小田原城主稲葉正通を高田10万3000石に移す。
1687		4	***8–25*** 幕府，沢海藩主溝口政親の領地をおさめる。
1689	元禄	2	***6–*** 松尾芭蕉，越後をとおる。
1690		3	***2–*** 村松藩郷村法度および郷中支配役人に対する定書を発す。
1694		7	***11–3*** 亀田町，六斎市を開く。
1698		11	***3–11*** 上総八幡の堀直宥，椎谷1万石に移される。
1701		14	***6–14*** 高田藩主稲葉正通，下総佐倉へ，佐倉藩主戸田忠真，高田6万7850石に移される。
1702		15	***9–12*** 与板城主牧野康重を信州小諸へ移し，跡地を幕領とする。
1704	宝永	1	***5–28*** 村上藩主榊原政邦，姫路城へ，姫路城主本多忠孝を村上15万石に移す。
1705		2	***8–*** 村上町の茶畑面積この年110町2反余となり畑総面積の数7割におよぶ。***12–*** 遠州掛川藩主井伊直朝の養子直矩に与板2万石をあたえる。
1710		7	***5–23*** 村上藩主本多忠良を三河刈谷城へ，高崎城主松平輝貞を村上7万石に移す。閏***8–15*** 高田城主戸田忠真を宇都宮へ，桑名城主松平定重を高田11万石に移す。
1713	正徳	3	この年，新潟町，柳を堀の両側に植える。
1716	享保	1	***5–*** 佐渡相川に目安箱が設けられる。
1717		2	***2–11*** 幕府，村上城主松平輝貞を高崎に，高崎城主間部詮房を村上5万石に，糸魚川の本多助吉を信州飯山に，松平直之を糸魚川1万石に封ず。
1719		4	***4–8*** 与茂七火事，新発田830余戸を焼く。

1720	享保	5	7-16 村上城主間部詮房死去。弟詮言，越前鯖江に移される。9-19 大坂城代内藤弌信，村上５万石に封ぜられる。
1722		7	10-24 頸城郡150カ村の農民，質地取戻しのため騒動。
1724		9	4-5 幕府，越後の幕領33万石余を高田・長岡・新発田・会津・館林の諸藩に預ける。甲斐国山梨郡から柳沢経隆に黒川１万石，弟の時睦に三日市１万石を給せられる。
1726		11	12- 江戸橋本町の竹前小八郎，幕府に紫雲寺潟開発許可申請を提出。
1731		16	この年の春，阿賀野川洪水により，松ヶ崎掘割が大破，掘割が阿賀野川の本流となる。このの ち阿賀北地域の新田開発が進む。
1736	元文	1	6- 信濃の人竹前権兵衛の紫雲寺潟開発計画完成，検地をうける。
1741	寛保	1	11-1 高田城主松平定賢を白河に，姫路城主榊原政永を高田15万石に移す。
1746	延享	3	6- 幕府，水原に陣屋を新設する。
1767	明和	4	8- 竹内式部，八丈島に流される。11- 佐渡の74カ村の農民が奉行所の年貢増徴に反対し一揆をおこす。
1768		5	8-27 幕府，佐渡の明和一揆鎮圧のため高田・長岡・新発田の３藩に出兵を命じる。9- 新潟町民騒動，涌井藤四郎の指揮により２カ月間町政掌握。
1770		7	3-21 佐渡奉行，佐渡明和一揆の６人の頭取のうち遍照坊のみ死罪とし，他の頭取は釈放する。
1772	安永	1	4-9 新発田藩，藩校道学堂を開く。
1778		7	5- 新発田藩，「社倉御掟書」を定め，社倉制度を設ける。
1779		8	5- 尼瀬の光照寺にいた良寛が回国してきた備中玉島の円通寺大忍国仙にしたがい得度。のちに玉島に赴く。
1780		9	5-15 新発田藩，新令(安永令)を領内に公布。
1789	寛政	1	2- 14人の越後女性，村松藩領などから奥州白河藩領へ移住のため赴く。
1794		6	1- 長岡町惣代が，在方商業の進出で城下の商業が衰えるとして在方商業の停止を町奉行所に訴える。
1798		10	この年，幕府諸国の人口を調査する。越後国，男54万2672人，女51万1002人。
1801	享和	1	7-11 長岡藩主牧野忠精，老中となる(文化13年10- 辞職)。
1802		2	この年から翌年にかけて伊能忠敬，越後沿海を測量。
1804	文化	1	8-24 与板藩主井伊直朗，城主格に遇せられる。この年，小田長四郎，山辺里織をはじめる。この年，良寛，国上寺の五合庵に定住する。
1808		5	4-28 長岡藩，藩校崇徳館を設ける。
1810		7	12-26 幕府，高田・長岡・新発田藩に交代して佐渡警備を命ずる。
1814		11	4-3 村松藩領に一揆おこる。5-8 長岡藩領，栃尾町に打ちこわしおこる。5-18 幕領蒲原郡五泉町で米屋打ちこわしをうける。5-24 蒲原・岩船両郡35カ村が参加した百姓一揆おこる。
1815		12	5-3 幕府，蒲原・岩船郡騒動の関係者に処罰をいいわたす。この年，小田島允武，「越後野志」をあらわす。
1831	天保	2	1-6 良寛死去(74歳)。
1833		4	9- 高田藩，穀留令をだす。この年，鈴木文台，私塾長善館を創設。
1835		6	11- 福島潟新田1221町歩が新発田藩に譲渡される。この年，鈴木牧之，

			「北越雪譜」をあらわす。
1836	天保	7	この年，新発田・村上藩，穀留を実施。
1837		8	***6-1*** 生田万，柏崎陣屋をおそい自刃する(生田万の乱)。
1838		9	***5-*** 佐渡一国騒動発生。***8-23*** 高田藩兵と佐渡奉行篠山十兵衛，一揆鎮圧のため渡海。
1843		14	***4-7*** 巻菱湖死去。***6-11*** 幕府，長岡藩に新潟浜村の上知を命じ，新潟奉行所を設置。***9-10*** 松田伝十郎死去(75歳)。
1844	弘化	1	***4-13*** 館柳湾死去。***9-26*** 幕府，村松藩の八十里越を開通するのを賞す。
1849	嘉永	2	***2-*** 高田藩，領内の台場22カ所に大筒を配備。***7-19*** 異国船，佐渡願村にはじめてあらわれる。
1858	安政	5	***6-19*** 日米通商条約。新潟港，開港予定候補地の１つとなる。
1859		6	***4-22*** ロシア船・オランダ船，新潟に来航し，信濃川の水深を測量。
1864	元治	1	***6-8*** 村松藩士７人，藩主に勤王の大義を説き，名分を正さんことを上書する。
1865	慶応	1	***4-13*** 幕府，長州再征にあたり，高田藩に旗本先鋒を命ずる。
1866		2	***6-14*** 高田藩兵，長州藩と安芸大野にたたかい，敗退。
1867		3	***5-19*** 村松藩，幕府をはばかり正義党の７士を処刑。***9-18*** 会津・越後諸藩など14藩，新潟町で会合し，領内の取締りについて約束。
1868	明治	1	***1-5*** 北陸道鎮撫総督府が設置され，高倉永祜が総督，四条隆平が副総督に任命される。***5-2*** 長岡藩軍事総督河井継之助，小千谷慈眼寺で軍監岩村精一郎と会見したが，嘆願書が却下され，長岡藩，徹底抗戦を決める。***5-6*** 奥羽越列藩同盟が成立する。***5-19*** 新政府軍，長岡城を攻略。***5-20～29*** 長岡藩領巻組で打ちこわしが発生，曽根組にも波及する。***5-29*** 越後府が設置される。***7-25*** 長岡藩兵，長岡城を奪回する。***7-25*** 新政府軍，新発田藩領太夫浜に上陸。新発田藩，同盟軍から離脱する。***7-29*** 新政府軍，新潟町を占領。同日，ふたたび長岡を占領する。***8-24*** 村松藩，年貢半減令を領内各村に達する。***9-2*** 佐渡県が設置される。***11-19*** 新潟港，開港する。佐渡夷港，新潟港の補助港となる。
1869		2	***2-22*** 柏崎県，越後府に併合される。
1870		3	***10-22*** 長岡藩を廃し，柏崎県に併合する。
1871		4	***7-14*** 廃藩置県により，越後10藩は県となり，従来の新潟・柏崎・佐渡県と合わせて13県となる。***11-20*** 各県統廃止され，新潟・柏崎・相川の３県となる。
1872		5	***4-3～8*** 大河津分水騒動。***5-24*** 外務大丞楠本正隆，新潟県令となる。***7-30*** 楠本県令，新潟町の市中改革をはかり，「市中心得」「邏卒心得」を公布する。
1873		6	***5-31*** 第四国立銀行設立許可をうける。***6-10*** 新潟県，柏崎県を合併する。***7-2*** 新潟県，『新潟県治報知』を創刊する。
1874		7	***2-19*** 官立新潟師範学校が設立される。***4-*** 西半部(旧柏崎県)の地租改正がはじまる。
1875		8	***1-*** 東半部(旧新潟県)の地租改正がはじまる。***9-*** 佐渡(相川県)の地租改正はじまる。***11-7*** 新潟県令に永山盛輝が起用される。
1876		9	***4-18*** 新潟県，相川県を合併し，６月13日相川支庁が設置される。

1877	明治	10	***4–7*** 『新潟新聞』が創刊される。***11–25*** 鈴木昌司・小山宋四郎ら，明十社を結成する。
1878		11	***4–6*** 東半部第22大区(北蒲原郡)の地租軽減運動がおこる。
1879		12	***4–9*** 郡区改正によって，蒲原郡を 4 郡，魚沼・頸城郡を各 3 郡，岩船郡・刈羽郡・三島郡・佐渡 3 郡に分け，新潟に区制をしき， 4 月28日に初代郡長を任命する。***10–20*** 第 1 回新潟県会が開かれる。
1880		13	***7–8*** 山際七司・島田茂，越佐両国 1 区15郡有志人民総代として，元老院に国会開設建言書を提出する。***11–*** 渡辺腆・山際七司ら，第 2 回国会開設期成同盟に参加する。
1881		14	***11–11*** 鈴木昌司，八木原繁祉・室孝次郎ら，頸城三郡自由党を結成する。
1882		15	***4–9*** 山際七司ら，北辰自由党を結成する。***9–*** 室孝次郎ら，直江津・高崎間の鉄道敷設を目的として，信越鉄道設立発起人総会を開催する。
1883		16	***3–20*** 内乱陰謀容疑で，頸城自由党に対する一斉検挙が行われる(高田事件)。***10–22*** 北辰自由党解党。ついで12月に頸城自由党も解党。
1884		17	***6–25*** 歩兵第16連隊が新発田に設置される。
1885		18	***5–*** 越佐汽船会社が創立される。
1886		19	***5–10*** 福島県東蒲原郡が新潟県に編入される。***8–15*** 直江津・関山間に鉄道が開業する。***8–*** 信濃川河川改修堤防工事計画が発表される。
1887		20	***11–20*** 条約改正中止をめざす越佐両国大懇親会を新潟区で開催する。
1888		21	***5–10*** 内藤久寛ら，日本石油会社を刈羽郡石地村に設立する。
1890		23	***6–29*** 佐渡相川町で騒動がおきる。***7–1*** 第 1 回衆議院議員総選挙。
1891		24	***4–*** 日本石油会社，尼瀬において機械掘りに成功する。
1892		25	***7–1*** 新潟県立尋常中学校が開校する。
1893		26	***4–1*** 直江津・上野間の鉄道が全通する。
1896		29	***3–14*** 信濃川流末改修工事はじまる(明治36年***12–*** 完工)。***7–*** 大雨のため信濃川・阿賀野川など大水害が発生する。***9–16*** 佐渡鉱山が三菱合資会社に払い下げられる。
1897		30	***11–11*** 沼垂町栗ノ木川鉄橋，爆破される(北越鉄道爆発事件)。
1898		31	***12–*** 県会，分水工事実施の建議を採択する。
1899		32	***9–5*** 北越鉄道が直江津・沼垂間で全通する。
1900		33	***5–1*** 新潟県高等女学校が開校する。
1901		34	***11–1*** 新潟県，町村合併を実施。
1902		35	***12–9*** 県会，大河津分水中止の建議を採択する。
1904		37	***2–8*** 日露戦争がはじまり，県下で勤倹運動・軍事後援事業が行われる。
1905		38	***9–*** 日露講和条約の反対運動おこる。
1906		39	***4–1*** 長岡町，市制を施行する。
1907		40	***4–*** 越佐汽船，新潟・ウラジオストック直行航路を開設する。この年，大河津分水工事(国直轄)着工される(明治42年***7–5*** 起工式挙行。大正13年***3–*** 竣工)。
1908		41	***11–1*** 高田町に第13師団が設置される。
1910		43	***9–1*** 官立新潟医学専門学校が開校する。
1911		44	***1–15*** レルヒ少佐，高田で日本初のスキー指導を行う。***9–1*** 高田町，市制を施行する。
1912	大正	1	***12–14*** 森正隆知事の緊縮予算案をめぐり，政友・国民両派の対立激化。

1913	大正	2	***4–1*** 北陸線富山・直江津間が開通し，北陸線全通する。
1914		3	***6–25*** 坂知事，郡市長会議で郡市町村是の設定を訓示する。***7–1*** 日本銀行新潟支店営業する。***11–1*** 岩越線(大正7年***10–*** 磐越西線と改称)全通する。
1915		4	***4–1*** 明治記念県立図書館設置。
1916		5	***10–23*** 新潟県治水調査会，県下76河川の治水方針を坂知事に答申する。
1918		7	***8–17*** 新潟・長岡両市に米騒動がおこる。
1919		8	***2–*** 新潟市に普選期成同盟会が結成される。***3–25*** 坂口五峰(仁一郎)の『北越詩話』(2巻)が刊行される。***6–1*** 官立新潟高等学校が開設される。***6–14*** 中野財団が創設される。
1920		9	***12–18*** 新潟市鏡淵小学校訓導田中惣五郎・野口伝兵衛ら，無明会を結成する。
1921		10	***12–*** 無明会機関誌『無明』，出版法違反に問われ，全冊押収される。
1922		11	***4–1*** 官立新潟医学校が昇格して，新潟医科大学となる。***8–25*** 大河津分水路が完成し，通水をはじめる。***11–23*** 北蒲原郡木崎村に笠柳・横井小作組合が成立され，木崎村小作争議はじまる。
1923		12	***11–20*** 三島郡王寺川村王番田に王番田小作団が結成される。
1924		13	***4–1*** 長岡高等工業学校が開校する。***7–31*** 羽越線全通。***11–23*** 日本農民組合関東同盟新潟県連合会(日農県連)の創立大会を開く。***12–16*** 須貝快天ら，北日本農民組合連合会を結成する。
1925		14	***4–10*** 長岡市で普選祝賀大会が開催される。***5–1*** 軍縮により，高田の第13師団廃止される。村松の歩兵第30連隊を高田に移す。***7–14*** 高橋義彦，『越佐史料』の刊行をはじめる。
1926	昭和	1	***5–2*** 労働農民党県支部連合会結成される。***7–1*** 郡役所を廃止する。佐渡支庁設置。***7–*** 理化学研究所，新潟県に進出する。***10–*** 三島郡王寺川村王番田で小作争議おこる。
1927		2	***9–25*** 普選法によるはじめての県議選実施。無産政党，3人を当選させる。
1928		3	***2–20*** 普選法によるはじめての衆議院議員選挙実施。無産政党候補はいずれも落選。***12–*** 和田村小作争議おこる。
1929		4	***11–7*** 社会民衆党県支部の結成式が行われる。
1930		5	***3–30*** 県庁舎建設工事着工する。***5–1*** 五泉・見附・白根において，県下はじめてのメーデーが行われる。***10–15*** 中頸城郡和田村で，差押米の競売をめぐって小作人と地主間で乱闘事件発生，以後争議が激化する。
1931		6	***9–1*** 清水トンネルの貫通により上越線全通する。***11–11*** 新潟放送局開局。この年，新潟県農事試験場技師並河成資ら，稲の新品種「農林一号」を完成。
1932		7	***4–20*** 佐渡商船と新潟汽船，越佐商船の3社が合同し，佐渡汽船株式会社が発足する。
1933		8	***4–20*** 和田村の小作争議，和解が成立する。
1934		9	***3–*** 理研ピストリング柏崎工場設立される。***4–1*** 工場誘致を促進するため，県が工場課税特免条例，新潟市が課税特免条例を施行する。***9–12*** 小林存，民俗学研究団体高志路を結成。
1936		11	***2–20*** 衆議院議員選挙で，本県初の無産政党議員(社大党・三宅正一)当選する。***6–*** 知事を会長とする雪害調査会が設置される。

1937	昭和	12	***10-5*** 知事を会長とする国民精神総動員実行委員会を開催する。
1938		13	*8-12* 政府，新潟港を満州開拓民の出発港とする。
1940		15	***1-30*** 北日本汽船・大連汽船・朝鮮郵船の3社が合併し日本海汽船が設立され，朝鮮航路の運航を開始する。***6-3*** 社会大衆党新潟支部連合会が解党する(***8-7*** 立憲政友会県支部解党。***8-22*** 民政党県支部解党)。***12-13*** 大政翼賛会新潟県支部発足。
1941		16	***9-1*** 国策会社帝国石油株式会社設立。***11-15*** 生活綴り方事件がおこり，黒崎小学校教員寒川道夫ら8人検挙される。
1942		17	***4-1*** 東北配電株式会社発足。県下の電力供給業者が統合される。***4-30*** 第21回衆議院議員総選挙(翼賛選挙)。***5-8*** 大日本婦人会新潟支部発足(愛国婦人会・国防婦人会・連合婦人会を統合)。***11-1*** 県内の日刊新聞3紙が統合して『新潟日報』となる。
1943		18	***3-29*** 第四銀行を中心に，新潟・百三十九・柏崎・安塚・能生銀行が合併する。
1944		19	***4-*** 新潟瓦斯会社，北陸瓦斯会社と改称。***11-4*** 第四銀行，新潟貯蓄銀行・新潟興業貯蓄銀行を合併する。
1945		20	***8-1*** B29，125機長岡市上空に襲来。6万5000人が罹災，死者1441人をだす。***8-10*** 米軍艦載機40機，新潟港に銃爆撃を加える。***8-11*** 新潟市民に疎開を命ずる知事布告(8月10日付)がのぼせられる。***9-24*** 米第27師団将兵，本県進駐を開始する(***9-25*** 新潟市公会堂に軍政事務室を置く)。***12-*** 日本進歩党新潟県支部(***12-2***)・日本自由党新潟県支部(***12-6***)・日本共産党新潟県委員会(***12-16***)結成される(昭和21年***3-10*** 日本社会党新潟県支部結成)。
1946		21	***4-11*** 県，新発田の2集落に県下初の供米の強権を発動する。***7-9*** 県教職員適格審査委員会が設置され，不適格教職員を追放する。
1947		22	***1-8*** 新潟軍政部長コックス中佐，供米完遂町村に表彰状，未完納町村に督励状を発する。***2-25*** 市町村農地委員1838人，県農地委員会委員を選挙する。***4-1*** 新学制による小学校と中学校が発足する(***5-15*** 県下413の新制中学校，開校)。***4-15*** 岡田正平，知事決選投票で初代民選知事となる。***10-8～12*** 天皇，県内各地を巡幸。
1948		23	***1-19*** 県，只見川・魚野川の電源開発を根幹とする県総合開発計画を発表する。***4-1*** 新制高校が発足する。
1949		24	***7-19*** 新潟大学開学式。
1950		25	***6-12*** 新潟・福島両県知事，両県が提携して只見川電源開発にあたることを約し，共同声明を発表する。***8-1*** 新潟県の農地改革完了する(9万9442町歩の農地が売り渡される)。***10-13*** 公職追放解除はじまる。
1951		26	***6-19*** 電源開発調査会，只見川電源開発流域変更案を発表。福島県，これに反対する。***9-5*** 県議会，工場誘致条例を可決。
1952		27	***5-21*** OCI(アメリカ海外技術調査団)，只見川電源開発に関する調査報告発表，本流案による開発を支持する。***11-1*** 県内市町村に教育委員会が設置される。
1953		28	***7-28*** 岡田知事，只見川電源開発政府案受入れ表明(***7-31*** 福島県も受け入れ，只見川開発をめぐる政争おわる)。
1954		29	***10-11*** 県，県下市町村の合併計画を公表する。***12-13*** 自治庁，知事

			に県財政再建を勧告する。
1955	昭和	30	***1-27*** 新潟米軍飛行場拡張反対期成同盟結成。***4-23*** 県知事選で北村一男が当選する。***5-23*** 北村知事，県議会で県財政の赤字解消に挺身すると言明し，財政再建にのりだす。***8-1*** 県，15地方事務所を廃止し，上・中・下越支庁を設置する。***10-1*** 新潟大火，927戸焼失。
1956		31	***1-1*** 弥彦神社で二年参りの参拝客，124人が圧死。***4-1*** 新潟県，財政再建団体に指定される。***4-15*** 白新線全通。
1957		32	***1-16*** 関屋分水促進同盟結成大会。
1958		33	***3-31*** 新潟飛行場，米軍から返還される。
1959		34	***12-14*** 第1次北朝鮮帰還船，新潟港を出発する。
1961		36	***1-28*** 県立ガンセンター新潟病院開院。***12-7*** 県知事選で塚田十一郎が当選する。
1962		37	***6-10*** 国鉄新潟・長岡間の電化決定。新潟・上野間に特急「とき」登場する。
1963		38	***7-11*** 新潟東港建設工事起工式。
1964		39	***2-28*** 新潟地区，新産業都市に指定される。***6-6～11*** 第19回国民体育大会(新潟国体)開催される。***6-16*** 新潟地震発生。
1965		40	***6-12*** 阿賀野川流域に有機水銀中毒患者発生(新潟水俣病)。
1966		41	***3-28*** 20万円中元事件によって塚田知事辞任を表明する。***5-8*** 亘四郎，新潟県知事に当選する。
1967		42	***3-20*** 米100万トン達成運動県推進本部初会合。***6-1*** 新潟港，日本海岸初の特別重要港湾に指定される。***6-12*** 阿賀野川有機水銀中毒患者，昭和電工を相手どって損害賠償請求の提訴を行う。***9-28*** 上越線新清水トンネル開通。上越線，全線複線化完成する。
1968		43	***5-13*** 関屋分水事業起工式。
1969		44	***3-10*** 自主流通米制度に反対する日農系農民約300人，知事との団交を求め県庁に押しかけ，機動隊が導入される。***9-18*** 東京電力，柏崎刈羽原子力発電所建設計画を正式発表する。***11-19*** 新潟東港開港宣言。***12-3*** 東北電力，巻町角海浜の原子力発電所計画内容を正式発表する。
1970		45	***2-2*** 新潟大学，統合整備計画の基本方針を発表。医学・歯学部をのぞく各学部の移転・統合方針を示す。
1971		46	***4-29*** 高田市・直江津市合併，上越市が誕生する。***8-12*** 心身障害児者総合援護施設「コロニーにいがた白岩の里」開所式。***9-29*** 阿賀野川有機水銀中毒第一次訴訟判決で原告勝利となる。
1972		47	***6-11*** 田中角栄，県人初の内閣総理大臣就任。***8-11*** 関屋分水路通水式。
1973		48	***6-21*** 新潟水俣病補償交渉正式調印。
1974		49	***4-21*** 君健男，新潟県知事に当選する。***11-26*** 田中角栄首相辞意表明。
1975		50	***9-27*** 福島潟干拓完工式。
1976		51	***10-1*** 長岡技術科学大学開学。
1977		52	***4-1*** 新潟薬科大学開学。***12-19*** 巻町議会が機動隊にまもられて原発誘致を決議。
1978		53	***4-12*** 新潟市の韓国の領事館を設置。***10-1*** 上越教育大学開学。
1979		54	***1-26*** 山岳トンネルとして世界最長の上越新幹線大清水トンネル貫通。
1980		55	***12-3*** 巻原発補償で東北電力，巻町，間瀬漁協が39億6000万円で合意。

1981	昭和	56	***12–1*** 新潟空港B滑走路の2000m拡張工事が完了，使用開始。
1982		57	***4–*** 国際大学開学。***8–4*** 長岡市，テクノポリスの構想策定地域に指定される。***11–15*** 上越新幹線，新潟・大宮間開業。
1983		58	***7–1*** 上越新幹線開通記念新潟博覧会開催(～***8–31***)。
1984		59	***7–28*** 北越北線第3セクター設立準備会が開かれ，社名は北越急行株式会社と決まる。
1985		60	***2–13*** 柏崎原発1号機発電開始。***6–3*** 新潟市新光町に県庁新庁舎が完成。***10–2*** 関越自動車道が全線開通(昭和42年***2–*** 着工)。
1987		62	***7–29*** ロッキード裁判丸紅ルート控訴審判決で，田中元首相控訴棄却。
1988		63	***7–20*** 北陸自動車道名立・谷浜・朝日(富山)間が開通し，新潟・米原間全通。
1989	平成	1	***6–4*** 前副知事金子清，新潟県知事に当選する。***10–14*** 田中角栄元首相が次期衆議院選挙出馬を断念，政界引退を正式に表明。***11–29*** 佐渡観光，悲願の｢100万人観光｣達成。
1991		3	***10–3*** 三島郡和島村の八幡林遺跡で，官衙跡の遺構が発見される。***10–22*** 関越自動車道，4車線通行が可能となる。
1992		4	***3–31*** 新潟県水俣病第2次訴訟の判決で新潟地裁は国の行政責任を否定したが，原告のうち88人を水俣病患者と認定。***9–1*** 佐川急便献金疑惑にからみ，金子知事辞意表明。***10–25*** 新潟県知事に平山征夫が当選する。
1994		6	***10–25*** 知事選にからむ政治資金規制法違反容疑で，新潟地裁は金子前知事ら3人に有罪判決を言い渡す。
1995		7	***12–11*** 新潟水俣病の未認定患者救済問題が被害公表以来30年にして決着。
1996		8	***8–4*** 巻町で原発建設の是非を問う全国初の住民投票が行われ，反対が61%を占める。
1997		9	***3–22*** 鉄道・北越北線(ほくほく線。六日町・犀潟間)開通。***10–1*** 磐越自動車道全通。
1998		10	***3–21*** 県内初の中国路線，新潟－上海－西安を結ぶ第1便が就航。
1999		11	***3–2*** 新潟大学付属病院で県内初の生体肝移植が実施された。***5–21*** 中国から贈呈されたヤンヤン(洋洋)が産卵した佐渡郡新穂村の佐渡トキ保護センターで，日本で初めての人口ふ化によるトキのひなが誕生した。
2000		12	***10–22*** 新潟県知事選挙で平山征夫が3選をはたす。
2001		13	***1–1*** 新潟市が黒埼町を編入。
2002		14	***10–17*** 新潟県出身の北朝鮮拉致被害者3人が帰郷。
2003		15	***12–24*** 東北電力が巻原発の建設計画を撤回。
2004		16	***10–23*** 中越地震。
2005		17	***2–1*** 19年ぶりの豪雨。
2007		19	***4–1*** 新潟市が政令指定都市に移行する。***7–16*** 中越沖地震。
2008		20	***10–21*** 新潟県知事選挙で泉田裕彦が再選される。

■ 沿革表

1．国・郡沿革表

（2017年2月現在）

<table>
<tr><th colspan="3" rowspan="2">国名</th><th rowspan="2">続日本紀（和銅元年）</th><th rowspan="2">倭名類聚抄</th><th rowspan="2">中世（吾妻鏡など）</th><th rowspan="2">近世（越後名寄・佐渡志）</th><th rowspan="2">郡区編成</th><th colspan="2">現在</th></tr>
<tr><th>郡</th><th>市</th></tr>
<tr><td rowspan="12">越</td><td rowspan="6">越中</td><td rowspan="9">越後</td><td>頸《くび》城《き》</td><td>頸城</td><td>頸城</td><td>頸城</td><td>西頸城
中頸城
東頸城</td><td></td><td>糸魚川市・上越市・妙高市</td></tr>
<tr><td rowspan="3">古《こ》志《し》</td><td rowspan="2">三《み》島《しま》</td><td>刈羽</td><td>刈羽</td><td>刈《かり》羽《は》</td><td>刈羽《かりわ》郡</td><td>刈羽村・柏崎市</td></tr>
<tr><td>西古志
山東</td><td>三《さん》島《とう》</td><td>三島</td><td>三島郡</td><td>出雲崎町</td></tr>
<tr><td>古《こ》志《し》</td><td>古志
東古志</td><td>古志</td><td>古志</td><td>古志郡</td><td>長岡市（三島の一部を含む）・栃尾市</td></tr>
<tr><td>魚《いを》沼《ぬ》</td><td>魚《いを》沼《のま》</td><td>千《ち》屋《や》
魚沼</td><td>魚《うを》沼《ぬま》</td><td>北魚沼《うおぬま》
中魚沼
南魚沼</td><td></td><td>小千谷市・十日町市・南魚沼市</td></tr>
<tr><td>蒲《かん》原《ばら》</td><td>蒲原</td><td rowspan="2">蒲原</td><td rowspan="2">蒲原</td><td>西蒲原《かんばら》
中蒲原
南蒲原</td><td>南蒲原郡</td><td>新潟市・燕市・五泉市・加茂市・三条市・見附市</td></tr>
<tr><td rowspan="3">越後</td><td>沼《ぬ》垂《たり》</td><td>沼垂</td><td>北蒲原
東蒲原</td><td>北蒲原郡
東蒲原郡</td><td>新発田市・阿賀野市・胎内市</td></tr>
<tr><td>石《いは》船《ふね》</td><td>磐《いは》船《ふね》</td><td>瀬《せ》波《ば》
岩船</td><td>岩船</td><td>岩《いわ》船《ふね》</td><td>岩船郡</td><td>村上市</td></tr>
<tr><td>出《いで》羽《は》</td><td colspan="3">出羽郡をさいて出羽国に属す</td><td>西田川
東田川
飽海</td><td colspan="2">山形県</td></tr>
<tr><td rowspan="3">佐渡</td><td rowspan="3"></td><td rowspan="3">雑太</td><td>雑《さわ》太《た》</td><td>雑太</td><td>雑太</td><td rowspan="3">佐渡</td><td rowspan="3"></td><td rowspan="3">両津市
佐渡市</td></tr>
<tr><td>羽《う》茂《も》</td><td>羽《は》茂《もち》</td><td>羽茂</td></tr>
<tr><td>賀《か》茂《も》</td><td>賀茂</td><td>加茂</td></tr>
</table>

2．市・郡沿革表

（2012年２月現在）

新《にい》潟《がた》市

明治22年４月１日　市制施行
大正３年４月１日　沼垂町を編入
昭和18年６月１日　大形村を編入
昭和18年12月８日　石山村・鳥屋野村を編入
昭和29年４月５日　松ヶ崎浜村を編入
昭和29年11月１日　南浜村・濁川村・坂井輪村を編入
昭和32年５月３日　大江山村・曽野木村・両川村を編入
昭和35年１月11日　内野町（昭和３年10月１日町制施行）を編入
昭和36年６月１日　赤塚村・中野小屋村を編入
平成13年１月１日　西蒲原郡黒埼《くろさき》町（明治34年11月１日金巻村・木場村・黒鳥村・島原村・板井村合併，黒埼村となる，昭和48年２月１日町制施行）を編入
平成17年３月21日　新津《にいつ》市（明治22年４月１日町制施行，明治34年11月１日三興野村を編入，大正14年11月１日満日村・阿賀浦村を編入，昭和14年11月１日荻川村を編入，昭和26年１月１日市制施行，昭和30年４月１日小合村・金津村を編入，昭和32年３月18日新関村の一部を編入）・白根《しろね》市（明治22年４月１日町制施行，明治35年４月１日浄楽寺村を編入，昭和30年３月31日新飯田村・庄瀬村・臼井村・大郷村・鷲巻村・根岸村・小林村・茨曽根村を編入，昭和34年６月１日市制施行）・豊栄《とよさか》市（明治34年11月１日葛塚村・太田古屋村と嘉山村の一部合併，葛塚町となる，昭和30年３月31日葛塚村・木崎村・岡方村合併，豊栄町となる，昭和34年７月22日長浦村を編入，昭和45年11月１日市制施行）・中蒲原郡小須戸《こすど》町（明治22年４月１日町制施行，明治34年11月１日横水村・新保村・矢代田村を編入）・横越《よこごし》町（明治22年４月１日村制施行，明治34年11月１日小杉村・二本木村・木津村・沢梅村を編入，平成８年11月１日町制施行）・亀田《かめだ》町（明治22年４月１日町制施行，明治34年11月１日袋津村と茅城島村の一部を編入，大正14年７月１日早通村を編入）・西蒲原郡岩室《いわむろ》村（明治22年４月１日村制施行，明治34年11月１日石瀬村・船越村を編入，昭和30年３月31日間瀬村を編入，昭和35年１月20日和納村を編入）・西《にし》川《かわ》町（昭和30年３月31日曽根町〈昭和５年町制施行〉・鎧郷村合併，西川町となる，昭和36年６月10日升潟村を編入）・味片《あじかた》村（明治22年４月１日村制施行，明治34年11月１日七穂村・白根村を編入）・潟東《かたひがし》村（明治34年11月１日共和村・潟前村合併，大原村となる，昭和30年３月31日大原村・四ツ合村合併，潟東村となる）・月潟《つきがた》村（明治39年４月１日秋津村・曲通村・中合村合併，月潟村となる）・中之口《なかのくち》村（昭和29年７月７日小吉村・道上村・燕市の一部合併，中之口村となる）を編入
平成17年10月10日　西蒲原郡巻《まき》町（明治24年４月10日町制施行，昭和30年１月１日峰岡村・漆山村・松野尾村・浦浜村・角田村を編入）を編入
平成19年４月１日　政令指定都市指定にともない区設置

長《なが》岡《おか》市

明治22年４月１日　町制施行

明治39年４月１日　市制施行
大正10年12月１日　四郎丸村を編入
昭和23年４月１日　深才村の一部を編入
昭和23年７月１日　山通村の一部を編入
昭和25年12月１日　栖吉村を編入
昭和26年１月１日　富曽亀村を編入
昭和29年２月１日　上川西村を編入
昭和29年３月１日　宮内町(明治34年11月１日宮内村が上組村となる。昭和23年５月３日町制施行，上組村となり，ただちに宮内町と改称)を編入
昭和29年５月１日　深才村を編入
昭和29年11月１日　日越村・王寺川村・福戸村・黒条村・新組村・山本村・下川西村・十日町村と六日市村の一部を編入
昭和31年９月１日　山古志村の一部を編入
昭和32年10月１日　関原町(昭和９年４月１日町制施行)を編入
昭和35年９月１日　二和村を編入
平成17年４月１日　南蒲原郡中之島《なかのしま》町(明治22年４月１日村制施行，明治34年11月１日神通村・中通村・中野村・中条村・信条村・三沼村・西所村を編入，昭和61年10月１日町制施行)・三島郡越路《こしじ》町(昭和30年３月31日来迎寺村・塚山村・岩塚村・石津村合併，越路町となる，昭和32年７月５日千谷沢村の一部を編入)・三島《みしま》町(昭和９年11月１日脇野町村が町制施行し，脇野町となる，昭和30年３月31日脇野町・大津村合併，三島町となる，昭和31年９月30日日吉村の一部を編入)・古志郡山古志《やまこし》村(昭和31年３月31日種苧原村・竹沢村・東竹沢村・太田村合併，山古志村となる)・刈羽郡小国《おぐに》町(昭和31年９月30日小国村・上小国村合併，小国町となる，昭和32年７月５日千谷沢村の一部を編入)を編入
平成18年１月１日　三島郡和島《わしま》村(昭和30年３月31日桐島村・島田村合併，和島村となる)・寺泊《てらどまり》町(明治22年４月１日町制施行，明治34年11月１日潟村・西山村・北西越村・野積村を編入，昭和32年７月５日大河津村の一部を編入)・栃尾《とちお》市(明治22年４月１日町制施行，明治44年７月１日橡尾町を栃尾町と改称，昭和29年３月31日上北谷村の一部を編入，昭和29年６月１日下塩谷村・上塩谷村・東谷村・荷頃村を編入し，市制施行，昭和30年３月31日西谷村・入東谷村を編入，昭和31年９月30日中野俣村・半蔵金村を編入)・三島郡与板《よいた》町(明治22年４月１日町制施行，明治34年11月１日与板町と本与板村の一部が合併，与板町となる，昭和30年３月31日黒川村と大津村の一部を編入，昭和32年７月５日大河津村の一部を編入)を編入
平成19年４月１日　特例市となる
平成22年３月31日　北魚沼《きたうおぬま》郡川口《かわぐち》町(明治22年４月１日村制施行，明治34年11月１日津山村を編入，昭和４年３月１日薭生村の一部を編入，昭和29年３月31日田麦山村を編入，昭和29年11月１日東山村の一部を編入，昭和32年８月１日町制施行)を編入

上《じょう》 越《えつ》 市

昭和46年4月29日　高田市(明治22年4月1日町制施行，明治41年11月1日高城村を編入，明治44年9月1日市制施行，昭和29年4月1日新道村・金谷村を編入，昭和30年2月1日春日村・三郷村・諏訪村・津有村と和田村の一部を編入)と直江津市(明治22年4月1日町制施行，昭和29年6月1日有田村・八千浦村・保倉村と諏訪村の一部を編入し，市制施行，昭和30年4月1日桑取村・谷浜村と高田市の一部を編入)合併，上越市となる

平成17年1月1日　東頸城郡安塚《やすづか》町(明治22年4月1日村制施行，明治34年11月1日安塚村の一部・月影村・中川村・中保倉村合併，安塚村となる，昭和30年3月31日菱里村・小黒村を編入，昭和30年8月1日町制施行)・浦川原《うらがわら》村(昭和30年3月11日下保倉村・安塚村の一部合併，浦川原村となる)・大島《おおしま》村(明治22年4月1日村制施行，明治34年11月1日元保倉村・仁平村を編入，昭和30年3月31日旭村・保倉村を編入)・牧《まき》村(明治34年11月1日里見村・川上村・川辺村合併，牧村となる，昭和29年11月1日沖見村を編入)・中頸城郡柿崎《かきざき》町(明治22年4月1日村制施行，昭和9年1月1日町制施行，昭和30年3月31日下黒川村・黒岩村を編入)・大潟《おおがた》町(明治34年11月1日潟町村・犀潟村合併，潟町村となる，昭和30年3月31日旭村の一部を編入，昭和32年8月1日町制施行により，大潟町となる)・頸城《くびき》村(昭和32年4月1日明治村・大瀁村合併，頸城村となる)・吉川《よしかわ》町(明治34年11月1日中吉川村・大出口村と上吉川村の一部が合併，吉川村となる，昭和30年3月31日源村と旭村の一部を編入し，町制施行)・中郷《なかごう》村(明治22年4月1日村制施行)・板倉《いたくら》町(明治22年4月1日村制施行，明治34年11月1日根越村・豊原村・箕冠村を編入，昭和31年4月1日寺野村を編入，昭和33年8月1日町制施行)・清里《きよさと》村(昭和30年3月31日菅原村・櫛池村合併，清里村となる)・三和《さんわ》村(昭和30年10月1日上杉村・美守村・里五十公野村合併，三和村となる)・名立《なだち》町(明治22年4月1日町制施行，昭和30年11月1日名立村を編入)を編入

平成19年4月1日　特例市となる

三《さん》 条《じょう》 市

明治22年4月1日　町制施行

明治34年11月1日　一ノ木戸村を編入

大正9年10月1日　裏館村を編入

大正13年1月1日　本成寺村の一部を編入

昭和2年10月11日　栗林村の一部を編入

昭和9年1月1日　市制施行

昭和26年6月1日　井栗村を編入

昭和29年11月1日　大崎村・本成寺村を編入

昭和30年1月1日　大島村を編入

平成17年5月1日　南蒲原郡栄《さかえ》町(昭和31年9月30日福島村・大面村合併，栄村となる，昭和56年10月1日町制施行)・下田《しもだ》村(昭和30年3月31日長沢村・森町村・鹿峠村合併，下田村となる)を合体

柏《かしわ》崎《ざき》市

明治22年4月1日　町制施行
大正13年8月10日　大州町・下宿町を編入
大正15年9月10日　比角村を編入
昭和3年12月1日　枇杷島村を編入
昭和15年4月1日　鯨波村を編入
昭和15年7月1日　市制施行
昭和25年4月1日　上米山村を編入
昭和26年4月1日　北鯖石村の一部を編入
昭和29年4月1日　西中通村を編入
昭和29年7月5日　荒浜村を編入
昭和30年2月1日　北鯖石村・田尻村・高田村を編入
昭和31年9月30日　中通村の一部を編入
昭和31年12月19日　米山村を編入
昭和32年4月1日　高浜町(明治34年11月1日椎谷町・宮川町合併，高浜町となる)と黒姫村の一部を編入
昭和32年7月5日　中鯖石村・南鯖石村を編入
昭和43年11月1日　黒姫村の一部を編入
昭和46年5月1日　刈羽郡北条町(明治22年4月1日村制施行，明治34年11月1日小潤村・広田村・長鳥村・南条村を編入，昭和31年9月30日中通村の一部を編入，昭和32年10月1日町制施行)を編入
平成17年5月1日　刈羽郡高柳《たかやなぎ》町(明治34年11月1日岡野町村・門出村・萩野島村・漆島村・高尾村・岡田村・山中村・栃ヶ原村合併，高柳村となる。昭和30年4月1日石黒村を編入，昭和30年11月3日町制施行)・西山《にしやま》町(昭和31年9月30日石地町・内郷村合併，朝日町となる，昭和34年4月10日朝日町と二田村の一部合併，西山町となる)を編入

新《し》発《ば》田《た》市

明治22年4月1日　町制施行
明治34年11月1日　新発田本村を編入
昭和15年8月1日　鴻沼村を編入
昭和18年5月10日　猿橋村を編入
昭和22年1月1日　市制施行
昭和30年3月31日　五十公野村・川東村・菅谷村・松浦村・米倉村・赤谷村を編入
昭和31年3月1日　加治川村の一部を編入
昭和34年4月10日　佐々木村を編入
平成15年7月7日　北蒲原郡豊浦町(明治34年11月1日中浦村・天王村・荒橋村合併，中浦村となる，昭和30年3月31日中浦村・本田村合併，福島村となる，昭和30年7月1日豊浦村と改称，昭和48年11月1日町制施行)を編入
平成17年5月1日　北蒲原郡紫雲寺《しうんじ》町(明治22年4月1日村制施行，明治34年11月1日大島村を編入，昭和30年3月31日松塚村の一部を編入し，町制施行)・加治川《かじかわ》村(明

治22年４月１日三日市町・上小杉村・下小杉村・早道場町合併，加治村となる，明治34年11月１日上館村・泉村・中川村を編入，昭和30年７月20日金塚村を編入し，加治川村となる）を編入

小《お》千《ぢ》谷《や》市

明治22年４月１日　町制施行
昭和４年３月１日　薭生村の一部を編入
昭和17年４月１日　山辺村を編入
昭和18年４月１日　吉谷村を編入
昭和29年３月10日　城川村・千田村を編入し，市制施行
昭和29年５月１日　川井村を編入
昭和29年11月１日　六日市村の一部，東山村の一部を編入
昭和30年１月１日　岩沢村・真人村を編入
昭和31年３月31日　片貝町（昭和22年町制施行）を編入

加《か》茂《も》市

明治22年４月１日　町制施行
明治34年11月１日　加新村・狭口村を編入
昭和29年３月10日　下条を編入し，市制施行
昭和29年11月３日　七谷村を編入
昭和30年11月１日　須田村を編入

十《とお》日《か》町《まち》市

明治30年９月24日　町制施行
昭和29年３月31日　中条町（明治34年11月１日中条村・大井田村・新座村合併，中条町となる）・川治村・六箇村を編入し，市制施行
昭和29年12月１日　吉田村を編入
昭和30年２月１日　下条村を編入
昭和37年４月１日　水沢村を編入
平成17年４月１日　中魚沼郡川西《かわにし》町（昭和31年９月１日仙田村・千手町〈明治22年村制，大正11年中野村を合併して千手村となり，昭和９年町制施行〉・橘村・上野村合併，川西町となる）・中里《なかさと》村（昭和30年３月31日田沢村・倉俣村と貝野村の一部を合併，中里村となる）・東頸城郡松代《まつだい》町（明治34年11月１日松平村・峰方村・伊沢村合併，松代町となる，昭和29年３月31日山平村を編入，昭和29年10月１日町制施行）・松之山《まつのやま》町（明治22年４月１日村制施行，明治34年11月１日布川村・松里村を編入，昭和30年３月31日浦田村を編入，昭和33年11月１日町制施行）と合体

見《み》附《つけ》市

明治22年４月１日　町制施行
昭和９年２月１日　庄川村を編入
昭和28年10月10日　北谷村を編入

昭和29年３月31日　葛巻村，新潟村と上北谷村の一部を編入し，市制施行
昭和30年11月１日　長岡市の一部を編入
昭和31年９月30日　今町を編入

村《むら》上《かみ》市

明治22年４月１日　町制施行
昭和21年６月１日　村上町・村上本町合併，村上町となる
昭和29年３月31日　岩船町・瀬波町・山辺里村・上海府村を編入し，市制施行
平成20年４月１日　岩船郡山北《さんぽく》町(昭和30年３月31日黒川俣村・八幡村・大川谷村・中俣村・下海府村合併，山北町となる，昭和40年11月３日町制施行)・朝日《あさひ》村(昭和29年10月１日館腰村・三面村・高根村・猿沢村・塩野町村合併，朝日村となる)・神林《かみばやし》村(昭和30年１月10日平林村・神納村・西神納村合併，神林村となる)・荒川《あらかわ》町(昭和29年12月１日保内村・金屋村合併，荒川町となる)と合体

燕《つばめ》市

明治22年４月１日　町制施行
昭和２年10月１日　太田村を編入
昭和29年３月31日　小池村・小中川村・松長村を編入し，市制施行
平成18年３月20日　西蒲原郡吉田《よしだ》町(大正１年１月１日町制施行，昭和29年11月３日米納津村・粟生津村を編入，昭和32年７月15日分水町の一部を編入)・分水《ぶんすい》町(昭和29年11月３日地蔵堂町・島上村・国上村合併，分水町となる，昭和32年７月５日大河津村の一部を編入，昭和32年７月15日分水町の一部を吉田町へ分離)と合体

糸《いと》魚《い》川《がわ》市

明治22年４月１日　町制施行
明治34年11月１日　柳形村・奴奈川村を編入
昭和29年６月１日　浦本村・下早川村・上早川村・大和川村・西海村・大野村・根知村・小滝村と今井村の一部を編入し，市制施行
平成17年３月19日　西頸城郡能生《のう》町(明治22年４月１日町制施行，昭和29年10月１日磯部村・能生谷村・木浦村を編入)・青海《おうみ》町(明治22年４月１日村制施行，明治34年11月１日田海村を合併，昭和２年８月１日町制施行，昭和29年10月１日歌外波村・市振村・上路村・今井村の一部を編入)と合体

五《ご》泉《せん》市

明治22年４月１日　町制施行
明治34年11月１日　大川村・吉沢村を編入
昭和29年11月３日　巣本村・川東村・橋田村を編入し，市制施行
昭和30年１月15日　下条村の一部を編入
昭和30年３月31日　菅名村の一部を編入
昭和32年３月18日　新関村の一部を編入
昭和33年４月１日　新津市の一部を編入

平成18年1月1日　中蒲原郡村松《むらまつ》町(明治22年4月1日町制施行，昭和30年3月31日川内村・大蒲原村・十全村と菅名村の一部を編入)と合体

佐渡《さど》市《し》

平成16年3月1日　佐渡郡相川町(明治22年4月1日町制施行，明治34年11月1日金泉村の一部・二見村の一部を編入，昭和29年3月31日金泉村・二見村を編入，昭和31年9月30日高千村・外海府村を編入)・佐渡郡佐和田町(昭和29年7月20日河原田町〈明治22年町制施行，川原田町となる，明治31年河原田町と改称〉・沢根町〈明治34年町制施行〉・二宮村・八幡村合併，佐和田町となる)・佐渡郡金井町(昭和29年11月3日金沢村と吉井村の一部合併，金井村となる，昭和35年11月1日町制施行)・佐渡郡新穂村(明治22年4月1日村制施行，明治34年11月1日大野村・長畝村・潟上村・田ノ沢村・正明寺村と国中村の一部を編入)・佐渡郡畑野町(明治22年4月1日村制施行，明治34年11月1日小倉村・栗野江村・三宮村と国中村の一部を編入，昭和30年3月31日松ヶ崎村を編入，昭和35年11月3日町制施行)・佐渡郡真野町(明治22年4月1日村制施行，明治34年11月1日金丸村・恋ヶ浦村・新町と川茂村の一部を編入，昭和26年1月1日町制施行，昭和30年3月31日西三川村の一部を編入)・佐渡郡小木町(明治22年4月1日町制施行，明治34年11月1日岬村を編入)・佐渡郡羽茂町(明治34年11月1日羽茂本郷村・大橋村・千手村合併，羽茂村となる，昭和30年3月31日西三川村の一部を編入，昭和36年4月1日町制施行)・佐渡郡赤泊村(明治22年4月1日村制施行，明治34年11月1日真浦村・徳和村・三川村と川茂村の一部を編入)・両津市(明治34年11月1日夷町・湊町と加茂歌代村の一部合併，両津町となる，昭和29年11月3日加茂村・河崎村・水津村・岩首村・内海府村と吉井村の一部を編入し，市制施行，昭和32年11月3日相川町の一部を編入)と合体，佐渡市となる

阿賀野《あがの》市《し》

平成16年4月1日　北蒲原郡安田町(明治22年4月1日村制施行，明治34年11月1日赤坂村・大和村合併，昭和35年4月1日町制施行)・北蒲原郡京ヶ瀬村(明治22年4月1日村制施行，明治34年11月1日小島村・駒林村を編入)・北蒲原郡水原町(明治22年4月1日町制施行，明治34年11月1日安野村を編入，昭和30年4月15日堀越村・分田村を編入)・北蒲原郡笹神村(明治34年11月1日笹岡村・大室村・出湯村合併，笹岡村となる，昭和31年9月30日笹岡村・神山村合併，笹神村となる)合体，阿賀野市となる

魚沼《うおぬま》市《し》

平成16年11月1日　北魚沼郡堀之内《ほりのうち》町(明治22年4月1日村制施行，明治34年11月1日宇賀地村・城下村を編入，大正15年4月1日田川入村を編入，大正15年11月10日町制施行)・小出《こいで》町(明治29年8月14日小出町村・青島村を合併して小出町となる，明治34年11月1日佐梨村と島町村の一部を編入，昭和29年5月1日伊米ケ崎村を編入)・湯之谷村(明治22年4月1日村制施行，明治34年11月1日八箇村を編入)・広神《ひろかみ》村(明治34年11月1日下条村・小平尾村・中条村合併，広瀬村となる，

昭和30年３月31日広瀬村・藪神村合併，広神村となる，昭和31年10月１日山古志村の一部を編入)・守門《すもん》村(昭和31年９月30日須原村・上条村合併，守門村となる)・入広瀬《いりひろせ》村(明治22年４月１日村制施行，明治26年４月７日高根村の一部を編入)合体，魚沼市となる

南魚沼市《みなみうおぬまし》

平成16年11月１日　南魚沼郡六日《むいか》町(明治33年７月13日町制施行，明治39年４月１日小栗山村・余川村・君帰村・欠ノ上村・川窪村・八幡村・美佐島村と大富村の一部・三和村の一部を編入，昭和31年９月１日五十沢村・城内村・大巻村を編入)・大和《やまと》町(昭和31年４月１日東村・大崎村・浦佐村・藪神村合併，大和村となる，昭和37年４月１日町制施行)合体，南魚沼市となる

平成17年10月１日　南魚沼郡塩沢《しおざわ》町(明治33年11月16日町制施行，明治39年４月１日中目来田村・富実村・吉里村・上島村・栃窪村と大富村の一部を編入，昭和31年９月30日中之島村を編入，昭和32年２月１日石打村・上田村を編入)を編入

妙《みょう》高《こう》市《し》

平成17年４月１日　新井市(明治25年９月９日町制施行，明治34年11月１日大崎村を編入，明治40年８月１日小出雲村・参賀村を編入，昭和29年11月１日矢代村・斐太村・鳥坂村・水上村・泉村・上郷村・平丸村と和田村の一部を編入し，市制施行，昭和30年２月１日和田村の一部を編入，昭和30年３月31日原通村の一部を編入，昭和31年９月30日水原村を編入)・中頸城郡妙高高原《みょうこうこうげん》町(明治34年11月１日妙高村・関川村と境村の一部編入，名香山村となる，昭和30年４月15日妙高高原村と改称，昭和31年９月30日杉野沢村を合併し，町制施行)・妙高村(昭和30年３月31日関山村・大鹿村・豊葦村と原通村の一部を編入，妙高村となる)合体，妙高市となる

胎《たい》内《ない》市《し》

平成17年９月１日　北蒲原郡中条《なかじょう》町(明治22年４月１日町制施行，明治34年11月１日柴橋村・本条村を編入，昭和30年10月20日加治川村の一部を編入，昭和31年９月30日乙村を編入)・黒川村(明治22年４月１日村制施行，明治34年11月１日築地村を編入)合体，胎内市となる

北蒲原郡《きたかんばら》

聖籠町《せいろうまち》　明治22年４月１日　村制施行
　明治39年４月１日　蓮野村と藤井村の一部・蓮潟村の一部を編入
　昭和30年３月31日　亀代村を編入
　昭和52年８月１日　町制施行

西蒲原郡《にしかんばら》

弥彦村《やひこむら》　明治22年４月１日　村制施行
　明治34年11月１日　桜井郷村・矢作村を編入

南蒲原《みなみかんばら》郡

田《た》上《がみ》町《まち》　明治22年4月1日　村制施行

明治34年11月1日　羽生田村・横場村・保明村を編入

昭和48年8月1日　町制施行

東蒲原《ひがしかんばら》郡

阿《あ》賀《が》町《まち》　平成17年4月1日　東蒲原郡津川《つがわ》町(明治22年4月1日町制施行，昭和30年1月15日小川村と揚川村の一部を編入，昭和31年8月1日上川村の一部を編入)・鹿瀬《かのせ》村(昭和30年4月1日両鹿瀬村・日出谷村・豊実村合併，鹿実谷村となる，昭和31年1月1日町制施行，昭和31年1月10日鹿瀬町と改称)・上川《かみかわ》村(昭和29年12月11日西川村・東川村・上条村合併，上川村となる)・三川《みかわ》村(明治22年4月1日村制施行，明治41年9月1日綱木村を編入，昭和30年1月15日揚川村の一部・下条村の一部を編入)合体，阿賀町となる

三《さん》島《とう》郡

出雲崎町《いずもざきまち》　明治22年4月1日　町制施行

明治37年4月1日　尼瀬町と合併

昭和32年6月20日　西越村と合併し，出雲町となる。同日，出雲崎町と改称

南魚沼《みなみうおぬま》郡

湯《ゆ》沢《ざわ》町《まち》　昭和30年3月31日　湯沢村・神立村・土樽村・三俣村・三国村合併，湯沢町となる

中《なか》魚《うお》沼《ぬま》郡

津《つ》南《なん》町《まち》　昭和30年1月1日　下船渡村・秋成村・中深見村・外丸村・上郷村・芦ヶ崎村合併，津南町となる

刈《かり》羽《わ》郡

刈《かり》羽《わ》村《むら》　明治22年4月1日　村制施行

明治34年11月1日　勝山村と東城村の一部を編入

昭和31年9月30日　中通村の一部を編入

昭和34年4月10日　二田村の一部を編入

岩《いわ》船《ふね》郡

関《せき》川《かわ》村《むら》　昭和29年8月1日　関谷村・女川村合併，関川村となる

粟島浦村《あわしまうらむら》　明治22年6月1日　村制施行

■ 祭礼・行事

(2012年2月現在)

〔1月〕

1 **元旦祭** ➔新潟市中央区一番堀通・白山神社(JR上越新幹線新潟駅よりバス白山公園前下車)／西蒲原郡弥彦村・弥彦神社(JR弥彦線弥彦駅下車)
年のあらたまる大晦日の夜から元旦にかけて2年まいりとして行われるもので，新潟市の白山神社は，この数年来10万人の初詣で客でにぎわう。越後一の宮の弥彦神社も古くから住民の信仰のよりどころとなっており，元旦祭に続く正月の神事をみようと，例年数万人の参拝客でにぎわう。

14 **八幡宮献灯祭** ➔三条市八幡町・三条八幡宮(JR弥彦線北三条駅下車)
氏子が早朝に参拝して無病息災を祈り，その帰りにご神火をもらって朝食の炊事に用いたことが始まり。現在では，灯明《とうみょう》を献上して商売繁盛を祈っている。境内には，重さ4～40kgのロウソク100本あまりが，前夜からこの日の朝までともされる。

15 **すみ塗り** ➔十日町市松之山(北越急行松代駅よりバス松之山温泉下車)
新年に立てた門松を焼き，そのスミをだれかれの顔にぬりあって無病息災を祈る。

15 **むこ投げ** ➔十日町市松之山町・松之山温泉(北越急行松代駅よりバス松之山温泉下車)
前の年にこの町の娘が嫁にいったところの婿を招き，村はずれの薬師堂で祝い，雪のうえに投げる行事。

15 **竹のからかい** ➔糸魚川市青海(JR北陸本線青海駅下車)
町を東西に二分し，大きな孟宗竹《もうそうだけ》にご幣を付けた東西の竹を組み，引っぱりあい，勝った方にその年の福がさずかるといわれている。その後サイノカミに移行する。国指定無形民俗文化財

24 **能生白山《のうはくさん》神社祭礼** ➔上越市能生・白山神社(JR北陸本線能生駅下車)
稚児舞の名で知られ，永享年間(1429～41)から大阪天王寺に伝わる舞楽12番が伝承されたもの。舞の大半が子どもによって演じられ，「振舞」から「陵王」までの11番からなる。水を湛えた池のなかの仮設舞台が見事。

〔2月〕

3 **節分鬼踊り** ➔三条市西本成寺・本成寺(JR信越本線三条駅下車)
その昔本成寺の僧兵と農民が力を合わせて戦乱を鎮圧した故事にならい，悪魔祓いの形で節分の豆まき行事として続けられている。

第2土・日 **南魚沼市雪祭り** ➔南魚沼市六日町・大橋下(JR上越線六日町駅下車)
雪国の風俗を象徴する積みあげた雪山をくり抜いたほんやら洞コンクールや，雪の芸術コンクールなどが行われる。

第3金・土・日 **十日町雪祭り** ➔十日町市十日町(JR飯山線十日町駅下車)

ギネスブックにものった世界一の雪できずかれた舞台での着物ショーなどを中心に，雪の芸術展・花火など豪華けんらんな行事がくりひろげられる。

第３土　**どんづき祭り**　➔新発田市上赤谷(JR 羽越本線新発田駅バス赤谷支所前下車)

赤谷の山神社で行われるもので，厄男が下帯１本で神社に参拝して，豊作と健康を祈り２時間ほど押しあう。

〔３月〕

３　**毘沙門天《びしゃもんてん》裸押合大祭**　➔南魚沼市浦佐・普光寺(JR 上越新幹線浦佐駅下車)

関東方面にも奇祭として知られている祭りで，裸の若者が水ごりをとっては毘沙門堂で押し合う勇壮な行事。

第１土・日　**湯沢温泉雪祭り**　➔南魚沼郡湯沢町(JR 上越新幹線越後湯沢駅下車)

雪の城をまわる子どもたちの鳥追いで開幕されるもので，布場スキー場において芸能人などを招き，花火大会・松明《たいまつ》滑降・ミス駒子コンテストなど多彩な行事が行われ，スキーシーズンの終末をかざる。

〔４月〕

１　**佐渡島開き**　➔佐渡全島(新潟港より汽船)

佐渡観光の開幕行事として，おけさパレード・金山奉行行列・たらい舟パレード・竜神祭りなどが行われる。

10　**一の宮喧嘩祭り**　➔糸魚川市一の宮・天津神社(JR 北陸本線糸魚川駅下車)

天津神社で行われ，若衆連が神輿《みこし》をぶっつけ，もみあいするもので，その年の豊作と大漁をかちとるためといわれる古くからの行事。

12～14　**新穂《にいぼ》山王祭り**　➔佐渡市新穂(両津港バス南線新穂小学校前下車)

新穂は中世近江《おうみ》国日枝《ひえ》神社の荘園で，江戸時代の旧村から７つの神輿が本社に勢ぞろいする。市《いち》は春の農具市として江戸時代からの歴史をもつ。

15　**新保《しんぼ》八幡宮祭礼**　➔佐渡市新保(両津港バス本線金井運動公園前下車)

中世下地中分《したじちゅうぶん》の東方・西方の宮座を伝える。子ども流鏑馬《やぶさめ》を奉納，各戸を回る６組の鬼太鼓が競演する。

中旬　**弥彦湯かけ祭り**　➔西蒲原郡弥彦村・弥彦神社(JR 弥彦線弥彦駅下車)

湯神社より神湯をいただき，踊りをまじえながら，山車とともに町内を練り歩く。

第３日　**分水桜祭りおいらん道中**　➔燕市分水(JR 越後線分水駅下車)

大正５，６(1916,17)年ごろから大河津分水の花見の季節に，おいらん三座や供・おはやし連中など約100人が，古式にのっとったけんらん豪華な衣装で信濃川大河津分水路の桜並木の下を練り歩く。

28　**菅谷不動尊御開帳**　➔新発田市菅谷(JR 羽越本線新発田駅バス菅谷下車)

日本三大不動尊の一つとして崇敬されている不動尊の御開帳。

〔5月〕

3　**津川狐の嫁入り行列**　➔東蒲原郡阿賀町津川(JR磐越西線津川駅バス温泉入口下車)

町内外から公募の結婚予定カップル1組を主役とし，嫁婿・仲人みな狐のメイクに古式の装束で練り歩いたのち水上式場で祝言をあげる。行列の参加者も公募。

15　**三条祭り**　➔三条市八幡町・三条八幡宮(JR弥彦線北三条駅下車)

八幡宮の春祭りで，10万石の格式ある大名行列がねり歩く。

〔6月〕

初旬　**白根大凧《おおたこ》合戦**　➔新潟市南区白根／同市南区味方(新潟交通白根行バス下車)

信濃川の分流中ノ口川をはさんでくりひろげられる勇壮な凧合戦。この合戦に使われる凧は和紙324枚張りの5m×7mという大きなものである。

14～16　**えんま市**　➔柏崎市・えんま堂中心(JR信越本線柏崎駅下車)

200年の歴史をもち，馬市からはじめられたもの。露店など200店にもおよぶ大市が開かれ，近郷近在の人たちは，笹だんごやちまきをつくり，夜店などを楽しむ。

15　**羽黒《はぐろ》神社祭り**　➔佐渡市羽吉(両津港より車利用)

羽黒山は修験の山，神楽《かぐら》と流鏑馬《やぶさめ》の神事は古風を伝える(流鏑馬は3年に1度)。

15　**羽茂《はもち》祭り**　➔佐渡市寺田(両津港バス本線佐和田経由小木線羽茂本郷下車)

菅原神社(八王子神社)の例大祭。寺田から奉納される岩戸神楽は「寺田つぶろ」といわれ，村山から奉納されるものは「村山つぶろ」とよばれる。

第4日　**月潟まつり**(角兵衛地蔵尊祭り)　➔新潟市南区月潟(新潟交通月潟行バス終点月潟下車)

角兵衛獅子の巡業中の安全と技芸上達を祈願し，守護尊とした地蔵尊の祭礼日。昭和11年，角兵衛獅子の滅びゆくことを心配して，青柳良太郎氏らにより保存会がつくられ，有志によってこの祭りの日に獅子舞が奉納される。

30～7/3　**蒲原祭り**　➔新潟市中央区沼垂《ぬったり》・蒲原神社(JR上越新幹線新潟駅下車)

穀倉として全国に知られる蒲原平野の米作の豊凶を占うご託宣がでるので有名。鳥居に連なる沿道には露店が1kmもならび，近郷近在の人たちでにぎわう。

〔7月〕

7　**村上**(羽黒神社)**大祭**　➔村上市羽黒町(JR羽越本線村上駅下車)

彫刻をほどこした7台のおしゃぎりがねり歩くさまは，京都の祇園祭りに似て，城下町にふさわしい情景が展開される。県無形民俗文化財。

13～15　**二荒《にこう》神社祭礼**　➔小千谷市川岸町(JR上越線小千谷駅下車)

豊年獅子舞と，巫子爺《みこんじき》が演じられる。

第3土　**関山神社火祭り**　➔妙高市関山(JR信越本線関山駅下車)

江戸時代には真言宗修験の道場。妙高山麓にあり別当宝蔵院の祭り。本祭りには仮山伏の儀式が行われ，拝殿前の広場で棒術が実演され，最後は松引きの火祭り行事が行われる。

24～26　**弥《や》彦《ひこ》燈籠《とうろう》神事**　➔西蒲原郡弥彦村・弥彦神社(JR 弥彦線弥彦駅下車)
県内各地から献納された花灯籠や弥彦神社氏子のでんがく灯籠など，数百の灯籠が，夜の10時からいっせいにともされ，神輿を中心にした1kmの火の行列となる。

25～27　**鉱山祭り**　➔佐渡市相川(両津港バス本線相川下車)
佐渡の相川町で行われる全国的に知られている祭りで，当日町をあげてのおけさ流しが有名。

〔8月〕

1～3　**長岡祭り**　➔長岡市・信濃川河畔(JR 上越新幹線長岡駅下車)
県下ただ一つの戦災都市として慰霊祭を行い，夜には信濃川に1000個の灯籠を流す。花火大会が呼び物で，全国的にも数少ない3尺玉の打上げや，信濃川長生橋にかける850m の仕掛け花火が有名。

第1土　**巻機山《まきはたやま》火祭り**　➔南魚沼市塩沢(JR 上越線塩沢駅下車)
十数人の山伏の荒行の火渡りがみもの。

3～11日の最初の金～日　**新潟祭り**　➔新潟市(JR 上越新幹線新潟駅下車)
従来の住吉祭り・万代橋の橋祭り(川開き)・開港記念祭・商工祭を一つにまとめたもので，昼は神輿《みこし》や山車《だし》，夜は信濃川河畔の花火がみもので，夜は参加者3万人を超える大民謡流しが行われる。

上旬　**日本海夕日コンサート**　➔新潟市・小針浜海岸(JR 上越新幹線新潟駅臨時バス利用)
小針浜海岸に設置された特設会場で，日本海に沈みゆく夕日を背景に開催されるコンサート。

15　**船祭り**　➔三島郡出雲崎町・出雲崎漁港(JR 越後線出雲崎駅バス良寛堂前下車)
漁船の海上安全と大漁を祈願して行う祭りで，当日は大漁旗で満艦飾をほどこした100隻あまりの漁船が参加して海上パレードを行う。

19・20　**新津夏祭り**　➔新潟市秋葉区新津(JR 信越本線新津駅下車)
七夕の飾りや，民謡新津松坂の流し・豪華な屋台・神輿渡御《みこしとぎょ》などに近隣からの人出で連日にぎわう。

第4土・日　**謙信公祭**　➔上越市春日山(JR 信越本線高田駅バス春日山下，または林泉寺入口下車，または信越本線春日山駅下車)
上杉謙信の居城春日山で謙信をしのんで開催される。出陣行列・川中島合戦の再現・帰陣式などが執り行われ，さらに献納米合戦や郷土芸能や武道競技が実施される。

27～29　**新発田まつり**　➔新発田市(JR 羽越本線新発田駅下車)
新発田藩溝口氏の昔から下越一の華麗な祭りとして知られている。町内から

引きだされる由緒ある飾りつきの台輪《だいわ》が祇園ばやしとともに市中をねり歩く。

29〜30 **小木祭り**(小木港祭り) ➔佐渡市小木(両津港バス本線佐和田経由小木線小木下車，または直江津より汽船利用)

小木町の総鎮守木崎神社の祭礼。芝居屋台・小獅子舞・鬼太鼓がでておけさ踊りが町を流す。江戸時代以来の港祭り。

8/31〜1 **根知山寺日吉《ひよし》神社祭礼**(おててこ舞) ➔糸魚川市山寺(JR 北陸本線糸魚川駅バス山口下車)

宵宮(8月31日)には神楽9番が，9月1日には金蔵院からの稚児行列・神輿渡御・延年の「おててこ舞」が奉納される。この舞は，400年前関西から信濃にはいり，安曇《あずみ》族によって伝えられ，太鼓を打つ調子が「オテテコテン」と聞こえることからこの名前がついた。国指定無形民俗文化財。

〔9月〕

敬老の日前の金〜日 **与板《よいた》祭り** ➔長岡市与板(JR 上越新幹線長岡駅バス与板中町下車)

万灯行列がよびもので，300年前から登り屋台で有名である。

第2日 **黒姫神社祭礼** ➔柏崎市女谷(JR 信越本線柏崎駅バス JA 鵜川支所前下車)

上杉謙信の父長尾為景に滅ぼされた上杉房能の奥方綾子の方の形見の舞といわれている県無形文化財「綾子舞」が奉納される。

15 **久知《くじ》八幡宮祭礼** ➔佐渡市下久知(両津港バス東海岸線河崎小学校前下車)

中世の地頭久知本間氏の氏神八幡神社祭礼で，中世村落の景観を残す下久知・城腰地区から，県無形文化財「花笠踊り」が披露されるとともに，鬼太鼓・刀刀《とうとう》(武技)なども行われる。

〔10月〕

体育の日を最終日とする金〜月 **おたや** ➔上越市寺町・東本願寺高田別院(JR 信越本線高田駅下車)

「たや」は信者のとまり宿「旅屋」のこと。親鸞聖人の法要で上越最大の仏教行事。門前の通りに露店が多くでてにぎわう。

18・19 **石船《いわふね》神社大祭** ➔村上市・石船神社(JR 羽越本線村上駅バス石船神社前下車)

漁民信仰の船霊と祭神「にぎはやひのみこと」ならびに貴船明神の祭神が天の磐備舟《いわくすぶね》にのって上陸したという故事をしのんで行われる。黒い漆，美しい金具の宝船，明神丸の先頭に立った老漁師が歌う木遣節に9台の屋台が続く。はやしは祇園ばやしである。白装束の玉やり姿・稚児・神主の衣装も平安朝風で優雅である。県無形民俗文化財。

19 **相川祭り** ➔佐渡市相川(両津港バス本線相川下車)

相川の総鎮守善知鳥《うとう》神社の祭礼。江戸時代から数百年の伝統をもつ。迎ちょうちん・神輿渡御の行事はみごたえがある。

20 **八海山《はっかいさん》火渡り大祭** ➔南魚沼市大崎(JR 上越新幹線浦佐駅バス大崎農業会館

前下車）

5 ㎥もある神木のまきに火をつけ，その炎がおさまってから行者・信者・山男らが火のうえをわたる奇祭である。

〔11月〕

1～4 **新井別院報恩講** ➔妙高市下町（JR 信越本線新井駅下車）

頸城地方最大の行事。全国から200あまりの露店が店を連ね，人出は 4 万人といわれる。

5 **王神祭** ➔長岡市西蔵王・金峰神社（JR 上越新幹線長岡駅バス北長岡車庫前下車）

信濃川の初サケを神職が手を触れずに鉄のマナ箸 2 本と包丁で料理し，切り身を鳥居の前にならべて献饌する。祭りのあとの直会《なおらい》で，参拝者はサケの雑煮にあずかる。県無形文化財。

〔12月〕

14 **義士祭** ➔新発田市（JR 羽越本線新発田駅下車）

赤穂浪士47士の一人堀部（中山）安兵衛ゆかりの地で，これをしのんで長徳寺で法要がある。討入り装束の義士に扮した市民の市中行進がある。

■ 参考文献

【新潟県における地域史研究の現状と課題】

新潟県内の歴史研究団体を結集した「県史編さんと史料保存をすすめる県民の会」の「県史編纂と歴史資料保存機関の設置に関する請願」が1974(昭和49)年7月の新潟県議会で採択された。

新潟県史編さん事業は1976(昭和51)年に開始され，資料編・通史編と概説の37冊を刊行して1991(平成3)年に終了した。歴史資料保存機関としての新潟県立文書館は1992(平成4)年8月7日に開館した。また，新潟県立歴史民俗博物館が長岡市に設立され，新潟県の歴史研究と資料保存はあらたな段階にはいった。

県史刊行後も自治体史の編さんは相かわらず盛んであり，基礎的な資料集を刊行したうえで，それに基づいてていねいに地域の歴史を再構築するようになってきている。最近はさらに地元の人びとの手による歴史発掘をまとめた集落史のような小地域史の刊行も盛んになってきている。また，写真などを多用した歴史散歩ものや啓蒙書も盛んに刊行されており，市町村の教育委員会を中心とした文化財関係の調査報告書も多い。

開発の進展に伴い緊急発掘調査が行われ，埋蔵文化財の発掘調査報告書の刊行も盛んで，原始・古代から近世に至るまで従来の歴史像を書きかえるようなあらたな発見も続出している。だが，遺跡の発掘が遺跡の破壊でもあることを認識し，可能なかぎり発掘調査を未来に委ねる遺跡の保全や，発掘調査を行う場合にも，あわただしい緊急発掘ではなく，研究課題と方法を明確に設定し，十分な期間と万全な調査体制を整えた学術発掘が中心となる日が早く到来することに期待したい。

新潟県立文書館は市町村と連携して，史料の現状確認と記録を進め，あわせて史料保存意識を啓発するために古文書解読講座を各地で開催している。また新潟県歴史資料保存活用連絡協議会が新潟県立文書館と市町村とで組織されて活動が活発化してきているが，県内の貴重な史資料が廃棄消滅したり，古書・古物市場へ流失したりしている現象があとを絶たないのが現状である。このような状況を改めるには，史料保存意識の啓発活動をより活発にする必要があるとともに，市町村立の博物館・文書館・歴史民俗資料館など保存施設の充実，専門学芸員の配置を含めて史資料の収集・整理保存・公開といった活動内容の充実をはかることがこれからの課題である。

県史編さんと資料保存機関の設置を求めて，県内の歴史研究団体が「県史編さんと史料保存をすすめる県民の会」に結集し，交流会ももたれたが，県史編さんがスタートすると，「県民の会」は消滅し新潟県各地域の割拠性が復活してしまった。この割拠性の打開策も求められている。

【辞典】
小村弌ほか編『角川日本地名大辞典　15新潟県』　角川書店　1989
新潟日報事業社編『新潟県大百科辞典』3巻　新潟日報事業社　1977
野島出版編集部編『新潟県民百科辞典』　野島出版　1977
平凡社地方資料センター編『新潟県の地名(日本歴史地名大系15)』　平凡社　1986

【県史・教育史】
大島美津子ほか『新潟県の百年』　山川出版社　1990
新潟県編『新潟県史』37巻　新潟県　1980-88
新潟県編『新潟県史概説　新潟県のあゆみ』　新潟県　1970
新潟県編『新潟県百年のあゆみ』　新潟県　1971
新潟県教育委員会編『新潟県の文化財』2巻　新潟県教育委員会　1971-78
新潟県教育百年史編さん委員会編『新潟県教育百年史』3巻　新潟県教育委員会　1970-76
新潟県史研究会編『新潟県百年史』2巻　野島出版　1968-69

【戦後の郡史誌】
東蒲原郡史編さん委員会編『図説・東蒲原郡史　阿賀の里』2巻　東蒲原郡史編さん委員会　1978-85
南魚沼郡誌編集委員会編『南魚沼郡誌　続編』2巻　新潟県南魚沼郡町村会　1971

【自治体史(戦後のもの，通史編のみ)】　(＊印は編纂継続中，巻数は既刊数)
相川町史編纂委員会編『佐渡相川の歴史』1巻　相川町　1995
青木重孝『青海－その生活と発展－』　青海町　1966
青木重孝『続青海－新生への歩み－』　青海町　1973
赤泊村史編さん委員会編『赤泊村史』2巻　赤泊村教育委員会　1982-89
朝日村史編さん委員会編『朝日村史』　朝日村教育委員会　1980
穴沢吉太郎編『守門村史』　穴沢吉太郎　1961
新井市史編修委員会編『新井市史』2巻　新井市教育委員会　1973
荒川町郷土史編纂委員会編『荒川町郷土史』　荒川町公民館　1974
石打郷土誌編纂委員会編『石打郷土誌』　塩沢町教育委員会　1967
出雲崎町史編さん委員会編『出雲崎町史』2巻　出雲崎町　1987・88
糸魚川市役所編『糸魚川市史』6巻　糸魚川市役所　1976-84
伊藤武雄編『分田村郷土史』　分田村公民館　1950
岩室村史編纂委員会編『岩室村史』　岩室村　1974
上田村郷土誌編集委員会編『上田村郷土誌』　塩沢町教育委員会　1976
浦川原村編『浦川原村史』　浦川原村　1984
大潟町史編さん委員会編『大潟町史』　大潟町　1988
大島村教育委員会編『大島村史』　大島村教育委員会　1991

小木町史編纂委員会編『佐渡小木町史』2巻　小木町　1973–79
小国町史編集委員会編『小国町史』　小国町　1980
小千谷市史編修委員会編『小千谷市史』2巻　小千谷市　1967–72
貝瀬幸咲編『城内郷土誌』　城内郷土誌刊行会　1960
改訂中之口村誌編集委員会編『改訂中之口村誌』　中之口村　1987
笠尾昊文編『清里村史』2巻　清里村　1983
加治川村誌編さん委員会編『加治川村誌』　加治川村　1986
柏崎市史編さん委員会編『柏崎市史』3巻　柏崎市史編さん室　1990
潟東村誌編さん委員会編『潟東村誌』　潟東村　1989
加藤万治編『続柿崎町史』　続柿崎町史刊行会　1955
金井町史編纂委員会編『佐渡金井町史』2巻　金井町史刊行委員会　1967・79
神林村誌編纂委員会編『神林村誌』　神林村　1985
亀田町史編さん委員会編『亀田の歴史』2巻　亀田町　1988
加茂市史編纂委員会編『加茂市史』2巻　加茂市　1975
刈羽村物語編さん委員会編『刈羽村物語』　刈羽村　1971
川口町史編さん委員会編『川口町史』　川口町　1986
川西町史編さん委員会編『川西町史』2巻　川西町　1987
京ヶ瀬村教育委員会編『村誌』　京ヶ瀬村　1969
頸城村史編さん委員会編『頸城村史』　頸城村　1988
黒川村誌編纂委員会編『黒川村誌』　黒川村　1979
小出町教育委員会編『小出町史』上・下巻　小出町　1996-98
小須戸町史編さん室編『小須戸町史』　小須戸町　1983
小林存編『水原郷土史』　水原町　1957
栄村誌編さん委員会編『栄村誌』2巻　栄村誌編さん委員会　1981・82
佐和田町史編さん委員会編『佐和田町史』2巻　佐和田町教育委員会　1988・91
三条市史編修委員会編『三条市史』2巻　三条市　1983
山北町史編さん委員会編『山北町史』　山北町　1987
三和村誌編集委員会編『三和村誌』　三和村教育委員会　1972
紫雲寺町誌編さん委員会編『紫雲寺町誌』　紫雲寺町　1982
塩沢町編『塩沢町誌』2巻　塩沢町　1950
新発田市史編さん委員会編『新発田市史』2巻　新発田市　1980・81
下田村史編集委員会編『下田村史』　下田村史刊行委員会　1971
上越市史編さん委員会編『上越市史(普及版)』　上越市　1991
白根市史編さん室編『白根市史』　白根市　1989
聖籠町誌編さん委員会編『聖籠町誌　増補版』　聖籠町公民館　1978
関川村史編さん委員会編『関川村史』　関川村　1992
続西山町誌編集委員会編『続西山町誌』　西山町　1980
田上町編『田上町史』　田上町　1994
高柳町史編さん委員会編『高柳町史』　高柳町　1985

津川町史編さん委員会編『津川町史』 津川町 1969
月潟村誌編輯委員会編『月潟村誌』 月潟村 1978
津南町史編さん委員会編『津南町史』2巻 津南町 1985
燕市編『燕市史』 燕市 1993
寺泊町史編さん室編『寺泊町史』2巻 寺泊町 1992
十日町市史編さん委員会編『十日町市史』6巻 十日町市 1995–97
栃尾市史編集委員会編『栃尾市史』3巻 栃尾市 1977–80
豊浦町史編さん委員会編『豊浦町史』 豊浦町 1987
豊栄市史調査会編『豊栄市史』1巻 豊栄市 1998
長岡市史編さん委員会編『長岡市史』2巻 長岡市 1996
中郷村史編修会編『中郷村史』 中郷村 1978
中里村史専門委員会編『中里村史』2巻 中里村史編さん室 1988・89
中静喜一郎編『岩塚村誌』 岩塚村教育委員会 1955
中之島村史編纂委員会編『中之島村史』 中之島村 1988
新潟市史編さん委員会編『新潟市史』3巻 新潟市 1995–98
新津市史編さん委員会編『新津市史』2巻 新津市 1993・94
新穂村史編さん委員会編『新穂村史』 新穂村 1976
西山町誌編纂委員会編『西山町誌』 西山町 1963
能生町史編さん委員会編『能生町史』2巻 能生町 1986
畑野町史編さん委員会編『畑野町史』2巻 畑野町 1982–88
羽茂町誌編纂委員会編『羽茂町誌』3巻 羽茂町 1985–93
広神村史編さん委員会編『広神村史』2巻 広神村 1980
藤田陳平『島上村誌』2巻 島上村公民館 1954–56
星野徳一郎編『越後国魚沼郡藪神庄湯之谷郷』 湯之谷村 1970
堀之内町編『堀之内町史』2巻 堀之内町 1997
前波善学編『与板町史』2巻 与板町教育委員会 1959–61
巻町編『巻町史』2巻 巻町 1994
松代町史編纂委員会編『松代町史』2巻 松代町 1989
松之山町史編さん室編『松之山町史』 松之山町 1991
松村実『名立乃歴史』 名立町公民館名立分館 1971
真野町史編さん委員会編『真野町史』2巻 真野町 1976–83
三島町史編集委員会編『三島町史』2巻 三島町 1984
見附市史編集委員会編『見附市史』4巻 見附市 1981–83
妙高高原町史編集委員会編『妙高高原町史』 妙高高原町 1986
妙高村史編さん委員会編『妙高村史』 妙高村 1994
六日町誌編集委員会編『六日町誌(町村合併前)』 六日町 1976
村松町史編纂委員会編『村松町史』2巻 村松町教育委員会 1982・83
安塚町教育委員会編『安塚町誌』 安塚町 1976
弥彦村誌編纂委員会編『弥彦村誌』 弥彦村教育委員会 1971

山古志村史編集委員会編『山古志村史』 山古志村 1985
大和町史編集委員会編『大和町史』＊2巻 大和町 1977-
湯沢町誌編集委員会編『湯沢町誌』 湯沢町教育委員会 1978
吉川町史編さん委員会編『吉川町史』3巻 吉川町 1996
両津市誌編さん委員会編『両津市誌』2巻 両津市 1987-89
和島村編『和島村史』 和島村 1997
渡辺英治『荒川町郷土史 補追編』 荒川町 1978

【原始・古代】
浅香年木『北陸の風土と歴史』 山川出版社 1977
阿部猛ほか編『人物でたどる日本荘園史』 東京堂出版 1990
甘粕健先生退官記念論集刊行会編『甘粕健先生退官記念論集 考古学と遺跡の保護』 甘粕健先生退官記念論集刊行会 1996
甘粕健ほか編『磐越地方における古墳文化形成過程の研究』 1993
宇野隆夫『律令社会の考古学的研究』 桂書房 1991
工藤雅樹『古代の蝦夷』 河出書房新社 1992
小林昌二編『古代王権と交流③ 越と古代の北陸』 名著出版 1996
小林達雄ほか編『新版・古代の日本⑦ 中部』 角川書店 1993
佐藤宗諄編『日本古代の国家と城』 三秀舎 1994
甘粕健ほか編『保内三王山古墳群』 三条市教育委員会 1989
寺村光晴『日本の翡翠』 吉川弘文館 1995
中村孝三郎『先史時代と長岡の歴史』 長岡市立科学博物館 1966
川村浩司編『古津八幡山古墳Ⅰ』 新津市教育委員会 1992
坂井秀弥編『新潟県埋蔵文化財調査報告書35集 子安遺跡 下新町遺跡 今池遺跡』 新潟県教育委員会 1984
坂井秀弥編『新潟県埋蔵文化財調査報告書40集 一之口遺跡西地区』 新潟県教育委員会 1986
坂井秀弥編『新潟県埋蔵文化財調査報告書53集 山三賀Ⅱ遺跡』 新潟県教育委員会 1989
新潟市教育委員会編『1989年度埋蔵文化財発掘調査報告書』 新潟市教育委員会 1991
春日真実ほか編『東日本における古墳出現過程の再検討』 日本考古学協会新潟大会実行委員会 1993
甘粕健ほか編『越後山谷古墳』 巻町教育委員会 1993
今井浤二ほか編『佐渡国府緊急調査報告書Ⅰ』 真野町教育委員会 1968
本間嘉晴ほか編『佐渡国府緊急調査報告書Ⅱ(若宮遺跡)』 真野町教育委員会 1969
本間嘉晴ほか編『下国府遺跡』 真野町教育委員会 1977
堀場清子『イナグヤナナバチ』 ドメス出版 1990

山田英雄先生退官記念会編『政治社会史論叢』 近藤出版社 1986
米沢康『越中古代史の研究』 越飛文化研究会 1965
米沢康『日本古代の神話と歴史』 吉川弘文館 1992
米沢康『北陸古代の政治と歴史』 法政大学出版局 1989
山本肇ほか編『和島村埋蔵文化財調査報告書第1集 八幡林遺跡』 和島村教育委員会 1992
高橋保ほか編『和島村埋蔵文化財調査報告書第2集 八幡林遺跡』 和島村教育委員会 1993
田中靖ほか編『和島村埋蔵文化財調査報告書第3集 八幡林遺跡』 和島村教育委員会 1994

【中 世】

阿部洋輔編『上杉氏の研究』 吉川弘文館 1984
網野善彦ほか編『講座 日本荘園史6』 吉川弘文館 1993
井上鋭夫『一向一揆の研究』 吉川弘文館 1968
井上鋭夫『上杉謙信』 人物往来社 1966
井上鋭夫『謙信と信玄』 至文堂 1964
井上鋭夫『山の民・川の民』 平凡社 1981
井上鋭夫編『色部史料集』 新潟史学会 1968
井上鋭夫編『奥山庄史料集』 新潟県教育委員会 1964
児玉幸多ほか監修『日本城郭大系』7 新人物往来社 1980
児玉彰三郎『上杉景勝』 児玉彰三郎氏遺著刊行会 1979
佐藤進一『越後文書宝翰集』 新潟県教育委員会 1954
佐藤進一『増訂 鎌倉幕府守護制度の研究』 東京大学出版会 1971
佐藤進一『室町幕府守護制度の研究』上 東京大学出版会 1967
佐藤進一ほか編『影印北越中世文書』 柏書房 1975
田島光男編『越後国人領主色部氏史料集』 神林村教育委員会 1979
中野豈任『祝儀・吉書・呪符』 吉川弘文館 1988
中野豈任『忘れられた霊場』 平凡社 1988
新潟県教育委員会編『新潟県中世城館跡等分布調査報告書』 新潟県教育委員会 1987
羽下徳彦『惣領制』 至文堂 1966
羽下徳彦ほか編『歴代古案』5巻 続群書類従完成会(八木書店発売) 1993-2002
花ヶ前盛明編『上杉景勝のすべて』 新人物往来社 1995
藩制史研究会編『藩制成立史の綜合研究』 吉川弘文館 1963
藤木久志『戦国社会史論』 東京大学出版会 1974
藤木久志『戦国史を見る目』 校倉書房 1995
藤木久志『戦国の作法』 平凡社 1987
藤木久志『戦国大名の権力構造』 吉川弘文館 1987

藤木久志『雑兵たちの戦場』 朝日新聞社 1995
藤木久志『豊臣平和令と戦国社会』 東京大学出版会 1985
渡辺慶一編『上杉謙信のすべて』 新人物往来社 1987
渡辺三省『直江兼続とその時代』 野島出版 1980

【近 世】
会田雄次・大石慎三郎監修『江戸時代・人づくり風土記15 新潟県』 農山漁村文化協会 1988
石井孝『日本開国史』 吉川弘文館 1972
磯部欣三『佐渡金山』 中央公論社 1992
伊東多三郎『近世史の研究』第三冊 吉川弘文館 1983
伊東多三郎『国学者の道』 野島出版 1971
伊東多三郎『草莽の国学』 名著出版 1982
井上慶隆『廣川晴軒伝』 恒文社 1981
井本農一『良寛』2巻 講談社 1978
大熊良一『幕末北方関係史考』 近藤出版社 1990
大野温于『佐渡羽茂の連歌』 羽茂町教育委員会 1994
小木町編『伝統的建造物群保存対策調査報告 宿根木』 小木町 1981
小村弌『幕藩制成立史の基礎的研究』 吉川弘文館 1983
小村弌『近世日本海海運と港町の研究』 国書刊行会 1992
小村弌編『近世越後・佐渡史の研究』 名著出版 1976
小村弌先生退官記念事業会編『越後・佐渡の史的構造』 小林弌先生退官記念事業会 1984
亀井功・佐藤和男『角田浜村の歴史』 巻町教育委員会 1984
亀田郷土地改良史編さん委員会編『水と土地と農民—亀田郷土地改良史』 亀田郷土地改良区 1976
唐木順三『良寛』 筑摩書房 1971
菊地利夫『新田開発』 至文堂 1966
児玉彰三郎『越後縮布史の研究』 東京大学出版会 1971
斎藤晃吉『湖沼の干拓』 古今書院 1969
佐々木史郎『北方から来た交易民』 日本放送出版協会 1996
鈴木牧之『北越雪譜』 岩波書店 1978
鈴木牧之著・宮栄二校注『秋山記行・夜職草』 平凡社 1971
田中圭一『佐渡金銀山の史的研究』 刀水書房 1986
田中圭一『天領佐渡』3巻 刀水書房 1985–92
田中圭一『帳箱の中の江戸時代史』2巻 刀水書房 1992・93
田中圭一『良寛の実像』 ゾーオン社 1994
田中圭一編注『柴田収蔵日記』1(東洋文庫606) 平凡社 1996
谷川敏朗編『良寛の書簡集』 恒文社 1988

田村賢一『鈴木牧之』 新潟日報事業社　1985
土田邦彦『越後の伝統織物』 野島出版　1980
土田邦彦『越後の伝統刃物』 野島出版　1984
土田邦彦『三条金物』 野島出版　1977
鳥谷部仁『亀田郷治水史』 亀田郷水害予防組合　1966
中村辛一『高田藩制史研究』第６巻　風間書房　1971
新潟県教育委員会編『越後佐渡の定期市』 第一法規出版　1989
新潟県庶民史研究会編『越後と佐渡の一揆』 新潟日報事業社　1985
新潟仏教文化研究会編『なむの大地』 考古堂書店　1985
西蒲原土地改良区編『西蒲原土地改良史』３巻　西蒲原土地改良区　1981
西窪顕山ほか編『日本の船絵馬—北前船』 柏書房　1977
日本海地域史研究会・村上直編『日本海地域史研究』(第８輯)　文献出版　1988
任鴻章『近世日本と日中貿易』 六興出版社　1988
藤野保『新訂 幕藩体制史の研究』 吉川弘文館　1975
古田良一『河村瑞賢』 吉川弘文館　1972
牧野隆信『北前船の時代』 教育社　1979
宮栄二編『雪国の宗教風土』 名著刊行会　1986
宮栄二先生古稀記念集『越佐の歴史と文化』 考古堂・宮栄二古稀記念刊行会　1985
村上直『江戸幕府の代官』 国書刊行会　1983
山貝如松『村上俳諧温故録』 村上郷土研究グループ　1971
ロバート・G．フラーシェムほか『蝦夷地場所請負人』 北海道出版企画センター　1994
若井三郎『佐渡の能舞台』 新潟日報事業社　1978
渡辺慶一先生古稀記念論集刊行委員会編『越後地方史の研究』 渡辺慶一先生古稀記念論集刊行委員会　1975
渡辺秀英『良寛』 松柏社　1997

【近代・現代】
阿部恒久『近代日本地方政党論—「裏日本」化の中の新潟県政党運動』 芙蓉書房出版　1996
石井孝『戊辰戦争論』 吉川弘文館　1984
大島美津子『明治国家と地域社会』 岩波書店　1994
大島美津子『明治のむら』 教育社　1977
金原左門『大正デモクラシーの社会的形成』 青木書店　1967
国鉄労働組合新潟地方本部編『国鉄新潟　不屈の三十年』 国鉄労働組合新潟地方本部　1979
斎藤恒『新潟水俣病』 毎日新聞社　1996
第四銀行編『第四銀行百年史』 第四銀行　1974

田中惣五郎『北越草莽維新史』(復刻版)　柏書房　1980
長岡の空襲編纂委員会編『長岡の空襲』長岡市　1987
永木千代治『新潟県政党史』(改訂版)　新潟県政党史刊行会　1962
中山清『千町歩地主の研究』(京都女子大学研究叢刊12)　京都女子大学　1985
奈良本辰也『ああ東方に道なきか―評伝前原一誠』　中央公論社　1984
新潟県民生部編『新潟県終戦処理の記録』　新潟県　1972
新潟県立文書館編『越佐おもしろ歴史ばなし』　野島出版　1996
新潟市編『新潟開港百年史』　新潟市　1969
新潟市郷土資料館編『新潟市史読本』　新潟市郷土資料館　1979
新潟日報社編『高速時代に向かって』　新潟日報事業社　1985
新潟日報社編『ザ・越山会』　新潟日報事業社　1983
新潟日報社編『民選知事五代』２巻　新潟日報事業社　1977-78
新潟日報報道部編『コメ王国の進路』　岩波書店　1985
新潟日報報道部編『ムラは語る』　岩波書店　1985
丹羽邦男『形成期の明治地主制』　塙書房　1964
丹羽邦男『地租改正の起源』　ミネルヴァ書房　1995
沼田政治『榛の木のうた』　今日と明日社　1977
古島敏雄・守田志郎『日本地主制史論』　東京大学出版会　1957
北越銀行編『創業百年史』　北越銀行　1980
本間恂一・溝口敏麿『雪月花―西潟為蔵回想録』　野島出版　1974
松尾尊兊『大正デモクラシー』　岩波書店　1974
三宅正一『幾山河越えて』　恒文社　1966
守田志郎『米の百年』　東京大学出版会　1966
山本修之助『佐渡の百年』　佐渡の百年刊行会　1972

■ 図版所蔵・提供者一覧

見返し表	東京大学工学部地球システム工学科
裏	小木町教育委員会
口絵1上	長岡市立科学博物館
下	東京国立博物館
2上	計良勝範
下	三条市教育委員会
3上	和島村教育委員会
下	真野町教育委員会
4上	十日町市 時宗来迎寺・新潟県十日町市博物館
下	中条町・中条町町史編さん委員会
5上	和歌山県立博物館
下	米沢市
6上	新発田市経済部商工観光課
下	竹前茂晴・新潟県立文書館
7上	分水町
下	白山神社・新潟県立文書館
8上	新潟市郷土資料館・新潟県立文書館
下	新潟県立文書館
p.3	長永寺・新潟県立文書館
p.9	青海町自然史博物館
p.12	広田永二・新潟県立文書館
p.14	長岡市立科学博物館
p.17	長岡市立科学博物館
p.21	長岡市立科学博物館
p.23	新潟県立文書館
p.26	新潟県教育委員会
p.31	新潟県立文書館
p.42上	新潟県教育委員会
下	巻町教育委員会・前山精明
p.51	宮内庁正倉院事務所
p.53	四天王寺
p.54	新潟市教育委員会
p.56	佐渡博物館・羽生令吉
p.71	新潟市教育委員会
p.77	宮内庁正倉院事務所
p.83	新潟市教育委員会
p.87	京都大学総合博物館
p.97	中条町・中条町町史編さん委員会
p.99	常安寺・新潟県立文書館
p.102	山形大学附属図書館
p.107	本願寺
p.110	新潟県立文書館(提供)
p.115	新潟県立文書館(提供)
p.116	乙宝寺・中条町町史編さん委員会
p.118	新潟県立文書館(提供)
p.120	新潟県立文書館(提供)
p.123	六日町観光協会
p.129	上杉神社稽照殿
p.143上	佐渡国分寺・新潟県立文書館
下	西照寺・新潟県立文書館
p.147	東京大学工学部地球システム工学科
p.151	貞松院
p.172	(財)村上城跡保存育英会
p.175	国立公文書館
p.200	中条町・中条町町史編さん委員会
p.206	新潟市郷土資料館・新潟県立文書館
p.212	吉田町
p.217	西村修一・新潟県立文書館
p.225下	塩沢町教育委員会
p.227	新潟県十日町市博物館
p.229	新潟県立図書館
p.243	新潟県立文書館
p.257	新潟市郷土資料館・新潟県立文書館
p.264	新潟県立図書館
p.269	長岡市立中央図書館
p.272	斉藤敬治・渡辺勇
p.285	新潟県立近代美術館・新潟県立文書館
p.290	田中陽児
p.292	新潟県立文書館
p.296	田辺修一郎・新潟県立文書館
p.302	新潟県立文書館
p.304	新潟県立文書館
p.307	新潟県総務部広報広聴課
p.314	新潟県立文書館
p.319	新潟県立文書館

敬称は略させていただきました。

紙面構成の都合で個々に記載せず，巻末に一括しました。万一，記載洩れなどがありましたら，お手数でも編集部までお申し出下さい。